U0856287

江苏水利年鉴

(2010)

江　苏　省　水　利　厅

凤凰出版传媒集团
凤　凰　出　版　社

图书在版编目（CIP）数据

江苏水利年鉴. 2010 / 江苏省水利厅编. -- 南京 : 凤凰出版社, 2011.1
ISBN 978-7-5506-0177-2

Ⅰ. ①江… Ⅱ. ①江… Ⅲ. ①水利建设－江苏省－2010－年鉴 Ⅳ. ①F426.9-54

中国版本图书馆CIP数据核字(2011)第003856号

书　　名　江苏水利年鉴(2010)
编　　者　江苏省水利厅
责任编辑　常宁文
出版发行　凤凰出版传媒集团
　　　　　凤凰出版社(原江苏古籍出版社)
　　　　　南京市中央路165号　邮编 210009
　　　　　发行部电话 025—83223462
集团网址　凤凰出版传媒网　http://www.ppm.cn
照　　排　南京凯建图文制作有限公司
印　　刷　江苏凤凰通达印刷有限公司
　　　　　南京市六合区冶山镇　邮编:211523
开　　本　787×1092毫米　1/16
印　　张　18.25
字　　数　422千字
版　　次　2011年1月第1版　2011年1月第1次印刷
标准书号　ISBN 978-7-5506-0177-2
定　　价　78.00元
　　　　　(本书凡印装错误可向承印厂调换,电话:025—57572508)

2009年9月6日，省委书记梁保华视察通榆河北延工程大套三站建设工地

2009年10月28日，太湖流域水环境综合治理走马塘工程开工建设

2009年4月27日，江苏省省长罗志军到省水利厅调研

2009年4月24日，国家防总副总指挥、水利部部长陈雷，太湖流域防汛抗旱总指挥部总指挥、江苏省省长罗志军为太湖防总揭牌并讲话

2009年4月10日，省委常委、常务副省长赵克志在武进组织召开落实治太应急措施确保安全度夏工作座谈会

2009年6月，省委常委、副省长黄莉新在副省长、徐州市委书记徐鸣的陪同下视察沂沭泗防汛工作

2009年4月，陈雷部长视察苏州东太湖防汛准备工作

2009年水博会，陈雷、鄂竟平、董力、陈小江、杨振怀、敬正书等水利部领导参观江苏展区，江苏省水利厅获得“最佳组织奖”和“最佳设计奖”两项大奖

2009年11月23日，鄂竟平副部长到江苏江都、高邮等地检查冬春农田水利基本建设工作

2009年8月8日，省防汛指挥部会商迎战第8号台风莫拉克

2009年1月10日，全省农村工作会议表彰全省农村河道疏浚整治先进县(市、区)

省委常委、副省长黄莉新，水利部副部长胡四一出席全省水资源水文工作会议

2009年12月18日，全省水利工作会议在南京召开

2009年2月23日，全省水利工程建设管理工作会议在南京召开

2009年1月15日，全省大中型水库除险加固(扩大内需)工程全面开工建设

2009年8月，江苏省援建绵竹市官硼堰取水枢纽重建工程开工建设

2009年6月29日，南水北调刘老涧工程开工建设

常熟水利枢纽除险加固改造施工工地

2009年12月，苏皖二省联合开展打击长江非法采砂专项活动

《江苏水利年鉴》编辑委员会

《江苏水利年鉴》编辑部

编 辑 说 明

一、《江苏水利年鉴》是由江苏省水利厅主办、凤凰出版社出版的年刊，它如实记载了江苏水利事业发展和改革的进程，集文献、信息、资料于一书，具有权威性、综合性、连续性、存史性。本卷为第23卷。

二、《江苏水利年鉴》2010年卷记述2009年度江苏水利事业各方面的资料和信息，编排上基本采用“栏目”“编目”“条目”三级结构的年鉴体例，本年度栏目设置作了部分调整，共设：综述、重要文献、水利法制建设、水利建设、水利管理、水利改革、防汛防旱、水文工作、南水北调、水利科技、水利经济、精神文明建设、地方水利、厅直工管单位、大事记、水利统计资料等16个栏目。

三、《江苏水利年鉴》收入的文稿，均由各市、县水利局和省水利厅各处室、厅直属单位提供或专人撰稿，并实行文责自负。编辑部一般只作技术性加工，有关技术内容、文字、数据保密等问题均由撰稿人所在单位把关审定。

四、《江苏水利年鉴》的编辑出版，得到了全省水利系统各有关部门、单位的支持和帮助，在此表示衷心的感谢，我们热忱欢迎广大读者提出宝贵意见，以便改进工作。

序

《江苏水利年鉴》是江苏省水利厅主办的综合性刊物。自1998年正式出版发行以来，历经十多个春秋，她生动地记载了江苏水利现代化建设前进的脚步和取得的巨大成就。在历届省委、省政府的正确领导下，全省各级水利部门以邓小平理论和“三个代表”重要思想为指导，全面贯彻科学发展观，大力推进江苏水利现代化建设，为经济社会的又好又快发展提供有力的支撑和保障。《江苏水利年鉴》以其鲜明的特点、详实的事例、朴实的语言，客观反映了这一时期江苏水利改革、开拓、创新的发展历程和崭新风貌，为我们鉴往知来，开阔视野，提高科学决策水平，更好地推动江苏水利事业发展，提供了有益的帮助，也为更好了解和认识江苏水利，增进相互交流与合作提供了重要的平台。

当前，全省水利系统正在认真学习贯彻党的十七大精神，牢固确立科学发展观，围绕省委、省政府提出的建设更高水平小康社会的奋斗目标，积极实践新时期治水新思路，努力把握水的自然规律和经济规律，改革水利，创新水利，努力开创经济社会与水资源环境协调发展的新局面。我们要针对江苏工业化、城市化快速发展对水利工作提出的新要求，把保障水资源可持续利用和水生态环境可持续发展作为现代水利的主要任务，坚持水安全、水资源和水环境统筹规划、综合治理，全面提高水利工程的防洪保安能力、水资源保障能力、水环境保护能力和水利行业的公共服务社会管理能力，为促进科学发展、建设和谐社会提供更好的支撑和保障。

希望《江苏水利年鉴》与时俱进，努力进取，不断提高编辑水平和刊物质量，更好地体现水利特色和时代特征，进一步强化信息功能、咨政功能和服务功能，为又好又快地推进江苏水利现代化建设作出新贡献！

吕振霖

目 录

综 述

重要文献

水利法制建设

水利建设

水利管理

防汛防旱

水文工作

南水北调

水利科技

水利经济

行业发展能力建设

地方水利

厅直工管单位

大 事 记

水利统计资料

综　　述

综　述　　1～4页

2009年水利发展综述

省水利厅厅长　吕振霖

2009年，江苏水利系统认真贯彻省委、省政府扩内需保增长的部署要求，抢抓国家加强基础设施建设机遇，突出安全水利、资源水利、环境水利、民生水利四大任务，大幅增加水利投入，加快水利建设，强化水利管理，顺利完成各项水利工作任务。

中央扩大内需水利项目建设加快推进。在中央实施积极的财政政策和适度宽松的货币政策的鼓舞下，江苏积极争取扩大内需水利新增投资项目。自2008年四季度以来，国家先后下达江苏四批扩大内需新增水利项目投资54亿元，中央资金18亿元，省级资金21.2亿元，市县配套14.8亿元。其中2008年四季度下达计划21亿元，纳入2008年重点水利工程年度计划，已于2009年3月份全面完成。2009年下达三批投资计划32.7亿元，纳入2009年重点水利工程计划，截止12月底已完成投资26亿元。

全省重点水利工程建设任务全面完成。2009年全省重点水利工程建设计划完成投资80亿元，截止12月底，实际完成投资82亿元，占年度计划的103%。治淮骨干工程基本完成。国务院确定的江苏11项治淮骨干工程基本完成。整治后的新沂河和中运河、骆马湖堤防加固工程已在防汛抗旱中发挥重要作用；南水北调工程加快推进。完成解台站、刘山站、淮安四站、淮阴三站、蔺家坝站和骆马湖水资源控制工程，开工建设洪泽湖至骆马湖段工程，基本完成江都市、宿迁市截污导流工程，抓紧实施淮安市、徐州市截污导流工程，为2013年东线全线通水奠定坚实基础；通榆河北延送水工程具备通水条件。全面建成大套三站、灌河北泵站、善后河南泵站等一批重点提水泵站，灌河地涵全部贯通，连云港、盐城两市境内的河道和主要建筑物工程基本完成，基本具备向连云港通水的工程条件；病险水库除险加固工程全面实施。列入中央水库加固实施计划的29座大中型水库已全部开工建设，其中一半以上大中型水库的改造工程已基本完成。555座小型病险水库除险加固工程已开工建设448座，完成400座；海堤达标的主要工程已基本完成。完成海堤护坡工程90千米，保滩工程40千米，大中型水闸20座，小型涵闸80座，除个别建筑物外，按防御五十年一遇高潮位加10级风浪防潮标准建设的重点海堤达标工程建设目标基本实现；太湖治理工程进入实施阶段。完成湖体生态清淤16平方千米、土方570万立方米；常熟枢纽加固改造按计划实施；走马塘拓浚工程已于10月份全线开工建设；重点区域治理工程进展加快。里下河、沂南沂北等重点低洼区域治理工程继续实施，一批重点区域河道治理工程加快推进。

农村水利建设跃升新台阶。全年共投入资金67亿元，投入工日6000多万个，完成土石方6.5亿立方米。改善有效灌溉面积460万亩，农村泵站完成593座、3.9万千瓦的更新改造任务。农村河道疏浚整治超额完成年度任务，全年共疏浚县乡河道3577条，整治村庄河塘4.4万个，完成土方4.5亿立方米，34个县(市、区)提前完成“十一五”农村河道疏浚整治规划任务。农村饮水安全工程投资22亿元，解决了农村450万居民饮水不安全问题；完成集中供水365处。投资大中型灌区节水改造12亿元，实施25个大型灌区续建改造项目，改造后农业灌区节水30%～40%，降低生产成本15～20元/亩。实施里下河和沂南、沂北圩区治理，更新改造938座圩口闸；新建改建塘坝、大口井1997座（面），新增蓄水量4010万立方米；完成泗洪县西南岗地区水源工程。

太湖水环境综合治理取得积极效果。编制“太湖流域节水减排方案”，完成首批62项节水减排项目，形成年节水能力1.2亿立方米，减排COD1.2万吨。投资太湖综合治理5.7亿元，开展调水引流、捞藻清淤、河网整治、防控“湖泛”等应急治理措施，累计抽引长江水入湖5亿立方米，打捞蓝藻60多万吨，新建藻水分离站6座，处理藻泥8000多吨；超额完成生态清淤597万立方米，直接减少内源污染物有机质1.9万吨、总氮4570吨、总磷3800吨；完成62条环湖河道的疏浚整治，疏浚土方609万立方米；实施“湖泛”治理应急预案，对太湖“湖泛”易发区以及所有饮用水源地进行逐日巡查和预警预报，2009年太湖未发生大面积的“湖泛”生态灾害。

防汛防旱工作取得新成绩。2009年江苏先旱后涝。冬春期淮北部分地区出现二十年左右一遇的严重旱情，秋季再次发生干旱；汛期太湖、里下河等地区出现较严重雨涝；8月上旬遭受第8号（莫拉克）台风影响，太湖出现1999年以来最高水位；淮河及沂沭泗等河道出现洪水过程。面对较严重的自然灾害，江苏省依靠多年建成的水利工程体系，加强预测预警，实行科学调度，加大跨流域调水力度。全年跨流域调水100多亿立方米，其中，江水北调系统累计翻水70多亿立方米，加之各级水利部门的应急抗旱补水措施，有力地保障了城乡经济社会和城乡居民生产生活用水需求，保障了全省农业持续增产。

水资源管理与保护力度加强。一是节水型社会建设成效明显。全省万元GDP耗水量达到174立方米（不计火电直流用水为143立方米），比2008年下降5%。继续组织开展“八大行业”节水专项行动，完成节水示范项目185个，新增年节水能力2.1亿立方米。节水型社会载体建设实现全覆盖，创建完成省级节水型企业（单位）155个、节水型社区65个、节水型高校25所、节水型灌区16个。全面完成南京、徐州、张家港3个国家级试点年度目标任务，新增南通、泰州为国家级节水型社会建设试点。二是切实强化饮用水源地保护。审查通过《江苏省饮用水源地安全保障规划》；开展饮用水源保护整治行动，完成首批111个饮用水源地一、二级保护区和准保护区划分，新增备用水源地7个；继续开展重点水功能区水质监测，按月发布水功能区水质通报和集中式饮用水源地水质旬报，对太湖重要水源地开展日报，基本实现水功能区监测全覆盖。三是不断深化水（环境）功能区和地下水管理。启动洪泽湖管理与保护联席会议制度，建立省管湖泊管理与保护考核制度，基本完成省管湖泊的勘界保护工作；开展自来水水资源费审计稽查追缴工作，完成100家用水大户“两费”征收专项稽查；全年共征收水资源费、南水北调基金7.63亿元。组织开展“百湖执法行动”，依法处理一批涉湖违法违规事件。进一步加强地下水管理，2009年全省实际开采6.89亿立方米，压缩超采区600万立方米，完成南水北调受水区地下水开采量调查和全省地下水监测站网调整工作，按时发布地下水监测季报和年报。完善水资源论证、取水许可验收2项制度，审批取水许可申请313份、入河排污口7个，批准取水量3.74亿立方米；应急治理水污染。及时启动应急预案，跟踪监测、应急调水、引清释污，迅速有效处置盐城城西水厂水污染、淮安市区二河段水源地水色异常、山东砷污染下泄事件，确保了居民饮用水源安全，为当地经济社会发展提供了水源保障。

水库移民后期扶持工作取得新进展。全省累计发放原迁移民直补资金2.03亿元，资金发放及时率100%。全省共批复后期扶持项目2821个，完成2699个，完成项目总投资2.78亿元。直补资金的发放和后期扶持项目的实施，不仅对原迁移民提供了经济帮助，更帮助移民安置区解决了经济社会发展中的一些突出问题，得到移民地区干部群众的拥护和支持。

水利行业社会管理和公务服务能力进一步提升。加强水利规划管理。2009年，一批重要规划取得进展。积极配合做好淮河、长江、太湖流域综合规划修编工作；根据国务院批准的《江苏沿海地区发展规划》，形成了《江苏沿海地区发展水利专项规划》等配套规划；全省水系规划形成初步成果；中小河流治理建设规划已得到批复；"十二五"水利发展规划编制工作已经启动。继续深化依法行政。《江苏省水域管理办法》、《江苏省农村河道管护办法》和《江苏省农村饮水安全工程管理办法》已上报省政府审核。完成《江苏省水库管理条例》立法调研工作。组织省水利厅行政权力清理工作，编制水利厅各项行政权力网上公开透明运行的静态信息和运行流程图。聘请了一批依法行政监督员，履行行政监督的职责等。

机关作风和党风廉政建设工作紧抓不放。始终把机关作风和党风廉政建设及预防腐败工作放在全局工作的突出位置，做到常抓不懈、紧抓不放。2009年，在水利厅党组的领导下，在各级党组织的支持下，紧密结合水利工作实际，扎实推进系统党的思想、组织、作风、制度和党风廉政建设，进一步加强先进性长效机制建设和文明行业创建工作，为全厅中心任务的顺利完成提供了有力的精神动力和智力支撑。年初对系统机关作风和党风廉政建设的目标任务进行认真分解，并与厅属各单位党组织签订机关作风和党风廉政建设责任书，与处级干部签订党风廉政建设承诺书；在南水北调、治淮等重点水利工程全面实行"廉政合同"管理制度，实行跟踪监督。对3个厅属管理单位开展多层次、多方面、多形式的巡视检查，并把党风廉政建设情况作为巡视检查的重点。对巡视检查出来的问题，由厅党组向被巡查单位的领导班子集体反馈，要求限期整改，并跟踪督查。开展专项治理，针对行业特点，把重点放在项目审批、招标投标、建设管理、资金财务管理等关键环节上，认真排查问题，突出自查自纠，促进水利系统的党风廉政建设和预防腐败工作。

重 要 文 献

重要文献　　5～72页

重 要 文 件

江苏省水文条例

(2009年1月18日江苏省第十一届人民代表大会常务委员会第七次会议通过)

第一章 总 则

第一条 为了加强水文管理,规范水文工作,发展水文事业,为开发、利用、节约、保护水资源和防灾减灾服务,促进经济社会的可持续发展,根据《中华人民共和国水法》、《中华人民共和国防洪法》和《中华人民共和国水文条例》等法律、行政法规,结合本省实际,制定本条例。

第二条 在本省行政区域内从事水文站网规划与建设,水文监测与预报,水资源调查评价,水文监测资料汇交、保管与使用,水文设施与水文监测环境的保护等活动,应当遵守本条例。

第三条 水文事业是国民经济和社会发展的基础性公益事业。省人民政府应当将水文事业纳入国民经济和社会发展规划,并将水文事业所需经费列入本级财政预算,予以保证;设区的市、县(市、区)人民政府应当根据当地经济社会发展的需要,从资金等方面支持和促进本行政区域水文事业的发展。

第四条 省人民政府水行政主管部门主管全省的水文工作,其直属的水文机构(以下简称省水文机构)具体负责组织实施管理工作。省水文机构派驻到设区的市的水文机构(以下简称市水文机构)在省水行政主管部门和当地人民政府的领导下,具体负责组织实施派驻地的水文管理工作,同时接受当地水行政主管部门的指导。

从事水文活动的其他单位,应当接受水文机构的行业管理。

第五条 县级以上地方人民政府应当加强水文现代化设施建设,鼓励和支持水文科学技术的研究、推广和应用,培养水文科技人才。

第二章 水文规划与站网建设

第六条 省水行政主管部门应当根据国家水文事业发展规划、流域水文事业发展规划和本省经济社会发展需要,组织编制全省水文事业发展规划,征求省有关部门意见后,报省人民政府批准实施,并报国务院水行政主管部门备案。设区的市水行政主管部门应当根据全省水文事业发展规划和本地经济社会发展需要,组织编制本行政区域的水文事业发展规划,经征求省水行政主管部门意见后,报本级人民政府批准实施。

第七条 水文站网建设实行统一规划。省水文机构应当根据全省水文事业发展规划,组织编制全省水文站网建设规划,报省水行政主管部门、发展和改革部门批准后，作为水文站网建设的依据。省水文机构应当根据经济社会发展需要及水文情势变化，适时调整全省水文站网建设规划，并报原批准机关批准。

全省水文站网的设置情况由省水文机构向社会公布。

第八条 水文站网建设应当纳入基本建设计划，按照国家固定资产投资项目建设程序组织实施。

新建、改建、扩建水利工程需要配套建设或者更新改造水文测站的，应当将水文测站的建设或者更新改造经费纳入工程建设概算。直接为水利工程提供服务的水文测站，其运行管理经费应当在水利工程维护经费中安排。

设区的市、县(市、区)因本行政区域经济社会发展需要设立的专用水文测站，其建设和运行管理经费由本级人民政府承担。

第九条 国家重要水文测站的设立和调整，由省水行政主管部门报国务院水行政主管部门直属水文机构批准。其他国家基本水文测站的设立和调整，由省水行政主管部门批准，并报国务院水行政主管部门直属水文机构备案。

第十条 设立专用水文测站，不得与国家基本水文测站重复；在国家基本水文测站覆盖的区域，确需设立专用水文测站的，应当报经省水文机构批准；属于流域管理机构审批的，由省水文机构报流域管理机构批准。

申请设立专用水文测站应当具备下列条件：

(一) 具有开展水文监测工作必要的场地和基础设施；

(二) 具有必需的水文监测专用技术装备和计量器具；

(三) 具有相应专业的技术人员。

专用水文测站由设立单位建设和管理；设立单位无能力管理的，可以委托水文机构管理。撤销专用水文测站，应当报原批准机关批准。

第十一条 因重大工程建设确需迁移国家基本水文测站的，建设单位应当在建设项目立项前向省水行政主管部门提出申请，由省水行政主管部门审查批准或者转报国务院水行政主管部门直属水文机构、流域管理机构批准。水文测站迁移所需费用由建设单位承担。

建设单位提出申请时，应当提交由具有相应水文水资源调查评价资质的单位编制的论证报告。论证报告应当包括迁移位置、监测环境、应急监测措施、对比观测方案、经费预算等内容。

迁移国家基本水文测站的，有关水文机构应当采取应急措施，保证水文监测工作在迁移期间的正常开展。

第三章 水文监测与情报预报

第十二条 从事水文监测的单位应当遵守国家水文技术标准、规范和规程，保证监测质量。任何单位和个人不得漏报、迟报、错报、瞒报水文监测数据，不得伪造水文监测资料。

第十三条 水文机构应当加强对江河湖库、地下水等水体的水量、水质的监测，为防汛防旱、水资源管理与保护、水生态修复、水环境应急治理提供及时、准确的监测资料。市水文机构可以委托符合规定条件的单位或者个人承担雨量、水位等水文监测项目。受委托的单位或者个人应当按照委托事项和要求从事项目监测。

第十四条 水文机构应当加强对水功能区水质状况的动态监测，编制水功能区水质要求的，应当及时报告有关人民政府及其水行政主管部门，并向环境保护行政主管部门、供水主管部门和渔业行政主管部门通报。

第十五条 水文机构应当加强对饮用水源地水量、水质的监测，编制饮用水源地水文情报预报；发现被监测水体的水量、水质等情况发生变化可能危及饮用水安全，或者可能发生突发性水污染事件的，应当加强跟踪监测和调查，并及时将监测、调查情况报所在地人民政府及其水行政主管部门、环境保护行政主管部门和供水主管部门。

第十六条 水文机构应当加强水文巡测和调查分析工作，建立健全水文监测应急机制，加快水文自动监测和快速反应能力建设，完善监测手段，提高公共服务水平。

第十七条 县级以上地方人民政府应当加强水情、雨情、旱情等信息监测系统和洪水预警预报系统建设。承担水文信息采集和情报预报任务的水文测站，应当及时准确地向县级以上地方人民政府防汛防旱指挥机构和水行政主管部门提供实时水情信息及水文情报预报。水文机构为编制水文情报预报需要使用其他部门和单位设立的水文测站的水文资料时，有关部门和单位应当及时提供。

第十八条 水文情报预报实行向社会统一发布制度。

重要水文情报预报、重要洪水情报预报、灾害性洪水情报预报和旱情分析预报，由县级以上地方人民政府防汛防旱指挥机构发布；其他水文情报预报和洪水情报预报，由县级以上地方人民政府防汛防旱指挥机构、水行政主管部门或者水文机构发布。禁止其他单位和个人向社会发布水文情报预报。广播、电视、报纸和网络等新闻媒体应当按照规定和要求及时向社会播发、刊登水文情报预报，并标明发布机构名称和发布时间。

水行政主管部门依法发布水文情报预报，环境保护行政主管部门依法发布水环境状况信息，应当按照国家规定加强协调配合。

第十九条 无线电、通信管理部门应当按照国家有关规定为水文监测工作提供通信保障。任何单位和个人不得挤占、干扰或者破坏水文机构使用的无线信道和有线通信线路。

第四章 水资源调查评价

第二十条 水行政主管部门应当根据经济社会发展需要，遵循客观、科学、系统、实用的原则，按照国家标准组织开展水资源调查评价工作。

水资源调查评价包括水资源基础资料的收集整理和分析、水资源数量评价、水资源质量评价、水资源利用现状及其影响评价、水资源综合评价等内容。

第二十一条 全省和跨设区的市的水资源调查评价工作由省水行政主管部门会同有关部门组织，具体工作由具有水文水资源调查评价甲级资质的单位承担。其他水资源调查评价工作由设区的市水行政主管部门会同有关部门组织，具体工作由具有水文水资源调查评价乙级以上资质的单位承担。

第二十二条 全省和跨设区的市的水资源调查评价成果由省水行政主管部门组织审定，其他水资源调查评价成果由设区的市水行政主管部门组织审定。

第二十三条 从事水文水资源调查评价的单位应当符合法律、行政法规和国务院水行政主管部门规定的条件，取得水文水资源调查评价资质。申请水文水资源调查评价甲级资质的，由省水行政主管部门审查后，报国务院水行政主管部门审批发证；申请水文水资源调查评价乙级资质的，由省水行政主管部门审批发证，并报国务院水行政主管部门备案。申请水文水资源调查评价资质的单位应当按照国务院水行政主管部门的规定提交相关材料。

第二十四条 水文水资源调查评价资质证书的有效期为五年。有效期满后，需要延续资质的，应当在有效期届满六十日前向省水行政主管部门提出申请。任何单位和个人不得伪造、变造、买卖、出租、出借水文水资源调查评价资质证书。

第二十五条 省水行政主管部门应当建

立健全水文水资源调查评价资质管理制度，对持证单位从事业务活动的情况进行监督检查。

第五章　水文资料汇交与使用管理

第二十六条　水文监测资料实行统一汇交制度。从事水文监测的单位应当按照下列规定汇交监测资料：

（一）国家基本水文测站的当年监测资料由市水文机构整编后，于次年一月底前向省水文机构汇交；

（二）其他从事水文监测的单位的当年水文监测资料由监测单位整编后，于次年二月底前向所在地市水文机构汇交。

第二十七条　省水文机构应当妥善存储和保管汇交的水文监测资料，并建立水文数据库和水文信息共享平台，为公众查询和获得水文监测资料提供便利。

基本水文监测资料应当依法公开，但属于国家秘密的除外。

国家机关决策和防灾减灾、国防建设、公共安全、环境保护等公益事业需要使用水文监测资料和成果的，应当无偿提供；其他情形需要使用水文监测资料和成果的，按照国家有关规定收取费用，并实行收支两条线管理。因经营性活动需要提供水文专项咨询服务的，应当签订有偿服务合同。

第二十八条　编制重要规划、进行重点项目建设和水资源管理等使用的水文监测资料实行审查制度。具体审查办法由省水行政主管部门制定。

第六章　水文设施与监测环境保护

第二十九条　任何单位和个人不得侵占、毁坏水文站房、水文缆道、测船码头、监测场地、监测井、专用道路、水文通信设施等水文监测设施，不得擅自使用、移动水文监测设施。

国家基本水文测站的水文监测设施设备因水毁、雷击、山体滑坡、风暴潮等遭受破坏的，当地人民政府和水行政主管部门应当及时组织修复，确保其正常运行。

第三十条　国家依法保护水文监测环境。任何单位和个人都有保护水文监测环境的义务。

水文监测环境保护范围按照不小于以下标准的原则划定：

（一）测验河段：省管以上河道的水文测验断面上、下游各一千米，其他河道的水文测验断面上、下游各五百米；

（二）测验设施：测验操作室、自记水位计台、过河缆道的支架（柱）及锚碇等周边以外二十米；

（三）水文观测场：水文观测场地周边以外十米，观测场周边十米以外有障碍物的，障碍物与观测仪器的距离不得少于障碍物顶部与仪器口高差二倍。

第三十一条　市水文机构应当会同水文测站所在地的县级人民政府水行政主管部门，提出水文监测环境保护范围的具体方案，报县级人民政府确定，并在保护范围边界设立地面标志。

第三十二条　禁止在水文监测环境保护范围内从事下列活动：

（一）种植高秆作物，堆放砂石、煤炭等物料，修建建筑物、构筑物，停靠船只；

（二）取土、挖砂、采石、爆破和倾倒废弃物；

（三）在监测断面取水、排污或者在过河设备、气象观测场、监测断面的上空架设线路；

（四）设置坝埂、网箱、鱼罾、鱼簖等阻水障碍物；

（五）其他对水文监测有影响的活动。

第三十三条　水文监测人员在河道、公路、桥梁上进行水文监测时，应当按照国家有关规定设置警示标志，过往船只、车辆应当减速慢行或者避让，公安、交通等部门和海事管理机构应当予以协助。

水文监测专用车(船)执行防汛抢险、突发性水污染事件测报等紧急任务,通过公路、桥梁、船闸时,有关单位应当优先予以放行,并按照规定免收过路、过桥、过闸费。

第七章　法律责任

第三十四条　违反本条例规定的行为,《中华人民共和国水文条例》已有处罚规定的,从其规定。

第三十五条　违反本条例第二十四条第二款规定,出租、出借水文水资源调查评价资质证书的,由水行政主管部门责令停止违法行为,没收违法所得,并处一万元以上三万元以下罚款,由发证机关依法吊销资质证书;伪造、变造、买卖水文水资源调查评价资质证书的,由公安机关依法给予治安管理处罚,构成犯罪的依法追究刑事责任。

第三十六条　违反本条例第二十九条第一款规定的,由水行政主管部门责令停止违法行为,限期恢复原状或者采取其他补救措施,并可以按照下列规定处以罚款:

(一) 侵占监测场地、专用道路、测船码头等水文监测设施的,处以二千元以上一万元以下罚款;

(二) 毁坏水文站房、水文缆道、监测井、水文通信设施等水文监测设施的,处以一万元以上五万元以下罚款;

(三) 擅自使用、移动水文监测设施的,处以一千元以上五千元以下罚款。

第三十七条　违反本条例规定,从事本条例第三十二条所列活动的,由水行政主管部门责令停止违法行为,限期恢复原状或者采取其他补救措施,并可以按照下列规定处以罚款:

(一) 种植高秆作物,停靠船只,或者设置网箱、鱼罾、鱼簖等阻水障碍物的,处以二百元以上一千元以下罚款;

(二) 修建建筑物、构筑物,设置坝埂,或者堆放砂石、煤炭等物料的,处以五千元以上一万元以下罚款;

(三) 取土、挖砂、采石、爆破和倾倒废弃物的,处以二千元以上五千元以下罚款;

(四)在监测断面取水、排污或者在过河设备、气象观测场、监测断面的上空架设线路的,处以二千元以上一万元以下罚款。

第八章　附　则

第三十八条　本条例自 2009 年 3 月 22 日起施行。2002 年 1 月 21 日江苏省人民政府发布的《江苏省水文管理办法》同时废止。

省政府关于印发江苏省太湖流域水环境综合治理实施方案的通知

苏政发〔2009〕36号

各有关市、县人民政府，省太湖水污染防治委员会各成员单位：

根据《国务院关于太湖流域水环境综合治理总体方案的批复》（国函〔2008〕45号）要求，省政府组织编制了《江苏省太湖流域水环境综合治理实施方案》（以下简称《实施方案》），现印发给你们，请结合实际，认真贯彻执行。

一、切实增强做好太湖水环境综合治理工作的责任感和紧迫感

太湖是苏南人民赖以生存和发展的摇篮，加强太湖水污染防治是转变发展方式、调整经济结构的内在要求，是建设生态文明、实现人与自然和谐的紧迫任务，是提高人民群众生产生活质量、共同建设美好江苏的具体体现。党中央、国务院高度重视太湖治理工作。胡锦涛总书记要求江苏把太湖治理作为建设生态文明的重中之重，下决心根治太湖水污染问题，努力让这颗“江南明珠”重现碧波美景。温家宝总理多次亲临太湖检查指导工作，作出重要指示。近年来，省委、省政府坚决贯彻中央决策部署，坚持以科学发展观为指导，落实环保优先方针，不断加大太湖水污染防治力度。省各有关部门、沿湖地区各级党委政府和广大干部群众积极行动，做了大量扎实深入的工作，推进太湖治理取得了阶段性成效。但是，太湖水环境形势依然严峻，太湖治理是一项长期艰巨的任务。各级各部门要充分认识太湖治理的重要性、紧迫性，切实加强组织领导，加大工作力度，坚持统一规划、综合治理、铁腕治污、科学治太，深入推进太湖水污染防治，确保到2012年太湖水质有所改善，湖体富营养化趋势得到遏制；力争到2020年太湖水质明显好转，富营养化程度有所改善，恢复山青水美的自然风貌，为流域经济社会发展提供保障。

二、认真落实太湖水环境综合治理工作的各项责任

国务院批复的《太湖流域水环境综合治理总体方案》（以下简称《总体方案》），提出了太湖治理的总体目标、基本原则，明确了一系列政策措施，是今后一个阶段太湖治理的指导性文件。《实施方案》是《总体方案》的重要组成部分，各级各有关部门要结合实际，全面贯彻落实。地方各级人民政府是执行《实施方案》的责任主体，政府主要领导是第一责任人。要抓紧制定本行政区域的实施方案和年度计划，纳入国民经济和社会发展年度计划统筹实施，逐级分解各项目标任务和政策措施，确保目标、项目、资金、责任“四落实”。省太湖办是《实施方案》组织实施第一责任人，要加强督促检查，协调推进方案实施工作。省发展改革委要在重大项目建设、资金安排方面加强指导，帮助落实中央和省资金补助政策。省各有关部门要按照职责分工，制定年度工作计划，加强对各地的指导服务，共同做好《实施方案》的贯彻执行工作。

三、严格检查考核和责任追究

太湖流域水环境综合治理实行目标管理制度。省政府对照国家《总体方案》和《实施方案》要求，每年与流域五市政府、省有关部门签订太湖治理目标责任书，逐年分解落实重要目标任务，保障规划目标与年度目标相衔接。各级各部门要建立健全工作责任制和问责制，一级抓一级，层层抓落实，形成强有力的工作格局。要建立省、市、县三级管理、逐级考核机制，开展定期检查和年度考核。受省政府委托，省太湖办对《实施方案》执行情况实行全面监督，负责检查、考核下级政府和省有关部门履行职责、开展工作及任务完成情况，对没有完成工作任务的，下发《督察意见书》，责令及时整改。省审计厅负责组织对项目资金安排、相关经济政策执行情况等开展年度专项审计。省发展改革委会同省太湖办、环保厅做好《实施方案》执行情况年度绩效评估，组织开展中期评估并及时报告省政府，适时提出工作建议和改进措施，保证太湖治理目标的实现。要建立奖惩制度，将《实施方案》完成情况列入各地各部门行政效能考核和领导干部工作实绩考核内容。工作扎实认真、完成任务较好、成效显著的责任单位及其主要负责人，省政府给予表彰奖励；不能按期完成目标任务又无恰当理由的，对主要责任人给予批评；失职渎职的，由纪检监察机关追究责任。省太湖水污染防治委员会每年公布上年度太湖流域各地水环境质量状况、重点工程建设情况和各成员单位工作进展情况，并通过新闻媒体向社会公布。

各市、县政府要立即部署本地区推进实施工作，明确相关部门的责任、分工和进度要求。省有关部门要尽快制定相关配套政策和落实意见。各地、各部门要在2009年3月底前将本地区、本部门贯彻落实的具体方案报省政府。

二〇〇九年二月二十五日

省政府办公厅关于切实加强饮用水安全监管工作的通知

苏政办发〔2009〕54号

各市、县人民政府，省各委、办、厅、局，省各直属单位：

近年来，各地各有关部门以改善供水水质、扩大区域供水服务范围为重点，着力提高饮用水安全保障水平，较好地满足了人民群众生产生活需要。但必须清醒地看到，由于江苏省地处长江、淮河下游，饮用水水质容易受到上游客水污染和本地突发水污染事件影响，饮用水安全形势比较严峻。特别是前一段时间，苏北部分地区发生饮用水源污染导致供水中断的事件，再次敲响了饮用水安全的警钟。为进一步加大饮用水安全监管力度，切实保障饮用水水质安全，现就有关事项通知如下：

一、认真做好饮用水源地保护工作

县级以上人民政府是饮用水源地保护的第一责任人，要严格执行饮用水源保护制度，将饮用水源地保护纳入领导干部考核内容。建立部门联动的水源保护机制，加强水源地日常巡查，扎实推进第二水源和区域供水建设。认真落实省人大常委会《关于加强饮用水源地保护的决定》，加强水源地保护区内污染源整治，依法严格限制可能影响饮用水源地安全的污染项目，坚决关闭对水质有威胁的重大污染源，严格控制污染源及排放，确保饮用水源地水质不低于地表水环境质量Ⅲ类标准。环保部门要加强饮用水源地环境质量、水质监测和污染源监控，依法发布环境状况公报，实施饮用水源地污染防治监督管理。水利部门要加强对饮用水源地水量、水质的监测，依法发布水文预报，加强对排污口建设的监管，抓好水量调配和水源工程建设，保障饮用水源地水量供给。加强环保、水利、建设部门联动，在水源地保护区内外和取水口安装的水质在线检测仪器要实行联网，实现水质数据实时共享；进一步提高水质监测自动化水平，增强水质污染变化预警能力和应急防范能力，实时监测部分水质指标，重点加强对原水的检测，并根据存在的安全隐患情况，加大对特征污染物的检测频率；发现饮用水源地水量、水质达不到国家规定标准时，应立即向政府报告，并及时通报有关部门和可能受到影响的供水单位，做到早监测、早发现、早告知、早处理。

二、进一步加快饮用水设施建设

按照“原水互备、清水联通、井水应急”的原则，对具备单独可控条件的城市，在两年内建成第二水源或备用水源，配套建设必要的取水、净水设施和输水管道，实现净水厂之间的原水互供；对受当地水源条件限制不具备建设第二水源的城市，近期要按照满足居民和重要用水户生活用水量的需求，通过与相邻城市清水管网联通或开采深井水等方式建设应急水源，保证居民饮用水安全需要。各地要加大输水管道和供电设施建设投入，保障原水供应的连续性。向城市输水的主管道原则上应敷设两条，重要供水设施的供电应采用双回路。全面实施《生活饮用水卫生标准》(GB5749—2006)，加快自来水深度处理工艺改造，推广深度处理和膜处理技术，提高供水水质。饮用水源地水质不达标的地区，要抓紧提出强制性技术措施，制定水厂技术改造规划，采用先进适用技术，改进水处理工艺。积极采用新技术、新工艺、新材料，加快供水水厂、管网的建设和改造，完善配水系统，减少供水漏损和管网二次污染，增强供水的稳定性。深入实施区域供水规划，结合农村饮水安全工程加快推进区域集中供水设施和管网建设，以城带乡扩大镇村受益范围，不断提高区域集中供水覆盖面。对目前区域供水不能达到的地区，新建乡镇水厂要选择优质水源、先进制水工艺，已建农村供水设施要积极开展技术改造和管网更新。

三、不断加大饮用水水质监管力度

完善供水水质监管方式，形成企业自检、政府及部门监管、行业监测、公众监督相结合的水质监管体系。供水企业必须建立以水质为核心的质量管理体系和严格的岗位责任制，按照国家标准、技术规程和省规定的检测项目、检测频率和标准检验方法，对原水、工艺过程水、出厂水和管网末梢水的水质实施全过程监管，增加可快速检测的出厂水质的检测频率，按照水质报告制度定期向供水主管部门和卫生部门报告供水水质情况，严格把好出厂水水质关，确保不达标的自来水不出厂、不进管网。供水主管部门要全面落实供水水质行政督察制度、公众参与制度、供水水质责任追究制度，定期公布水质情况，加强对二次供水和自建设施供水的水质监管。卫生部门要完善生活饮用水水质卫生监督监测体系，建立生活饮用水卫生监测信息发布、卫生监督信息公示制度，根据实际定期对各类供水单位的供水水质进行卫生监督监测。政府实施水质监管、水质检测所需经费列入年度财政预算，确保供水水质监管公平、公正和公信。

四、切实加强对饮用水安全监管工作的组织领导

饮用水安全事关广大群众身体健康，事关社会稳定大局。各级政府要从保障和改善民生、维护社会和谐稳定的高度，充分认识保障饮用水安全的重要性紧迫性，严格执行饮用水安全保障行政首长负责制，建立健全政府统一领导、部门各负其责的工作机制，确保饮用水安全措施全面落实。定期组织环保、水利、建设、卫生等部门联合开展水源地保护及饮用水安全检查，近期重点排查饮用水源地保护区内的污染源，对重大隐患挂牌督办，限期整改；对管理责任不落实、整改措施不到位的，严肃追究相关人员责任。各地要于2009年年底前编制完成饮用水突发事件应急预案，落实各项应急保障措施，加强专业化抢险救援队伍建设，认真做好应急演练，进一步增强应急处置能力。一旦发生突发事件，各级政府要严格执行突发事件信息发布纪律，准确及时向社会公布水质情况等信息，让群众知情，争取理解和支持。

二〇〇九年四月二十四日

关于印发《江苏省小型水库除险加固工程质量监督实施办法》的通知

苏水管〔2009〕74号

南京、徐州、常州、连云港、淮安、扬州、镇江、宿迁市水利(务)局:

为进一步做好江苏省小型水库除险加固工程质量监督工作,促进加固工程质量和质量管理水平的提升,根据《建设工程质量管理条例》、《水利工程质量监督规程》(DB32/T1267—2008)、《江苏省小型水库除险加固工程建设管理办法》及相关规程、规定,结合工程特点,我厅制定了《江苏省小型水库除险加固工程质量监督实施办法》,现印发给你们,请贯彻执行。

江苏省水利厅

二〇〇九年四月十四日

江苏省小型水库除险加固工程质量监督实施办法

第一章 总 则

第一条 为切实做好江苏省小型水库除险加固工程建设质量监督工作,促进工程质量和质量管理水平的提升,根据《建设工程质量管理条例》、《水利工程质量监督规程》(DB32/T1267—2008)、《江苏省小型水库除险加固工程建设管理办法》,及相关质量检测、质量评定、验收等规程的规定,结合小型水库除险加固工程的特点,制定本办法。

第二条 小型水库除险加固工程质量监督工作由各市水利工程质量监督站(下称"市站")承担。省水利工程质量监督中心站(以下简称"省站")负责全省小型水库除险加固工程质量监督的综合管理工作,适时组织市站及检测单位,对全省小水库除险加固工程开展质量巡查巡测。

第三条 各项目法人、勘测设计、施工、监理、设备材料供应、检测等单位依法承担相应的工程质量责任,并接受监督管理。

第二章 质量监督申请与工程项目划分

第四条 项目法人应在主体工程开工前到相应质量监督机构办理质量监督手续。

第五条 项目法人在报送质量监督申请时,应同时提交工程项目建设有关审批文件,项目法人与勘测设计、监理、施工等单位签订的合同,相关的设计文件、施工设计图纸。

第六条 主体工程开工前,项目法人应组织施工、监理单位,依照《水利水电工程施工质量检验评定规程》中项目划分的有关规定，对工程进行项目划分，确定主要分部工程、重要隐蔽单元工程和关键部位单元工程。同时将项目划分表及说明书报质量监督机构确认。

水工建筑物等水利工程按水利行业标准进行项目划分和质量检验与评定；管理房屋、防汛道路、绿化等工程可列为检查项目。

第七条 质量监督机构应对项目划分进行审查确认，并将确认意见和质量检验与评定适用的标准书面通知项目法人。

第八条 项目法人按质量监督机构确认意见，调整工程项目划分，并报质量监督机构备案。

第三章 质量监督检查

第九条 质量监督机构应根据各水库除险加固工程实际情况，制订质量监督检查计划，开展质量监督活动。

第十条 对项目法人质量行为监督检查的主要内容为：勘测设计、监理、施工、材料设备采购等合同的签署及管理情况；质量检查组织和制度的建立、落实情况；组织施工图审查情况；设计变更及其手续履行情况；委托第三方质量检测情况；质量验收情况等。

第十一条 对勘测设计单位质量行为监督检查的主要内容为：单位的资质和经营范围，设计人员的资格，勘察设计文件的签章情况；技术交底及现场服务情况；参加重要隐蔽或关键部位单元工程质量签证等情况；设计变更是否符合有关规定等。

第十二条 对施工单位质量行为监督检查的主要内容为：现场主要管理及技术人员的配备及到工情况；质量保证体系的建立和履行情况；"三检制"的执行情况；主要原材料送检情况；工程分包及其管理情况；按施工图施工情况；单元工程质量检验自评和报验情况；各类质量问题整改处理及备案情况等。

第十三条 对监理单位质量行为监督检查的主要内容为：质量控制体系的建立和落实情况；现场监理机构人员配置情况；监理实施细则编制及履行情况；旁站监理，跟踪、平行检测情况；监理日志的记录、监理通知落实情况；质量复核情况等。

第十四条 对工程实物质量监督检查的主要内容为：钢筋、水泥、砂石、止水材料、土工织物等主要原材料质量；大坝填筑、地基处理、防渗处理、伸缩缝止水、钢筋保护层控制等主要施工工序质量；主要建筑物结构尺寸、混凝土质量；闸门启闭机及电气设备的出厂合格证、安装质量等。

第四章 质量检测

第十五条 施工单位应按有关技术标准规定对工程原材料、中间产品、工程实体质量进行检测。

监理单位应进行跟踪检测和平行检测，可利用工地试验设备。监理外送检测、施工单位送检不能为同一检测单位。

第十六条 主体工程开工后，项目法人应及早委托有资质的检测单位并制定第三方检测的计划，并报质量监督机构备案。

第十七条 项目法人委托检测范围应包括重要隐蔽单元工程、关键部位单元工程、重要设备材料及主体工程结构尺寸等。检测的项目和数量应满足如下要求。

1. 大坝土料填筑工程（含戗台填筑）质量抽检内容主要为压实度和外观尺寸。每座独立的坝至少抽测 3 个断面。每座拆建穿堤建筑物另作为 1 个断面。每个断面至少抽检 2 层，每层不少于 3 点，且不得在顶层取样。

2. 块石砌筑及混凝土预制块（或现浇混凝土）护砌工程质量抽检内容主要为垫层厚度、护砌厚度及缝宽、平整度、混凝土强度以及浆砌石的灌浆饱满情况等。每个单位工程（或施工标段）至少抽检 3 组，每组 3 点。

3. 坝脚防护工程（含填塘固基）质量主要

抽检内容为断面复核。每个单位工程(或施工标段)至少抽测3个断面。

4. 坝体截渗工程质量主要抽检内容为防渗体的宽度、连续性、强度、渗透系数等。每个单位工程(或标段施工)至少3组;防渗体宽度、连续性指标可采用挖探坑检查的方式。

5. 建筑物工程主要抽检重要隐蔽单元工程质量、关键部位单元工程质量,主体工程结构尺寸,沉降位移量,主体工程混凝土质量,金属结构质量、金属结构、启闭机及电气设备安装质量等。

第十八条 质量监督机构可根据工程实际情况对检测结果进行随机抽查,并视情况进行质量监督复检。有关参建单位应按要求提供资料并做好配合工作。

第五章 质量问题整改和质量缺陷备案

第十九条 质量监督检查发现问题时,质量监督人员应及时与相关单位交换意见,提出明确的整改意见。

市站在质量监督检查中发现的重大问题,应及时向省站和主管部门报告。

第二十条 对存在的问题,项目法人应及时组织整改,并将整改结果书面形式报质量监督机构备案。

第二十一条 省站在组织质量监督巡查巡测时所形成的质量监督检查意见或质量监督检查记录,由省站发送给市站,市站负责督促有关参建单位整改。

第六章 质量等级核备与核定

第二十二条 重要隐蔽单元工程及关键部位单元工程质量经施工单位自评合格、监理单位抽检后,由项目法人(或委托监理)、监理、设计、施工等单位组成联合小组,共同检查核定质量等级并填写签证表,报质量监督机构核备。

第二十三条 分部工程质量在施工单位自评合格后,由监理单位复核,项目法人认定。分部工程验收的质量结论由项目法人报质量监督机构核备。

第二十四条 单位工程质量在施工单位自评合格后,由监理单位复核,项目法人认定,并由项目法人报质量监督机构核定。

第二十五条 项目法人组织的工程验收前,施工、监理单位应对拟验收范围的工程进行检查,分别撰写质量自评报告和质量复核报告,由项目法人认定后,编制工程质量管理工作报告,报质量监督机构核备。

第二十六条 水行政主管部门组织的工程验收前,项目法人应组织施工、监理单位对验收范围的工程进行质量自查,在验收的10个工作日之前,项目法人将质量自查报告和相关资料报质量监督机构,以文件形式向质量监督机构提出质量核定申请。质量监督机构按有关规定在工程验收前提交工程质量评价意见或质量监督报告。

第二十七条 各市站应将工程质量评价意见、工程质量监督报告抄送省站备案。

第七章 附 则

第二十八条 本办法由省水利工程质量监督中心站负责解释。

第二十九条 本办法自印发之日起实施。

关于印发《江苏省水文条例》行政处罚自由裁量权参照执行标准的通知

苏水政〔2009〕19号

各市、县(市、区)水利(务)局,厅直各水利工程管理处:

《江苏省水文条例》已于2009年1月18日经江苏省第十一届人民代表大会常务委员会公告第11号公布,自2009年3月22日起施行。为保证全省各级水行政执法人员正确行使《江苏省水文条例》行政处罚自由裁量权,我厅组织制定了其行政处罚自由裁量权参照执行标准,现印发给你们,请认真贯彻执行。同时,我厅《关于印发〈江苏省水行政处罚自由裁量权参照执行标准(试行)〉的通知》(苏水政〔2007〕37号)中的《江苏省水文管理办法》的行政处罚自由裁量权参照执行标准废止。

附件:《江苏省水文条例》行政处罚自由裁量权参照执行标准

二〇〇九年四月二十二日

《江苏省水文条例》行政处罚自由裁量权参照执行标准

第三十五条 违反本条例第二十四条第二款规定,出租、出借水文水资源调查评价资质证书的,由水行政主管部门责令停止违法行为,没收违法所得,并处一万元以上三万元以下罚款,由发证机关依法吊销资质证书;伪造、变造、买卖水文水资源调查评价资质证书的,由公安机关依法给予治安管理处罚,构成犯罪的依法追究刑事责任。

行政处罚自由裁量权参照执行标准:

出租、出借水文水资源调查评价资质证书的

(1) 在规定的期限内停止违法行为,无违法所得的,处一万元罚款,由发证机关依法吊销资质证书;

(2) 在规定的期限内停止违法行为,违法所得在五万元以下的,没收违法所得,并处一万元以上二万元以下罚款,由发证机关吊销资质证书;

(3) 在规定的期限内停止违法行为,违法所得在五万元以上十万元以下的,没收违法所得,并处二万元以上三万元以下罚款,由发证机关吊销资质证书;

(4) 在规定的期限内拒不停止违法行为的,或者违法所得在十万元以上的,或者在两年内发生过同样违法行为的,没收违法所得,并处三万元罚款,由发证机关吊销资质证书。

第三十六条 违反本条例第二十九条第一款规定的，由水行政主管部门责令停止违法行为，限期恢复原状或者采取其他补救措施，并可以按照下列规定处以罚款：

（一）侵占监测场地、专用道路、测船码头等水文监测设施的，处以二千元以上一万元以下罚款；

（二）毁坏水文站房、水文缆道、监测井、水文通信设施等水文监测设施的，处以一万元以上五万元以下罚款；

（三）擅自使用、移动水文监测设施的，处以一千元以上五千元以下罚款。

行政处罚自由裁量权参照执行标准：

1. 侵占监测场地、专用道路、测船码头等水文监测设施的

（1）违法行为未对水文监测工作造成不利影响，在规定期限内停止违法行为，并恢复原状的，处以二千元以上三千元以下的罚款；

（2）违法行为未对水文监测工作造成不利影响，在规定期限内停止违法行为，未能恢复原状但采取补救措施的，处以三千元以上五千元以下的罚款；

（3）违法行为对水文监测工作造成不利影响，在规定期限内停止违法行为，并恢复原状或者采取补救措施消除影响的，处以五千元以上七千元以下的罚款；

（4）违法行为对水文监测工作造成不利影响，在规定期限内停止违法行为，并恢复原状或者采取补救措施后仍产生较小影响的，处以七千元以上九千元以下的罚款；

（5）违法行为对水文监测工作造成不利影响，在规定期限内停止违法行为，并恢复原状或者采取补救措施后仍产生较大影响的，处以九千元以上一万元以下的罚款；

（6）在规定的期限内未停止违法行为且未恢复原状或者未采取补救措施的，或者造成经济损失的，按照《中华人民共和国水文条例》第四十二条的行政处罚自由裁量权参照执行标准执行。

2. 毁坏水文站房、水文缆道、监测井、水文通信设施等水文监测设施的

（1）毁坏水文监测设施，造成的损失在一万元以下，在规定期限内停止违法行为，并恢复原状或者采取补救措施的，处以一万元以上二万元以下的罚款；

（2）毁坏水文监测设施，造成的损失在一万元以上三万元以下，在规定期限内停止违法行为，并恢复原状或者采取补救措施的，处以二万元以上三万元以下的罚款；

（3）毁坏水文监测设施，造成的损失在三万元以上五万元以下，在规定期限内停止违法行为，并恢复原状或者采取补救措施的，处以三万元以上四万元以下的罚款；

（4）在规定的期限内未停止违法行为且未恢复原状或者未采取补救措施的，或者毁坏水文监测设施造成的损失在五万元以上的，处以四万元以上五万元以下的罚款。

3. 擅自使用、移动水文监测设施的

（1）违法行为未对水文监测工作造成不利影响，在规定期限内停止违法行为，并恢复原状或者采取补救措施的，处以一千元的罚款；

（2）违法行为对水文监测工作造成不利影响，在规定期限内停止违法行为，并恢复原状或者采取补救措施消除影响的，处以一千元以上二千元以下的罚款；

（3）违法行为对水文监测工作造成不利影响，在规定期限内停止违法行为，并恢复原状或者采取补救措施后仍产生较小影响的，处以二千元以上三千元以下的罚款；

（4）违法行为对水文监测工作造成不利影响，在规定期限内停止违法行为，并恢复原状或者采取补救措施后仍产生较大影响的，处以三千元以上四千元以下的罚款；

（5）在规定的期限内未停止违法行为且未恢复原状或者未采取补救措施的，处以四千

元以上五千元以下的罚款；造成经济损失的，按照《中华人民共和国水文条例》第四十二条的行政处罚自由裁量权参照执行标准执行。

第三十七条 违反本条例规定，从事本条例第三十二条所列活动的，由水行政主管部门责令停止违法行为，限期恢复原状或者采取其他补救措施，并可以按照下列规定处以罚款：

（一）种植高秆作物，停靠船只，或者设置网箱、鱼罾、鱼簖等阻水障碍物的，处以二百元以上一千元以下罚款；

（二）修建建筑物、构筑物，设置坝埂，或者堆放砂石、煤炭等物料的，处以五千元以上一万元以下罚款；

（三）取土、挖砂、采石、爆破和倾倒废弃物的，处以二千元以上五千元以下罚款；

（四）在监测断面取水、排污或者在过河设备、气象观测场、监测断面的上空架设线路的，处以二千元以上一万元以下罚款。

行政处罚自由裁量权参照执行标准：

1. 在水文监测环境保护范围内种植高秆作物，停靠船只，或者设置网箱、鱼罾、鱼簖等阻水障碍物的

（1）未直接影响水文监测，在规定的期限内停止违法行为，并恢复原状或者采取补救措施的，处以二百元以上三百元以下的罚款；

（2）直接影响水文监测，在规定的期限内停止违法行为且恢复原状或者采取补救措施消除影响的，处以三百元以上五百元以下的罚款；

（3）直接影响水文监测，在规定的期限内停止违法行为且恢复原状或者采取补救措施后仍产生较小影响的，处以五百元以上六百元以下的罚款；

（4）直接影响水文监测，在规定期限内停止违法行为且恢复原状或者采取补救措施后仍产生较大影响的，处以六百元以上八百元以下的罚款；

（5）直接影响水文监测，在规定的期限内拒不停止违法行为且不恢复原状或者不采取其他补救措施的，处以八百元以上一千元以下的罚款。

2. 在水文监测环境保护范围内修建建筑物、构筑物，设置坝埂，或者堆放砂石、煤炭等物料的

（1）直接影响水文监测，在规定的期限内停止违法行为且恢复原状或者采取补救措施消除影响的，处以五千元以上六千元以下的罚款；

（2）直接影响水文监测，在规定的期限内停止违法行为且恢复原状或者采取其他补救措施后仍产生较小影响的，处以六千元以上七千元以下的罚款；

（3）直接影响水文监测，在规定期限内停止违法行为且恢复原状或者采取补救措施后仍产生较大影响的，处以七千元以上九千元以下的罚款；

（4）直接影响水文监测，在规定的期限内不停止违法行为且不恢复原状或者不采取其他补救措施的，处以九千元以上一万元以下的罚款。

3. 在水文监测环境保护范围内取土、挖砂、采石、爆破和倾倒废弃物的

（1）在规定期限内停止违法行为且恢复原状或者采取补救措施消除影响的，处以二千元以上三千元以下的罚款；

（2）在规定期限内停止违法行为且恢复原状或者采取补救措施后仍产生较小影响的，处以三千元以上四千元以下的罚款；

（3）在规定期限内停止违法行为且恢复原状或者采取补救措施后仍产生较大影响的，处以四千元以上五千元以下的罚款；

（4）在规定期限内拒不停止违法行为且不恢复原状或者不采取补救措施的，按照《中华人民共和国水文条例》第四十三条的行政处罚自由裁量权参照执行标准处以五千元以上一万元以下罚款。

4. 在保护范围内在监测断面取水、排污或者在过河设备、气象观测场、监测断面的上空架设线路的

（1）直接影响水文监测，在规定期限内停止违法行为且恢复原状或者采取补救措施消除影响的，处以二千元以上四千元以下的罚款；

（2）直接影响水文监测，在规定期限内停止违法行为且恢复原状或者采取补救措施后仍产生较小影响的，处以四千元以上六千元以下的罚款；

（3）直接影响水文监测，在规定期限内停止违法行为且恢复原状或者采取补救措施后仍产生较大影响的，处以六千元以上八千元以下的罚款；

（4）直接影响水文监测，拒不停止违法行为且不恢复原状或者不采取补救措施的，处以八千元以上一万元以下的罚款。

关于印发《江苏省水利厅水行政许可论证报告专家评审管理办法(试行)》的通知

苏水政〔2009〕26 号

厅机关各有关处室：

《江苏省水利厅水行政许可论证报告专家评审管理办法(试行)》已经厅长办公会议审议通过，现印发给你们，请遵照执行。

江苏省水利厅

二〇〇九年六月二十八日

江苏省水利厅水行政许可论证报告专家评审管理办法(试行)

第一章 总 则

第一条 为了规范水行政许可论证(包括评价，下同)报告专家评审工作，提高评审质量，保证评审工作廉洁高效，根据《江苏省水利厅水行政许可实施办法》等规定，制定本办法。

第二条 本办法适用于由省水利厅组织的水行政许可论证报告的专家评审和管理工作。

第三条 省水利厅审批或者受上级水行政主管部门委托审批的下列水行政许可，其论证报告应当进行专家评审：

(一) 建设项目水资源论证报告书；

(二) 建设项目防洪评价报告书；

(三) 河道采砂可行性论证报告；

(四) 开发建设项目水土保持方案报告书；

(五) 入河排污口设置论证报告；

(六) 受上级水行政主管部门委托评审的水行政许可事项评价报告书(表)。

第二章 专家管理

第四条 省水利厅建立水行政许可论证报告评审专家库(以下简称“专家库”)。专家库由厅政策法规处统一管理。

专家入选专家库，采取个人申请和单位推荐两种方式。

第五条 专家入选专家库程序如下：

(一) 申请人填写“水行政许可论证报告评审专家申请登记表”，或者由单位填写“水行政许可论证报告评审专家申请推荐表”；

(二) 采取个人申请方式的，应当附具所在单位初步审核意见后报省水利厅；采取单位推荐方式的，事先征得被推荐人同意后报省水利厅。个人申请书或者单位推荐书应当附具符合本办法第六条规定条件的证明材料；

（三）省水利厅收到申请登记表或者申请推荐表后，由厅业务处室进行提名，厅政策法规处对业务处室提名的人选按照本办法第六条规定的条件进行审查，并根据需要征求有关行业主管部门以及其他有关部门或者专家的意见；

（四）经审查，符合条件的，由省水利厅统一组织培训考核，根据审查及考核情况提出拟入选专家库的专家名单，报经厅分管厅长同意后，在江苏水利网站进行公示，公示期限为5个工作日；

（五）公示期满后，对拟入选专家无异议的，报请厅分管厅长批准后公布，发放聘书并书面告知入选专家；对有异议的专家，由政策法规处提出复核意见并经厅领导研究决定是否入选专家库。

入选的专家实行聘任制，聘用的年限为3年。

个人申请书或者单位推荐书应当存档备查。

第六条 入选专家库的专家应当具备以下条件：

（一）熟练掌握有关法律法规、技术标准和规程规范；

（二）从事相关专业领域工作满八年并具备高级职称或者同等专业水平；

（三）能够公正、公平、认真、诚实、廉洁地履行评审职责；

（四）身体健康，能够胜任评审工作。

第七条 评审专家享有下列权利：

（一）接受聘请，担任评审专家小组成员；

（二）阅读、研究论证报告及相关技术资料，了解、熟悉与评审项目有关的主要信息和数据；

（三）根据有关法律法规、规范和规程，对论证报告进行评审，提出书面评审意见，提出的评审意见不受任何单位和个人的干预；

（四）对论证报告存在疑义的，有权要求编制单位以书面或者口头形式作出回答；

（五）在评审过程中发现有违纪、违规或者不正当行为的，有权向有关行政监督部门举报；

（六）取得参加评审活动的劳动报酬；

（七）对评审专家的管理工作提出意见或者建议；

（八）法律、法规规定的其他权利。

第八条 评审专家应当承担下列义务：

（一）按时参加评审工作，依法接受专家管理部门的监督管理；

（二）遵守评审工作纪律，不得收受被评对象的财物或者接受影响公正评审的宴请；

（三）依据评审标准和方法，对论证报告进行系统的评审，客观、公正地履行职责，遵守职业道德；

（四）对本人所提出的评审意见承担责任；

（五）在评审过程中不得将自己的意图强加于其他评审专家；

（六）参加起草最终评审意见；

（七）参加专家管理部门组织的业务和法律知识培训；

（八）工作单位、职称和通讯方式等个人信息发生变化时，应当及时告知专家管理部门；

（九）法律、法规规定的其他义务。

第九条 参加行政许可论证报告会评审专家的确定，实行专家库抽取与指定相结合的方式。专家指定由业务处室在入选专家库的专家中指定，报分管厅长批准后，通知专家参加评审会。

评审会评审专家抽取应当按照以下程序进行：

（一）业务处室根据评审工作安排，提前2个工作日向厅政策法规处提出，并明确论证报告名称、评审时间和地点，以及需要专家的人数和专家的专业类别、区域限制等条件；

（二）业务处室会同政策法规处从专家数据库随机抽取专家，经与专家本人联系，确认届时能够参加评审会。

评审会评审专家抽取的比例应当不低于评审专家总数的三分之二。

业务处室在抽取和指定的专家中，推选评审组组长。

第十条 因专业、技术等原因，需要在专家库外特邀专家的，由业务处室与厅政策法规处商定，但特邀专家每次不超过2人。

评审组成员为7人以上单数。

第十一条 评审专家实行回避制度。有下列情形之一的，评审专家应当回避：

（一）评审专家系项目申请人、论证报告编制单位工作人员或其近亲属；

（二）本人及其近亲属与申请事项有利害关系；

（三）与申请事项、申请人、利害关系人有利益关系，可能影响评审结果公正的；

（四）行政许可事项由本处室承办的。

评审专家回避应当在评审会召开前，由专家本人、利害关系人或者有关处室提出，由厅政策法规处会同业务处室研究决定。

第三章 专家评审

第十二条 下列人员参加专家评审会：

（一）专家评审组全体成员（含特邀专家）；

（二）评审报告编制机构代表；

（三）厅有关处室和专家库管理部门的代表以及项目可研设计单位的代表；

（四）参与项目审批的有关工作人员和项目所在地有管辖权的水利部门的代表。

第十三条 评审专家应当以严谨、科学的态度，求实、负责的精神，严格按照法律、法规、规章、国家或行业颁布的有关技术标准、规程规范以及相关评审规定，独立、客观、认真、公正地对论证报告进行评审。

第十四条 论证报告专家评审一般采取会议审查方式。对规模较小、技术较为简单或者因特殊原因不能召开专家评审会的，可以采取书面函审方式。

需要进行现场查勘的，业务处室应当组织有关专家在评审会议召开前进行。对重大项目有特殊要求的，业务处室应当请项目申请单位或论证报告编制单位附具专门试验或者检测报告。

第十五条 专家评审会一般程序：

（一）主持人介绍项目基本情况（包括现场勘查或者特殊要求专门试验和检测情况）、参加会议的单位及其代表、宣布专家评审组成员及组长名单。

（二）专家评审组组长主持评审会：

1. 论证报告编制单位和相关单位介绍项目有关情况，并就论证报告编制的过程、技术方法和具体评价内容及其主要结论以及对利害关系人的权益影响、补偿措施等向专家及与会代表作出汇报。

2. 论证报告编制单位回答专家及与会代表提出的项目有关的问题，必要时应当提供相关的原始资料。

3. 专家和与会代表进行讨论；专家评审组组长综合专家评审意见和会议讨论情况提出专家组评审建议，经专家评审组成员讨论并进行无记名表决后形成评审意见；表决采取“少数服从多数”的方式进行，专家对表决通过的评审意见有不同意见的，可以声明保留。

4. 专家评审组组长宣读评审意见，并在评审专家组长栏签名。

（三）主持人进行会议小结。

第十六条 专家评审组的评审意见应当包括以下内容：

（一）评审会有关概况；

（二）项目基本情况；

（三）评审报告采用的基本资料评价；

（四）技术路线及其方法评价；

（五）成果要点及结论评价；

（六）补充、修改意见；

（七）专家签名表；

（八）其它有关建议。

采取书面函审方式评审的，由业务处室将论证报告送达评审专家，专家应当在7个工作日内向业务处室提交署名的书面评审意见。

第十七条 业务处室应当在收到专家评审组书馈给项目申请人或者报告编制单位。

报告编制单位应当按照评审意见对论证报告进行修改、补充和完善，并及时提交专家评审组组长审核。专家评审组组长应当在收到修改后的论证报告之日起5个工作日内，就修改的情况进行审核。

修改后的论证报告，达到规定要求的，专家评审组组长应当在论证报告上签署通过审核的意见，并作为申请办理水行政许可事项的主要技术依据；达不到要求的，专家评审组组长应当在修改后的论证报告上提出需要进一步修改、补充和完善的意见和下次审核时间。

第十八条 参加评审会的人员应当尊重和维护项目申请人和报告编制单位的知识产权和商业、技术秘密。

第十九条 有下列情形之一的，报告编制单位或者利害关系人可以提出重新组织专家评审的申请：

（一）评审程序或者技术依据不符合法律、法规、规章、国家或行业颁布的有关技术标准、规程规范以及相关评审规定的；

（二）直接涉及项目申请人与第三人之间有重大利害关系，利害关系人对专家组评审意见有重大异议的；

（三）违反本办法第十一条回避规定的；

（四）评审意见失实的。

第二十条 项目申请人或者利害关系人要求重新组织专家评审申请，应当向业务处室提出，并提供有关证据、资料和理由。

业务处室收到重新组织专家评审申请后，应当会同厅政策法规处、驻厅纪检组、监察室研究，提出意见报厅领导决定，并将是否重新评审的意见书面告知申请人。

重新组织专家评审的，其评审的程序和方式按照本办法有关规定执行。

第四章　责任与纪律

第二十一条 参加专家评审会的人员应当遵守下列规定：

（一）不得利用组织和承办专家评审会的机会直接或者间接干预专家评审工作、向专家施加倾向性影响，损害国家利益或者项目申请人的合法权益；

（二）不得隐瞒、歪曲或者不如实反映专家提出的意见；

（三）不得索取或者接受项目申请人、论证报告编制单位及其相关人员的礼品、礼金、有价证券、支付凭证和可能影响公正评审的宴请或者谋取其他不正当利益；

（四）不得为了得出主观期望的结论，与人串通、断章取义、片面做出与客观事实不符的评价；

（五）不得压制不同学术观点和其他专家意见；

（六）不得泄露、披露或擅自使用项目申请人和评审报告编制机构的知识产权和商业、技术秘密。

第二十二条 项目申请人或者报告编制单位提供虚假材料、信息或者以其它形式干扰专家独立、客观、公正评审，造成评审结果失实的，所造成的后果由其自行承担，直至追究行政、法律责任。

第二十三条 专家在评审工作中徇私舞弊、弄虚作假、玩忽职守造成不良影响的，省水利厅视情节轻重可以作出通报批评、暂停参加评审活动，直至从专家库中除名的处理。专家在一年内三次缺席已承诺参加的评审会的，由省水利厅取消其评审专家资格。

评审工作人员在评审中徇私舞弊、滥用职权或者玩忽职守的，省水利厅视情节轻重对相关责任人给予行政处分，触犯刑律的，依法移交有关机关处理。

第二十四条 厅政策法规处对专家评审过程进行监督。任何单位和个人认为评审活动中有违法违规行为的，可以向省监察厅驻省水利厅监察室或者厅政策法规处举报和投诉。

第五章 附 则

第二十五条 本办法由江苏省水利厅负责解释。水利部对水行政许可专家评审管理另有规定的，从其规定。

第二十六条 本办法自发布之日起施行。

关于印发《〈取水许可管理办法〉行政处罚自由裁量权参照执行标准》的通知

苏水规〔2009〕3号

各市、县(市、区)水利(务)局,厅属各水利工程管理处:

现将《取水许可管理办法》(水利部令第34号)的行政处罚自由裁量权参照执行标准印发给你们,请结合实际,认真贯彻执行。

江苏省水利厅

二〇〇九年八月十二日

《取水许可管理办法》行政处罚自由裁量权参照执行标准

第五十条 取水单位或者个人违反本办法规定,有下列行为之一的,由取水审批机关责令其限期改正,并可处一千元以下罚款:

(一)擅自停止使用节水设施的;

(二)擅自停止使用取退水计量设施的;

(三)不按规定提供取水、退水计量资料的。

水行政处罚自由裁量权参照执行标准:

1. 擅自停止使用节水设施的

(1)擅自停止使用节水设施所增加的取水量占使用节水设施取水量百分之十以下的,责令其限期改正,并可处三百元以下罚款;

(2)擅自停止使用节水设施所增加的取水量占使用节水设施取水量百分之十以上百分之二十以下的,责令其限期改正,并可处三百元以上七百元以下罚款;

(3)擅自停止使用节水设施所增加的取水量占使用节水设施取水量百分之二十以上的,责令其限期改正,并可处七百元以上一千元以下罚款。

2. 擅自停止使用取退水计量设施的

(1)擅自停止使用取退水计量设施一个月以下的,责令其限期改正,并可处三百元以下罚款;

(2)擅自停止使用取退水计量设施一个月以上三个月以下的,责令其限期改正,并可处三百元以上七百元以下罚款;

(3)擅自停止使用取退水计量设施三个月以上的,责令其限期改正,并可处七百元以上一千元以下罚款。

3. 不按规定提供取水、退水计量资料的

(1)不按规定提供的取水、退水计量资料占应提供资料的百分之三十以下的,责令其限期改正，并可处三百元以下罚款；

（2）不按规定提供的取水、退水计量资料占应提供资料的百分之三十以上百分之七十以下的，责令其限期改正，并可处三百元以上七百元以下罚款；

（3）不按规定提供的取水、退水计量资料占应提供资料百分之七十以上的，责令其限期改正，并可处七百元以上一千元以下罚款。

关于开展全省水土保持监督管理能力建设的通知

苏水农〔2009〕37号

各市水利(务)局：

为深入贯彻《水土保持法》，增强水土保持监督管理能力，提升监督管理水平，水利部印发了《关于开展全国水土保持监督管理能力建设的通知》(水保〔2009〕294号)，召开了全国水土保持监督执法专项行动总结暨监督管理能力建设启动视频会议，全面部署了水土保持监督管理能力建设工作。根据水利部要求，结合江苏省实际，现就开展全省水土保持监督管理能力建设的有关事项通知如下：

一、充分认识开展监督管理能力建设的重要意义

《水土保持法》颁布实施以来，江苏省颁布了《江苏省实施〈水土保持法〉办法》等一系列配套法规规范性文件，各地认真宣传贯彻并组织开展水土保持监督执法等工作，取得了一定的成绩，对控制江苏省新的水土流失产生起到了积极的作用。但全省水土保持监督管理能力还很薄弱，主要表现为监督管理机构和人员配置还没有到位，监督管理人员的法律素养和执法水平有待提高，监督管理的缺位、漏位现象还很普遍，基层水土保持监督管理能力与全面建设法治政府、依法行政的要求还不相适应。水利部部署开展全国水土保持监督管理能力建设，对着力提高江苏省水土保持监督管理能力、规范监督管理工作，预防新的水土流失，保护生态环境，促进经济社会又好又快发展具有十分重要意义。各级水行政主管部门必须充分认识开展这项工作的重要意义，切实按照水利部和我厅部署，切实抓好以全面提高水土保持监督管理能力为目标，建立健全水土保持配套法规体系和管理体系，加大水土保持执法监督力度，全面提高依法行政水平，认真落实水土保持“三同时”制度，切实减少人为水土流失，努力使江苏省的水土保持监督管理能力进一步得到提高。

二、明确目标任务和建设内容

(一) 目标任务

水土保持监督管理能力建设的目标是用两年(2009年6月～2011年6月)时间，确保列入水利部的第一批4个水土保持监督管理能力建设重点县通过水利部验收；列入省的13个水土保持监督管理能力建设的重点县通过省水利厅验收。

(二) 建设内容

进一步完善水土保持配套法规体系，做到实施办法、方案审批、监督检查、设施验收、水土保持生态补偿等规定“五完善”；

进一步加强水土保持监督管理和执法机构履行职责的能力，全面实现机构、人员、办公场所、工作经费、取证设备装备“五到位”；

进一步规范水土保持执法监督管理工作，实现水土保持方案审批、监督检查、设施验收、规费征收、案件查处工作“五规范”；

进一步健全水土保持监督管理制度，做到上级水行政主管部门对下级履行职责情况的督察制度、年度及重大水土流失案件(事件)报告制度、水土保持技术服务单位管理制度、廉政建设制度、社会监督制度“五健全”；

进一步提高生产建设项目水土保持方案

申报率、实施率和验收率，其中重点县水土保持方案申报率达到 90%以上，水土保持方案实施率达到 80%以上，水土保持设施验收率达到 70%以上。

三、加强组织领导，落实保障措施

省水利厅水土保持监督执法专项行动领导小组继续作为这次监督管理能力建设的组织领导机构。市、县水行政主管部门要加强对监督管理能力建设的领导，继续发挥各级水土保持监督执法专项行动领导小组的作用，组织好能力建设的各项工作。加强与地方有关部门协作配合，结合当地实际，制定详细的能力建设实施方案，进一步提高方案的针对性和操作性；安排经费，保障能力建设的正常开展。

四、扎实推进，明确重点

列入国家第一批实施的江宁、宜兴、盱眙、赣榆 4 个重点县和省级 13 个重点县，要明确工作重点。在分析本地现状基础上，对照综合评价指标，查找本地区水土保持监督管理工作的薄弱环节，制订具体的工作目标和实施计划，围绕重点，扎实有序推进能力建设。各市于 2009 年 9 月 20 日前将本市重点县名单报水利厅。

五、认真总结，加强宣传

各市、县水行政部门要按年度做好水土保持监督管理能力建设活动总结。我厅将出台考核制度，对先进单位和个人进行表彰。在活动开展过程中，水利厅将适时组织经验交流等活动，通过典型示范，借助媒体、网络等宣传工具加强宣传工作，营造良好的活动氛围。建立简报制度，及时报道活动进展和好的工作经验。请各市水利局将确定的本市水土保持监督管理能力建设重点县及负责宣传工作的人员名单于 9 月中旬报水利厅。

附件 1. 江苏省水土保持监督管理能力建设实施方案（略）

2.《水土保持监督管理能力建设综合评价指标（县级）》（略）

江苏省水利厅

二〇〇九年九月十八日

关于印发《加强水利建设工程外观质量管理的若干意见》的通知

苏水基〔2009〕79号

各市水利(务)局,厅直各有关单位,省各重点水利工程建设局(处):

为进一步加强江苏省水利建设工程外观质量管理,全面提升水利建设工程质量,我厅制定了《加强水利建设工程外观质量管理的若干意见》,现印发给你们,请认真贯彻执行。

江苏省水利厅

二〇〇九年十月二十二日

加强水利建设工程外观质量管理的若干意见

近年来,经过各级水行政主管部门和各建设、设计、施工、监理单位的努力,江苏省水利建设工程的质量管理水平稳步提高,外观质量得到进一步改善,建成了一批内在质量优良、外在质量精美的水利工程。但也有一些建设、施工、监理单位对工程外观质量管理,特别是对混凝土和砌石工程外观质量重视不够,导致部分工程外观质量欠佳。

为进一步提高水利建设工程外观质量,特别是加强混凝土和砌石工程的外观质量管理,提升江苏省水利建设工程的形象,现提出加强外观质量管理的若干意见。

一、树立工程外观质量意识

工程外观质量是水利建设工程质量的重要组成部分和工程建设水平的重要体现,也是提升江苏省水利建设品味,打造水利建设精品工程的重要环节。各级水行政主管部门、各工程参建单位要切实树立工程外观质量意识,改变重内在质量、轻外观质量的状况,采取切实有效的措施,提高外观质量管理水平,力争把每座水利工程建设成内在质量优良、外观质量精美的精品工程。

二、明确工程外观质量责任

各参建单位应高度重视工程外观质量的管理,明确外观质量目标,建立健全外观质量管理制度,明确各自的质量责任。勘测设计单位在功能规划的同时,要注重工程的环境和景观的规划;在结构设计的同时,要注重工程建筑造型设计,明确外观质量的要求。施工单位在制定施工组织设计时,应明确工程外观质量保证措施,特别是明确混凝土和砌石工程外观质量控制的具体措施和保证手段;工程施工过程中,要努力提高施工工艺水平,切实加强过程控制和外观质量的管理。监理单位应在监理实施细则中明确外观质量控制内容，督促施工单位落实外观质量的控制措施，建立外观质量控制体系，严格外观质量评定。项目法人应建立外观质量检查制度，发现外观质量缺陷，应及时组织整改。水行政主管部门及其质量监督机构应加强对外观质量的监督检查，严格外观质量的核定，将外观质量作为工程质量检验评定与验收的重要内容。

三、保证混凝土工程外观质量

1. 严格执行配合比设计。应严格按有资质单位出具的混凝土配合比配料单生产混凝土，严禁擅自更改，避免因配合比不当导致混凝土裂缝等质量缺陷。

2. 重视混凝土色差控制。应选用同一厂家、同一品牌、同一颜色的水泥、砂、石等原材料，在混凝土配置、生产过程中应计量准确，拌和均匀，应积极推广使用预拌混凝土，努力减小混凝土色差。

3. 保证模板与安装质量。临水面及其他外露部位，要使用大型钢模或新木质模板，不宜使用小型组合钢模和周转次数多的模板。应保证模板架立牢固，拼缝封闭，平整光洁。应根据模板的受力情况，确定模板的型号规格和对销螺栓的布设，避免因走模、胀模而引起挂浆、漏浆、错台、凹凸等现象。应采取有效措施保证钢筋保护层厚度，避免出现露筋或保护层厚度不足。应严格控制拆模时间，避免因过早拆模导致混凝土剥皮、脱角、龟裂等情况。

4. 加强浇筑振捣工艺控制。混凝土应采用导管输送入仓，分层平仓浇筑，上层混凝土应在下层混凝土初凝前覆盖，防止因覆盖不及时而产生冷缝。混凝土振捣时，既要避免漏振而造成混凝土狗洞、蜂窝、麻面，又要防止因过振而产生离析等现象。特别要控制好伸缩缝、止水等部位混凝土浇筑、振捣工艺，保证止水效果。

5. 保证混凝土养护到位。应按施工规范要求对混凝土表面进行湿润养生。拆模后可采用保温材料覆盖养护，有条件的可在混凝土表面喷涂混凝土养护剂养护。气温骤变时，要特别注意温控保湿，防止混凝土早期碳化、表面裂缝或冻害的发生。

6. 及时进行表面修补。对混凝土表面缺陷和对销螺栓孔，应用同质水泥调制的砂浆及时进行刮浆修补，不得用纯水泥浆涂刷遮掩。对较严重的混凝土外观缺陷，应进行质量缺陷备案，经论证后，采用防碳化材料进行处理。

四、抓好砌石工程外观质量

1. 保证施工人员素质。应选择合格、熟练的石工进行施工，不得以瓦工、水泥工替代石工作业。

2. 抓好石料的采购和加工。石料的材质和规格应符合设计和工艺要求。用于常水位以上部位或水位变化区的石料，应选用普通加工块，面石、角石应经现场加工后砌筑，保证砌体的平整度和垂直度。有条件的宜选用精加工块石。

3. 保证整坡、地基压实工序质量。砌筑前应先进行地基、坡面整理，保证地基压实度。应按设计要求均匀铺设垫层材料，避免砌体明显的沉陷和裂缝。曲面、扭面与平面的联结应平顺，曲线要流畅，避免明显的折线。

4. 严格控制砌石工艺质量。严格掌握砌体的平整度和垂直度偏差，避免砌石缝过宽、三角缝过大、错缝不达标等缺陷，砂浆缝、三角缝宽度应控制在标准范围内。浆砌石的砂浆填塞应饱满，不得以灌砌施工方法代替浆砌施工方法。浆砌石应尽量勾凹缝，宜在平缝内压凹缝，防止砂浆剥落。砌石工程变形缝、结构缝缝宽应均匀、平顺，充填材料应饱满密实。

五、重视其他工程外观质量管理

各级水行政主管部门及工程各参建单位在突出抓好混凝土和砌石工程外观质量的同时，还应抓好堤防、河道开挖、机电设备、金属结构、房屋、水土保持等工程的外观质量管理工作，以保证整个工程的外观质量。

六、做好外观质量检测与评定

项目法人委托质量检测应包括外观质量检测内容，检测单位应按照规范要求进行检测，并出具检测报告。混凝土、砌石单位工程完工后，项目法人应组织由监理、设计、施工及工程运行管理等单位组成工程外观质量评定组，现场进行工程外观质量检验与评定，评定结果应报工程质量监督机构核定。

七、严格外观质量监督与核定

质量监督机构应加强对外观质量的监督检查，认真核定工程外观质量。对大中型工程，质量监督人员应现场监督工程外观质量评定，督促有关单位按相应的质量标准和要求开展检查、检测和外观质量评定，对较大的工程外观质量缺陷，应有质量缺陷备案资料。对项目法人报送的外观质量评定资料，质量监督机构应认真进行核查，保证外观质量评定的真实性、准确性。外观质量达不到相应要求的，工程质量不得评定为优良等级。

八、强化工程外观质量验收

法人验收、政府验收，均应将外观质量作为验收的重要内容。外观质量不合格、外观质量缺陷未处理到位或外观质量资料不齐全的工程，不得进行验收。

各级水行政主管部门及工程各参建单位要全面抓好水利建设工程的外观质量管理。通过努力，力争使江苏省所有水利建设工程达到内在质量优良、外观质量精美的目标，全面提升江苏省水利工程建设水平。

关于印发《江苏省省管湖泊管理与保护工作考核办法(试行)》的通知

苏水管〔2009〕317号

各有关市水利(务)局、各有关厅属水利工程管理处:

为深入贯彻《江苏省湖泊保护条例》,依法加强省管湖泊管理与保护工作,规范湖泊管理行为,提高湖泊管理水平,我厅制定了《江苏省省管湖泊管理与保护工作考核办法(试行)》。现印发给你们,请认真贯彻执行。

江苏省水利厅

二〇〇九年十一月十四日

江苏省省管湖泊管理与保护工作考核办法(试行)

第一章　总　则

第一条　为加强省管湖泊管理与保护工作,提高湖泊管理水平,规范湖泊管理行为,维护湖泊健康生命,依据《江苏省湖泊保护条例》、《江苏省水利工程管理条例》和《省管湖泊保护规划》,制定本办法。

第二条　本办法适用于《江苏省湖泊保护条例》确定的省管湖泊的管理考核工作,其他湖泊可参照执行。

第三条　省水利厅负责对有省管湖泊管理任务的市水行政主管部门和厅属水利工程管理处进行考核;受省水利厅委托省有关厅属水利工程管理处会同相关市水利局共同做好市、县(区)湖泊管理单位的具体考核工作。

第四条　省管湖泊管理与保护工作考核的主要内容包括组织管理、巡查管理、开发利用管理、水事违法案件查处、安全运行管理和经济管理等六个方面。

第二章　考核的内容

第五条　成立专门的湖泊管理机构或依托已有的水利工程管理单位具体承担辖区内省管湖泊管理职能,其湖泊管理职能应有同级人民政府编制机构的批复。

第六条　按照经过批准的编制数,配备符合任职资格的管理人员,管理人员实行岗位责任制。

第七条　加强管理队伍自身建设,制定职工培训计划,积极组织参加各类水法律法规知识和湖泊知识培训,提高管理人员综合素质。

第八条　加强与涉湖相关部门的沟通协

调，积极参与并推进湖泊联席会议制度建设。

第九条 建立和完善湖泊巡查、安全管理等各项湖泊管理规章制度，关键岗位制度明示，各项制度贯彻执行情况良好。

第十条 接受上级水行政主管部门和有关厅属水利工程管理处对湖泊管理工作的检查、指导和监督。认真完成上级下达的各项湖泊管理任务，按照有关规定的期限和要求，及时上报完成情况。

第十一条 制定湖泊管理与保护法律法规及湖泊知识宣传年度计划和具体实施措施，每年因地制宜开展宣传活动。

第十二条 配备固定的办公场所，逐步装备巡逻艇、巡查专用车和必须的照相、通讯、录音、录像等管理设备和装备。

第十三条 管理单位办公区应保持整洁，符合卫生、安全、防火要求。

第十四条 配备专门的档案资料室，建立健全湖泊管理档案管理制度，并要由专职或兼职人员管理档案，档案设施齐全、整洁、完好。每年年底对档案资料进行汇总整理，并及时归档。

第十五条 积极开展湖泊管理专项课题研究，广泛引进、推广使用新技术，研究开发先进管理设施，改善管理手段。

第十六条 熟悉所辖湖泊地形地貌、历史状况、水文特征、生态情况、水生动植物、水质状况、保护范围及功能区范围、涉湖相关规划、水功能区划保护目标等湖泊基本情况。要对湖泊保护范围内的圈圩、垦植、养殖、开发利用项目、采砂、取土以及沿湖污染源、排污口等进行清查登记。

第十七条 制定辖区内省管湖泊的具体巡查方案。巡查方案应符合湖泊实际，内容全面。

第十八条 湖泊巡查内容应全面。完整的一次巡查应分为外围的陆域巡查和湖泊水域巡查两部分。外围陆域巡查的重点是对湖堤及湖滩、沿湖口门控制工程、滞涝圩、管理设施等的外观以及工程运行情况、涉湖活动合法性等。湖泊水域巡查内容则包含水面占用、开采行为、排污情况、湖泊功能区、涉湖建设项目、相关规划执行情况等。

第十九条 结合实际情况，制定年度、月度巡查工作计划。各级水行政主管部门每月巡查不少于1次，湖泊管理单位巡查次数每周不少于1次。

第二十条 湖泊巡查过程中应有巡查记录，记录应规范，并附有初步分析及处理意见；按规定期限向有关部门报送湖泊巡查报告及表格；每半年对湖泊巡查情况做一次总结或专题汇报。

第二十一条 定期对湖泊保护规划中明确的湖泊功能区进行监测，依法加强功能区管理，对发现的非法采砂、取土、围湖造地、圈圩养殖、建设妨碍行洪的建筑物、构筑物、污染湖泊水质等严重影响湖泊功能的行为，及时采取有效措施予以制止并上报，功能区内无新增违反湖泊保护功能区划的行为。

第二十二条 定期对辖区内各类建设项目进行排查，建立管理范围内新建、改建、扩建项目档案；对发现的未批先建、未按批文执行的项目要及时采取有效措施予以制止并上报，管理范围内无新增的违章建设项目。

加强涉湖建设项目审批和后期监管工作，积极开展涉湖建设项目前期指导工作，审批过程中严把技术审查关，做好已审批项目的施工、运行过程中的后期跟踪监管，加强项目运行过程监管，做好开工、发占用证、签订协议、规费征缴、工程验收等工作；做好建设项目档案管理工作，对涉湖建设项目审批许可资料、监管资料、专项验收资料等及时收集归档。

第二十三条 对本辖区内发生的涉湖水事案件应当场记录(拍照)、取证，由本级水政执法人员按程序规定直接查处，并及时上报上一级水行政主管部门，同时抄送有关厅属水利工程管理处。涉湖水事案件年度办结率应在95%以上。

第二十四条 建立健全涉湖水事违法案件基础台账，及时做好案件登记、统计工作。

第二十五条 由沿湖各市、县(区)水行政主管部门查处涉湖的水事案件结案后，应在十日内将案件处理及执行情况书面报水利厅和有关厅属水利工程管理处备案。

第二十六条 管理单位对直接管理的堤防、穿堤建筑物、滞涝圩等水利设施的外观完好以及控制运用状况进行动态监测；对非本单位直接管理的堤防、穿堤建筑物、滞涝圩、水文设施等水利设施的外观完好以及控制运用状况进行指导。做好湖泊保护范围内界桩、宣传牌以及警示牌等管理设施的管护工作。

第二十七条 按照有关规定，定期对巡查车辆、巡逻艇等管理设施进行管护、保养、维护，确保安全运行。

第二十八条 加强湖泊管理工作中的安全管理，落实安全责任制，确保无重大安全责任事故。

第二十九条 湖泊经费专款专用，经费使用严格执行财务会计制度，无违章违纪现象。制定年度湖泊经费计划，积极争取本级湖泊管理专项经费。

第三十条 合理地开发利用湖泊管理范围内水土资源，编制水土资源开发利用规划。

第三十一条 按照有关法律法规，做好相关规费的征收工作。

第三章 组织实施

第三十二条 省水利厅根据各有关厅属水利工程管理处和市级水行政主管部门湖泊管理与保护工作的开展情况以及年度工作总结，对其进行考核。

受省水利厅委托有关厅属水利工程管理处会同相关市级水行政主管部门成立考核小组，按照本办法，现场对湖泊沿线市、县(区)湖泊管理单位的湖泊管理工作进行考核。

第三十三条 考核采取平时工作检查与年终考核相结合的方式(平时检查占20%，年终考核占80%)。

年度考核安排在每年十二月中下旬进行，平时的管理工作检查以抽查方式进行。

第三十四条 采取百分制考核，考核单位根据《省管湖泊管理与保护考核评分标准》检查评分，确定分值。考核结果分为优秀、良好、合格、不合格四等次。考核分值90分以上为优秀，考核分值80分以上89分以下为良好，考核分值60分以上79分以下为合格，考核分值59分以下的为不合格。

第三十五条 考核结果作为同级水行政主管部门和上级水行政主管部门年度考核、评比以及湖泊管理经费分配的依据。

第四章 附 则

第三十六条 本办法由省水利厅负责解释。

第三十七条 本办法自发布之日起施行。

重要讲话

罗志军省长在视察太湖地区防汛及蓝藻防控工作时的讲话（摘要）

（2009 年 6 月 1 日）

当前，江苏省即将进入主汛期。总的看，今年各地对防汛防旱工作高度重视，准备比较充分。主要表现在以下几个方面：一是防汛工作部署早。今年春节一过，省防指就先后组织开展多层次、全方位的防汛检查。对检查出来的各类隐患，及时组织除险加固，落实度汛措施。二是防汛责任落实严。在 4 月中旬召开的全省防汛防旱工作会议上，省政府与各市政府签订了防汛工作责任状，全面部署今年防汛防旱工作各项任务。对大江大河、蓄滞洪区、重点防洪城市、大中小型水库等重点工程，逐一落实行政责任人和技术责任人，并将责任人员名单在《新华日报》上进行公告，接受社会监督。三是工程建设力度大。治淮工程、新一轮治太工程、重点水源工程、水库除险加固、区域治理、城市防洪、海堤加固等水利工程建设加快推进，全省防灾减灾能力进一步增强。四是应急准备抓得实。各地细化完善各项防汛防旱应急预案，加强防汛抢险专业队伍建设，组织抗洪抢险专业演练，增储补足防汛物资，提高应急抢险能力。加大防汛指挥系统建设力度，实现了省市县三级防汛视频会商。在防控太湖蓝藻方面，全面开展了控源截污、调水引流、打捞蓝藻、生态清淤，取得了明显成效，蓝藻发生频次、面积下降，太湖水质好于往年同期。经过全省各级各有关部门的共同努力，今年全省防汛防旱工作准备充分、措施扎实，为安全度汛奠定了较好基础。

今年是新中国成立 60 周年，也是积极应对国际金融危机、保持经济平稳较快发展非常关键的一年。当前，保增长、促发展的任务非常繁重。防汛防旱工作事关人民群众生命财产安全，事关经济社会发展大局，做好今年的防汛防旱工作有着特殊重要的意义。防汛一旦出问题，不仅会对人民群众生命财产造成损失，而且势必打乱经济社会发展部署，对完成全年目标任务造成严重影响。目前江苏省即将进入主汛期，防汛工作到了实战阶段。今年的汛情形势如何，现在还很难预测。我们要宁可把形势估计得更严峻一些，把措施考虑得更周全一些，把工作准备得更充分一些，进一步加强组织领导，落实各项关键措施，牢牢掌握防汛工作主动权，确保实现安全度汛，确保人民群众生命财产安全，确保正常的生产生活秩序，为保增长、保民生、保稳定奠定坚实基础。

一、严格落实防汛责任制。在前一阶段工作基础上，要再进行一次全面检查，督促各级各有关部门进一步落实以行政首长负责制为中心的防汛责任制，把防汛责任落实到每一座水利工程、每一处险工患段、每一个责任人员，确保防汛责任落实到边到底、不留死角。各级防汛行政负责人和技术负责人要迅速上岗到位，履行职责，做好工作。一旦发生险情，各级领导要及时赶赴现场，靠前坐镇指挥。

二、抓紧做好安全度汛准备。当前，要紧紧抓住入梅前的宝贵时间，对险工隐患进行除险加固，尽最大努力减少工程隐患。今年重点工程建设任务繁重，跨汛期在建工程较多。要高度重视在建工程安全度汛工作，全面落实度汛措施，确保不出问题。要切实重视并加强城市防洪工作，抓紧完善应急预案，加快城市防洪工程建设，做好防范持续强降雨准备，提高应对突发雨涝灾害的能力。认真抓好水库安全度汛工作，加快水库除险加固进度，加强水库安全管理，严格遵守运行规程，病险水库要降低水位或空库运行，确保水库安全度汛。

三、全力做好应急处置工作。要根据雨情、水情及工情变化情况，及时修订各类防汛抗旱预案，健全完善应急响应机制，切实做好各项应急处置准备。要储足备好防汛物料，保证抢险需要。加强防汛抢险队伍建设，提高实战水平。加快防汛指挥决策信息化建设，提高预测预报、信息处理应用、指挥调度和灾后评估分析水平。要依法严厉打击非法采砂及各种破坏水利工程的行为，保障行洪河道畅通，充分发挥工程效益。一旦出现工程险情，要立即启动应急预案，及时组织抢险，确保不发生垮坝、倒堤等严重事件。

四、坚持防汛防旱两手抓。要加强预测预报，密切关注天气变化趋势，做好防汛抗旱两方面的准备。目前，江苏省自南向北陆续进入夏种用水高峰期。要切实加强用水管理，优化水资源配置，统筹安排好生活、生产、生态等方面的用水。正确处理防汛和防污染的关系，特别要注意防范上游首汛污水对饮用水源的威胁，确保城乡供水安全。

五、严密防范蓝藻、湖泛危害。当前，随着气温迅速回升，太湖进入了蓝藻、湖泛易发时期。要统筹做好太湖防汛及水环境治理工作，在确保防汛安全的前提下，科学调度水利工程，加大调水引流力度，努力改善太湖水环境质量，保障饮水安全。要坚持铁腕治污不动摇，加强控源截污，加大违法排污整治力度，推进入湖河流综合整治。全力做好蓝藻打捞工作，努力做到“日生日清”。积极推进蓝藻无害化处理、资源化利用，防止二次污染。抓紧组织实施太湖生态清淤，全面落实应急管理措施，确保太湖安全度夏。

同志们，防汛防旱工作事关重大。各级各有关部门要从全局高度，时刻绷紧防汛安全这根弦，立足于防大汛、抗大旱、救大灾，高度戒备、严密防范，精心组织、周密部署，全面动员、全力以赴，扎扎实实地做好今年的防汛防旱工作，确保今年安全度汛，为促进经济平稳较快增长、维护社会和谐稳定作出应有的贡献。

水利部陈雷部长：打好水利建设攻坚战开创水利发展与改革新局面

——在全国水利工作会议上的报告(摘要)

(2009年1月6日)

同志们：

这次全国水利工作会议，是在国际经济形势发生重大变化、国内经济发展面临严峻挑战的背景下召开的。会议的主要任务是：全面贯彻党的十七届三中全会和中央经济工作会议、中央农村工作会议精神，认真落实中央关于扩大内需促进经济平稳较快发展的重大决策部署，深入学习实践科学发展观，积极践行可持续发展治水思路，总结2008年水利工作，分析当前水利形势，表彰农田水利基本建设先进单位，部署2009年和今后一个时期的水利工作，以民生水利为重点，全力打好水利建设攻坚战，进一步夯实水利基础，深化水利改革，促进水利事业又好又快发展。

党中央、国务院对水利工作高度重视。胡锦涛总书记、温家宝总理和回良玉副总理等中央领导同志多次对水利工作作出重要指示。回良玉副总理在百忙之中出席这次会议并发表了重要讲话，从四个方面充分肯定了水利工作成绩，对做好新形势下水利工作提出了明确要求，强调要进一步加快水利基础设施建设步伐，在提高水利保障能力上有新跨越；进一步解决涉及民生的水利问题，在推进民生水利上有新成效；进一步加强水资源管理，在促进水资源集约开发、节约利用和有效保护上有新举措；进一步加大水利改革攻坚力度，在构建水利科学发展的长效机制上有新突破。要求各地区、各有关部门进一步加强对水利工作的领导，以高度负责的精神、只争朝夕的状态和求真务实的作风，抓好各项任务和措施的落实，推进水利发展与改革再上新台阶。回副总理的重要讲话，高屋建瓴，全面深刻，内涵丰富，指向明确，具有很强的指导性、政策性和针对性，我们一定要学习好、领会好、贯彻好、落实好。

准确把握水利工作新形势

党的十七届三中全会把加强以农田水利为重点的农业基础设施建设作为解决“三农”问题的重大举措，明确提出2010年年底前完成大中型和重点小型病险水库除险加固任务，2013年年底前解决农村饮水安全问题，力争到2020年基本完成大型灌区续建配套与节水改造任务，同时对大江大河大湖治理、节水灌溉建设、水资源节约保护、水土流失防治、小水电建设、防洪排涝抗旱设施建设等提出了新要求，充分体现了党中央、国务院对水利工作的高度重视，为新形势下进一步做好水利工作指明了方向。

当前和今后一个时期，我们既面临着难得的机遇，也面临着严峻的挑战。

从宏观经济形势看，我国经济发展近期出现了许多新情况、新特点，水利发展面临许多新变化、新任务。一是应对国际金融危机、扩大内需给水利建设提供了新的机遇。当前，国际金融危机愈演愈烈，迅速从局部发展到全球，从发达国家传导到新兴市场国家和发展中国家，从金融领域扩散到实体经济领域，我国经济运行中长期积累的深层次矛盾和问题仍很突出，经济发展面临着来自国际国内的严峻挑战。党中央、国务院总揽国际国内两个大局，果断实施积极的财政政策和适度宽松的货币政策，采取一系列进一步扩大内需、促进经济增长的政策措施。中央经济工作会议指出，必须把保持经济平稳较快发展作为2009年经济工作的首要任务，明确提出大幅度增加对农村基础设施建设和社会事业发展的投入，加强水利、铁路等基础设施建设，全面加强节能、节水、节地、节材和资源综合利用工作，推行油、气、水、电等资源性产品价格改革。2009年第四季度，中央增加投资1000亿元，其中安排水利基础设施建设200亿元。今年的水利建设资金还将继续增长，为我们集中力量办大事、开展新一轮大规模水利建设创造了有利条件。二是统筹区域发展对水利工作提出了新的要求。近年来，国家在实施西部大开发、促进中部崛起、推动东部地区率先发展、振兴东北老工业基地等区域经济发展战略的基础上，又相继制定了推动长三角地区、珠三角地区、环渤海地区、北部湾经济区、海峡西岸经济区发展战略，在成都、重庆设立统筹城乡综合配套改革试验区，在长株潭城市群和武汉城市圈设立全国资源节约型和环境友好型社会建设综合配套改革试验区，加大对青海等省藏区、西藏、新疆、宁夏等少数民族聚居地区经济社会发展的支持力度，推进兴边富民行动，我国区域协调发展战略基本形成。水利是区域发展的重要支撑，国家加快区域统筹和协调发展步伐，必将有力推动重点地区水利建设。三是加强"三农"工作对水利提出更高要求。我国已经进入以工促农、以城带乡的发展阶段，进入加快改造传统农业、走中国特色农业现代化道路的关键时刻，进入着力破除城乡二元结构、形成城乡经济社会发展一体化新格局的重要时期。目前，我国水利基础设施还远远不能满足现代农业发展、农民生活水平提高和全面建设小康社会的需要。中央农村工作会议强调，扩大内需，最大潜力在农村；实现经济平稳较快发展，基础支撑在农业；保障和改善民生，重点难点在农民。会议把保持农业农村经济平稳较快发展作为首要任务，围绕稳粮、增收、强基础、重民生的要求，研究制定了进一步促进农业稳定发展、农民持续增收的政策措施，对加快水利基础设施建设、着力夯实"三农"工作基础提出了新的更高要求。四是经过改革开放30年，水利站在了一个新的历史起点上。经过改革开放30年的跨越式发展，我国综合国力迈上新台阶，为水利快速发展提供了雄厚的物质条件，我国防洪减灾、供水保障和水土资源保护等方面的能力明显提高，水利对经济社会发展的保障作用显著增强。随着我国改革开放的不断深入，水利的地位和作用将更加突出，水利将面临更为繁重的发展与改革任务。在2008年12月18日中央纪念党的十一届三中全会召开30周年大会上，胡锦涛总书记发表了重要讲话，深刻论述了30年的伟大成就、宝贵经验和历史地位，明确指出了继续推进改革开放伟大事业的前进方向。我们要认真学习贯彻胡锦涛总书记重要讲话精神，进一步增强走中国特色社会主义道路的自觉性和坚定性，在新的历史起点上加快推进水利改革与发展。

从水利发展阶段看，当前和今后一个时期，水利事业处于改革发展不断深入，传统水利向现代水利、可持续发展水利加快转变的关键阶段。这一阶段，呈现出一些重要特征，需要我们深刻认识和准确把握。一是水资源条件更加复杂。我国人多水少，水资源时空分布不均，与生产力布局不相匹配。受全球气候变化和大规模经济活动影响，近年来我国水资源条件发生了新的变化，南方水多、北方水少的水资源分布格局更加突出，极端水旱灾害事件发生频率加快，强度加大，危害加深，对经济社会发展和生态系统产生了重大影响。二是水利建设任务更加繁重。目前我国水利基础设施建设还比较滞后，干旱缺水、洪涝灾害、水土流失和水污染等四大水问题还很突出，东中西部、城市农村水利发展很不平衡，特别是人民群众最关心、要求最迫切的一些民生水利需求还没有得到有效解决，加快发展仍然是水利工作的首要任务。今后两年，水利年度投资规模将远远超过以往年份，水利建设项目多，范围广，时间紧，要求高，对前期工作、施工组织、建设管理和资金管理带来严峻挑战，任务极为繁重，责任极为重大。如何确保项目建设进度、质量和效益相统一，是对各级水利部门的重大考验。三是水利管理任务更加突出。随着社会主义市场经济的发展，我国水资源开发利用的利益主体日益多元化，不同群体的利益关系日趋复杂，水利管理的对象、范围和方式发生了深刻变化。必须实行最严格的水资源管理制度，加强河湖水域岸线管理，强化工程建设和运行管理，促进水资源的合理开发、节约利用和有效保护，保证水资源永续利用和水利工程持续发挥效益。四是对水利功能的需求更加多样。在传统水利向现代水利、可持续发展水利转变的过程中，水利的功能不断拓展，效用不断延伸，内涵不断丰富。水利不但要促进经济的平稳较快增长，还要促进经济发展方式的转变；不但要强化对经济发展的支撑作用，还要强化对社会建设的保障作用；不但要满足经济社会发展的需要，还要满足生态文明建设的需求；不但要发挥水利工程的基础设施作用，还要发挥江河湖泊的文化承载作用和水利实践的文化传承功能，不断满足人民群众日益增加的水利需求。五是水利改革更加艰巨。随着水利改革不断深入，越来越触及深层次的矛盾和问题。水资源管理体制改革涉及部门职能调整，水利投资体制改革涉及中央和地方事权划分，水价改革涉及用户的承受能力，改革攻坚的难度越来越大。突破水利科学发展的体制、机制和制度障碍，仍然是我们面临的重大挑战。

从行业能力建设看，与大规模水利建设的要求相比，与日益繁重的水资源管理任务相比，还有很多不相适应的地方。一是基础工作比较薄弱。水利前期工作进展不平衡，部分地区前期工作明显滞后，有的领域缺乏规划指导，规划的基础导向作用和刚性约束作用还没有充分发挥。水利行业标准等基础工作比较滞后，水文水资源监测能力不强，水利管理手段落后、方式粗放，难以适应可持续发展水利和民生水利的要求。二是应急管理水平需要提高。从近两年应对淮河大水、太湖蓝藻暴发、低温雨雪冰冻灾害、水利抗震救灾等工作看，水利应急管理的体制机制、技术装备、信息管理和指挥协调等方面还存在一定差距，预案、预报、预警“三预”建设急需加强。三是依法行政水平需要提高。与建设法治政府的目标相比，与水利部门肩负的重要职责相比，依法行政、依法治水管水还有较大差距，水法规体系还不健全，有的水法规还没有得到很好落实，水行政执法的力度还不够大，水利社会管理和公共服务的能力和水平还需要进一步提高。四是基层水利亟待加强。基层水利是水利事业的根基，也是水利行业中最为薄弱的环节。不少地方特别是中西部地区，基层水管单位和县乡水利部门承担着大量公益性职能，但事业经费和人员经费缺乏保障，工作条件极为简陋，专业人才十分缺乏，发展后劲严重不足。特别是面对大规模水利建设的繁重任务，基层水利单位的组织协调能力、专业技术能力和管理服务能力尤显薄弱。破解基层水利发展难题，提高基层水利服务能力和水平，已成为一项十分重要、紧迫和艰巨的任务。

总之，我们要全面准确把握水利工作面临的新形势，深入学习实践科学发展观，努力查找影响和制约水利科学发展的突出问题，进一步明确促进水利科学发展的总体思路和主要措施，抓住机遇，迎接挑战，在新的起点上，实现更长时间、更高水平、更好质量的全面发展。

积极推进民生水利新发展

近年来，根据经济社会发展的新要求、水资源条件的新变化、水利实践的新发展，水利部党组积极践行并不断丰富完善可持续发展治水思路，推动水利工作各个领域发生了深刻变化，取得了明显成效。2009 年全国水利厅局长会议，全面阐述了可持续发展治水思路的深刻内涵，明确提出了“六个坚持、六个更加突出”的要求，确立了新时期水利发展的主要目标和重点任务，明确了七大流域水利发展定位和东中西部、东北老工业基地等区域水利发展布局，强调要把民生水利作为当前水利工作的重中之重，积极推进传统水利向现代水利、可持续发展水利转变。实践证明，可持续发展治水思路是解决中国复杂水问题的必由之路。

以人为本是科学发展观的核心，大力发展民生水利是深入贯彻落实科学发展观的必然要求，是践行可持续发展治水思路的应有之义。近年来，我们以病险水库除险加固、农村饮水安全建设、灌区续建配套与节水改造、水库移民安置和后期扶持等工作为抓手，在践行可持续发展治水思路、推进民生水利发展上下了很大工夫，人民群众从水利发展中得到了很多实惠。但要看到，与人民群众共享水利发展成果、实现全面小康生活、促进人的全面发展相比，民生水利发展的任务还十分艰巨。在防洪减灾方面，虽然大江大河防洪能力有了明显提高，但部分干流及大多数支流还没有得到有效治理，病险水库安全隐患突出，蓄滞洪区安全建设滞后，中小河流防洪能力低，台风暴潮、泥石流、滑坡等山洪灾害十分严重。在水资源保障方面，虽然对水资源时空调控的能力有了较大提高，但水源工程不足，水资源配置格局不完善，供水保障程度较低，特别是还有数以亿计的农村人口饮水安全得不到有效保障，有的城市饮用水水源地受到严重污染，极端干旱情况下城乡居民饮用水问题突出。在粮食安全保障方面，尽管我国粮食生产连续 5 年丰收，但粮食安全的基础还不稳固，全国有 54% 的耕地缺少基本灌排条件，现有灌区不配套，老化失修严重，农田水利设施建设滞后已经成为制约粮食生产的重要因素。在水资源开发利用和管理方面，虽然近年来加大了保障群众合法权益的工作力度，但一些地方对群众需求和利益重视不够，在项目论证中重财务效益轻社会效益，在工程建设中重项目上马轻移民安置，在水资源配置中重生产用水轻生态用水，在水电开发中重业主利益轻群众利益，水利发展速度与群众受益程度不相协调。

民生水利发展滞后是水利发展阶段性特征的突出表现，是传统水利向现代水利、可持续发展水利转变过程中的突出问题。深入贯彻落实科学发展观，必须把科学发展观的根本要求与民生水利的具体实践结合起来，以解决人民群众最关心、最直接、最现实的水利问题为重点，以政府主导、群众参与、社会支持为途径，以构建城乡统筹、区域协调、人水和谐的水利基础设施体系为保障，着力解决好直接关系人民群众生命安全、生活保障、生存发展、人居环境、合法权益等方面的民生水利问题，努力形成保障民生、服务民生、改善民生的水利发展格局，使人人共享水利发展与改革成果。

民生水利发展是一个动态的、系统的、长期的过程。民生水利具有阶段性，经济社会发展的不同阶段，民生水利涵盖的内容不同，人民群众对民生水利的要求不同，我们解决民生水利问题的重点和标准也不相同。民生水利具有公共性，涉及人民群众的基本需求，具有广泛的受益面，政府应当发挥主导作用，公共财政应给予更大支持。民生水利具有差别性，东中西部、城市农村、流域之间的民生水利问题表现各异，不同阶层群体对民生水利的期盼各不相同，解决这些民生水利问题的难易程度、紧迫程度和方法措施也不尽一致。民生水利具有综合性，一项民生水利工程往往具有保障生命安全、促进经济发展、改善人民生活、保护生态与环境等多种功能和多重效益，发挥某一功能效益又需要多项民生水利工程相互配套配合。这些特点告诉我们，必须立足于我国社会主义初级阶段的基本国情和现阶段的基本水情，着眼于全面建设小康社会新要求，顺应人民群众过上更好生活新期待，在解决矛盾最为集中、问题最为突出、群众最为需要的水利问题上下工夫，努力在更大范围、更广领域、更高程度、更好水平上造福亿万人民群众。

当前，发展民生水利，关键要牢固树立以人为本的理念，把群众呼声作为第一信号，把群众利益作为首要目标，把群众需求放在优先领域，把群众满意作为根本标准，扩大群众参与，维护公平正义，保障群众权益。一要在防灾减灾中突出民生。始终把保障人民群众的生命安全和饮水安全放在防汛抗旱工作的首位，把受洪水威胁地区人员的安全转移作为防洪预案的重点，把确保群众生命安全作为防洪调度的最高原则，把保障受灾群众基本生活需要作为群众安置和救灾工作的重中之重。二要在水利建设中突出民生。要把人民群众直接受益的基础设施作为水利建设的优先领域，把保障和改善民生体现在规划编制中，体现在项目审批中，体现在投资安排中，合理确定水利发展的目标、任务、规模、重点和布局，拓宽民生水利的服务范围，增强民生水利的服务功能，提高民生水利的服务标准，提升民生水利的保障水平，更好地满足人民群众对水利的需求。三要在水利管理中突出民生。要把维护群众的基本需求与合法权益放在水利管理中的突出位置，正确处理最广大人民的根本利益、现阶段群众的共同利益与不同群体的特殊利益之间的关系，切实保障群众在水资源开发利用、城乡供水保障、用水结构调整、水利移民安置、蓄滞洪区运用补偿等方面的合法权益，坚决纠正损害群众利益的行为。四要在水利改革中突出民生。要把水利改革力度、发展速度和社会可承受程度统一起来，在推进水权改革、水价改革、农村水利改革等过程中切实保障群众的切身利益，充分调动群众参与改革的积极性，使水利改革过程成为不断为民造福的过程，让水利改革成果惠及广大人民群众。

统筹做好2009年水利工作

2009年可能是进入新世纪以来我国经济发展最为困难的一年，也是蕴含重大机遇的一年，做好今年的水利工作，对于应对全球金融危机，扩大国内需求，夯实水利基础，促进经济平稳较快发展，实现“十一五”规划确定的目标任务，推进全面建设小康社会进程，具有十分重要的意义。

2009年水利工作的总体要求是：全面贯彻党的十七届三中全会和中央经济工作会议、中央农村工作会议精神，深入贯彻落实科学发展观，积极践行可持续发展治水思路，围绕实现全面建设小康社会奋斗目标的新要求，按照中央扩大内需促进经济平稳较快发展的重大部署，加快水利基础设施建设步伐，加速推进民生水利建设，加大重点领域和关键环节改革攻坚力度，着力提高水旱灾害综合防御能力、水资源配置调控能力、水土资源保护能力，着力解决人民群众最关心、最直接、最现实的水利问题，着力构建充满活力、富有效率、更加开放、有利于水利科学发展的体制和机制，以水资源的可持续利用保障经济社会的可持续发展。

第一，如期完成2009年第四季度新增水利投资项目建设任务。2009年第四季度新增水利投资计划已下达各地，各级水利部门要按照重点项目安排，逐项抓好落实。在建工程要抓紧设备采购和备料工作，增加施工力量，衔接好施工各个环节，尽可能多地形成实物工作量；新开工程要尽快完成项目法人组建、招标和开工审批工作，落实各项建设条件，提早准备好设备物料，尽早开工建设。要加强市县级水利部门的工作，做好应对恶劣天气条件等各种不利因素的应急施工预案，倒排工期，确保施工进度和质量。对不能按时开工的项目要及时予以调整，对不能如期完成任务的地方要减少投资计划安排，对工程质量、资金管理和生产安全等方面出现重大问题的要严肃追究责任。总之，要坚决打好扩大内需加快水利基础设施建设的攻坚战，为今后两年争取更大的水利投资规模奠定良好基础。

第二，扎实做好防汛抗旱和防台风工作。2008 年 11 月中旬以来，我国大部分地区降水偏少，气温偏高，北方大部分地区和江西、湖南、浙江等南方地区水利工程蓄水不足，冬春抗旱形势严峻。同时，据气象部门预测，今年夏季主要多雨带位于西北地区东部、华南至江南南部、黄河至长江之间，这些地方发生大洪水的概率较大，其他江河也存在发生大洪水的可能性，防汛形势不容乐观。要立足于防大汛、抗大旱、抢大险、救大灾，把保障人民群众生命安全放在第一位，坚持预防为主，防汛抗旱并举，工程措施非工程措施结合，最大程度地减轻水旱灾害损失。要着力做好防凌汛工作，确保安全度过凌汛期。要加快震损水毁水利设施修复及灾后重建步伐，夯实工程基础，确保安全度汛。要强化以行政首长负责制为核心的防汛抗旱责任制，逐级落实江河湖库、蓄滞洪区和防洪城市等方面的防汛责任人，强化责任监督。要进一步加强应急管理保障体系建设，确保抢险救灾工作高效有序进行。要完善防汛抗旱预案体系、预报体系和预警体系建设，着力提高指挥调度能力和水平。要切实抓好大江大河大湖的防大汛准备，加强汛前检查、监测预警、指挥调度和抢险救灾等各个环节的工作。要高度重视并切实加强中小河流、水库、水电站和城市工矿企业安全度汛工作，加强山洪、泥石流、滑坡等灾害防御工作。要构建预警到乡、预案到村、责任到人的台风防御机制，强化海上、港区管理和人员转移工作，防范因台风登陆造成的次生灾害。要密切监视旱情发展趋势，抓紧对现有供水和灌溉设施进行维修、配套和改造，搞好抗旱应急水源工程建设，进一步完善抗旱应急供水方案，保障供水安全。

第三，全力组织实施 2009 年水利基础设施建设。今年中央水利投资还要继续增加，我们要切实组织好、实施好、完成好这场规模空前的水利基础设施建设攻坚战。初步考虑，今年要解决 6000 万以上农村人口的饮水安全问题，提前 6 年实现联合国千年宣言确定的饮水不安全人口比例降低一半的目标；规划内的病险水库除险加固项目全部开工建设，启动大中型病险水闸除险加固工程建设；加快推进大型灌区续建配套与节水改造，集中力量完成20～30 个大型灌区的改造任务；开工建设一批流域性防洪重点工程，加快骨干枢纽和重点水源工程建设；治理水土流失面积 6 万平方千米，启动坡耕地水土流失综合整治和南方崩岗治理；全面完成小水电代燃料扩大试点建设任务，农村小水电年新增装机 300 万千瓦左右。要加快前期工作进度，抓紧落实年度投资建议计划，尽快落实资金，及早开工建设。

第四，进一步加强水资源节约和保护。组织实施主要江河流域取水许可总量控制方案，争取年内完成省（自治区、直辖市）辖区内总量控制指标体系的编制，严格取水许可审批和水资源论证审查，积极推进水权制度建设。加强对重点用水行业、用水大户的节水监督管理，进一步扩大节水型社会建设试点的范围和规模，完善节水型社会建设新机制。强化水功能区、省界缓冲区的监督管理，加强以饮用水水源地为重点的水质和水生态监测，有效应对突发性供水安全事件。积极推动全国地下水保护行动，重点抓好南水北调东、中线受水区和地面沉降区地下水压采工作。抓好生态保护与修复试点工作，加快石羊河、太湖等重点流域的水环境综合治理，抓紧编制敦煌生态修复与水环境保护规划，继续做好黄河、黑河、塔里木河、珠江、太湖等流域的水资源统一调度，确保重点地区的用水安全。

第五，大力推进依法行政和依法治水管水。积极推进水土保持法修订和抗旱条例、河道采砂管理条例、太湖管理条例、节约用水条例的出台，抓紧完成河道管理条例的修订和洪水影响评价管理条例、珠江水量调度条例的制订工作。加大水行政执法力度，加强河道管理范围内建设项目管理，开展重点领域专项执法，坚决打击河道非法采砂活动，加强开发建设项目水土保持监督管理。有效防范和化解水事纠纷，维护社会稳定。深化行政审批制度改革，大力推进政务公开。继续强化依法理财，切实加强资金管理。抓好全国及流域水资源综合规划的报批工作，加快流域综合规划修编和一批重要规划编制工作，全面启动全国水利发展“十二五”规划编制工作。组织编制好2010～2013年全国农村饮水安全工程、小型病险水库和病险水闸除险加固等专项规划。加强重大政策课题和重要水利专题研究，提出相关政策措施和建议。做好全国水利普查工作。

第六，继续深化水利改革。结合新一轮政府机构改革，加快推进城乡水务一体化管理，强化水行政主管部门的管理职能，加强水能资源管理，实行更加严格的水资源管理措施。加快健全水利投融资体制，提高各级政府基础设施投入中水利投资的比重，扩大金融机构对水利的信贷规模，利用市场机制吸引社会资金参与水利建设。全面落实水管体制改革的各项政策措施，做好改革的总结和评估工作，进一步巩固和扩大水管体制改革成果。按照中央关于推进资源性产品价格改革的要求，积极推进水价改革，继续推行非居民用水超定额累进加价制度，逐步提高水利工程供水价格。合理确定水资源费征收标准，完善水资源费征收管理体制。继续推进农业水价综合改革，完善农田水利建设新机制，按照政府规划、民办公助、以奖代补、农民受益的原则，加大对农村水利建设的支持力度，加快农民用水合作组织建设，积极推进农村水利改革。进一步理顺水文管理体制，推动地方水文双重管理体制改革。探索建立与水相关的生态补偿机制。

第七，加快提升水利科技和信息化水平。加快国家级创新基地、流域科技创新中心、省级水利科研中心和水利科技实验站建设，推进水利重点实验室和工程技术研究中心建设。加强重大水利科技攻关，集中解决大规模水利建设的共性技术、核心技术和关键技术，大力引进、消化和吸收国际先进水利科学技术，加快科研成果的推广运用。积极推进国家防汛抗旱指挥系统二期等重点项目建设，推进水利信息化。搞好水利标准、规范规程的制定、修订和实施工作。积极做好第五届世界水论坛、七十七国集团水利部长论坛等国际会议的相关工作，认真筹备好第四届黄河国际论坛、第三届长江论坛和第四届中国水博会。稳步推进与港澳台的水利交流。妥善处理国际河流涉外事务。大力开展双边和多边水利国际合作，推动我国水利水电企业开拓国外市场。

第八，着力解决基层的突出困难和问题。要高度重视、认真研究、加快解决基层水利发展中存在的突出困难和问题，把乡镇水利站等基层水利单位纳入水管体制改革、乡镇机构改革、农村综合改革、农业技术服务体系改革等各项改革之中，明确其公益性质，将人员经费、运行经费等列入地方财政预算，落实养老保险、失业保险、医疗保险等社会保障政策。研究制定政策措施，吸引、鼓励大中专院校毕业生到基层水利单位工作，加强在职职工业务培训，逐步优化基层水利队伍人员结构。切实加强基层水利服务能力建设，把基层水利管理设施、仪器装备、试验示范场所等纳入相关建设规划。基层水利单位要克服等、靠、要思想，加大自身改革力度，发挥水土资源优势，积极开展多种经营，努力缓解经费困难，增强自身发展后劲。

第九，切实加强党的建设、干部队伍建设和反腐倡廉建设。扎实搞好深入学习实践科学发展观活动，结合分析检查和整改落实，建立健全保障和促进水利科学发展的体制机制，着力解决党员干部党性党风党纪方面存在的突出问题，确保学习实践活动取得实实在在的成效。进一步加强党的建设和干部队伍建设，完善干部选拔培养和业绩评价制度，加大干部交流和轮岗力度，加强干部教育培训，把各级领导班子建设成为能够担当科学发展重任、奋发有为的坚强领导集体，全面提高水利干部职工的思想政治素质、专业技术水平和实际工作能力。要全面落实党风廉政建设责任制，建立健全惩治和预防腐败体系，完善各项制度，加强对领导干部的教育和监督，加强对水利基础设施建设项目的监督检查。大力推进水利系统政风行风建设，进一步转变工作作风。全面做好离退休干部工作，抓好社团建设和管理，做好信访工作，维护社会稳定。

第十，深入开展水文化建设和精神文明创建活动。要高度重视并着力做好水利新闻宣传工作，紧紧围绕深入学习实践科学发展观活动、贯彻落实中央关于扩大内需保持经济平稳较快发展的决策部署、迎接新中国成立 60 周年以及防汛抗旱、民生水利、水资源节约保护、水利改革等重点，创新宣传方式方法，加大宣传报道力度，主动引导社会舆论，营造良好发展氛围。要把水文化建设放在更加突出的位置，深入开展水文化理论研究，整理挖掘传统水文化遗产，丰富现代水利的文化内涵，以可持续发展水利的宏伟目标凝聚力量，以民生水利的重要理念引领实践，以“献身、负责、求实”的水利行业精神鼓舞斗志。要深入推进水利系统文明单位、文明灌区、文明工地、文明服务示范窗口等文明创建活动，大力开展向劳动模范、先进集体和先进个人学习活动，推动精神文明建设蓬勃发展。

同志们，做好今年的水利工作，任务异常繁重，责任异常重大。让我们更加紧密地团结在以胡锦涛同志为总书记的党中央周围，高举中国特色社会主义伟大旗帜，坚持以邓小平理论和“三个代表”重要思想为指导，深入贯彻落实科学发展观，积极践行可持续发展治水思路，着力推进民生水利，抓住机遇，应对挑战，开拓创新，扎实工作，全面完成水利建设、管理、改革各项任务，以优异的成绩迎接新中国成立 60 周年！

在全省水利工作会议上的讲话

黄莉新

（2009 年 12 月 18 日）

同志们：

这次全省水利工作会议的主要任务是，贯彻落实中央经济工作会议、国务院冬春农田水利基本建设工作会议以及省委十一届七次全会精神，回顾总结 2009 年度全省水利工作情况，研究部署 2010 年水利工作任务，进一步加快水利发展步伐，为促进经济社会又好又快发展提供有力的水利基础保障。会上，省水利厅振霖同志将通报全省水利建设 2009 年计划完成情况和 2010 年安排意见，省财政厅晓平同志将对财政资金安排和使用管理提出具体要求，有关市县政府负责同志还要作交流发言。下面，我先讲几点意见。

一、积极开拓进取，2009 年全省水利工作取得明显成效

今年以来，全省上下认真贯彻中央和省委、省政府扩内需、保增长、促发展的决策部署，积极应对国际金融危机带来的影响，全省经济发展率先实现企稳回升、进入持续向好发展的轨道。预计全年经济增长 12%左右，人均 GDP 突破 6000 美元。农业农村工作积极应对大量农民工失业返乡、部分农产品价格大幅度下跌的挑战，连续六年保持粮食增产、农业增效、农民增收的好势头。全省粮食总产 645 亿斤，比 2009 年增加 10 亿斤，实现了连续六年增产的历史性突破；高效农业加快发展，占耕地比重提高到 30%以上；农民人均纯收入将超过 8000 元，提前一年实现全面小康指标值。一年来，全省水利系统坚持以科学发展观为指导，紧紧围绕省委、省政府的工作部署，主动抢抓国家扩大内需、加强基础设施建设的机遇，加大水利投入，加快水利建设，强化水利管理，为促进全省经济社会发展发挥了重要作用。

一是重点水利工程建设顺利推进。截止 11 月底，全省已完成重点水利工程建设投资 72 亿元，预计全年完成投资 80 亿元，圆满完成年度建设任务。治淮骨干工程基本完成，南水北调工程加快推进。水库除险加固工程全面实施，列入国家水库除险加固实施计划的 29 座大中型水库已全部开工建设，其中一半以上水库的改造工程已基本完成；555 座小型病险水库除险加固任务已基本完成 400 座。通榆河北延送水工程具备通水工程条件，太湖治理水利工程建设取得重要进展，城市防洪工程加快实施，海堤达标工程基本完成，重点区域治理工程按计划推进。扩大内需新增水利投资项目进展顺利，先后落实四批中央扩大内需水利项目投资计划 54 亿元，其中中央资金 18 亿元，目前所有项目都已开工建设，第一批项目已经完成，预计年底可完成投资 43 亿元。

二是农村水利建设全面加快。围绕农村饮水安全、河道疏浚整治、灌区续建改造、小型农田水利建设等重点工程，全省农村水利建设共投入资金 55 亿元，投入工日 6000 多万个，改善灌溉面积 460 万亩，增加旱涝保收田 98 万亩，基本完成农村居民饮水安全工程建设 450 万人。疏浚县乡河道 3577 条，整治村庄河塘 4.4 万个，完成土方 4.5 亿立方米，全省已有 34 个县(市、区)提前完成了“十一五”农村河道疏浚整治规划任务。

三是水利管理能力持续提升。加强河湖管理与保护，建立洪泽湖管理与保护联席会议，推行省管湖泊管理与保护考核制度，全面完成省管湖泊勘界设桩，组织开展“百湖执法行动”，依法处理了一批涉湖违法违规事件。强化水资源管理，加大水环境保护力度。节水型社会建设取得明显成效，积极开展八大高耗水行业节水专项行动，完成节水示范项目173个，全省万元GDP耗水量比2008年下降5%。加强太湖水环境综合治理，累计抽引长江水12.5亿立方米，打捞蓝藻60多万吨，完成570万立方米生态清淤任务，对62条环太湖河道进行疏浚整治，太湖水环境质量持续改善。水库移民后期扶持工作取得新进展，及时发放直补资金1.63亿元，完成后期扶持项目2299个、总投资2.44亿元，得到移民地区干部群众的拥护和支持。

四是防汛防旱工作任务顺利完成。去冬今春江苏省淮北部分地区出现了较为严重的旱情，依靠多年建成的水利工程体系，各级防指加强预测预警，实行科学调度，落实应急补水措施，全力做好抗旱工作。全年跨流域调水100多亿立方米，其中抽引江水北送76亿立方米，较好地保证了经济社会和城乡居民生产生活用水需求。在今年处理盐城市城区水源地污染、外省砷污水扩散至邳州境内等环境突发事件中，水利部门及时启动应急预案，跟踪监测、应急调水、引清释污，有效降低了污染危害。

在充分肯定成绩的同时，我们也要清醒地看到，当前全省水利工作中仍然存在一些问题和薄弱环节。在水利建设方面，一些项目前期工作较慢，配套资金到位率不高，影响工程建设进度；少数工程存在招标投标不规范、工程质量把关不严、资金使用违规等问题。在水资源保护方面，侵占水域、擅自排污、违法采砂等现象仍时有发生。在水利发展体制机制方面，水利投入机制还不活，农村水利管理比较薄弱，水利改革与创新工作还需进一步加强。对于这些问题，我们要高度重视，采取有效措施，切实加以解决。

二、强化改革创新，全面完成2010年水利工作各项任务

当前，江苏省正处于全面建设更高水平小康社会、加快推进现代化进程的重要时期，也是水利改革发展不断深入、传统水利向现代水利和可持续发展水利加快转变的关键阶段，水利工作面临着新使命、新任务。一是中央继续实行的宏观经济政策，为加快水利发展提供了有利条件。明年中央将保持宏观经济政策的连续性和稳定性，继续实施积极的财政政策和适度宽松的货币政策。水利作为国民经济的重要基础设施和基础产业，是扩大内需、新增投资的重点领域。水利肩负着新的重大使命，既要为落实积极财政政策、扩大投资需求担当重任，又要为改善城乡居民用水条件、促进消费需求提供保障。同时，随着新一轮沿海大开发，迫切需要可靠的水资源保障、安全的防灾减灾保证和良好的水生态环境保护，沿海地区水利基础建设将进入一个新的高潮。二是省委、省政府作出的转变经济发展方式、发展创新型经济的战略决策，为加快水利发展提供了良好机遇。当前，江苏正处在工业化转型、城市化加速、市场化完善和国际化提升互动并进的重要时期。发展创新型经济，加快经济转型升级是当前的一项紧迫任务，也是面向未来的战略抉择。水利行业要紧紧围绕发展创新型经济的要求，创新发展理念，拓宽发展思路，转变发展方式，以科技进步推动水利现代化，促进水利与经济社会协调发展。三是保障和改善民生的政策导向，为加快水利发展提供了广阔空间。保障和改善民生，让人民群众得益受惠，是一切工作的出发点和落脚点。水利必须牢固确立以人为本的治水理念，始终坚持服务民生、改善民生的工作方向，突出抓好城乡水环境整治、饮用水源地保护、农村饮水安全、山丘区水源建设等与人民群众生产生活密切相关的水利工作,不断拓展水利事业的发展空间。

2010年是全面完成“十一五”目标任务、科学谋划“十二五”发展规划的重要一年,是江苏省巩固应对国际金融危机成果、促进经济平稳较快发展的关键之年,也是转变经济发展方式、加快发展创新型经济的开拓之年。做好明年的水利工作,意义特殊,任务艰巨,责任重大。各地各有关部门要认清新形势,抢抓新机遇,更大力度、更高水平、更富成效地推进水利改革发展,加快水利现代化建设步伐,以水利的可持续发展支撑和保障经济社会的可持续发展。着重要抓好以下几个方面工作。

(一)推进水利发展思路创新,提高水利服务科学发展能力。在新的发展阶段,水利工作要坚持以科学发展观为指导,积极践行可持续发展的治水思路,大力推进水利现代化,全面加快重点水利基础设施和农村水利建设,着力发展安全水利、资源水利、环境水利和民生水利,更加注重水安全、水资源、水环境统筹,更加注重大中小工程配套,更加注重城乡水系整治完善,更加注重工程措施与非工程措施结合,努力走出一条符合江苏省情、具有江苏特点的水利现代化之路。一是坚持以推进水利现代化为发展方向。用现代的治水理念、先进的科学技术、完善的基础设施、科学的管理制度,武装和改造传统水利,建设高标准的防洪减灾体系、优化配置的水资源供给体系、保障经济社会可持续发展的水环境保护体系、适应经济社会发展要求的水利发展服务体系,为经济社会现代化提供有力支撑。二是坚持以水利规划为龙头。规划是做好水利工作的前提和基础。要加强对水利需求的科学预测、超前谋划,及时修订、调整原有规划,充分体现规划的前瞻性、系统性和指导性,为水利发展提供有力的规划支撑和足够的项目储备。当前,要进一步完善水利现代化规划,理清发展思路,明确发展目标,健全水利现代化指标体系。要按照全省“十二五”经济发展规划目标和重点战略,精心组织编制“十二五”水利发展规划,突出发展重点,落实发展举措。要加强分项规划与总体规划的衔接,逐步完善规划体系,为江苏水利持续快速发展提供科学保障。三是坚持以统筹兼顾为根本方法。统筹兼顾、标本兼治、综合治理,防洪抗旱除涝并重,开源节流保护并举,建设管理改革齐抓,努力做到经济效益、社会效益、生态效益相统一,促进流域与区域、城市与农村水利协调发展。四是坚持以水利信息化为支撑。积极把握现代科技发展的最新趋势,把信息化技术集成应用于水利行业,增强水利工程的系统功能、水资源管理保护能力以及水行政部门社会管理与公共服务能力,全面提升水利的信息化水平,以水利的信息化引领和带动水利的现代化。五是坚持以水利科技创新为动力。按照现代水利发展的现实需求,突出水利事业发展的关键领域,大力实施“科技兴水”战略,健全完善水利科技创新体系,加强应用技术研发和先进技术运用,加快水利科技服务平台建设,加速科技成果推广转化,着力提高科技在水利发展中的贡献份额。

(二)推进建设管理制度创新,提高水利工程投资效益。2010年全省水利重点工程建设计划初步安排81亿元,主要实施六大重点工程建设。一是加快推进以提高流域防洪标准为重点的治淮骨干工程建设。全面完成沂沭泗洪水东调南下新沭河、沂沭邳治理二期工程;启动新一轮淮河治理入江水道整治工程建设,继续实施黄墩湖滞洪区安全建设,确保两年基本完成避洪楼建设任务。二是全面加快南水北调一期水源工程建设。围绕2013年东线工程通水目标,续建泗阳站、刘老涧二站、皂河二站和泗洪站工程;新开工建设淮安二站和皂河一站加固改造、高水河整治、里下河水源调整、中运河影响处理工程;基本完成淮安市和徐州市截污导流主体工程建设。三是启动实施沿海水利重点基础设施项目建设。全面建成通榆河北延送水工程，实现向连云港送水目标。全部完成海堤达标工程建设任务。加快实施泰东河工程，起步实施川东港整治、卤汀河拓浚工程、泰州引江河二期以及部分区域重点河道整治和供水工程建设。四是积极开展太湖水环境治理重点水利工程建设。完成常熟枢纽加固改造，加快实施走马塘拓浚工程，争取启动新沟河整治工程，继续实施太湖生态清淤工程。五是深入推进病险水库除险加固、大中型泵站改造和中小河流治理工程建设。基本完成大中型病险水库除险加固工程，全面完成小型水库除险加固任务，实施9座大中型泵站更新改造工程，开展22条中小河流综合治理。六是继续抓好以防洪保安和环境整治为目标的城市水利建设。加快实施省辖市防洪排涝工程建设和城市河道整治，省辖市中心城区城市防洪2010年年底前要全部达标。要加快扩大内需新增第四批水利项目建设，确保在明年3月底前全面完成。

在工程建设过程中，要创新建设管理体制机制，大力实行规划许可制、竞争立项制、投资控制制、资金保障制、绩效评价制。一是推行规划许可制。实施规划同意书制度，加强建设项目审批管理，严格按规划实施，充分发挥规划的指导调控作用，切实提高水利规划的严肃性、权威性，以规划成果来规范社会涉水活动。二是推行竞争立项制。按照合理、急需、必要的原则，通过竞争立项，严把水利建设计划项目立项关，建立专家参与的民主决策机制，实行阳光操作，扩大范围，择优立项。三是推进投资控制制。积极推进公开招标确定设计单位，进一步优化设计方案，突出建设重点，降低工程造价。工程建设不得擅自变更设计，不得擅自增减建设内容，严格控制工程投资规模。四是推行资金保障制。严格实行配套资金承诺制度，定期通报地方配套资金到位情况，实行地方配套资金到位与项目立项挂钩，确保水利工程建设配套资金足额到位。五是推行绩效评价制。对照工程建设目标，加快项目验收，建立水利工程绩效评价制度，对工程建设及其效益进行科学、客观、公正的综合评价，不断提高工程质量和投资效益。

（三）推进农村水利建设管理机制创新，提高农村生产生活水平。2010年全省农村水利建设计划初步安排55亿元，突出抓好以下几项重点任务。一是加快农村饮水安全工程建设。解决农村饮水安全问题，是农村水利工作的首要任务。明年是省委、省政府提出解决1200万农村居民饮水不安全问题的最后一年，必须加大力度、攻坚克难，保质保量完成建设任务。各地要抓紧做好前期工作，落实地方配套资金，保证工程建设顺利推进。二是深入推进农村河道疏浚整治。完成县乡河道疏浚土方2亿立方米，村庄河塘疏浚整治土方1.5亿立方米，全面完成“十一五”农村河道疏浚整治规划任务。目前，全省通过省级验收的县（市、区）不到一半，特别是苏北地区的任务还很繁重。各地要对照2012年之前农村河道疏浚整治一遍的目标，以县（市、区）为单位倒排工期，加大组织实施力度，确保按期完成任务。已经完成省级验收的县（市、区），要建立健全长效管理和轮浚机制，巩固和提高农村河道疏浚整治成果。三是加强小型农田水利基本建设。按照“统一规划、因地制宜，尊重民意、民办公助，集中连片、突出重点”的要求，加快建设以灌排泵站和沟渠配套为重点内容的小型农田水利工程，着力抓好19个重点县（市、区）农村水利标准化建设。四是积极推进大中型灌区节水改造工程。加大对灌区改造的投入，提高规划建设水平，确保完成10个大型灌区、3个中型灌区和5个节水示范项目建设任务。深化灌区改革，大力推广用水户参与灌溉管理的灌区基层管理体制改革，确保灌区改造在节水、增效、降本方面取得预期的成效。

要围绕农业现代化和社会主义新农村建

设目标，以提高农业综合生产能力、防灾减灾能力、服务民生能力为重点，创新农村水利建设管理机制，通过政策推动、典型带动、奖惩促动、部门联动，加快推进农村水利标准化建设，全面提升农村水利建设管理水平。一要健全分级管理机制。根据工程规模和受益范围大小，实行县、乡、村分级管理、分级负责。跨乡镇的农村水利工程由县(市)负责建设管理，跨村的由乡级负责建设管理，村内的由村级负责建设管理。省、市、县要通过扶持重点工程建设等措施，大力支持农村水利建设。二要健全多元投入机制。正确引导受益农户加大投入，规范"一事一议"筹资筹劳，充分尊重农民意愿，鼓励和引导农民群众投工投劳。积极运用市场机制，广泛吸纳社会资金投资农村水利建设，逐步建立起政府投入为主导、农户自愿投入为基础、其它社会投入为补充的多元化投入机制。三要健全长效管护机制。区分农村水利工程类别，根据各地实际情况，制订管护标准，明确管护责任，落实管护资金，建立不同的农村水利工程管护模式，确保工程建得成、管得好，农民用得起、长受益。

(四)推进水利管理创新，提高水利工程综合效益。着力加强水利管理，不断提升管理水平，逐步建立体制健全、机制合理、法制完备的现代水利管理制度。在水资源管理方面，贯彻最严格的水资源管理制度，积极推进用水总量、用水效率、纳污总量"三条"红线管理制度。落实用水总量控制和定额管理制度，加快水资源监控系统建设。加快节水型社会试点建设，深入推进八大高耗水行业节水行动，确保完成年度万元 GDP 用水量下降 4%的目标。在水工程管理方面，严格河湖的水域管理，严格河湖岸线资源开发利用的监督管理，推行河湖水域占用补偿制度，维护江河湖泊的健康生态。在提高公益性水利工程政府保障水平的同时，进一步加大经营性、资源性水利工程改革力度，建立健全水利工程维护管理市场，降低水利工程运行维护成本，提高安全可靠运行水平，加快建立既保障水利工程安全、又充分发挥水利工程效益，既有政府扶持、又有市场活力的水利工程管理体制。在水环境管理方面，健全完善突发性水污染事件应急预案，提高饮用水安全保障水平。加快太湖水环境综合治理，按照"两个确保"的治理目标，科学调水引流，加大蓝藻打捞与处理力度，加快生态清淤和入湖河流疏浚整治，加强"湖泛"的监测预警和综合治理，促进太湖水质的持续改善。在水行政管理方面，加强水利政策法规建设，完善现代水利发展的政策法规体系。加大水行政执法力度，坚决制止擅自侵占河湖工程、水面的现象，严厉打击非法采砂等水事违法行为。强化水利执法监督，推行行政执法责任制。加强普法宣传和水法制教育，增强全社会水法制观念。

(五)推进防汛防旱应急管理工作创新，提高防灾减灾能力。防汛防旱事关人民群众生命财产安全，事关经济社会发展大局。各地务必始终保持高度警惕，坚持未雨绸缪，严格落实防汛工作责任制，抓紧组织汛前检查，对影响安全度汛的工程险工隐患，优先列入基建项目予以解决，逐一落实处理措施，及时消除度汛隐患。健全完善应急响应制度，抓紧修订各类应急预案，加强防汛专业队伍建设，储足备好各类防汛物资，不断提高预测预报水平、科学决策水平、优化调度水平。坚持防汛防旱两手抓，妥善处理好防洪与排涝、泄洪与蓄水的关系，实现洪水资源化管理。加强湖库蓄水保水工作，强化水源调度，提高水资源利用效率，确保生产生活用水需要。

要坚持依法防控、科学防控、群防群控，创新防汛防旱应急管理工作，努力实现指挥决策科学化、应急处置规范化、防汛抢险专业化。一是指挥决策科学化。利用科学的手段和方法，运用先进的防灾减灾、水资源调度决策理论和经验，加大防汛指挥系统建设力度，提高预测预报预警水平，实现气象水文实时监测、信息传输及时高效、汛情灾情准确反馈、工程运用优化调度，为科学指挥提供强有力的技术支撑。二是应急处置规范化。完善应急响应机制，对应不同灾害响应级别明确具体责任单位，确保启动响应后相关部门和人员迅速到岗到位。结合水情、工情变化和各地实际，进一步修订完善各类防汛预案，定期开展预案演练，切实提高针对性和可操作性。三是防汛抢险专业化。加强防汛抢险队伍建设，强化培训演习，增强实战能力，确保拉得出、抢得住、打得赢。按照分级储备的原则，及时增储补足防汛抢险物资，保证防汛抢险需要。

三、加强组织领导，推动水利事业又好又快发展

2010年全省水利工作任务艰巨而繁重，各地各有关部门要高度重视，科学统筹安排，创新工作举措，狠抓措施落实，确保各项任务圆满完成。

第一，切实加强领导。各级党委、政府要把水利工作作为促进经济发展、加强“三农”工作的重要内容，摆上重要位置，严格目标考核，层层落实责任，及时协调解决水利改革发展中的矛盾和问题，确保水利各项工作任务落到实处。要积极开展水利现代化建设试点县(市)创建、农村水利标准化县(市)创建活动，进一步提高水利支撑经济社会发展的能力。各有关部门要通力合作、密切配合，齐抓共管、形成合力。水利部门要充分发挥职能作用，当好党委、政府的参谋助手，精心搞好水利规划、建设和管理。发展改革、财政等部门要在规划审批、计划安排、资金落实上做好工作，保证水利工程建设需要。其他相关部门要各司其职、协调配合，共同推进水利事业发展。

第二，加大投入力度。各地要按照公共财政要求，加大对水利基础设施建设的投入，确保当年本级财政可用财力的2%至4%用于水利建设。要继续收足用好防洪保安资金、水利建设基金、水资源费和南水北调基金，认真落实城市建设维护税15%用于城市防洪建设、土地出让金纯收益15%用于农业土地开发和水利建设的政策，保证配套资金及时足额到位。积极运用市场机制，广泛吸纳社会资金，逐步建立多元化水利投入新机制。

第三，强化督促检查。2010年水利建设投资大、任务重，各地各有关部门要严格执行基本建设各项规定，切实加强水利投资项目的管理，管好用好水利投资，确保工程质量和资金安全。水利建设投资，要严防用于不符合规定投向、不符合管理要求的项目，严防盲目铺摊子和低水平重复建设，严防滞留、挤占、截留和挪用项目资金。全面推行水利重点工程纪检监察派驻制，纪检、监察、审计等部门要关口前移、主动介入，实行全过程监督。强化党风廉政建设责任制，坚持用制度管权、管事、管人，加强对重要岗位人员的监督，从源头上预防和治理腐败。对违法违纪行为，要依法依规严肃查处。

第四，搞好宣传发动。当前正值水利建设的黄金时节，各地要抢抓有利时机，加强宣传发动，营造良好氛围，进一步掀起冬春水利建设热潮。要丰富宣传内容，提高宣传效果，特别要注重宣传具有时代性、创新性、可推广性的典型经验，发挥示范带动作用。要大力宣传增加投入、创新机制促进水利事业加快发展的创新举措，大力宣传通过自力更生、艰苦奋斗改善水利基础设施条件的先进典型，大力宣传因地制宜发展水利、让农民得益受惠的先进事迹，进一步营造全社会支持水利建设的良好氛围。

同志们，水利改革发展正面临着良好机遇，做好新时期的水利工作任务艰巨、责任重大。我们要以高度负责的态度、开拓创新的精神和求真务实的作风，团结拼搏、积极进取、奋发努力、扎实工作，全面完成全省水利工作各项任务，在新的起点上谱写水利改革发展新篇章，为推动科学发展、建设美好江苏作出新的更大的贡献！

黄莉新:在全省防汛防旱工作会议上的讲话

（2009年4月17日）

这次全省防汛防旱工作会议的主要任务是,回顾总结2009年防汛防旱工作情况,研究分析当前面临的形势,全面部署今年防汛防旱工作任务,确保安全度汛,为保增长、保民生、保稳定大局提供坚强保障。刚才,省水利厅振霖同志通报了全省汛前准备工作情况,省政府与各市政府签订了2009年度防汛防旱工作责任状。下面,我讲几点意见。

一、周密部署,科学应对,2008年防汛防旱工作取得全面胜利

2008年是不平凡的一年,大事、要事、难事多,江苏省防汛防旱工作也先后经历了太湖长时段超警戒水位、滁河历史第二高水位大洪水、淮河入江水道和新沂河同时较大流量泄洪以及台风影响的考验。在省委、省政府的正确领导下,全省各地各有关部门团结协作、顽强拼搏、周密部署、科学调度,夺取了防汛防旱工作的全面胜利。

一是加强领导,组织到位。省委、省政府高度重视去年的防汛防旱工作,梁保华书记、罗志军省长亲自带队检查指导,对防汛抗灾工作提出了明确要求。各地党政负责同志加强领导,全力组织,深入一线,靠前指挥,采取有力应对措施,确保了防洪安全。各级防指认真分析雨水情和天气趋势,及时研究部署,落实应急预案,保证了防汛抗灾工作顺利进行。

二是周密安排,准备充分。各地坚持“建重于防、防重于抢”的方针,集中力量狠抓汛前,层层签订防汛责任状,严格落实防汛责任制。加快在建工程建设,抓紧处理各类度汛隐患,自下而上开展汛前大检查,对影响安全度汛的工程隐患和薄弱环节落实处理措施。修订完善各类预案,增储防汛物资,强化队伍演练,加强技术培训,清除行洪障碍,为做好防汛防旱工作赢得了主动。

三是超前部署,科学调度。去年淮河春汛发生后,省防指加强预测预报,及时调度灌溉总渠高良涧闸全力泄洪。淮河上中游出现洪水过程后,调度三河闸开闸泄洪,汛期三河闸累计下泄淮河洪水161亿立方米。先后调度江都站、高港站及沿海四港全力抢排区域涝水,累计抽排、自排里下河涝水43.4亿立方米。滁河流域遭受突发雨涝灾害后,紧急调度滁河干流三汊湾闸、红山窑枢纽等沿江口门敞开泄洪,最大行洪流量达到2000立方米每秒,其中马汊河最大行洪量1280立方米每秒,为历史最大值。按照国家防总和长江防总的调度指令,适时启用蒿子圩分洪闸,分蓄洪水量540万立方米,减轻了上中游地区的洪水压力。

四是全力抢护,排除险情。去年汛期,受突发性强降雨和河道长时间、大流量行洪影响,滁河、中运河、邳苍分洪道、沭河、新沭河、灌河等流域性河道堤防出现了近30处不同程度的坍塌、渗漏、冲刷等情况,长江江岸也时有冲刷、洗坍现象发生。有关地区全力组织抢险,驻苏部队和武警官兵积极支持,及时消除险情,确保了堤防安全。

五是应急治太,安全调水。把太湖流域防洪保安与防控蓝藻生态危害有机结合起来,积极实施引江济太、调水引流。常熟水利枢纽全年调水22亿立方米，梅梁湖泵站抽水出湖9.5亿立方米，太浦闸向下游地区供水23亿立方米，有效增加了太湖水环境容量。及时开启江水北调沿线大站，解决大运河沿线用水问题；调度沿江涵闸站抽引江水，补充里下河及沿海、苏南沿江、通南地区用水，努力改善区域水环境。

据统计，去年全省防汛防旱减免灾效益达32.9亿元，最大限度减轻了水旱灾害损失，为促进经济社会持续快速协调发展作出了重要贡献。在此，我谨代表省委、省政府，向所有关心、支持、参与防汛防旱工作的同志们表示亲切的慰问和衷心的感谢！

二、统一思想，认清形势，正确分析今年防汛防旱工作面临的挑战和机遇

今年是新中国成立60周年，是全面贯彻落实党的十七届三中全会和省委十一届五次全会精神的第一年，也是积极应对国际金融危机、保持经济平稳较快发展的关键一年，做好今年的防汛防旱工作意义特殊、责任重大。各地各有关部门要充分认识做好今年防汛防旱工作的重要性和紧迫性，做到警钟长鸣、常备不懈、全力防范、确保安全。

从保障经济平稳较快发展看，做好今年防汛防旱工作绝不可掉以轻心。经济社会越发达，积累的社会财富越多，对防汛安全保障和水资源供应的要求就越高。2008年，江苏省地区生产总值突破3万亿元，人均地区生产总值超过5500美元，财政总收入7110亿元，总体上进入了工业化、城市化、国际化加速提升的重要阶段。今年是进入新世纪以来江苏省经济发展最为困难的一年，国际金融危机的影响尚未见底，保增长、保民生、保稳定的任务十分繁重。在这种大环境、大背景下，防汛工作绝不能出现任何闪失。由于江苏省一些地区多年没有发生大洪水，部分干部群众防汛意识比较淡薄。一旦防汛安全出了问题，后果将不堪设想。我们要从全局和战略高度，切实增强责任感和紧迫感，千万不可麻痹大意，千万不可懈怠松劲，从严、从紧、从实做好各项准备工作，为促进经济社会又好又快发展奠定坚实基础。

从防洪工程体系存在的薄弱环节看，做好今年防汛防旱工作绝不可盲目乐观。近年来，江苏省不断加强防洪工程建设，淮河、长江、太湖防洪标准基本达到五十年一遇，重点海堤按五十年一遇标准建设基本完成，里下河等低洼地区灾后应急治理工程全面建成，城市防洪工程体系基本形成，防灾减灾能力明显提高，但仍存在不少薄弱环节。流域性水利工程还有不少新老险工患段，部分病险水库除险加固还没有完成；沂沭泗地区现状防洪标准虽有所提高，但支河及中小河流防洪标准较低；长江河势不稳日趋加剧，去年以来已发生多处崩岸坍江险情，部分岸段崩岸、洗坍呈活跃趋势；太湖地区面临防洪与供水安全的双重压力；秦淮河、滁河、水阳江等长江支流防洪标准偏低，防洪压力较大；行滞洪区的安全设施建设不足，启用难度较大；一些地区区域排涝标准不高，城市防洪仍然存在薄弱环节，遭遇突发性强降雨后易涝难排；一些河湖水质污染、水环境恶化没有得到根本遏制，水质型缺水矛盾日益突出。对于这些存在问题，我们要高度重视，把困难估计得更加充分，把措施考虑得更加周全，把工作做得更加扎实，牢牢把握今年防汛防旱工作主动权。

从应对复杂极端天气灾害看，做好今年防汛防旱工作绝不可麻痹大意。受全球气候变化影响，近年来江苏省气候异常现象突出，平均气温不断升高，暖冬现象持续出现，暴雨、洪涝屡屡打破历史极值，干旱灾害日趋严重，台风登陆影响频繁。据气象部门预测，今年夏季(6～8月)淮北地区及苏南局部地区降水量正常偏多，北部地区出现局部洪涝的可能性偏大，梅雨期降水量比较集中，全省在雨季过后可能出现比较明显的干旱，影响江苏省的台风个数较常年略偏多，影响程度可能较重。暴雨等极端性天气发生频率较高，气象灾害可能相对较多。我们一定要高度戒备、充分准备、严密防备，宁可信其有、不可信其无，宁可信其重、不可信其轻，宁可备而不用、不可用时无备，时刻绷紧防汛抗灾这根弦，随时迎战可能发生的水旱灾害。

在充分认识严峻形势的同时，我们也要看到做好今年防汛防旱工作面临的诸多有利条件。一是国家出台了一系列加强水利基础设施建设的政策措施。党的十七届三中全会和省委十一届五次全会对加快水利基础设施建设提出了明确要求。去年下半年以来，党中央、国务院和省委、省政府出台了一系列扩内需、保增长的政策措施，水利基础设施投资力度进一步加大，为提升防灾减灾能力提供了难得机遇。二是抗灾减灾体系不断完善。经过多年来坚持不懈的防洪工程建设，目前全省已初步形成了以流域工程为骨干、区域工程为网络、城市防洪为节点的防洪减灾工程体系。在非工程体系方面，建成水情遥测站 276 个，省以上遥测报汛站覆盖率达到 80%以上。淮河、沂沭泗水系和长江、秦淮河水系洪水预报调度等十大系统已经建成，省防汛指挥系统二期工程正在抓紧建设，防汛防旱应急决策、指挥调度能力明显增强。三是应急管理水平逐步提升。在预案建设方面，《江苏省防汛防旱应急预案》已经省政府批准实施，并相继修订完善了《江苏省防御洪水预案》等一系列应急预案。在物资储备方面，分期分批建立了省市县各级防汛物资储备点，防汛物资储备体系逐步完善。在专业队伍建设方面，目前已经组建了 5 支国家级、8 支省级重点防汛机动抢险队，全省共组建了 147 万人的各类防汛抢险队伍。省防指与省军区联合建立了 7 支以现役军人和民兵预备役人员为主的抗洪抢险专业分队，在今年年底可实现 13 个直辖市的全覆盖。通过加强汛前演习，防汛抢险实战能力不断增强。

我们要切实统一做好今年防汛防旱工作的思想认识，既要清醒认识面临的严峻形势，又要充分看到做好工作的有利条件，高度戒备、迎难而上，坚定信心、开拓进取，以更高的要求、更严的标准、更大的力度，扎扎实实做好今年的防汛防旱工作。

三、未雨绸缪，狠抓落实，全力做好今年防汛防旱各项工作

今年防汛防旱工作的指导思想是，以科学发展观为指导，坚持“安全第一，常备不懈，以防为主，全力抢险”的方针，把确保人民生命财产安全放在首位，按照指挥决策科学化、应急处置规范化、防汛抢险专业化的要求，立足于防大汛、抗大旱、抢大险、救大灾，高标准、高质量地做好各项防汛防旱工作，为促进全省经济平稳较快发展提供坚强保障。总的要求是，在遭遇历史和标准内洪水时，保证各类水利工程安全，以及大中城市和交通干线的安全。出现超标准洪水时，采取应急措施，把灾害损失减少到最低程度。发生严重干旱时，要确保城乡居民生活以及工农业生产用水需求。在任何情况下，必须确保洪泽湖大堤、里运河大堤安全。着重要抓好以下几方面的工作。

（一）严格落实各项防汛责任制。落实防汛责任制是做好防汛防旱工作的重要前提。各地要全面落实以行政首长负责制为核心的各项防汛责任制，逐级签订防汛防旱工作责任状，做到一级抓一级，一级对一级负责，把防汛责任落实到每一段堤防、每一座水库、每一处险工患段。防汛行政负责人、技术负责人要熟悉防汛形势，掌握工程现状，对每一个险工险段的抢险方案要做到心中有数。2009 年以来，有一些新的领导同志走上了防汛防旱工作领导岗位，要加强对新任领导的业务培训，使他们尽快熟悉情况、尽早进入角色、尽力履行职责。省防指已在《新华日报》上公布了全省大江、大河、大型水库、滞蓄洪区、重点防洪城市和重点流域性工程的行政防汛责任人和技术防汛责任人，各地也要将防汛责任人在媒体上公布，接受社会和群众的监督。

（二）加快防洪工程建设进度。防洪工程是做好防汛防旱工作的重要物质基础。今年全省水利重点工程建设任务初步安排80亿元，是新中国成立以来水利重点工程投入最多的一年，工程项目多、任务重、时间紧。汛前多做一处工程，汛期就多一份安全。在确保质量的前提下，全面加快中运河骆马湖堤防加固、沂沭邳和新沭河治理等东调南下二期整治工程、病险水库除险加固、海堤达标建设、城市防洪、南水北调、通榆河北延、重点区域治理等重点工程建设，加大河道清淤、灌区节水改造、中小型泵站改造、山丘区水源工程等农村水利建设力度，使更多工程在汛期发挥效益。对跨汛期施工的在建工程项目，要制定落实施工导流方案和抢险应急预案，确保安全度汛。

（三）抓紧处理各类度汛隐患。千里之堤，溃于蚁穴。隐患再小，不及时处理同样会造成严重后果。从今年汛前检查情况看，还存在着不少度汛隐患。现在离主汛期还有一段时间，要抢抓当前有利时机，对影响今年安全度汛的工程隐患和薄弱环节再进行一次拉网式检查，确保不留死角。要加大险工险段的处理力度，按照“分级管理、分级负责”的原则，逐一落实处理措施。对汛前能处理的险工隐患，要落实责任，增加投入，尽最大努力消除度汛隐患。对需要列入基建项目的工程，要及早做好前期工作，为工程早日实施除险加固做好准备。对一时难以处理的，要认真落实应急措施，保证度汛安全。

（四）切实加大河湖管理力度。加强河湖管理，是提高河湖行蓄洪能力的重要保证。近年来，随着沿江沿河开发项目的增多，非法圈圩、违法设障和非法采砂活动时有发生，严重影响行洪安全。要建立健全河湖管理责任体系，强化河湖水域工程管理，严格开发项目审批，加强对湖泊资源开发利用的监督管理，保障河湖的行蓄洪能力。加大清障力度，按照“谁占用、谁补偿，谁破坏、谁修复”的原则，坚决清除河湖范围内的行洪障碍。加强对涉河在建项目检查，及时拆除施工围堰、坝埂等阻水建筑，确保行洪畅通。按照“陆上管理、水上打击”的原则，认真落实采砂管理地方行政首长负责制和部门责任制，深入开展打击长江非法采砂专项治理行动。沂沭泗地区要积极配合流域机构，加强河道采砂管理，严厉打击非法采砂活动，保证江河岸线的安全和稳定。

（五）认真做好城市和水库防洪工作。城市防洪是防汛工作的重要内容。各地要加强对城市防洪排涝工作的组织领导，明确部门职责，落实工作责任。各级防指要加强城市防洪的组织协调、督促检查，抓紧修订完善城市防洪应急预案，做好城市防洪排涝调度工作。要全面检查城市防洪排涝设施，保证水系畅通、水闸泵站各类机电设备完好。加强重点部位防护，落实城市防洪排涝抢险队伍，及时处理险情、抢排涝水。要高度重视水库防洪安全，加强重点水库的预警预报和实时监测，为科学调度提供有力依据。全面落实各级各类水库防汛责任制，细化度汛预案，加强管护力量，严格按批准的汛限水位运行。病险水库要降低水位或空库运行，确保水库度汛安全。

（六）全面提高防汛防旱应急处置水平。提高应急处置能力是有效防御水旱灾害的重要保证。要进一步加强应急处置能力建设，加快省防汛指挥系统二期工程建设，提高防汛预测预报预警的准确性、时效性，提升防汛调度决策的科学化水平。要结合工情变化和汛前检查情况，修订完善各项水利工程度汛预案和防御超标准洪水预案、险工险段应急抢险方案、蓄滞洪区运用预案、江心洲安全撤退预案、沿江沿海地区防御台风预案等，健全完善防汛防旱应急响应机制。按照分级储备的原则，及时增储补足防汛物料。重点险工险段要增加现场储备，保证抢险需要。加强防汛抢险队伍建设，抓紧做好“军地共建”、“警地共建”专业抢险队伍组建工作。各级抢险队伍在汛前都要组织培训演习，确保招之即来、来之能战、战之能胜。

（七）坚持防汛防旱两手抓。要密切关注天气变化，做好防汛防旱两手准备。认真分析当地水源供需情况，分阶段制定供水计划和抗旱预案，优化调度水源，强化用水管理，统筹配置生活、生产、生态用水，确保人民群众生活、航运、电厂等用水需要。当前，淮北各地要继续做好湖库蓄水保水工作，严格控制湖库出流。沿运省属抽水站要做好长期抽水准备，有关市县要抓紧维修抽水机组，疏浚淤积引河，随时准备投入翻水运行。太湖地区要继续实施调水引流，改善水体水质，严控蓝藻危害。加强河湖水质监测和水源调度，严密防范突发性水污染事故。妥善处理好防洪与排涝、泄洪与蓄水的关系，通过科学调度化害为利，变洪水为资源，实现从控制洪水向洪水管理、单一抗旱向全面抗旱的转变。

四、加强领导，明确责任，确保夺取今年防汛防旱斗争全面胜利

防汛防旱工作事关人民群众生命财产安全，事关经济社会发展大局，事关社会和谐稳定。各级各有关部门要强化组织领导，严格落实责任，密切协作配合，全面提升防汛防旱应急管理水平。

第一，强化领导，加强协调。各级政府要把防汛防旱工作摆上突出位置，列入重要议事日程，加强组织领导，加大投入力度，落实工作责任。主要负责同志要亲自抓、负总责，分管负责同志要具体落实相关措施，全力做好工作。各级领导要周密组织安排，加强督促检查，深入防汛一线，了解掌握情况，协调解决问题。一旦发生险情，要及时赶赴现场，加强指挥调度，确保抢险救灾工作顺利开展。要实行严格的防汛责任追究制度，对工作不力而造成重大损失的，要追究有关责任人的责任。

第二，统一调度，严明纪律。防汛防旱工作涉及上下游、干支流、左右岸等各方面的利益，各地各部门要牢固树立全局观念，互谅互让、团结抗灾，坚持局部利益服从整体利益，下一级防汛指挥部服从上一级防汛指挥部的指挥调度，地区防汛指挥部服从联防指挥部的指挥调度，地方各部门服从当地防汛指挥部的指挥调度，严肃防汛工作纪律，确保政令畅通。

第三，密切配合，协同作战。各级防汛防旱指挥部要进一步加强现代化建设，增强应急能力，当好党委、政府的参谋助手。省防指各成员单位要密切配合、协同抗灾。水利部门要重点抓好水利建设和水利工程安全高效运行，提高科学防洪、工程防洪和专业防洪水平。气象、水文部门要加强预测预报，及时提供气象预报和水情数据。发展改革部门要协调安排防汛防旱工程、除险加固等建设计划，财政部门要加大防汛抗旱经费投入，其他成员单位都要按照职责分工，共同做好防汛防旱工作。要充分发挥驻苏人民解放军和武警部队在抢险救灾中的突击队作用，同时也要注意爱惜兵力，不要随便提出动用部队的请求。省防指成员单位要加强与各挂钩市的联系，协助和指导地方做好防汛防旱工作。

同志们，防汛防旱事关重大，肩负责任重于泰山。我们要坚持以科学发展观为指导，居安思危、加强防范，团结拼搏、扎实工作，努力夺取今年防汛防旱工作全面胜利，为全省经济平稳较快发展作出新的更大的贡献。

黄莉新:落实科学发展观　节约保护水资源

——“世界水日”、“中国水周”新华日报署名文章

（2009 年 3 月 22 日）

今天是第十七届“世界水日”和第二十二届“中国水周”。今年“世界水日”的主题是“跨界水——共享的水、共享的机遇”。我国今年纪念“世界水日”和开展“中国水周”活动的主题为“落实科学发展观、节约保护水资源”。我们要以纪念“世界水日”、“中国水周”为契机，进行广泛深入的宣传发动，普及水资源知识，进一步确立人水和谐的理念，提高全社会珍惜水、节约水、保护水的自觉性，切实保护和合理利用水资源，促进水资源可持续利用，保障经济社会可持续发展。

一、节约保护水资源是江苏经济社会可持续发展的迫切需要

水是人类生存和发展的基础，水资源可持续利用是地区经济社会可持续发展的重要保障。江苏是一个以平原为主的省份，河网密布，湖泊众多，年均降雨量在 1000 毫米左右，又处于江淮沂沭泗几大流域的下游，水资源丰沛是江苏的一个突出特点和重要优势。但江苏省降水时空分布不均，水资源南丰北枯，随着工业化、城市化加快推进，水资源供需矛盾日益突出。一方面，洪涝、干旱灾害仍然是江苏省的重要隐患。淮北地区、沿海地区和丘陵山区水资源总量不足。另一方面，水资源节约保护任务十分繁重。用水方式比较粗放，全省万元国内生产总值用水量、农业灌溉水利用系数、工业用水重复利用系数、城镇供水综合漏损率等与发达国家相比还有较大差距。废污水排放量较大，对部分地区水环境造成影响。少数地区过量开采地下水，引发了地面沉降等地质灾害。水资源保护和利用方面存在的问题，已成为影响和制约全省经济社会可持续发展的重要因素。

水作为基础性、战略性资源，其重要性日益显现。国内外经验表明，资源节约型的发展模式，山川秀美的生态环境，正在成为一个国家和地区的综合竞争优势。节约资源就是增强发展后劲，保护环境就是保护生产力。我们必须坚持以科学发展观为指导，调整、转变水资源管理思路，正确处理好水资源节约保护与开发利用的关系，从开发利用优先向节约保护优先转变，从供水管理向需水管理转变，做到既满足经济社会发展用水的需求，又满足维护河湖健康生态的需要，通过节约保护水资源来实现水资源的可持续利用，以水资源的可持续利用支撑江苏经济社会的可持续发展。

二、节约保护水资源必须实行严格的管理制度

当前，江苏省正处于全面建设更高水平小康社会、加快推进社会主义现代化建设的关键时期，促进经济社会发展与保护资源环境的任务繁重而艰巨。要确保实现水资源节约保护目标，必须实行严格的水资源管理制度。这是各级政府的一项重要职责。

实行严格的水资源管理制度，必须制定严格的水资源管理规定，健全完善水资源管理的法规体系和政策体系。要从江苏实际出发，抓紧制定取水许可管理、水资源费征收使用管理、水功能区划管理、水资源节约保护等法规规章和政策规定，为加强水资源管理提供依

据。要强化执法监督，重点加强取水许可和水资源费征收使用、节水管理、入河排污口审批等制度落实情况的检查，确保已有水资源管理法规贯彻落实到位。

实行严格的水资源管理制度，必须划定水资源管理“三条红线”。即划定水资源开发利用红线，严格实行用水总量控制；划定水功能区限制纳污红线，严格控制河湖排污总量；划定用水效率控制红线，坚决遏制用水浪费。这是有效制止水资源无序开发、过度开发和粗放利用的重要手段。要认真开展调查研究，从水资源规划、水量分配、取用水管理、水资源费征收管理、节水考核管理、节水技术推广等环节入手，细化“红线”制度实施办法，加大监督检查力度，不断提升水资源管理水平。

三、节约保护水资源需要动员组织全社会共同参与

水与人们的生产生活密切相关。节约保护水资源，需要各行各业积极参与和大力支持，自觉节约水资源，主动保护水环境。

（一）树立节水就是治污的理念。据统计，每使用1立方米水就会产生0.7立方米左右的污水排放。节水不仅可以节能增效，而且可以减少污水排放，有利于水污染防治和水环境保护。要牢固树立节水就是治污的意识，倡导文明的生产模式和消费方式，形成节约用水、保护水环境的良好社会风尚。

（二）让节约水保护水成为各行各业的实际行动。工业用水要按照“以供定需、以水定发展”的思路，依靠科技进步，调整产业结构，做好工业节水设备、工艺和技术的推广工作。重点抓好钢铁、火力发电、纺织、化工等高耗水行业的节水工作，提高水的重复利用率。农业用水要着力改进传统灌溉方式，大力发展现代节水农业，积极发展生态循环农业，推广运用喷灌、滴灌和管道输水灌溉等先进实用的节水灌溉技术，推进林果业、养殖业和农村生活节水，不断提高用水效率。生活用水方面要全面推行城市节水，加快城市供水管网改造步伐，加强供水和公共用水管理，普及节水器具和设备，有效控制人均生活用水量增长趋势。

（三）大力推进节水型社会建设。节约保护水资源的根本措施，是转变经济社会发展方式。要充分运用多种媒介进行广泛宣传，使节约优先、环保优先的理念深入人心，引导和动员社会各界主动参与节水型社会建设。通过听证、公开征求意见等多种形式，畅通公众参与渠道。积极培育用水者协会等民间组织，鼓励群众参与水量分配、水价制定、水权转让等决策，创建节水型企业、节水型单位和节水型社区。落实各项政策措施，调动社会各方面节约用水、保护水环境的积极性。

四、节约保护水资源是新时期水行政主管部门的重要职责

深入贯彻落实科学发展观，实现水资源可持续利用，必须把水资源优化配置、全面节约和有效保护摆在突出位置，更大力度地加强水资源管理工作，促进人与自然和谐相处。

（一）转变治水思路，切实加强水资源规划工作。各级水利部门要高度重视水资源规划编制工作，转变规划编制思路，把节约保护放在首要位置，实施用水总量控制，遏制不合理用水需求。要根据各地水资源承载能力和经济社会发展的用水需求，按照保护生态环境和促进水资源可持续利用的要求，提出河湖纳污总量和限制排污总量意见，认真组织实施。统筹安排生活、生产和生态用水，构建现代高效用水新格局。

（二）强化监督管理，全面落实水资源管理政策法规的各项规定。《中华人民共和国水法》、《江苏省水资源管理条例》、《江苏省湖泊保护条例》、《江苏省人民代表大会常务委员会关于加强饮用水源地保护的决定》等法律法规，为依法管理水资源提供了法律保障。各级水利部门要把水资源执法管理摆在突出位置，加大执法力度，严厉打击各种违法违规行为，真正做到有法必依、执法必严、违法必究。

（三）运用经济手段，积极稳妥推进水价改革。水既是资源、也是商品。节约保护水资源，不仅需要运用行政手段和法律手段，也需要运用经济手段。水价是促进水资源节约保护的重要经济杠杆，要遵循市场经济规律，按照需水管理的要求，积极稳妥地推进水价改革，加快建立充分体现江苏省水资源供应状况，兼顾社会可承受度和社会公平，有利于节约用水、优化配置水资源、促进水资源可持续利用的水价形成机制。通过经济杠杆的调节作用，促进水资源节约保护目标的实现。

节约保护水资源，需要全社会的共同参与。我们要深入贯彻落实科学发展观，积极行动起来，全力推进水资源的节约保护工作，为江苏经济社会可持续发展作出新的更大的贡献。

吕振霖:关于当前我省水利发展中的几个重要问题

(2009年9月5日)

这次厅系统领导干部学习会历时3天,马上就要结束了。在这次学习会上,我们大家认真听取了河海大学张长宽教授、南京湖泊研究所胡维平研究员、南京水利科学院崔信民教授、省委党校董连翔主任等4位专家的专题讲座,观看了反腐倡廉警示教育片,并结合江苏水利工作实际进行思考研讨,进一步增加了知识,拓宽了视野,优化了思路,提高了能力,实现了学有所获的目的。下面,我也借这次学习会的机会,就当前江苏省水利发展中的几个重要问题,讲一些意见,和大家一起研讨。

这几年,全省水利系统在深入学习实践科学发展观的过程中,不断优化治水思路,创新治水实践,拓展水利服务功能,水利在经济社会发展中的地位和作用明显提升,与人民群众的生产生活更加密切,这既给新形势下江苏水利的发展带来了更多的机遇,也使我们的工作面临更多的挑战。需要我们以创新的思维和实践,不断破解难题,战胜挑战,赢得机遇,推动江苏水利又好又快地发展。

一、关于水利在太湖水环境综合治理中的实践意义

自2007年太湖暴发蓝藻生态危害并引发区域供水危机以来,太湖水环境综合治理已经历时三年,并且取得了重要进展。水利部门在其中承担了重要任务,为太湖治理做出了重要贡献,也为加强湖泊管理与保护积累了许多宝贵的经验,值得我们认真总结借鉴:

(一)科学调水引流,是提升太湖环境容量的有效措施。太湖水环境综合治理实施三年,我们利用常熟枢纽累计抽引56亿立方米的长江水进入望虞河,其中,经望亭立交直接进入太湖27亿立方米,经望虞河沿线两岸口门进入太湖周边河网29亿立方米。经梅梁湖泵站抽水出流21.5亿立方米。调水引流的资源环境效益显著:一是通过调控太湖生态水位,有效抑制蓝藻的暴发时间和暴发强度。实践证明:太湖蓝藻的生长条件与水位水温和水体流速明显有关,尤其是初春季节,我们通过适当调高太湖水位,对蓝藻种源的发育生长有明显的抑制作用。今年3~4月,太湖水位比2007年偏高0.15~0.40米,使太湖蓝藻大面积发生的时间推迟了近1个月,而且发生的强度也明显降低。2007年太湖蓝藻水华首次大面积生成时间是4月4日,面积为65平方千米;2008年是4月3日,面积为40平方千米;今年首次出现蓝藻水华聚集时间是4月26日,面积只有4.5平方千米。今年蓝藻暴发的累计面积和最大面积也比往年大幅下降,根据卫片资料分析,从4月到7月,太湖蓝藻水华大面积发生频率2007年是40次,累计面积7286平方千米,最大一次面积979平方千米;2008年是37次,累计面积为6687平方千米,最大一次面积为638平方千米;而今年是35次,累计面积为2771平方千米,最大一次面积为450平方千米。二是通过优化入湖水体结构,促进湖区水源地水质持续改善。通过持续实施大流量引江济太,不仅优化了入湖水源结构,而且形成了从望虞河至贡湖,再分别进入梅梁湖和东太湖的两个流场,持续改善这部分湖区的水体质量，保证了苏州、无锡两市在太湖水源地以及东太湖往下游供水的水质。根据省水文局对太湖水源地水质逐日检测资料分析，这些水源地水质溶解氧、高锰酸盐指数、氨氮等指标基本稳定在Ⅰ—Ⅱ类标准，总磷指标东太湖水源地稳定在Ⅲ类标准，梅梁湖水源地稳定在Ⅳ类标准，总氮指标东太湖水源地稳定在Ⅳ类。梅梁湖水源地稳定在Ⅴ类。普遍比2007年提高了一个以上等级。而且过去水质一直较差的梅梁湖的一些主要水质指标已与水质较好的东太湖有接近的趋势。三是通过梅梁湖泵站的排水，直接减少湖体中的内源污染。三年来，梅梁湖泵站以平均20个流量，常年抽排梅梁湖水体，不仅加快了梅梁湖的水体交换，而且把湖体内的污染和蓝藻物质大量排出，根据梅梁湖泵站进水口水质指标进行测算，三年累计排水21.2亿立方米，相当于从梅梁湖湖体中带走了化学需氧量3.8万吨，总氮4480吨，总磷252吨，氨氮900吨，相当于打捞蓝藻470万吨。这三年，梅梁湖湖区水质改善最快、蓝藻水华面积下降最多，与梅梁湖泵站的常年排水效益有密切关系。四是通过望虞河两侧口门引水，显著改善入湖河流水质。望虞河引水进入太湖周边河网后，加大了水流动力，促进了有序引排，增加了环境容量，加之控源截污和河道疏浚整治措施，有效改善入湖河流的水质。从水利部门重点监测的10多条主要入湖河流的水质资料分析，这些河流的水质指标从2007年的Ⅴ类—劣Ⅴ类提高到现在的Ⅲ—Ⅳ类。主要入湖河流的水质明显改善，对修复太湖湖体的水生态环境至关重要。

（二）打捞蓝藻，是应对太湖生态危害的有效办法。太湖流域是全国经济最为发达的地区之一，污染排放总量多、强度大；加之碟形的湖盆结构，入湖污染物常年积累，导致湖体中的营养盐物质持续增加，是太湖蓝藻生态危害日趋严重的根本原因。从三年蓝藻打捞处理的实际效果看，既治标又治本，资源环境效益显著：一是有效防范对水源地的污染危害。蓝藻一旦暴发，太湖湖体表面生成大面积水华，并经风浪作用，堆积在近湖区域，如果不及时打捞，7天左右的时间就死亡腐烂，时间越长，积累越多，与污染的水下淤泥结合，就会形成腥臭的“黑水团”（即“湖泛”），污染水源地。因此，采取有效的打捞措施，避免蓝藻在近湖区域死亡堆集，才能有效预防对水源地的污染，保护供水安全。二是间接清除水体中的污染物质。蓝藻在生长过程中，需要消耗水体中大量的氮和磷，打捞湖体中的蓝藻水华，等于间接清除水体中的氮磷等污染物质。据有关资料分析测算，我们已从太湖累计打捞蓝藻大约120万吨，相当于直接从水体中清除600吨氮和120吨磷。三是机械化打捞解决了长期打捞的效率问题。蓝藻打捞已从一开始的群众运动转变到今天专业化队伍、机械化打捞，而且打捞的方式因地制宜，打捞的工具更加先进，打捞的效率不断提高，适应了长期打捞的需要。四是资源化利用避免了二次污染。大规模打捞蓝藻，如何处理存放是一个难题，在2009年藻水分离处理技术试验成功的基础上，今年在太湖周边地区规划建设了5个藻水处理中心，日处理藻水能力达到8000吨左右，处理出来的藻渣藻泥直接用于沼气发电和有机肥料生产，真正实现了工厂化处理，资源化利用。蓝藻打捞处理产业化形态的形成，使我们应对大面积蓝藻暴发更有信心。

（三）生态清淤，是解决太湖严重内源污染的重要举措。太湖多年积累的内源污染非常严重，特别是在近岸湖区，不仅污染的底泥多，而且水体浅，加之蓝藻堆积死亡，在适宜的气象条件下，最容易突发“湖泛”生态危害。因此，从清理污染淤泥入手，解决太湖的内源污染，是一项积极有效的措施。一是有效削弱了“湖泛”的物质基础。我们在“湖泛”容易发生的近岸湖区，实施大面积生态清淤，并通过严格控制清淤技术，有效清除污染最重、挥发性最大的游泥层，直接切断了“湖泛”的生物链。在今年对西太湖和竺山湖实施大规模生态清淤以来，太湖再没有发生大面积“湖泛”生态危害。初步证明，这是大面积实施生态清淤的直接效果。二是直接减少湖体的内源污染。根据对清淤底泥的化验分析，污染底泥中污染物质含量很高，如化学需氧量平均含量为 1532 毫克/升，最大值达到 2700 毫克/升，总磷平均含量为 5.9 毫克/升、最大值达到 11.18 毫克/升，总氮平均含量 91.4 毫克/升、最大值达到 166 毫克/升，分别是该湖区水体中含量的 443 倍、50 倍和 26.8 倍。按照已经完成生态清淤 1000 万立方米的总量测算，直接减少太湖内源污染物有机质 3.3 万吨、总氮 8000 吨和总磷 6700 吨，这对恢复太湖生态是至关重要的措施。三是实施生态清淤技术已相当成熟。清淤船使用环保刀头，对水体的搅动范围不超过 5 平方米；使用 GPS 系统可以准确定位；运用计算机控制可以满足清淤精度要求；对清出的大量淤泥的固化处理和资源化利用也已经普及，可有效避免二次污染。在今年的实践中，我们还发现西太湖的污染淤泥在风浪的作用下，向近岸涌积速度很快，通过打开内港池闸门让污染淤泥进入内港池进行处理，既简单又经济，也值得研究总结。

太湖水环境综合治理是一项长期任务，各项治理措施还要在实践中继续深化、提高和创新。江苏是一个湖泊众多的省份，面对湖泊生态环境日趋退化的严峻形势，加强湖泊的污染治理和资源保护已成为一项重要而紧迫的任务。我们要充分利用太湖水环境综合治理这个平台，不断总结深化水利工作在太湖治理中的实践意义，加强湖泊生命规律的研究，从湖泊的水系特点、水源条件、调蓄库容、内部流态、水质变化、冲淤趋势、生物种类对水位水质的敏感程度、入湖污染总量与纳污能力变化等多方面，建立对健康湖泊研究分析的工作体系，着力从理论与实践的结合上，加快提高我们对湖泊管理与保护的科学水平，为恢复江苏湖泊的碧波美景而不懈努力！

二、关于沿海开发中水利工作的主要任务

今年 6 月，国务院常务会议原则通过《江苏沿海地区发展规划》，标志着江苏省沿海开发上升到国家层面，成为连接南北、带动中西部地区发展的国家战略。省委、省政府正在抓紧部署，全力推进江苏省沿海开发战略的实施。江苏省新一轮沿海开发战略包括港口港城、产业园区和大规模滩涂开发三大主要任务。实施沿海开发，既为我们加快沿海地区的水利发展提供了难得机遇，也提出了许多挑战，特别是大规模滩涂开发对水利基础保障能力建设提出了新的要求。新一轮沿海滩涂开发有三个显著特点：一是已经从过去的潮上带开发转到潮间带和潮下带开发；二是已经从靠岸开发转到离岸开发；三是已经从以农业为主的开发转到以工业和服务业为主的开发。这三个转变突出表明新一轮滩涂开发技术难度更大、安全风险更高、挑战问题更多。我们必须深入调查研究、加强课题攻关。抓紧完善沿海水利规划体系和技术方案，为实施沿海开发战略提供安全可靠的水利基础保障。第一，要抓紧完善近期沿海水利基础设施建设方案。按照省委、省政府提出的沿海开发近期实施意见的总体要求，尽快完成水利专项实施方案的编制，在继续加强主要入海河流治理、重点侵蚀性海岸护滩加固、四港疏浚整治、完善沿海防洪排涝工程体系的同时，重点建设以通榆河为主干的沿海地区水资源保障工程体系。按照流域调水、区域供水、水库调蓄的规划思路，抓紧推进泰州引江河二期工程，卤汀河、泰东河拓浚工程，通榆河南延配套工程，川东港工程，以及海边调蓄水库工程的前期工作，争取年底前后有一批工程先行开工建设。同时，要针对大规模辐射沙群的围垦开发对水资源的需求，抓紧开展临海引江通道的规划布局工作。第二，要抓紧组织辐射沙洲围垦开发重大水利课题的攻关。在潮间带和潮下带进行大规模淤滩围垦开发，有许多技术性难题，特别是辐射沙洲环海围垦大堤的建设标准问题，深海堤防施工技术质量控制问题，大范围垦区内部供水、排涝与除盐降渍工程措施问题等等，既没有可以套用的工程规范，也没有多少实践经验可以借鉴。我们必须借鉴国内外的成功范例，结合江苏省沿海的实际情况，加强课题攻关，抓紧技术储备，尽快完成大规模辐射沙洲围海堤防建设标准和关键技术质量控制的设计论证工作。第三，要加强海洋水文等基础资料的搜集储备工作。实施沿海辐射沙洲的围垦开发水利基础工程规划建设，现有的陆地水文资料已经不能适应，必须建立海洋水文的相关资料。例如，我们要提出潮间带和潮下带围海堤防工程的建设标准，就必须系统掌握潮汐的变化规律、不同风力条件下海浪爬高和海水侵蚀能力的基础资料；要研究海堤建设质量控制性关键技术，就必须掌握海底河床地基结构，沙堤在海水位差条件下的渗透规律；要规划设计垦区内防洪排涝工程，必须分析海洋的流场规律和泓滩变化趋势等等。实施沿海开发，是江苏省的一项长期战略，加强沿海水利基础设施建设，也是一项长期任务。我们要一方面加强海洋水文等基础资料的搜集整理工作，另一方面要着手规划布局海洋水文监测网点建设。

三、关于加强全省清水通道系统的规划建设

水资源既是基础性的自然资源，又是战略性的经济资源。加强水资源保护，保障水资源的可持续利用，是全社会的共同任务，更是水利部门的重大责任。江苏省虽然河湖众多，水资源总量相对丰沛，但由于水量的时空分布不均，跨流域、跨区间调水的总量越来越大，调水安全问题已经越来越突出。加强清水通道系统的规划建设，保障全省水资源供给安全，已经成为加强水资源管理与保护的一项突出任务。首先，要突出加强跨流域清水通道系统的规划建设。重点围绕南水北调、江水东引和引江济太三大跨流域调水系统，集中组织大运河、通榆河、望虞河以及相关重要输水河道的保护规划，确立保护区，推进地方立法，实行严格管理，确保全省主要水源工程清水畅流、调水安全。其次，要突出加大主要水源工程的保护力度。长江、太湖、洪泽湖和骆马湖，是江苏省最主要的水源工程，直接决定着全省水资源的安全状况，必须建立严格保护的有效机制和工作体系。我们要在加快建立省管湖泊联席会议制度的基础上，进一步会同相关部门开展入湖污染物总量和重点污染源的调查，开展湖泊内源污染和纳污能力的分析测算，积极推进和主动配合有关部门实行入湖污染总量控制和重点污染源治理，促进重点水源湖泊水质和生态的持续好转，保障国家南水北调和全省主要水资源的调度和供给安全。第三，要突出加快全省水资源调度安全监控系统建设。突发性水污染事件一再发生，突出地警示我们：仅仅满足于水资源量的调配，已经不能保证调水安全的目标，必须建立水量水质相结合的水资源调度控制安全系统。这方面的项目设计工作必须抓紧进行，并结合相关水文水资源和其它水利信息化项目协同推进。江苏一定要争取在全国率先建立量质结合的全省水资源信息化调度系统。

四、关于加快提高江苏水利信息化建设水平

信息化是水利现代化的主要标志。加快水利信息化建设，是江苏水利现代化建设的一项重点战略任务。信息化技术是当今世界应用最为广泛、对人类社会影响最大的现代科学。在美国，信息化技术已经发展到把互联网技术（虚拟网）和现代传感技术（物联网）有机结合起来，广泛应用于经济社会生活的各个方面，加快推进称之为“智慧地球”的新一轮技术革命。这一技术的核心在于充分利用互联网和物联网的核心技术优势，把世界各个地区、各行各业甚至每一个具体物体连接在庞大的系统里，让人们在瞬间可以查询某一联系对象的动态变化情况。它将使地球变得更小，社会效率更高，甚至带来人类社会生产生活方式的又一次重大改变。我们要清醒地认识信息技术发展的特殊规律，切实增强加快水利信息化建设的紧迫性和责任感。当前，江苏省水利信息化建设已经进入从单一信息化工程到信息化系统建设的新阶段，也是基本实现江苏水利信息化目标的攻坚阶段。我们不仅要加大投入力度，更为重要的是要提高信息化工程建设组织管理水平。我认为，在新一轮水利信息化建设中，务必把握好四个重点环节。一要完善规划、系统推进。我们要把信息化技术与水利行业的特点更好地有机结合起来，按照基础设施、骨干系统和应用系统的合理层次，抓紧完善水利信息化规划体系和实施方案，并以此指导水利信息化工程高效有序地推进，防止盲目和无序建设，杜绝“半拉子”工程和“胡子工程”，真正做到建设一个项目，不仅充分发挥单个项目的效益，而且能够提升整个信息化系统的功能效益。二是要整合资源，集约建设。我们已经建成了一批水利信息化项目，信息化公共基础工程能力也有了新的提升，目前正在抓紧推进新一批水利信息化骨干项目建设，其中，包括水利地理信息系统、水资源管理信息系统、水情监测分析系统以及水行政权力网上运行系统等项目。在这些项目之间，存在明显的技术共享、设备共用、资源整合的问题，我们必须通过加强对项目前期工作的充分比选论证，加强对项目之间的优化组合，充分利用多个项目之间设备的潜力，优化结构，合理配置，集约利用，防止重复建设，浪费资源。三要突出软件开发，提高应用效益。用信息化技术改造水利行业的目的，是实现对水利工程的科学管理和精准调度。当前，江苏省水利信息化建设存在明显的重建设轻应用、重硬件轻软件的倾向，往往形成高成本建设、低效率应用的问题，资源浪费情况比较严重。我们必须把重点放在项目的软件开发上，着力提高软件应用水平。水利信息建设标准，既要看硬件设施的配备，更主要的还是看软件开发应用水平。目前正在推进的几个重点水利信息化项目开发的空间都很大，要进一步提升前期工作水平，充分利用已经形成的水利信息化工作基础，扩大项目的应用范围，提高软件开发水平。特别是要把网络技术和传感技术应用有机结合起来，在加强对洪涝干旱灾害的预报预警分析、跨流域和跨区间水资源调度的安全监控管理、主要河湖水域岸线资源和水源地生态环境的监控管理等方面信息化技术开发，加快提升水利部门在社会保障和公共服务方面的能力。四要重视建管结合，加强日常维护。建设信息化工程，应当充分考虑工程的实际应用和运行成本要求，保证工程设备的运行效率。工程建成后，要建立工程运行维护管理制度，及时做好技术和设备更新工作，防止有钱建设、无钱维护，有人使用、无人管理的情况发生。努力促进江苏省水利信息化建设进入快速健康的发展轨道。

五、关于水利工程规划建设中土地资源的节约利用

全省正处在新一轮水利工程建设高峰期，但是水利工程规划建设中的征地拆迁成本越来越高，移民安置工作难度也越来越大，已经成为制约重点水利工程建设的突出因素。我们必须把加强土地资源节约利用，降低工程投资成本，作为今后水利重点工程建设的一项重大原则，认真贯彻落实。一是更新规划设计理念，严格控制占用耕地资源。在工程规划布局阶段，要充分利用现有河网水系资源，尽量避免新辟河道多占耕地；在工程初步设计阶段，要把节约用地作为工程结构、河床模式设计造型的重要依据；在工程建设阶段，要通过优化施工方案和施工次序，尽可能减少永久征地和临时用地规模，真正做到最大限度地节约土地资源，最有效地降低工程建设成本。二是要充分利用水土资源，把用地与造地有机结合起来。要充分利用水利工程建设中丰富的土方资源和工程沿线废弃的河塘荒地资源，积极组织复垦造地，尽可能实现一般水利工程用地实现自我占补平衡。三是加强课题研究，积极推进滩地行泄河道的现代化改造规划。在上世纪五六十年代，江苏省开展大规模的治淮工程建设，由于受当时投资能力和施工装备水平的限制，普遍采取平地筑堤、束水滩地行洪的河床模式。事实证明，这种治水模式投资省、见效快，完全符合当时社会的经济技术条件和生产力发展水平。时隔50多年，我们国家的经济社会发展和技术装备水平已经进入到现代化的新阶段，有必要开展对这些大规模滩地行洪河道现代化改造的总体思路和技术路线的研究，从提高工程标准、扩大工程效能、利于工程精准调度和安全运行以及经济技术和资源环境效益的结合上，提出现代化改造的总体方案，为下一轮江苏省重大水利工程的现代化建设进行技术储备。

六、关于加强农村水利建设规划管理

农村水利与广大农民群众的生产生活密切相关。今年，社会投资与农民参与相结合的农村水利投入新机制，推动江苏省农村水利进入新一轮大发展的新阶段。我们必须充分认识这个机遇，紧紧抓住这个机遇，努力提高农村水利建设的组织水平，全面加快江苏省农村水利现代化建设步伐。第一，要抓紧完善农村水利综合规划体系。水利现代化是农业和农村现代化的重要组成部分，大规模的农村水利建设必须紧紧围绕农业和农村现代化建设的总体目标，全面提升农村水利的保障能力和服务水平。农村水利现代化建设也是一个系统工程，必须以规划为龙头，为大规模的农村水利建设提供科学指导。当前，我们最为紧迫的任务是，按照引水、灌溉、排水、供水统一规划，水安全、水资源、水环境综合治理的要求，抓紧完善农村水利的综合规划体系，指导农村水利建设科学有序推进。第二，要加强农村水利现代化建设示范指导。当前，农村水利建设投资规模越来越大，项目也越来越多，但是存在项目分散，效益单一，系统工程效益的优势没有充分发挥。我们一定要抓住这次中央支持农村水利重点县(市)建设的重要政策机遇，把加强资源整合与充分调动地方政府积极性结合起来，以县(市)为单位，在全面规划的基础上，加强农村水利系统工程建设，培育农村水利现代化建设的先进典型，利用典型，以点促面，充分发挥先进典型的示范指导作用，又好又快地推进全省农村水利现代化建设。我们要把以点带面、示范指导作为推进农村水利建设的重要工作方法。第三，要创建农村水利工程运行管理体制机制。农村水利工程面广量大，缺乏有效管理和日常维护是最突出的薄弱环节，导致许多水利设施有钱建设，无钱管理；有人使用，无人维护；有人收费，无人负责，严重影响工程投资效益，甚至影响水利行业在基层人民群众的形象。在新一轮农村水利建设的高潮中，我们一定要把提高农村水利工程运行管理体制机制建设作为一项重大任务，按照政府主导、分级负责、农民参与、因地制宜、分类管理的原则，加强调查研究，总结借鉴先进典型经验，分类制定农村水利工程维修养护政策和管理制度，加快提升农村水利的管理水平，保证农村水利的可持续发展。

同志们，江苏水利正处在传统水利向现代水利和可持续发展水利转型的关键阶段，既有更多的机遇，也有严峻的挑战，我们必须加强学习，增加知识，拓宽思路，提升能力，更好地担当起水利现代化建设的历史重任，不断开创江苏水利发展的美好未来！

吕振霖：对水利现代化基本特征的探讨

——在江苏省水利学会年会上的讲话

（2009年10月21日）

一年一度的水利学会年会今天开幕了！我谨代表江苏省水利厅，对年会的召开表示热烈的祝贺！对各位会员为江苏水利事业发展所作出的重要贡献表示衷心的感谢！这次江苏水利学会年会，以水利现代化发展为主题，进行学术研讨和交流，既有行业发展的普遍意义，更有江苏水利实践的现实针对性。相信这次年会学术研讨的成果，将会对江苏水利现代化发展产生积极的影响。借此机会，我也想以"对水利现代化基本特征的探讨"为题，谈一点我在这方面的认识和体会，和大家一起交流，并请大家指正。

一、水利现代化发展的主要特征

水利，是人类认识自然、利用自然的基本实践活动。从传统水利到现代水利，既是水利事业自身发展规律的必然要求，也是社会生产力推动水利不断发展进步的客观规律。水利现代化的过程，就是保障人类社会现代化发展对水资源安全利用和可持续利用的过程。因此，水利现代化的过程应该是一个动态发展的过程，是一个与时俱进的过程，也是伴随人类社会现代化发展的长期过程。从这个意义上讲，我们对水利现代化的认识和评价，应当突出以下几个方面的内容：

（一）科学的治水理念和治水思路，是水利现代化发展的基本内涵。水资源的安全管理、科学利用和有效保护，是现代水利发展的基本任务。由于水资源既是基础性的自然资源，又是战略性的经济资源，这就决定了现代水利的发展，既要服从水资源的自然循环规律，保障水资源的可持续利用；又要满足经济社会发展对水资源的增长需求，保障经济社会与水资源环境的协调发展。把保护水资源的可持续利用与促进经济社会的可持续发展有机结合起来，确立科学的治水理念，贯彻可持续发展的治水思路，创新治水实践，拓展治水领域，不断提升现代水利的基础保障和社会服务能力，是研究和评价水利现代化发展的基本内涵。

（二）先进的规划水平和设计能力，是水利现代化发展的重要内容。规划和设计是水利建设和管理的基础性工作，是水利现代化发展的龙头。科学治水的理念和思路，必须通过水利规划设计工作来贯彻，现代水利的功能拓展和新技术新材料的推广运用，也必须首先在水利规划设计工作中得到体现。水利规划设计工作的现代化水平，应当表现在善于把水利行业的自身规律与经济社会发展的新要求有机结合起来，做到规划设计理念和思路与时俱进、不断创新；应当把水利规划设计的普遍原则与本地水利工作的主要特点有机结合起来，做到因地制宜、追求特色；应当把传统的规划设计方法和手段与现代科学办法和科技手段有机结合起来，做到能力更强、效率更高，充分发挥先进的规划设计工作对水利现代化发展的引领作用。

（三）安全可靠的防灾减灾能力和资源保障水平，是水利现代化发展的主要标志。水利，作为国民经济最为重要的基础设施之一，与人民群众的生产生活密切相关。所以，水利现代化的一个最为主要的实践标准，应当是不断满足现代经济社会发展和人民群众生产生活水平提高对水安全、水资源和水生态环境等方面的新需求。包括建立高标准、全覆盖的水利防灾减灾工程体系，优化配置、保障发展的水资源调度工程体系，水系通畅、河湖健康的水资源保护工程体系，以及管理严格、确保安全的城乡饮用水源工程体系。可以说，保障经济社会与水资源环境的协调、可持续发展，满足人民群众生产生活的新需求，是衡量水利现代化发展的主要标准。

（四）信息化和智能化的技术装备，是水利现代化发展的关键任务。先进的技术装备，是现代水利区别于传统水利的一个显著标志。从工程建设的大规模机械化施工方式，到工程管理自动化、智能化改造；从水文预测预报的信息化传输，到运行调度和应急管理的集成化系统等等。机械化、自动化、信息化、智能化的技术引进和改造，将使水利建设效率更优，管理手段更强，保障水平更高。

（五）体制创新和法制建设，是水利现代化发展的显著特征。水利事业发展的客观规律告诉我们，大规模的工程建设只是水利发展的阶段性主要任务，水资源管理和保护才是水利发展的长期任务。从工程建设到资源管理与保护，是行业发展的一次重大转型，不仅涉及治水理念和治水思路，而且涉及治水体制、机制的改革和政策法规的重建。水资源作为基础性的自然资源和战略性的经济资源，也是生态环境的要素性资源，必须建立最有效率的管理体制、最严格的保护制度、最权威的法规体系，这是推进水利现代化发展最为重要的制度保障。

（六）高层次的人才队伍和高素质的职工队伍，是水利现代化发展的根本保证。行业兴衰，关键在人。水利的现代化建设，既要传承，更要创新。不仅要建设一支知识面更宽、专业能力更强、能够引领水利现代化发展的精英队伍，而且要培育一支能够适应水利现代化建设和管理要求的高素质的水利职工队伍，这是实现水利现代化发展目标最根本的人才资源保障。

二、江苏水利现代化发展的基本实践

进入21世纪以后，省委、省政府根据江苏经济社会发展的新形势和新任务，明确提出了“两个率先”（即率先全面建成小康社会、率先基本实现现代化）的战略目标。江苏水利也由此进入了现代化发展的重要实践阶段。在科学发展观和可持续发展治水思路的指导下，江苏水利人紧紧围绕省委、省政府重大发展战略，积极转变治水思路，拓展行业发展空间，推进信息化改造，改革体制机制，加强政策法规建设，组织人才队伍培训等，开展了江苏水利现代化建设的实践探索，取得了阶段性重要成果，并形成了一些重要特色。

（一）确立既符合科学发展观要求，又具有江苏特点的治水新思路，是江苏水利现代化发展的特色之一。多年来，江苏水利人把学习贯彻科学发展观与江苏水利的实践创新相结合，紧紧围绕“两个率先”和建设更高水平小康社会的发展战略，不断拓展水利服务领域，增强水利服务功能，推进现代水利创新发展；并且在实践中不断加深对现代水利的认识，领会现代水利的丰富内涵，逐步形成新形势下江苏水利发展的基本思路。即：确立一个理念，就是以人为本、人水和谐的治水理念；把握两个规律，就是水的自然规律（即良性循环规律）和经济规律（即效率优先规律）；实行三个统筹，就是统筹城乡水利共同发展，统筹水安全、水资源、水环境综合治理，统筹工程性措施与非工程性措施的协调推进；突出四大任务，就是发展安全水利（即建设更高标准的防灾减灾体系，提升水利工程的安全保障能力），发展资源水利（即建立更加科学、更有效率的水资源管理和保障体系），发展环境水利（即实现对江河湖泊的严格保护，维护生态健康，保障可持续利用),发展民生水利(即解决好人民群众身边的水问题,不断满足他们生产生活对水利发展的新需求)。近几年来,江苏水利无论是在防灾减灾,还是在水资源开发利用方面;无论是在加强湖泊治理保护,还是在服务民生方面都取得了重要成就,得到了社会各界的充分肯定。实践证明:建立既符合科学发展观的本质要求,又体现江苏经济社会发展需求的治水思路,是江苏水利现代化发展的主要特色。

(二)建立以加强资源管理与保护为主要任务的规划体系,是江苏水利现代化发展的特色之二。多年来,江苏水利围绕保障水资源的可持续利用,促进经济社会与水资源环境的协调发展,积极推进资源水利的系统规划建设。江苏在全国率先完成了水功能(环境)区划和主要水功能(环境)区纳污能力核定工作;率先完成湖泊保护规划,开展湖泊健康生态标准体系研究;率先完成水资源综合规划编制,积极推行水资源总量控制和管理制度;率先完成城乡主要饮用水源地保护规划,建立安全供水保障体系;率先开展城乡水系规划,提出引排分开、清污分流、加强清水通道系统建设的治理思路;完成全省节水型社会建设规划,在丰水地区率先推行以减排防污为主要内容的节水型社会建设试点,等等。这几年,江苏水利正是以这些创新型的规划为引领,积极推进资源水利建设,包括集中实施苏锡常地区地下水禁采保护工程,积极探索湖泊管理与保护体制机制,不断深化水功能(环境)区管理与保护,大力倡导节水防污型社会建设,积极参与处理突发性水污染事件,取得显著的经济社会效益和资源环境效益。可以说,大力推进资源水利规划建设,是江苏水利现代化发展的一个重要特色。

(三)高标准、多功能的工程保障能力,是江苏水利现代化发展的特色之三。围绕保障经济社会发展和人民群众的生产生活,经过多年的建设积累,江苏水利已经基本形成了流域与区域相配套、防洪保安与水资源保障协调、水资源开发利用与管理保护兼顾的水利工程体系。在防洪保安方面,已经建成较高标准的防灾减灾工程体系,基本具备中小型洪涝灾害保发展、标准内洪涝灾害保安全的工程能力,经受近10多年发生的多次洪涝旱灾害的考验,水利工程取得了防灾减灾保安全、促发展的良好业绩,在经济和社会保障上,基本满足了区域经济社会发展和人民群众生产生活需求。在水环境保护方面,我们在全省城乡普遍开展河湖清淤整治工程、全力推进太湖水环境综合治理工程,切实落实湖泊保护工程性措施,认真实施主要清水通道的截污导流工程等等,水利工程在保护水环境、治理水污染中的能力建设也得到明显增强。在农村水利方面,农业灌区配套建设、圩区综合治理、泵站更新改造、小水库除险加固、农村饮水安全工程等加快推进,不仅大大提高了农业的综合生产能力,而且有力地促进了社会主义新农村建设。发展环境水利、民生水利、服务城乡人民群众的生产生活,是江苏水利现代化发展的又一个重要特色。

(四)加快实施信息化技术改造,是江苏水利现代化发展的特色之四。近十多年来,江苏水利一直把信息化改造作为水利现代化发展的关键性任务全力推进。经过多年发展,自动化控制技术已经在工程建设和运行管理中得到普遍运用;各级防汛防旱决策指挥和水利工程调度系统信息化改造工程全面建成;水文水情自动化测报和信息化传输系统基本实现,水利系统的行政管理和电子化办公水平也有了很大提高。用信息化技术改造装备传统的水利行业,给水利行业发展带来了一系列重大变化。例如,在信息化技术的支持下,显著提高了我们对水情、雨情和汛情的预测预报水平,实现了我们对水利工程的系统运作和精准调度;显著提升了我们的建设能力和管理效率,降低了水利工程建设和运行管理成本;增强了我们对突发性灾害事件的应急管理和处置能力，显著减轻灾害损失；同样，在信息化技术的支持下，水行政部门的依法行政效率、政务公开程度和社会服务能力都显著提升。信息化技术不仅带来水利行业的效率和效益的提高，而且直接推动了水利行业许多理念、体制、制度和手段的重大创新。

（五）体制机制的改革和创新，是江苏水利现代化发展的特色之五。从工程水利到资源水利的转变，既需要思路创新和手段创新，更需要体制改革和制度创新。建立符合现代水利发展要求的管理体制和机制，是推进水利现代化建设的一项艰巨任务。这几年，我们按照经济社会发展和行业自身规律的要求，积极推进水务体制改革，加强水利部门对水资源统一管理与保护的职能；积极推进以水利部门牵头的湖泊管理体制，建立湖泊管理保护考核制度；积极推进城乡河流长效管理制度，维护河湖水系的引排调蓄和生态健康功能；积极推进水利工程管理体制改革，建立公益性水利工程安全可靠运行的保障机制；积极探索南水北调、城市供水等资源经营型、生产型水利建设和管理的市场机制，等等。这些体制改革和制度创新措施，有力地推进了从传统水利到现代水利的加快转变。

（六）依法行政、依法治水，也是江苏水利现代化发展的一个重要特色。加强社会管理和公共服务是水行政主管部门的改革方向，也是现代化水利发展的重要特征。多年来，江苏水利一方面围绕依法行政，积极推进行政审批制度改革，撤销了一批行政审批项目，下放了一批行政审批权力，建立了政务公开、程序规范、社会监督和责任追究的行政管理制度，依法行政能力、社会管理和公共服务水平得到明显提高。另一方面，围绕依法治水，积极推进水利法制建设，省人大常委会先后颁布实施了《江苏省人民代表大会常务委员会关于在苏锡常地区限期禁止开采地下水的决定》、《江苏省关于在长江水域严禁非法采砂的决定》、《江苏省人民代表大会常务委员会关于加强饮用水源地保护的决定》、《江苏省水资源管理条例》、《江苏省湖泊保护条例》、《江苏省水文条例》，《江苏省水库条例》也列入立法计划，一大批旨在加强水资源管理与保护的法律法规的建立，逐步形成依法行政和依法治水的管理体制和法规体系，基本实现涉水事务管理依法规范，水事利益调节有法可依。

三、对加快江苏水利现代化发展的几点思考

兴水利，除水害，是人类社会的长期实践活动，这就决定了水利现代化发展也必然是一项长期的任务。江苏水利现代化发展虽然已经取得阶段性重要成就，但是，无论对照水利现代化发展的具体目标，还是对照江苏更高水平小康社会和现代化建设的实际需求，都还有明显差距。加快推进江苏水利现代化发展，仍然是未来江苏水利创新发展的主要任务。新形势下的江苏水利现代化发展，必须始终坚持以科学发展观为指导，深入实践可持续发展治水思路，努力把握水的自然规律和经济规律，充分运用现代科技的创新能力和先进体制机制的创新活力，全力推进安全水利、资源水利、环境水利、民生水利建设，为更高水平小康社会和现代化建设以及人民群众的幸福生活提供更加有力的水利基础保障和社会服务。着力在以下几个方面提高江苏水利现代化发展水平。

一要突出科学规划的引领作用。规划是指导水利建设和行业管理的依据，是行业发展的龙头。水利现代化发展是一个复杂的系统工程，必须坚持统一规划，统筹协调，有序推进。建立水利现代化发展的规划体系，充分发挥科学规划的引领作用，是水利现代化发展最为重要的基础工作。要进一步完善江苏水利现代化规划，必须立足工业化、城市化快速发展的新形势，必须立足人民群众更高水平小康生活的新要求，必须立足可持续发展治水新思路，集中围绕安全水利、资源水利、环境水利和民生水利的四大任务，着力提高现代水利防洪保安、防灾减灾的能力，优化水资源配置、保障水资源供给的能力，强化水环境保护、维护江河湖泊健康生态的能力，以及加强涉水事务的社会管理和公共服务能力，不断满足人民群众生产生活水平提高对现代水利发展新需求的能力。坚持不断完善规划体系，提高规划水平，以更加科学的治水规划，引领江苏水利现代化发展。

二要突出信息化技术的引领作用。以信息化引领水利现代化，是推进水利现代化发展的主要途径。新形势下的水利信息化建设，必须围绕现代水利发展的主要任务，以增强水利工程的系统能力、水资源的管理保护能力以及水行政部门社会管理公共服务能力为重点，进一步加强水文测报分析预警系统、江河湖库生态环境监测监控系统、水资源统一管理和优化配置系统、防汛防旱决策指挥和突发性涉水事件应急管理系统、水利基础信息系统以及水行政机关社会管理公共服务系统的技术改造，及时升级换代。使水利信息技术更好地保障安全水利、资源水利、环境水利和民生水利的发展。要积极把握现代科技发展的最新趋势，努力把信息化技术和现代传感技术集成用于装备水利行业，以更加先进的技术装备，更好地开发水利工程的系统功能和资源潜力，大幅提升水利的现代化、智能化水平。

三要突出体制机制的引领作用。水利现代化发展，既要依靠科学的治水思路和先进的技术装备的引领，也要依靠充满活力的体制机制的推动。要创建现代化水利发展的体制和机制，必须把遵循水的自然规律和经济规律有机结合起来，把保障水资源的可持续利用与经济社会的可持续发展有机结合起来，真正建立统一管理、合理配置和节约利用的水资源管理体制机制，真正建立有效保护、科学治理和严格考核的河湖管理体制机制，真正建立分类定性、管养分离和安全运行的水利工程管理体制机制，真正建立政府主导、社会参与与市场运作相结合的水利投融资体制机制；真正建立依法行政、政务公开、社会监督的水行政部门社会管理、公共服务的体制机制等等。我们要不断深化水利管理体制机制改革，激发行业的创新活力，推进江苏水利现代化的加快发展。

四要突出水利政策和法规的引领作用。现代水利服务的领域更宽，管理的内容也更加复杂，我们要根据现代水利发展变化了的新情况和新任务，切实加强水利发展政策法规研究，加快建立支持和保障现代化水利发展的政策法规体系。例如，在市场经济条件下，无论是水利建设还是水利管理，既有大量的全社会受益的公益性事业，也有许多为具体群体服务的生产经营性事业，这就要求我们必须适应市场经济体制的要求，创建不同类型水利事业的发展政策，挖掘水资源作为战略性经济资源的潜力，扩大水利投融资渠道，为现代水利发展提供物质保证。又如，从工程水利到资源水利，水利行业的主要任务已经从工程建设转到资源管理，但是，要真正实现对水资源的统一管理和严格保护，既涉及体制调整也涉及机制创新，这也要求我们必须通过加强涉水法规体系的建设，为推动水利体制改革和机制创新，提供法规制度保障。如果说，科学的水利规划是水利现代化发展之道，那么，系统的政策法规就是水利现代化发展之基。

五要突出高素质人才队伍的引领作用。现代化水利发展有两个最显著的标志，就是先进的技术装备和先进的体制机制，而实现这“两个先进”的决定性因素，是高素质的人才队伍。建设高素质的人才队伍，是推进水利现代化建设最为艰巨的任务。从工程建设到资源管理，从防洪保安到河湖保护，从行政管理到社会服务，从机械化作业到信息化管理……现代水利发展的任务已经发生了重大变化。要实现现代水利发展的重大使命，最大的挑战是人才。我们必须把加强人才队伍建设，特别是加强高端型、复合型、紧缺型、领军型人才的培养，放到更加突出的位置，通过加强引进、培养和实践锻炼等多种途径，加快改善人才队伍结构，努力形成一批精英人才队伍，为水利现代化建设提供有力的人力资源保障。

水利现代化发展既是一个理论课题，更是一个社会实践。这几年，江苏水利人在理论上研究，在实践中探索，水利现代化发展已经在江苏取得重要成果。我相信，只要我们始终坚持以科学发展观为指导，深入贯彻可持续经济发展规律，坚持不懈地推进理论创新和实践创造，就一定能够不断开创江苏水利现代化发展的新局面，为建设更高水平小康社会和现代化社会作出新贡献！

水利法制建设

水利法制建设　73～77页

政策法规

【水法规制订及政策研究】 2009年，省人大常委会颁布实施《江苏省水文条例》，无锡市人大常委会颁布了《无锡市河道管理条例》、连云港市人大作出了《关于加强我市集中式饮用水源保护》议案的决定，苏州市人大常委会颁布了《苏州市节约用水条例》。苏州市、盐城市人民政府分别修订发布了《西塘河管理保护办法》、《河道管理实施办法》，扬州市、镇江市、淮安市人民政府分别制定发布了《浅层地下水管理办法》、《城市地下水资源管理办法》、《淮安市河道采砂管理暂行办法》等，据不完全统计，2009年全省制定并出台水法规、规章、规范性文件71部。水法规立法前期工作进展顺利，省水利厅完成了《江苏省水域管理办法》的起草和报送工作；起草了《江苏省水政监察管理办法》、《江苏省水库管理条例》。南京、南通、淮安、泰州、扬州5市分别完成了《南京市水库湖泊条例》、《南通市节约用水管理办法》、《淮安市水利工程实施办法》、《淮安市饮用水水源保护办法》、《泰州市水资源管理办法》、《泰州市水利工程管理实施办法》、《扬州市河道管理实施办法》的调研、起草、报送工作；徐州、苏州2市还分别完成了《徐州市人大常委会关于加强小沿河饮用水源地保护决定》、《苏州市中心城区防洪工程管理办法》的起草和调研工作。同时，水利政策研究取得了新进展。省水利厅开展了农村河道管护和农村饮水安全工程管理的政策研究工作，在广泛调研的基础上组织起草了《江苏省农村河道管护办法》、《江苏省农村饮水安全工程管理办法》上报省政府；会同省财政厅、物价局联合制定出台了《江苏省水资源费征收使用实施办法》；对国家和省重点交通基础设施建设项目建设期间免缴河道堤防工程占用补偿费的问题作了深入研究，对免缴范围和起讫时间、已开工的在建项目和已建项目投入运行免缴问题、免缴审批办理等有关事项作出了规定，解决了长期以来国家和省重点交通基础设施建设项目河道堤防占用补偿费难以征收的问题。各市、县(区、市)围绕农村河道管护、农村饮水安全工程、水利工程供水价格、企业用水审计、水利基建项目地方自筹配套资金、污水“零排放”企业免缴污水处理费、施工企业资质管理、质量检测管理、水资源费征收使用等方面出台了一系列政策措施，有力地促进了水利事业又好又快发展。

【水利普法与法制宣传教育】 据不完全统计，2009年，全省各级水行政主管部门水法规宣传总投入1210.75万元，举办水法规培训班332期，培训人数12890人次，培训总投入377.984万元。积极开展宣传教育活动，以法律法规出台、“世界水日”、“中国水周”和“12·4”法制宣传日等为契机，加大宣传教育力度。省委常委、副省长黄莉新、厅长吕振霖分别在《新华日报》发表署名文章，副厅长陆桂华就《江苏省水文条例》的贯彻实施问题答记者问；会同南京市水利局、省水文局在南京市鼓楼广场开展了宣传咨询、公益性文艺演出和“节约、保护水资源从我做起”万人签名活动，向全社会发出“全社会共同节约用水”倡议书；在江苏水利网举办以“落实科学发展观、节约保护水资源”为主题的有奖征文活动等。同时会同省人大农委在宁联合召开学习宣传贯彻《江苏省水文条例》座谈会。年底省水利厅对厅属单位119名水行政执法人员进行年审注册闭卷考试，合格率达97%。

【水行政复议】 2009年全省共受理行政复议案件9件，其中维持6件，调解1件，撤销2件。省水利厅受理了2起行政复议案件，维持1件，调解1件。

【水利依法行政】 各市都设立了集中办

理行政许可的窗口，实现统一受理，统一送达。无锡、南通、泰州、扬州、镇江、盐城、徐州7市将原分散在各个业务处室的行政许可职能集中到一个处室，集中办理所有行政许可事项。省水利厅和13市水利(务)局全面推进行政权力网上公开透明运行工作，南京、淮安、宿迁、扬州、南通、苏州、无锡、常州、镇江9市水利(务)局已实现行政权力网上运行。省水利厅先后制定了《江苏省水利厅重大决策程序规定》、《江苏省水利厅重大行政处罚案件集体讨论制度》、《江苏省水利厅行政首长出庭应诉工作暂行办法》、《江苏省水利厅行政许可论证专家评审管理办法》等5项制度。南通市制定了行政许可实施办法和监督检查办法，连云港市制定了深化行政审批工作的实施意见，南京市制定了加强执法服务的实施意见等。省水利厅还对《江苏省水文条例》、水利部《取水许可管理办法》中设定的行政处罚制定了自由裁量权参照执行标准。至此，已全部制定完成国家、省25部水法律、法规、规章水行政处罚自由裁量权参照执行标准。扬州、镇江、无锡等市在水行政处罚过程中，将自由裁量权执行标准写入执法文书。认真办理人大代表建议和政协委员提案，代表委员满意率均达98%以上。苏州市水利局受理各类来信来访和公众监督来信计4875件次，均按规定办结，办结率达100%。

(仲大楼)

水政监察

【水行政执法】 2009年，全省水行政执法工作紧紧围绕水利中心任务，以“百湖执法大检查”专项活动为着力点，狠抓执法巡查和案件查处，取得了较好成绩。

一是在全省组织开展了“百湖执法大检查”专项活动。厅长吕振霖任组长，副厅长张小马、陶长生任副组长，省水政监察总队和厅工管处牵头负责，各级水政监察队伍与工管、水资源、农水、河道、水文等管理力量密切配合，对全省137个省管湖泊、47座大中型水库及其他重要水域的开发利用和保护情况实行地毯式清查，全面收集资料，严肃查处重大水事案件。据统计，全省共检查各类涉水建设项目13200多个，填写各种登记表23100余份，搜集各类信息、数据46万余条，涉水建设项目普查登记率95%以上，重点河湖检查登记率达98%。首次准确摸清了全省重点河湖管理状况，查处了一批重点案件。

二是加强执法巡查。各地认真落实执法巡查制度，周密制订方案，明确巡查责任。广大水政监察员与相关人员联合编组，坚持把宣传教育、普查登记、查处违法行为贯穿执法巡查始终。纵向到底、横向到边，深入河湖管理一线，全覆盖的实施执法巡查。通过普查登记，摸清了重点河湖管理范围内的开发利用现状，收集了大量的基础资料。苏州市将95个列入名录的湖泊及35条市级审批河道分解到各市、区，8名市局领导亲自带队进行拉网式检查执法。据统计，2009年，全省共派出执法巡查人员13万多人次，车(船)12400台(航)次，总行程36.8万余千米，发现和有效制止各类水事违法行为2785起。

三是大力开展防汛清障。各地进一步探索“流域”与“区域”联合执法机制，完善运行方式，加大防汛清障力度。各级水行政主管部门积极发挥执法清障力量强、掌握情况准、与相关部门沟通灵的长处，加强与厅属管理处密切配合，及时清除违章建筑。厅属各管理处充分发挥自身优势，积极牵头组织流域内的地方水行政主管部门开展联合巡查和执法清障。联合执法机制的良好运行，将流域与区域融为一体，使地方水行政主管部门在查处重大疑难案件时，多了一个支撑，多了一方协作；使厅属各管理处变“管点”到“管面、管线”，协调流域内各方执法力量“协同作战”。2009 年，管理处共牵头召开流域联席会议 7 次，组织流域联合执法巡查 20 次，解决了一些疑难问题。洪泽湖管理处组织沿湖各市、县开展了水行政联合执法巡查活动；总渠管理处联合淮安市水利局，督查了楚州区境内的白马湖违法圈圩案；骆运管理处牵头宿迁市水务局、宿豫区政府、苏北航道处等单位，联合查处了皂河闸管理范围内的堤防违章建房案；太湖管理处联合无锡市、常州市水利局查处了长荡湖、滆湖数个违章建设项目。据统计，2009 年全省共拆除违章建筑 36000 多平方米，清除违章圈圩 5300 多亩，铲除违章种植 2400 亩，保证了全省河湖安全度汛。

四是严查重大水事案件。各地在积极推行说理式执法文书，规范执法行为，提高办案质量的基础上，充分利用专项活动对社会的强大影响力，采取督查督办、联合执法、重点查处等手段，集中精力，顶住压力，查处了一批影响大、群众反映强烈的案件。徐州市组织邳州、新沂两市开展联合整治老沂河非法采砂专项行动，沉重打击了非法采砂的嚣张气焰，彻底清除了老沂河非法采砂行为；苏州市先后立案查处了苏州丰润房地产有限公司擅自围垦河道案等 5 起案件。2009 年，全省共立案查处各类水事违法案件 485 起，其中查处重大水事案件 193 起，查结 178 起，没有一起败诉，维护了江苏省正常水事秩序。

（董万华）

【河道采砂管理】 2009 年，全省各地以“强化管理年”专项活动为抓手，进一步加强长江河道采砂管理，认真履行职责，严格依法行政，严厉打击非法采砂，落实吹填造地等工程性采砂管理措施，构建长效管理机制，成绩明显。全省各地共出动执法人员 23148 人次，执法船艇 3123 航次，查处小型非法采砂（停靠）船只 443 条次，大型“吸砂王”1 条，拆毁非法采砂设备 375 台套。水利部、长江委多次明查暗访，充分肯定江苏省始终是全流域长江采砂管理形势最好的区域之一。

一是进一步落实地方行政首长负责制。2009 年，江苏省将长江采砂管理作为重要内容纳入省政府与沿江各市政府签订的防汛防旱工作责任状，层层分解目标，落实措施。同时，经省政府领导批准，沿江县以上政府采砂管理责任人名单在新华日报、中国江苏网等省内主流媒体上公布，接受社会监督。沿江各地也纷纷采取各种有效措施，落实长江采砂管理行政首长负责制。南京市成立了由分管副市长任组长的“市禁采江砂领导小组”，明确相关部门职责，强化采砂管理工作力度。镇江市将打击长江非法采砂的成效与长江岸线使用、涉水建设项目审批挂钩，并在年终考核中实行一票否决制，有力地推动了长江采砂管理工作的开展。

二是进一步加强禁采管理工作。各地坚持“以防为主，防查并重”的禁采管理理念，强化落实执法巡查制度，加大密度，扩大范围，提升质量，进一步压缩偷采空间。同时，各地对非法采砂严重的区域开展集中打击、实施专项整治，省水利厅组织开展了“迅雷”行动、“清江”行动、澄通河段和常泰水域集中整治等多次大规模治理行动。据统计，2009 年沿江各地共开展集中打击或整治行动 70 多次，有效控制了非法采砂活动。

三是进一步规范工程性采砂项目管理。2009 年，全省共批准 9 个工程性采砂项目，采砂量达 2000 万立方米。省水利厅和各地围绕工程性采砂规范管理做了大量工作，督办了海新船务等多个违法吹填项目，长江河道采砂管理许可证管理系统研发成功并投入使用。省砂管局针对海门新通海沙上段岸线整治工程规模大、施工船只多的实际情况，靠前谋划、加强指导、明确责任、落实措施，确保了项目顺利实施。苏州市针对国华荣伟吹填采砂项目现场秩序混乱的情况，及时组织停工整改。

四是进一步强化部门合作。省水利厅2次主持召开采砂管理联席会议，并联合公安、海事等部门多次开展执法行动，加强合作。特别是在与公安机关联合打击涉黑涉恶非法采砂团伙方面，取得重大突破。2009年，公安机关共行政拘留15人，刑事拘留11人，打击了非法采砂分子嚣张气焰。

（董万华）

【执法队伍建设】 一是抢抓机遇，提升队伍发展能力。各地抢抓新一轮机构改革机遇，继续推动队伍落实"参公"管理。连云港等7个市支队和部分县大队都申报了"参公"管理，加快队伍专门化、人员专职化建设步伐。同时，各地积极跟进水务改革和农村水利发展新形势，进一步完善基层执法网络，全省共成立支队1个，调整或组建大队6个、中队13个，新增专兼职水政监察员891名。二是加强学习培训，提高业务能力。4月份，省水政监察总队在常州举办了1期执法骨干培训班，有140多人参训，提高了执法人员查处重大疑难案件能力。据统计，2009年，全省各地共组织执法培训122期，2600多人参训，参训率超过60%。为进一步提高办案能力和办案质量，省水政总队开展了第三届全省水行政执法技能竞赛，达到了以赛促学目的，掀起了比、学、赶、超热潮。盐城市支队开展"三学三比"活动；苏州市支队对执法人员实行不定期巡考；江都支队建立每周一学、每月一考、每季一讲评制度；扬州、镇江、无锡等支队组织案卷评查，提高了执法人员业务素质。三是加强装备建设，提高保障能力。2009年，总队先后为各地下达59台执法专用车指标；沿江有近10条执法艇正在打造，包括省级执法基地在内的16个长江河道采砂管理执法基地正在筹建之中，全省水行政执法及长江河道采砂管理快速反应和保障能力得到了明显提高。

（董万华）

2009年度出台的省级水法规（规章）以及省水利厅规范性文件

一、地方性法规

《江苏省水文条例》

二、省水利厅规范性文件

1.《省政府办公厅关于切实加强饮用水安全监管工作的通知》（苏政办发〔2009〕54号）

2.《关于印发〈江苏省水资源费征收使用管理实施办法〉的通知》（苏财综〔2009〕67号苏价工〔2009〕346号苏水资〔2009〕66号）

3.《关于加强建设项目节水设施"三同时"工作的通知》（苏发改环资发〔2009〕1855号）

4.《关于修订有关行政许可事项的通知》（苏水政〔2009〕8号）

5.《关于进一步加强农村饮水安全等项目建设管理的通知》（苏水农〔2009〕14号）

6.《关于印发〈江苏省小型水库除险加固工程质量监督实施办法〉的通知》（苏水管〔2009〕74号）

7.《关于印发〈江苏省水文条例〉行政处罚自由裁量权参照执行标准的通知》（苏水政〔2009〕19号）

8.《关于印发〈江苏省水利厅水行政许可论证报告专家评审管理办法（试行）〉的通知》（苏水规〔2009〕1号）

9. 关于印发《江苏省〈水工程建设规划同意书制度管理办法〉实施细则（试行）》的通知（苏水规〔2009〕2号）

10. 关于印发《〈取水许可管理办法〉行政处罚自由裁量权参照执行标准的通知》（苏水规〔2009〕3号）

11.《关于印发〈江苏省水利工程建设安全监督工作指导意见〉的通知》（苏水规〔2009〕4号）

（政法处）

水 利 建 设

水利建设　　79～91页

省重点水利工程

【淮河治理】 2009年度建设任务85769万元,其中新增计划10543万元,结转75226万元。实际完成投资85886万元。治淮骨干工程基本完成。新沂河整治工程全部完成,正在进行竣工验收准备;中运河骆马湖堤防加固工程基本完成;新沭河河道工程和三洋港枢纽正在紧张实施;沂河、沭河、邳苍分洪道主体工程基本完成。

新沂河整治工程:工程总投资151500万元,2006年9月23日开工,2008年5月底河道主体工程通过水利部淮委会同省水利厅共同组织的投入使用验收,2009年底基本完成。主要建设内容为扩挖泓道185千米,加固堤防153千米,修建防汛道路239千米,新建、接长生产桥125座;扩建海口控制枢纽、加固沭阳枢纽、险工处理以及沿线水土保持和因洪致涝影响工程等。主要工程量有挖运土方5200余万立方米,石方26万立方米,砼13万立方米。

中运河骆马湖堤防加固工程:江苏省实施段批复投资56166万元,该工程已基本完成。主要建设内容为中运河(大王庙～二湾)河道扩挖39.11千米,堤防加固总长6.57千米,堤防护坡长18.30千米,新建、重建、加固及拆除穿堤建筑物35座,新建、翻建、维修防汛道路162.51千米。

新沭河治理工程:工程于2008年10月开工,计划于2012年9月底全部建成。工程总投资87278万元,其中新沭河治理工程(江苏段)河道治理及建筑物工程总投资为32062万元,包括水文基础设施工程424万元,水质监测设施工程183万元;三洋港挡潮闸工程总投资为55216万元。2009年完成投资40538万元。

沂沭邳加固工程:在徐州市境内总投资为38800万元,其中工程投资31700万元,移民征迁投资7100万元。2008年10月21日举行开工仪式,当年完成投资5000万元。2009年建设任务25000万元,均为结转。2009年度完成投资24967万元,累计完成投资29967万元,完成总投资的77.2%。

行蓄洪区安全建设:工程投资约25000万元。到2009年底,累计安排投资24879万元,其中中央10415万元,省级8567万元,市县配套5897万元。累计完成投资28473万元。2009年完成投资1826万元,土方10万立方米,砼2万立方米。

【太湖治理】 年度建设任务115000万元,均为新增。全年完成投资70480万元。太湖治理工程进入实施阶段。太湖生态清淤工程全面推进;常熟泵站工程按计划实施;走马塘拓浚工程正式开工建设,无锡境内9.3千米河道拓浚全面推进。

走马塘拓浚延伸工程2009年10月28日开工,在沿线地方党委、政府和广大干群的大力支持以及参建各方共同努力下,工程建设及移民征迁工作正在紧张有序推进。已完成投资30000万元。

新沟河工程可研报告已报请水规总院审查,环境影响评价、移民安置规划、水土保持方案同步报审,建设用地预审正在积极准备。

常熟枢纽泵站改造工程第一期工程已于2009年5月完成。主要包括消能防冲设施加固、泵站闸门止水改造、增设泵站长江侧清污机桥。第二期工程目前已完成5台电机梁拆除工作,4台电机梁及出水流道顶板浇筑工作,3号机组正在进行安装。

【长江治理】 年度建设任务17477万元,其中新增计划3000万元,结转14477万元。完成投资23446万元(含苏州扩大拦路港、疏浚泖河、斜塘二期)。

南京长江龙潭塌江段加固工程投资1538

万元，主要实施长江南京河段三江口友庄段400米抛石护岸、退建堤防365米等，已全部完成；秦淮河流域二干河综合整治二期于2008年9月底动工，已全部完成；划子口河整治一期工程于2008年9月底动工，已全部完成；滁河应急治理工程投资5092万元，主要实施滁河干流堤防7.3千米达标建设及2座涵洞拆建等，为2009年四季度国家新增投资计划项目，已全部完成。

海门市青龙港及大洪港附近长江护岸工程:整个项目已完成软体排铺设90322平方米，土工布铺设29945平方米，陆上抛石6759立方米，水上抛石45758立方米，吹沙土方32000立方米。

【海堤达标】 到2009年底，已累计完成工程投资136000万元。堤防防护110千米完成90.52千米，保滩工程42千米完成36.6千米，大中型闸加固27座完成16座，小型涵闸加固96座完成78座。

其中连云港市堤防防护39千米完成37.06千米，大中型闸加固15座完成7座，小型涵闸加固53座完成48座。盐城市堤防防护35千米已全部完成，保滩工程36.68千米全面完成，大中型闸加固7座已全部完成，小型涵闸加固40座完成25座。南通市堤防防护35.6千米完成17.53千米，大中型闸加固5座已全部完成，小型涵闸加固3座完成2座。主要工程已基本完成，除个别建筑物需在2010年完成外，按防御五十年一遇高潮位加10级风浪防潮标准建设的重点海堤达标工程建设目标基本实现。

【水库除险加固】 江苏省列入全国第三批病险水库除险加固专项规划的水库共有29座，其中徐州市铜山县崔贺庄、睢宁县庆安水库已于2006年开工建设，目前已基本完工。其余需要实施除险加固的水库有27座，目前14座已基本完成。2009年完成投资64300万元，超额完成了全年建设任务。南京市12座中型水库，其中金牛山、中山等7座水库均已基本完成，其余5座正在进行主体工程建设；常州市4座大中型水库已全部开工，沙河水库一期工程通过水下验收，二期工程已开工，茅东水库通过水下工程验收，其余2座水库主体工程正在实施；镇江市凌塘、二圣桥、墓东、句容4座水库均已通过水下工程验收，目前仅余少量尾工；扬州市仪征月塘水库已全部完成；连云港市4座水库正在建设；淮安市桂五、龙王山2座水库正在实施主体工程建设。

【重点区域治理】 年度建设任务57584万元，新增计划50242万元，其中结转7342万元。完成投资81172万元。重点区域治理工程加快实施。里下河、沂南沂北等重点低洼区域治理工程继续实施，一批重点区域河道治理工程加快推进。

南京茅东闸拆建工程投资1940万元，主体工程完成。

泰州周山河整治工程河道部分完成城区段一期工程河道01、02标的招投标工作，施工单位已进场施工，共完成河道土方52.42万立方米，河道防护3.8千米。周山河海陵路桥和鼓楼路桥工程已全部结束。目前绿化01标已完成绿化面积3.6万平方米，绿化02标、景观01标全部进场施工。其它完成码头、闸站和滚水坝各一座。

扬州乌塔沟分洪道工程总投资58081万元。已完成投资15880万元。工程跨邗江与开发两区，至目前，两区的拆迁工作已基本完成，征地工作正在进行扫尾。河道工程Ⅰ标形象进度80%，桥梁Ⅰ标形象进度90%。

徐州沛县龙固杨屯洼地应急治理工程至2008年底，完成河道工程、孔庄站、丁庄站及4座涵洞建设。目前，新龙站改建、杨庄站改建、四座防汛桥已全部完成。

徐州骆马湖周边沿线洼地泵站更新改造二期工程已开始试运行。

连云港大浦河调尾工程批复概算30769

万元。主体工程基本完成。

南通海门港闸改造工程初步设计已批复，招投标已完成，准备开工建设。

兴化市上官河城区段整治工程总投资963万元，关门闸工程已全部完成，防洪堤完成了60%，第三标段招标工作已完成，已与施工单位签订施工合同。县级配套资金已全部到位。

【水利血防】 2009年主要实施南京市水阳江(运粮河)水利血防工程、镇江市新竹河治理工程，继续实施扬州市通江河道治理工程和军桥港综合整治工程等。

【通榆河北延送水工程】 截至2009年底，累计完成投资122400万元，占批复概算投资145300万元的84.2%，其中2009年度完成投资51631万元，超额完成了50000万元的年度建设任务，其中连云港市完成28441万元，盐城市完成9167万元，省直建设处完成14023万元。通榆河工程实现初通水目标。大套三站、灌河北泵站、善后河南泵站等一批重点提水泵站已全面建成，灌河地涵全部贯通，连云港、盐城两市境内的河道和主要建筑物工程基本完成，基本具备向连云港通水的工程条件。

(省水利工程建设局)

新沂河整治工程

2009年，新沂河整治工程建管局狠抓工程尾工建设，全力推进各项验收准备，同时，强化工程建设管理、廉政建设、职工教育等各项工作，圆满完成了工程年度建设目标。河道工程、海口枢纽扩建工程、沭阳枢纽加固工程等均已通过淮委组织的投入使用验收，水土保持、档案专项验收已完成，竣工财务决算和审计基本完成，即将具备竣工验收条件。

【工程建设进展】 2009年新沂河整治工程建管局会同各参建单位抓紧扫尾工程的实施进度，全线防汛道路工程于5月底通过了水利部淮委会同省水利厅主持的投入使用验收。下半年，全面启动工程竣工验收的各项准备工作。截至2009年底，工程累计完成投资14.99亿元，占工程总投资的99.0%。除少量尾工外，新沂河整治工程已按批复内容完成，即将具备竣工验收条件，工程年度建设目标圆满实现。一是主要批复内容已完成。继2008年河道主体工程通过投入使用验收后，剩余尾工包括连云港、宿迁两市境内防汛道路、因洪致涝影响工程，连云港市境内北堤堤防护坡及水土保持(植物防护)工程均于2009年内相继完成。未完项目主要包括：连云港段G204国道桥、管理设施及部分因洪致涝影响工程，宿迁段南偏泓水电站加固工程，共计投资约1600万元，占总投资的1%。其中，G204国道桥工程正在抓紧实施，计划2010年初完工；管理设施计划待堤防堆土区沉降稳定后，再行修建。部分因洪致涝影响工程、南偏泓水电站加固工程等已纳入增补完善工程上报。二是竣工验收全面启动。多次召开新沂河整治工程建设管理座谈会，部署竣工验收各项工作。成立竣工验收工作小组，加强组织领导，明确分工，责任到人；会同各项目法人排定总体验收计划，在全面完成各单位工程投入使用验收及合同工程完工验收基础上，抓紧消防、水保、环保、征地拆迁及档案等专项验收，配合做好竣工决算审计等相关工作；建立竣工验收准备工作月报制度，及时掌握竣工验收相关准备工作进展情况。截至2009年底，批复建设内容中，河道整治、海口枢纽、沭阳枢纽加固、险工处理等127个单位工程已全部完成投入使用验收；消防、水保、档案验收均已完成；环保验收资料准备工作已就绪，计划2010年1月内完成；征迁移民已完成决算审计和监测评估；竣工财务决算和审计工作已基本完成，即将具备竣工验收条件。三是增补完善工程报批稳步推进。根据审计初步结果，新沂河整治工程尚有部分结余。对结余的资金，根据省水利厅第16期厅长办公会和8月14日省水利厅与淮委会商的精神编制了《新沂河整治工程增补完善工程初步设计报告》。经省水利厅初审后，报送淮委，并已通过审查。与此同时，会同省设计院先行编制部分增补完善工程招标文件初稿，待淮委批复下达后，立即招标实施。

【工程建设管理】 2009年，新沂河整治工程已处于工程建设后期，进入竣工验收阶段。根据省水利厅赋予的工作职责，继续围绕“三个安全”，创新建管工作思路，重点在强化尾工建设和推进竣工验收上下功夫，保证了新沂河整治工程的顺利推进。一是重视探索创新，狠抓尾工内、外在质量。新沂河整治主体工程虽已通过投入使用验收，但全局在尾工建设中严格把质量管理贯穿于工程建设的始终，并针对不同尾工的特点，因地制宜的选定设计、施工方案。根据已建成主体工程的特点，调整、优化植物品种和布局，并在新沂河沿线交通要道口两侧增植部分景观树，做到绿化、美化相结合。二是加强督查、协调，征迁工作取得新突破。在2008年基本完成征迁工作的基础上，今年主要抓工程建设永久征地16倍调整经费兑付及征地报批和确权划界等工作。延续优良的工作作风，狠抓调整经费的兑付，会同省纪委、省监察厅派驻水利重点工程工作组和项目法人对县拆迁办、乡(镇)村征地补偿资金进行多次检查，形成检查反馈意见，限时整改，并印发检查通报。对个别群众反映的问题，深入调查走访，化解矛盾，实现和谐阳光征迁。将征地报批和确权划界工作作为重点来抓，统计征地移民工作成果，核实耕地和基本农田征地数量，逐个单位了解土地权属情况，多次召开有争议土地权属会议，督促省土勘院加快征地移民和确权划界工作。目前，勘测定界、规划修编、土地复垦方案等工作已经完成，征地报批会议将于近期召开。三是注重理论研究，队伍和能力建设展现新面貌。在工程建设后期，参建单位及个人已具备4年多的工程建设实践，适时鼓励开展理论研究，各部门会同有关科研、设计单位以新沂河整治工程为研究对象，从局部建筑物到河道整体、从数据分析到管理模式探索，积极开展各项研究，并取得了一定的成果。截至2009年底，新沂河整治工程共形成学术论文7篇，技术报告1篇，专题研究报告2篇。四是规范财务管理，财务工作取得新成效。2009年初成立竣工决算编制工作小组，明确主编人、协助人，并多次召开财务工作座谈会研究、解决实际编制中可能遇到的难题。在编制过程中，积极做好指导和服务工作，及时分析、破解技术难题。8月底，新沂河整治工程完成了省内首家按《水利基本建设项目竣工财务决算编制规程》(SL19—2008)编制的竣工财务决算，并在随后的竣工决算审计中受到了充分的肯定。五是整合职能、系统作战，档案工作取得新成绩。明确提出档案验收必须“优良”等级的工作目标，建立责任网络，倒排计划，积极做好各项准备工作。多次组织业务处室的档案人员深入工程现场，检查档案收集、立卷、归档中易忽略的工程前期资料、监理、声像、设备和财务资料收集情况，特别对竣工图编制整理等重要环节加强检查力度，发现问题，首先听取情况说明，然后在与工程技术人员充分沟通的基础上提出建设性意见。在验收前，及时邀请有关档案专家现场指导，整改薄弱环节，扎实推进准备工作。11月24日～26日，连云港、宿迁两市建设处及相关县征地移民办顺利通过了水利部淮委和省水利厅主持的档案专项验收，并被评定为优良等级。

(宋菊花)

通榆河北延送水工程

通榆河北延送水工程自2007年12月9日正式开工建设，截至2009年12月底，已累计完成投资12.24亿元，占批复概算投资14.53亿元的84.2%，其中2009年度完成投资51631万元，超额完成5亿元的年度建设任务，并顺利实现向连云港初通水目标。通榆河北延送水工程建设局先后获得“优秀项目法人”、“江苏省水利科技工作先进集体”、“省廉政文化示范点”、“先进基层党组织”等荣誉，局工程处被省总工会授予江苏省“工人先锋号”称号，大套三站、灌北泵站均被评为“江苏省水利工程建设文明工地”。有3位同志分获江苏省“五一劳动奖章”、“江苏省新长征突击手”和“厅优秀共产党员”称号。

【工程建设情况】 通榆河北延送水工程沿线河道及主要建筑物工程大部分已建成，其中大套三站已于2009年12月22日通过机组启动验收，灌河地涵及灌北泵站于2009年12月21～22日通过水下工程阶段验收，灌河地涵工程于12月26日正式开闸放水，实现了年底向连云港初通水目标。河道工程，共8段，已建成7段。建筑物工程共22座，已基本建成12座，在建10座。沿线影响处理工程，连云港市境内灌南、灌云县影响处理工程已基本完成，并已经开始发挥灌排功能。海州区八一河沿线影响工程已基本完成，正在进行验收准备，海州引水河沿线影响工程正在实施。盐城市境内响水县影响处理工程，其中，县城段影响工程已通过投入使用验收。双南干渠灌排影响工程共9座建筑物已完成6座，尚有3座建筑物正在实施。滨海县影响处理工程，其中先期实施的夹堆河、双龙港枢纽已完成并通过投入使用验收。通济河枢纽及淤黄河枢纽工程正在实施。阜宁县境内影响处理工程已全部完成，并完成泵站启动试运行。截污导流工程。连云港市境内灌云县城截污导流工程先期实施的有5座建筑物已完成，其中4个新建闸已于2009年5月通过水下阶段验收。盐河两岸的集污管道、穿盐河3个顶管及两座尾水提升泵站等尚需进行适当变更，目前暂未实施。海州区八一河截污导流工程已基本建成，具备了投入使用条件，正在进行水下工程阶段验收前的各项准备工作。盐城市境内滨海县妇女河穿丁字港排污地涵维修目前正在实施。水文与通信设施工程进度：已招标的水文测验设备、测量仪器、水质监测仪器、水质水量移动监测车等设备均已全部到货，并完成开箱检验和安装调试。通信调度系统、9个水文站（含3个改造）及水质水量自动监测系统工程等项目正按计划推进。移民征迁工作，通榆河北延送水工程全线征地补偿和移民安置工作已基本完成，保障了工程开工建设的需要。工程建设用地报批材料已在2009年9月底前上报国土资源部审批。连云港市赣榆县、盐城市滨海、响水县已完成了征地拆迁阶段验收工作。

【建设管理】 遵循“科学、规范、高效、务实”的建设方针，严格管理、科学安排、规范运作，不断提升工程建设管理水平。一是从严规范基本建设程序。认真执行“项目法人制、招标投标制、建设管理制、合同管理制、工程竣工验收制”。所有已开工项目都严格实行了招投标，并全过程、全方位接受厅招标办、省纪委省监察厅派驻组监督和监察。全年，通榆河北延骨干工程已累计完成142项招标工作，其中施工标75项、设备及材料采购标42项、监理（监测）标25项，工程招标工作已接近尾声。针对工程实施期间部分设计变更，及时向省发改委、省水利厅汇报，并根据省水利厅会商省发改委以苏水计〔2009〕62号文“关于通榆河北延送水2008年度工程设计变更批复”，履行相关变更审批手续。二是加快推进工程前期工作。强化前期工作质量管理，不断优化设计方案，严格施工图及设计变更审查，有效控制工程投资。同时，会同各建设处认真研究建筑设计方案，及时与设计单位沟通，设计出一批能体现通榆河北延工程特色风光的环境设计、建筑设计成果，努力打造成清水通道、绿色通道、环保通道。三是奋力推进工程进度。围绕年度目标任务，在狠抓各项前期工作、招标工作、力促年度工程及早开工的同时，积极协同各现场建管机构，及时协调地方政府解决征迁矛盾，及时组织重大施工技术方案研究，督促施工、监理单位及时做到机械设备到位、管理人员到位、实施方案修编到位、质量管理环节到位、工作措施推进到位，保证了工程建设的顺利推进。四是狠抓工程质量管理和安全生产工作。及时制定质量管理和安全生产管理办法，建立工程质量、安全生产巡查制度，明确相应责任人，并委请省检测站对所有在建工程进行抽检，发现问题，及时提醒整改。在各项招标文件中要求所有工程必须达到优质工程标准，并扣留合同价的 1.5%作为优质工程质保金。同时，从制度建设、日常检查、督促整改等方面，切实加强安全生产工作。对涉及度汛的项目，认真制定安全度汛方案，落实安全度汛各项措施。五是建立有效机制，协同地方政府推进征迁及移民安置工作。通过建立以地方政府为责任主体、职能部门密切配合、省市县三级建管机构通力合作的征迁机制，实行征迁监理制，建立检查情况通报和问题会商制度，群策群力，力促尽快完成全线征迁及移民安置工作，满足了通榆河北延送水工程的需要。六是着力科技创新。针对工程特点和主要技术难点，通过科研项目专家咨询活动以及与高等院校合作等方式，开展对大型潜水贯流泵及泵站结构型式、复杂地质条件下顶管施工工艺、水环境保护及对策、大型泵站全系统效率等诸多课题进行研究。灌河北泵站和善后河南泵站采用的叶轮直径 2 米的潜水贯流泵在江苏省应用尚属首次，在全国同类泵中也不多见，同时大胆采用无厂房建筑方案，在注重工程质量、技术创新的同时，也更加注重建筑环境设计。灌河地涵工程采用的顶管施工工艺也将为江苏省水工立交建筑物设计及施工技术创新积累完善经验。大套三站在常规泵站试运行检验泵站装置效率基础上，从全效率的角度，将上下游引河、进出水池、清污设备、电气设备、辅助设备等一并纳入泵站效率的研究范围，以检测泵站整体的运行效率。围绕加强送水沿线水位、水量、水质实时监测，建立系统的水文及通讯设施检验及监测体系，同时积极开展通榆河北延送水工程水环境保护及对策措施研究。在工程建设中，还大胆引进和消化吸收新技术、新材料、新工艺、新设备，提升工程科技含量，提高工程建设技术创新水平。七是积极开展各项创建活动。精心安排部署开展文明工地、青年文明号、劳动竞赛功臣集体、功臣个人创建等各项创建活动。通过形式多样的创建活动，努力营造风清气正、规范管理、文明施工的良好氛围，进一步推进工程建设。要求骨干工程必须达到各项创建要求，影响处理、截污导流工程亦要按照招标文件要求参加创建活动。八是狠抓党风廉政建设工作。党风廉政建设工作坚持“一把手”负总责，分管领导各负其责，筑牢拒腐防变思想防线。同时积极主动接受省纪委派驻组全过程、全方位跟踪监督。九是强化财务管理工作。工程建设资金和征迁资金单独开户、单独核算。认真执行《省通榆河北延送水工程财务管理实施办法》、《省通榆河北延送水工程征地补偿和移民安置资金会计核算办法》、《省通榆河北延送水工程建设资金安全内部控制管理制度》等制度，严格资金管理。重大支出事项须经集体决策。全面推行《资金安全合同》管理制度，所有土建、设备招标文件中均规定《资金安全合同》条款，明确建设单位和施工单位在保证资金安全方面的权利和义务，建设单位通过加强对施工单位的财务检查来加强资金延伸管理。为加强资金管理，建设局单独组织或会同省纪委派驻组多次对各级现场建管机构、征迁办的资金使用进行巡查，并进行部分项目延伸检查，对发现的问题，及时通报有关各方加以整改，确保资金安全。为加强资金监管，省建管局还主动与银行签订廉政承诺合同，对资金使用、流向进行全面监管。

（省通榆河北延送水工程建设管理局）

走马塘拓浚延伸工程

走马塘拓浚延伸工程是国务院批准的《太湖流域水环境综合治理总体方案》和省政府批准的《太湖流域水环境综合治理实施方案》中先行实施项目。2009年6月成立省走马塘工程建管局，推进走马塘工程建设。

【工程建设】 一是积极开展建设用地报批工作。建管局与省国土厅等有关部门协调联系，办理了工程先行用地手续。11月份以来，积极开展工程正式用地报批工作，编制《走马塘工程征收土地及报批工作实施方案》，进一步明确征地报批的程序、上报材料的要求、报批工作的重点和难点；会同省国土厅召开走马塘工程用地工作会议，布置征地拆迁工作，听取地方国土部门和项目法人对征地报批工作的意见和建议；全面开展用地勘测定界以及土地复垦方案编制、压矿情况调查、地质灾害评估、落实占补平衡等，督促地方国土部门和各项目法人做好征地报批工作，年底，走马塘工程正式用地手续已上报省国土厅。二是努力推进走马塘沿线工程建设进程。无锡市继续推进试挖段工程的征迁和建设进度，总长9.37千米的试挖段工程已完成7.3千米，河道工程完成土方开挖109万立方米、清淤3.2万立方米，完成征地面积1860亩，完成拆迁房屋面积104746平方米，累计完成投资3亿元，试挖段以外的河道工程正在进行征地拆迁及移民安置的各项准备工作等，沿线口门封闭工程正在抓紧实施。常熟市于12月26日召开走马塘拓浚延伸工程动员会，强调工程施工、征地拆迁等具体要求和节点工期，要求相关单位、部门精心组织，协同作战共同推进走马塘常熟段工程建设。张家港市于12月26日组织召开工程设计汇报讨论会，就目前长江潮位、部分交通桥梁标准变更、堆土区后续的处理及复垦、施工期划分以及对江边枢纽先行设计船闸建设等具体问题进行广泛深入的探讨。常熟、张家港两市境内工程目前基本完成征地拆迁调查核实、征地红线放样等工作。三是督促做好工程征地拆迁工作。经省人民政府同意，省水利厅与省国土厅、财政厅联文下发了《关于走马塘工程征地补偿安置有关事项的通知》，明确了走马塘工程征地拆迁工作责任主体以及征缴或减免相关征地税费。省建管局研究下发了《关于加快走马塘工程征地拆迁工作的通知》，对征迁工作组织领导、具体操作程序和工作制度、资金管理等方面提出要求，积极督促地方征迁机构和各项目法人制定征地拆迁和移民安置实施办法，开展征地拆迁实物量统计和核查等相关工作。四是认真做好张家港枢纽工程开工准备工作。围绕2010年3月份具备开工建设的目标，组织编制“张家港枢纽工程建设监理招标文件”、“张家港枢纽工程水泵及电机招标文件”，保证招标工作规范有序进行，年底发布了招标公告；积极做好工程范围内征地拆迁实物量统计核查，催请常熟、张家港两市尽快开展征地拆迁相关工作；组织科研、设计单位对张家港枢纽泵站进行模型试验，开展竖井贯流泵运行情况考察调研以及“张家港枢纽厂房和控制楼设计方案”的编制工作；进一步加强施工现场外围工作的协调，抓紧进行工程施工现场“三通一平”准备工作，积极办理施工用电、张家港航道临时断航手续，确保张家港枢纽工程按时开工建设。五是积极配合，顺利举行走马塘工程开工仪式。2009年10月28日，在无锡市锡山区举行了走马塘工程开工仪式。建管局积极做好走马塘工程开工仪式筹备工作，拟定筹备方案，配合无锡市做好开工仪式现场布置、试挖段整治等工作。

【建设管理】 结合工程建设实际，研究制定了一系列规章制度和管理实施办法，切实做到以制度管人，以制度管事。一是根据走马塘工程施工工期要求，积极与项目法人沟通协调，研究讨论工程实施方案编制原则和要求，组织项目法人编制《走马塘工程三年实施方案》，提出年度建设任务，统筹安排河道工程与建筑物工程实施顺序，明确节点工期，加大对工程建设进度、质量督促力度，确保按时完成投资任务。二是广泛征求地方水利部门和省水利厅有关部门意见，以厅名义下发了《走马塘工程建设管理办法》、《财务管理实施办法》；研究制定了《走马塘工程质量管理实施办法》、《项目划分原则》、《文明工地创建实施办法》、《档案管理实施细则》等，为切实做好工程建设管理工作提供制度保障。三是研究制定了省走马塘建管局会议制度、廉政建设制度等一系列内部管理规章制度以及各部门工作职责，并公布上墙，做到责任到人，严格考核，奖惩分明。

【党风廉政建设】 坚持标本兼治、综合治理、惩防并举、注重预防的方针，不断加强廉政教育、制度建设和纠风工作力度，狠抓"工程安全、资金安全、干部安全、施工安全"的落实，有力地推动建管局党风廉政建设和反腐败工作的全面开展。一是夯实思想道德基础，营造良好廉政氛围。严格按照省水利厅党组和驻厅纪检组要求，积极开展思想政治理论和反腐倡廉的学习。建立定期学习制度，对重要的文件和党风廉政制度及时展开学习，保证上级文件精神及时得到贯彻落实，适时开展警示教育。积极开展"廉政文化进工地活动"，积极营造良好廉政氛围。二是全面贯彻落实党风廉政建设各项制度，不断推进工程反腐力度。严格实行党风廉政责任制，与党员领导干部签订责任状和党风廉政承诺合同。同时，加强对工程招投标、资金使用、工程质量、移民安置等方面的监督检查，确保工程优质、干部廉洁的目标。三是拓宽工程信访渠道，及时化解矛盾。积极畅通信访渠道，公布举报电话、开通网页，在建管局办公区及工程建设现场设立廉政公示牌，建立对下沟通机制，及时化解矛盾，接受群众监督。

（省走马塘工程建设管理局）

农村水利建设和水土保持

2009年，农村水利重点实施了农村饮水安全、农村河道疏浚整治、小型农田水利建设、灌区改造和水土保持工程。全年累计完成投资67亿元，投入工日6000万个，完成土石方6.5亿立方米。新增防渗渠道2990千米，加高加固圩堤1910千米，新建改造塘坝1820面。

【农村饮水安全】 全省解决450万农村居民饮水不安全问题，其中苏南54万人，苏中苏北396万人。总投资22亿元，其中中央补助资金3.9亿元，省级补助资金10.5亿元。项目涉及61个县（市、区）218个项目。完成集中供水365处，其中新建水厂150座，延伸主管道215处，铺设各类管道3.46万千米。实现安全卫生水入户110万户，入户率达到98%。

【农村河道疏浚】 疏浚县乡河道3570条，完成土方2.55亿立方米，占计划任务的113%；整治村庄河塘4.4万个，完成土方1.95亿立方米，占计划任务的129%。完成投资23亿元，结合农村河道疏浚整治，植树1900万株，改善灌溉面积460万亩，新增灌溉面积148万亩，新增除涝面积56万亩。全年度有23个县(市、区)提前一年完成“十一五”规划任务，并通过了省级验收。

【小型农田水利】 全省中央财政小型农田水利工程专项资金项目累计完成投资3.63亿元(其中中央投资1.1亿元，省级投资1.1亿元，市级配套492万元，县级配套5102万元，群众自筹8198万元)，共修建机电泵站585座、水源工程74处、防渗渠道1168.7千米，新增灌溉面积11.4万亩，改善灌溉面积53.8万亩，新增、改善排涝面积62.4万亩，新增粮食生产能力6.25万吨，取得了较好的综合效益。同时，省财政专项安排农村小型泵站更新改造资金5000万元，通过竞争立项，在阜宁等20个县(市、区)开展了农村小型泵站更新改造，引导市县财政投入6758万元，共新建、改建泵站593座。

【灌区节水改造】 全年共实施23个大型灌区续建改造项目，完成投资10亿元。其中中央投资3.35亿元，省财政配套3.0465亿元。配套改造涵闸1800座，泵站214座，其他建筑物1657座，新建防渗渠道560千米。增加灌溉面积34万亩，改善灌溉面积290万亩，年节水2.8亿立方米。

(周水生)

【水土保持】 在认真总结开发建设项目水土保持监督执法专项行动的同时，启动了水土保持监督管理能力建设活动。依法行政工作逐步规范，预防监督工作逐步加强。组织开展中央新增投资水土保持项目的实施。全年共审批水土保持方案43项，开展专项验收12项；征收水土保持设施补偿费166万元；综合治理水土流失面积250平方千米。

监督管理方面，按照“全国开发建设项目水土保持监督执法专项行动”回头看的部署，一是进一步加大监督检查工作力度。7月份和10月份，水利部太湖流域管理局和淮河水利委员会检查组分别来江苏检查了太湖流域及淮河流域内水利部审批的开发建设项目水土保持“三同时”制度的落实情况，实地察看了“无锡江阴的利港电厂、常州金坛的川气东送、沪宁城际高速铁路(常州武进段)、京沪高速铁路(镇江句容段)工程项目、国华徐州发电有限公司2×1000MW机组‘上大压小’工程”、“江苏中能硅业6000t/d电子多晶硅增资扩建项目”水土保持工作的开展情况。被检查的项目均按照水利部批复的水土保持方案实施，“三同时”制度落实情况较好，对水土保持工作比较重视；其中：“无锡江阴的利港电厂、江苏中能硅业6000t/d电子多晶硅增资扩建项目的第一、二、三期工程”的水土保持方案编报、审批、实施等方面比较规范，两个项目水土保持防治措施基本到位，水土保持工程质量完好，具备较好的水土保持功能。检查组对江苏省开发建设项目水土保持工作取得的成效表示满意。二是开展《江苏省实施〈中华人民共和国水土保持法〉办法》后评估工作。11月初，省水利厅在苏州、宿迁举办《江苏省实施〈中华人民共和国水土保持法〉办法》后评估工作座谈会，对《实施办法》的实施情况开展调研及立法后评估工作，重点评估《实施办法》规定的各项制度的实施绩效，找出存在问题及薄弱环节，提出健全江苏省水土保持法规体系的建议。三是水土保持依法行政工作进一步规范。按照行政许可相关规定，坚持公开、公正、公平的原则开展水土保持行政审批工作；行政审批工作步入正常化轨道。开发建设项目水土保持方案的编报审批率有了提高；省内新建的电厂、输油输气管道、输变电线路等大型建设项目大都按规定编报了水土保持方案，水利工程及其它工程建设的水土保持方案编报也有了较大的进展。全年共审批水土保持方案43项(其中部批项目16个，省批项目27个)，验收项目12个(其中部批项目9个、省批项目3

个)。四是启动江苏省水土保持监督管理能力建设。制定了《江苏省水土保持监督管理能力建设实施方案》,确定了南京江宁区、无锡宜兴市、淮安盱眙县、连云港赣榆县作为国家级水土保持监督管理能力建设重点县和13个省级重点县。五是征收水土保持规费。省水土保持办公室与省水政总队通力合作,加大了水保规费的征收力度,征收水土保持设施补偿费166万元。六是强化水土保持资质和评审专家的管理工作。完成了全省水土保持方案乙、丙级资格证书单位考核换证的资料汇总、审核、上报工作;完成了江苏省水土保持方案评审专家库的建库工作。

小流域综合治理方面,因地制宜开展小流域综合治理,共治理水土流失面积250平方千米。一是完成了2008年第四季度中央新增投资水土保持项目,9条小流域的治理水土流失面积99.14平方千米,并通过了省级验收。共投入资金3072万元,其中:中央补助1000万元、省级配套670万元、市县自筹1402万元。二是完成了2009年第一批中央新增投资水土保持项目,11条小流域的综合治理面积120平方千米。共投入资金4560万元(中央补助1500万元、省级配套1000万元、市县自筹2060万元),目前各项目区正在进行财务决算,申请省级审计。三是完成了2009年第三批中央新增投资项目的实施方案批复、项目实施工作。共安排3条小流域的综合治理水土流失面积30平方千米。总投资911万元,其中中央补助300万元,省级配套201万元,地方自筹410万元。2010年3月底前完成任务。

(吴嘉裕)

【西南岗水源工程建设】 2009年度泗洪县西南岗地区水源工程项目批复投资计划8030万元,重点实施农水工程、农村饮水安全、小水库除险加固等。其中:农水工程项目投资5241万元;解决农村饮水不安全人口2.89万人,投资1409万元;小水库除险加固9座,投资1380万元。截至2009年底,泗洪县西南岗地区水源工程项目累计批复投资计划26122万元,其中农水工程(河道疏浚、渠道整治、塘坝拓浚、泵站改造、涵闸配套)18354万元,农村饮水安全工程6159万元,小水库除险加固工程1609万元。累计下达省级以上补助资金19186万元,其中农水工程13600万元,农村饮水安全工程4476万元,小水库除险加固工程1110万元。截至2009年底,已完成投资4415万元,占计划的55%。其中:农水工程完成投资2537万元,占下达计划的62%;农村饮水安全工程完成投资1378万元,占下达计划的98%;小水库除险加固工程正在实施4座、招投标5座,完成投资500万元,占下达计划的36%。

(吴嘉裕)

城市水利建设

2009年,城市水利建设继续推进,全年完成投资9.4亿元。无锡市、苏州市和盐城市主要防洪工程体系已全面建成,镇江市滨江治理工程加快推进,一批集防洪保安、水资源保护和水环境建设于一体的城市水利工程建成并发挥效益,全省城市防御洪涝灾害的工程能力进一步提升,河湖环境得到显著改善。分市完成情况如下:

南京市完成投资9800万元,东山城区排涝泵站工程全部完成,起步实施筑城圩排涝站工程。无锡市完成投资10197万元,梁溪河西部防洪排涝、城区河道综合整治及山北南圩达标工程基本完成,正在实施盛联圩达标工程。徐州市完成投资9571万元,已经完成东区北区河道治理、奎河应急治理工程,正在实施小沿河、沈孟大沟、三八河、双山湖等治理工程。

苏州市完成投资 13248 万元，基本建成胥江枢纽、娄江枢纽，外围小型闸站完成 12 座。淮安市完成投资 4424 万元，继续实施清扬大沟整治二期、城区大寨河北段整治、洪福河西延和城区泵站改扩建工程。盐城市完成投资 13800 万元，串场河闸站扫尾基本完成，正在实施大马沟调尾和堤防加固，三墩港拓浚及小型排涝闸站工程。南通市完成投资 7406 万元，姚港闸拆建、南通农场闸工程基本完成，正在实施营船港河整治、城山河整治等工程。镇江市完成投资 7561 万元，焦南闸主体工程基本完成，继续实施运粮河节制闸。泰州市完成投资 13278 万元，老通扬运河整治一期、东北片防洪一期、七里河整治三期已经完成，正在实施老通扬运河整治二期、凤城河疏浚整治、鸭子河整治、南玉带河、西刘河、林家河、盛河花园河道整治等工程。常州市完成投资 1500 万元，澡港河东支北塘河至永汇河段整治工程完成。宿迁市完成投资 3164 万元，正在实施中运河东岸二号桥至井头段堤防整治工程。

信息化建设

认真贯彻落实全国水利信息化工作会议和全省水利科技暨信息化工作会议精神，以信息化引领江苏水利现代化发展，确保水利信息化项目的顺利实施。

【项目管理】 一是加强水利信息化工作的领导。分别于 3 月和 7 月召开 2 次信息化工作领导小组会议，研究确定 2009 年水利信息化新建项目、检查督促在建项目，并对江苏省水利信息化“十二五”发展规划编制工作作出具体安排，成立了江苏省水利地理信息系统建设领导小组和专家小组。二是规范水利信息化项目建设程序。按照《江苏省水利信息化建设与运行管理暂行办法》规范项目的建设与管理。邀请专家对“江苏省水利厅行政权力网上运行系统可行性研究报告”和“江苏省省级水情报汛站自动测报系统改扩建工程可行性研究报告”进行技术审查。提高报告编写质量，使前期工作做得更加扎实，为项目立项奠定技术支撑。三是重视水利信息化标准建设和执行。组织编制《江苏省水资源管理信息系统工程建设技术规范(试行)》。参与水利部标准的制定工作，对“水利信息公用数据元标准”等提出修改建议。在水利地理信息系统等信息化项目中，建立项目的标准体系，贯彻执行已有的国家和省部级标准。

【前期工作】 一是组织编写项目可研报告，做好项目储备。“中小型水库防汛通讯预警系统”通过技术审查。“省水利厅行政权力网上公开运行项目”和“省级水情报讯站自动测报系统改扩建工程”可研已获省发改委批复。完成“江苏省重点水利工程防汛视频监控系统”和“江苏省水利专网改扩建工程”可行性研究报告，提出省水利厅电子政务建设项目 2010/2011 年计划并报省政府电子政务办公室。二是开展水利信息化发展“十二五”规划的编制工作。组织有关部门开展水利信息化发展“十二五”规划的编制工作，确定金水工程设计有限公司为技术依托单位，合作编写，并签订了委托协议。12 月完成“江苏省水利信息化发展‘十二五’规划编写大纲”。

【在建项目管理】 一是做好项目验收。江海堤防达标建设防汛指挥系统工程和江苏省水利行政决策支持系统一期工程于 2009 年 1 月竣工验收，江苏省防汛防旱指挥中心改造建设项目于 2009 年 8 月竣工验收，江苏省国家防汛抗旱指挥系统一期工程和省太湖地区水质水量应急监测车于 2009 年 11 月竣工验收。二是督查在建项目。对延期项目查找原因，采取措施，协调解决问题，明确完成各项工作的时间节点，工程进度明显加快。苏北地区水资源配置监控调度系统一期工程于 4 月通过省发改委的稽查，按照“稽查意见”编制完成了《修正初步设计》，根据省改革委对《修正初步设计》的批复意见，竣工验收的各项准备工作正在加紧进行。长江河道监测管理系统，一期工程长江河道管理系统总平台和防洪安全管理、河道整治管理两个子系统已完成单项验收。望虞河、太浦河自动监测系统工程中信息监测系统、计算机网络系统、数据共享服务系统已通过完工验收。地理信息系统子项已明确委托江苏省基础地理信息中心建设，数据采集工作正在进行，数据校核和系统软件开发正在同步进行。

（科技处）

水 利 管 理

规划管理

【水利规划概述】 2009年完成了一批重要规划的编制工作,规划管理进一步加强。一是配合流域机构完成长江、淮河、太湖流域综合规划修编。二是完成了《江苏省水资源综合规划》,修编了《江苏省近期防洪规划》,落实了黄墩湖滞洪区调整规划。三是完成了《江苏省水资源综合规划》,《全省水系规划》基本形成。四是按照省政府贯彻《江苏沿海地区发展规划》的部署,组织编制了《江苏省沿海地区水利建设三年实施方案》和《江苏省沿海地区水利规划》。五是中小河流近期治理建设规划由财政部水利部印发,大中型病险水闸和小(一)型水库除险加固规划经水利部审查汇总。六是饮水安全保障、排污总量控制、长江和淮河下游重要河道岸线利用等专项规划取得阶段成果。七是开展了"十一五"水利规划执行评估工作,完成了水利发展"十二五"规划思路报告初稿。八是进一步加强规划管理,出台了《江苏省水工程建设规划同意书制度管理办法实施细则(试行)》,开始试行建设项目规划同意书制度,项目立项必须有规划依据,提升规划的指导和规范作用。

(规计处)

【部分规划成果简介】

(1) 江苏省水系规划

基本完成《江苏省水系规划》总报告和10项专题报告;《江苏省水系图》通过专家评审;形成《江苏省骨干河道名录》(征求意见稿)。《规划》系统梳理水系关系,确定了江苏省骨干河道布局;提出江苏省河道分类体系,进行了骨干河道分类;明确了江苏省河道分级标准,对骨干河道进行了分级;梳理水系体系,制作完成《江苏省水系图》;研究确定骨干河湖功能,并对各项功能进行了排序;研究提出水系调整和骨干河湖治理意见;研究提出河湖管理主要意见;研究提出水资源管理、水资源保护主要意见;分析研究了规划实施意见和保障措施;对确定的骨干河道进行了编码。

(2) 江苏省沿海地区水利规划

《江苏省沿海地区水利规划报告》和5项专题研究通过专家评审(验收)。《规划》分析研究了沿海地区水利状况,以及沿海经济社会发展对水利的新需求,提出了规划指导思想、目标,重点对流域防洪、区域防洪除涝、城市防洪除涝、海堤防潮(台),淡水资源配置及骨干供水工程、港城港区供水支线、水库工程,清水通道建设、饮用水源地建设与保护、地下水保护等方面提出了规划意见,为新时期沿海地区水利建设和管理提供了重要依据和指导。5项专题研究包括江苏省沿海地区经济社会发展的水利需求及水利条件适应性研究、沿海地区防潮(台)排涝治理研究、沿海地区水资源保障能力及配置方案研究、沿海地区水环境保护对策措施研究和沿海闸下港道淤积综合治理研究。

(3) 江苏省防洪规划

1998年长江大水后,水利部根据中央文件精神部署开展防洪规划编制工作,省水利厅着手开展江苏省防洪规划编制工作,2004年形成《江苏省近期规划报告》(报批稿)。2008、2009年国务院相继批复了《长江流域防洪规划》(国函〔2008〕62号)、《太湖流域防洪规划》(国函〔2009〕12号)、《淮河流域防洪规划》(国函〔2009〕37号)等规划,据此,省水利厅组织开展2004版《江苏省近期防洪规划报告》(报批稿)修订工作,主要对规划基准年、水平年和目标、布局、主要工程措施等进行了局部调整和补充,形成《江苏省防洪规划报告》(报批稿)和《江苏省防洪规划》(报批文本)。该规划全面分析了江苏省防洪形势,结合经济社会发展需求,提出了规划指导思想、目标,系统提出了防洪减灾体系框架及关系，重点对流域防洪、区域治理、城市防洪和防洪管理措施等方面进行了协调研究，并就流域防洪工程、区域治理工程、城市防洪工程、专项工程措施以及防洪管理、保障措施、实施意见等方面提出了规划意见，进行了综合评价，为江苏省防洪建设和管理提供了重要依据和指导。

（张　明　杨根林）

建设管理

【前期工作】 2009 年，围绕水利部和省委省政府的决策部署及投资重点，省水利厅全力推进项目前期工作，一批重点项目取得了重大进展。在太湖流域，太湖水环境综合治理引排项目是第二轮治太的关键，截止 2009 年底，走马塘工程已完成审批程序、开工建设，新沟河工程可研报告已经水规总院审查，新孟河工程可研报告即将报审，东太湖综合整治可研报告国家发改委即将批复。在淮河流域，治淮新三项工程前期工作全面推进，入江水道和分淮入沂整治及洪泽湖大堤加固工程可研报告已待国家发改委批复；里下河洼地除涝川东港整治工程可研报告已报水利部，入海水道二期工程可研报告正在抓紧编制。在长江流域，滁河、水阳江治理工程可研报告已通过中咨公司评估。三大流域治理项目，总投资超过 400 亿元，将为全省"十二五"期间的水利建设提供较好的项目储备。此外，民生水利工程前期工作进展顺利，列入全国近期规划的 85 条中小河流，26 条初步设计已经批复启动实施；列入全国大型泵改规划的 33 处大型泵站，8 处已经全面开工。

（规计处）

【工程建设管理】 2009 年全省水利工程基本建设紧紧围绕贯彻落实中央和省委、省政府关于扩大内需和专项治理的战略决策，进一步规范水利建设市场秩序，加快水利工程建设，推进水利工程竣工验收，加强水利工程建设队伍建设，工作开展卓有成效。一是加强制度管理。制定《江苏省水利工程检测资质管理办法》，开展乙级检测资质准入工作。二是项目法人和开工审批管理。办理金坛市茅东水库除险加固工程等 46 项开工申请的审批工作，全年办理南京市六合区滁河治理应急工程建设处等项目法人审批文件 54 件，办理项目法人变更 12 件。三是招标投标管理。探索研究水利建设市场诚信体系建设。研发并投运《江苏省水利工程建设项目招标投标诚信管理系统和信息管理系统》，出台《关于建立江苏省水利工程建设招投标诚信档案的通知》和《关于做好我省水利工程中标单位履约考核工作的通知》等，全年共为 430 家在江苏省水利项目的从业单位及其人员建立了信用档案，记录 3040 条工程信息，3400 条人员信息。总共完成 283 家企业建立信用档案的审批事宜，记录工程信息 980 条，人员信息 1108 条。实行履约考核。各项目法人根据《江苏省水利工程建设项目招标投标诚信管理暂行办法》，对水利工程中标单位建立履约考核制度，每季度对所辖工程中标单位履约情况进行考核评分，确定季度考核等次，考核内容主要包括中标单位在项目质量、进度、安全、资金控制、廉政等方面的情况，考核结果及时公示。加强履约考核是强化中标单位诚信管理重要手段。2009 年，共对 3 个季度内 512 个标段的季度履约情况进行了考核，其中施工标 321 个，监理标 105 个，材料标 86 个，涉及中标单位 113 个。提高招标投标监管效率。全面实行投标单位资质业绩网上备案、评标委员网上自动抽取、中标结果和履约情况网上公示等提高工作效率，保证程序规范。全年共办理海堤达标、常熟水利枢纽加固改造、大中型水库除险加固、大中型泵站改造、通榆河北延送水、新沭河治理等省重点工程及其它地方招标投标项目共计58项，分标段476个；省网发布招标信息469条，国家网发布417条；招标项目资金累计28.26亿元；发布中标公示242条，累计中标合同金额25.01亿。招投标节约资金约占概算总投资的11.5%。四是工程验收管理。验收工作实行动态管理，完成了新沂河整治工程全线投入使用验收，汛前重点抓好在建工程水下验收和单项工程验收，汛后重点抓好已完工程竣工验收，保证了在建工程安全度汛和及时发挥效益。全年共完成重点工程竣工验收28项。五是专项治理。按照省、部专项治理领导小组的总体部署和工作要求，省水利厅成立了专项治理领导小组，领导小组办公室设在基建处。自9月起及时组织开展专项治理的各项工作，坚持高标准、严要求，周密部署，精心组织，狠抓落实，取得了专项治理工作的阶段性成果。

（黄仲熙）

【施工质量管理】 一、质量监督工作。2009年，省、市两级质量监督机构共承担了新沂河整治、新沭河整治、沂河沭河邳苍分洪道治理、2007年灾后重建等治淮工程，湖西引排、武澄锡引排、太湖生态清淤等治太工程，通榆河北延送水、海堤达标、大中型排灌泵站加固改造、水库除险加固等省重点工程，刘山站、解台站、淮阴三站、淮安四站及输水河道、江都站更新改造、蔺家坝站、骆马湖水资源控制、截污导流等南水北调工程，以及城市防洪、区域水利、灌区改造、农村饮水安全等一大批工程的质量监督管理工作。

继续做好治淮骨干工程的质量监督工作。基本完成新沂河整治185千米泓道开挖，153千米堤防加固，117座桥梁接长，239千米防汛道路及海口枢纽、沭阳枢纽等控制建筑物工程的质量监督工作，继续做好水土保持、水文通讯管理设施工程的质量监督工作。加强对新沭河整治29.5千米河道（含排水通道）开挖、三洋港枢纽等6座建筑物及堤防加固、护坡接高工程的质量监督工作。做好沂河沭河邳苍分洪道工程堤防险工段处理、干堤截渗处理、涵洞加固和壅水坝等工程的质量监督工作。基本完成淮河流域2003年灾后重建和2007年里下河洼地应急治理工程的质量监督工作。

基本完成治太骨干工程质量监督工作。会同无锡市质监站完成白屈港枢纽、新夏港枢纽的质量总评工作，指导无锡市质监站完成白屈港河道、新夏港河道的质量总评工作，会同常州市质监站完成澡港河枢纽、武宜运河整治的质量总评工作，为工程竣工验收做好准备。努力探索太湖生态清淤工程的质量监督工作，与参建单位共同研究工程质量控制的主要指标，督促参建单位完善项目调整和设计变更手续，落实工程质量检测，为质量评定和验收做好准备。

做好省重点水利工程的质量监督工作。加强通榆河北延大套三站、灌河地涵等22座主要建筑物、190千米河道及截污导流工程的质量监督工作。全面完成2006年度海堤达标工程的质量评定工作，继续加强2007年度和2008年度海堤达标工程的质量监督管理工作。做好全省27座大中型水库质量监督和巡查指导工作，积极开展全省小型水库除险加固工程质量监督巡查，正常开展全省大中型泵站加固改造工程的质量监督和巡查工作。

努力做好南水北调工程质量监督工作。基本完成宝应站、刘山站、解台站、淮阴三站、淮安四站、淮安四站输水河道、江都站更新改造、蔺家坝站和骆马湖水资源控制等工程的质量监督工作。继续做好截污导流工程质量监督工作。受理了刘老涧二站、泗洪站、泗阳站等工程的质量监督工作。

二、加强制度建设。一是针对全省水工建筑物止水、伸缩缝施工中存在的主要质量问题，制定了《加强水工建筑物止水和伸缩缝施工质量管理的若干意见》。二是为加强水利建设工程外观质量管理，制定了《加强水利建设工程外观质量管理的若干意见》。三是为推广应用预拌混凝土，保证混凝土施工质量，制定了《水利建设工程推广应用预拌混凝土指导意见》和《水利建设工程应用预拌混凝土质量控制要点》。四是为加强泵站加固改造工程的质量监督工作，制定了《大中型排灌泵站加固改造工程质量监督实施办法》。为进一步做好全省小型水库除险加固工程质量监督工作，根据工程特点，制定了《小型水库除险加固工程质量监督实施办法》。

三、加强行业指导。配合中国水利工程协会开展全省水利工程质量检测员培训考核工作，全省共有300多名质量检测人员参加培训考核。组织召开水利工程质量检测单位资质认定工作座谈会，研究检测单位资格认证相关工作。组织开展全省县级水利工程质量监督员培训考核工作，共有全省58个县(市、区)的240多名质量管理人员参加培训。做好江苏省水利工程建设管理第一部地方标准——《水利工程质量监督规程》(DB32/T1267—2008)的宣贯工作，组织召开“水利工程质量监督规程发布会暨全省质监站长座谈会”。市级质量监督机构建设取得新进展。2009年，扬州市、宿迁市经批准成立了专业质量监督机构。至此，全省市级专业质量监督机构已有9个。县级质量监督机构建设取得新突破。吴江等县(市)经批准成立了县级质量监督机构，县级水利建设工程的质量管理工作得到进一步加强。

【定额造价管理】 继续做好《江苏省水利工程预算定额》修编工作。经过2年多时间的努力，8月完成了《江苏省水利工程预算定额》初稿。9月组织召开预算定额测算方案审查会，确定预算定额测算方案，进行了常用子目的测算，选取泵站、水闸、河道拓浚等有代表性的工程进行总体水平测算，根据测算结果对定额进一步修改完善。12月《江苏省水利工程预算定额》通过了厅组织的专家审查。广泛征求概算定额和设计概(估)算编制规定使用情况及修编意见。着手修编《江苏省水利工程概算定额》和《江苏省水利工程设计概(估)算编制规定》。按季度发布了4期造价信息和4期主要材料价格信息。

(王朝俊)

工程管理

【湖泊管理】 湖泊管理取得了新的突破：一是建立省管湖泊联席会议和会商制度。率先成立洪泽湖管理与保护联席会议制度；在对大纵湖渔业养殖方案的审查上，首次尝试了省级管理部门间的会商机制，实现湖泊管理、保护、开发利用的良性互动，也为进一步推行湖泊管理会商制度提供了成功范例。二是完成里下河湖泊荡勘界定桩。全年共埋设界桩1608根，完成里下河湖泊湖荡地区勘界定桩工作，实现了省管湖泊管护范围的全面划定，省管湖泊勘界定桩工作全部完成。三是建立省管湖泊管理与保护考核制度。制定出台《江苏省省管湖泊管理与保护考核办法(试行)》，从组织管理、巡查管理、开发利用、水事违法案件查处、安全运行和经济管理等六个方面对湖泊管理保护进行考核。同时对湖泊管理单位进行考核，收到了很好的效果。四是做好省管湖泊日常巡查，加强湖泊开发利用的监管。2009年组织省管湖泊巡查共8712人次，编制湖泊管理季报4期。五是扎实推进湖泊基础工作。购置湖泊巡查船27艘，有效提高湖泊巡查空间控制和现场管理的快速反应能力；基本完成省管湖泊资料整编，开展湖泊湿地建设指导、湖泊水质监测和遥感监测分析，动态掌握湖泊水质和开发利用情况，为湖泊管理提供技术支持。

【涉河建设项目管理】 全年共完成省级行政许可91件,转批长江委行政审批51件,答复淮委行审征求意见9件,答复太湖局行审征求意见4件,不予行政许可3件。全年,在进行省市县共同依法审批、规范审批、科学审批的同时,着力组织开展了审批项目的过程监管工作。一是完善建设项目监督制度。下发《关于进一步加强河道管理范围内建设项目监督管理的通知》,并抄送各地政府。二是组织流域性河道涉河建设项目专项检查。分片组织各地对涉河建设项目进行自查,整编资料,并针对存在问题研究整改方案。三是定期对流域性河道涉河建设项目进行巡查,对查出的问题,向有关市县发出通知,并抄送地方人民政府,责成严肃查处。四是重视新闻报道、信访等投诉信息。把来信、来访,新闻报道等信息作为项目监管的重要渠道,违法行为一经核实,立即依法查处。

【工程管理考核】 一是明确年度目标,加强管理考核力度。根据年初管理单位自检、上级主管部门复核的情况,确定争创国家和省级管理单位的达标创建单位名单,纳入水利目标管理的范围。二是加强指导,督促改进提高。2009年8月4日在南京溧水召开全省水利工程管理考核工作座谈会,部署下阶段工作任务。全年多次派出专家组,加强对水利工程管理考核工作的督查与指导。督促管理单位落实各项具体措施,加强整改。三是定期进行复核,不走形式。对已获得国家级和省级水利工程管理单位的,按照规定的时间组织或配合流域机构完成复核工作。2009年共完成11个省三级以上管理单位复核工作。四是坚持长效管理,树立管理样板。对通过省级和国家级验收的水管单位,进一步规范管理行为,不断提高管理水平。到2009年年底,全省已有省级以上达标单位54个,其中国家级管理单位8个,省一级管理单位27个(含4个国家级单位),省二级管理单位21个,省三级管理单位2个。

【水库安全运行管理】 2009年,省水利厅重点加强水库安全运行管理工作,确保水库安全运行。一是完善责任体系。根据水利部《关于加强水库安全管理工作的紧急通知》的要求,完善了水库大坝安全管理责任体系,逐库落实政府、主管部门、管理单位等三级责任人,责任人名单向社会公布,接受社会的监督。二是组织制定应急预案。根据国务院发布的《国家突发公共安全事件总体应急预案》要求,及时组织各水库管理单位认真制定水库大坝安全管理应急预案,并组织专家认真审查,按分级管理权限由相应的政府审批并组织落实。目前,大中型水库已批复77%,其中,徐州、淮安市已全部批复,小型水库已批复近半,其中淮安市已全部批复。三是建立稽查制度。印发《江苏省水库安全运行管理工作稽查办法(试行)》,对水库安全管理责任制是否强化,管理体制机制是否健全,应急预案、隐患排查、安全鉴定等安全管理工作是否落实,日常巡查、工作观测、维修养护等运行管理工作是否完善进行稽查。四是推进小型水库管理正常化。制定《江苏省小型水库管护工作考核办法》,建立小型水库管理养护责任体系、组织管理体系和巡视检查制度,明确管护人员工作职责,认真开展业务培训,进一步规范小型水库安全管理工作。五是做好堤坝白蚁防治工作。编制了《堤坝白蚁防治技术规程》,下达了年度白蚁防治工作计划和任务,每年召开白蚁防治现场会和工作会议,加大白蚁普查和防治力度,加快堤坝蚁害控制验收进程。

【行业指导与管理】 省水利厅切实加强行业监督、指导与服务,完善管理基础工作。一是坚持五项制度,加强上下沟通。以水利工程管理月报制度、管理动态通报制度、违法涉河建设项目通报制度、湖泊巡查月报制度、湖泊管理季报等五项制度为重要手段,及时掌握各地工程管理工作情况。二是完善工程管理规划体系。完成《淮河流域(江苏段)重点河道湖泊岸线利用规划》、《长江(江苏段)河道岸线利用规划》、《江苏省大型灌溉排水泵站更新改造规划》,配合完成《太湖(江苏段)岸线利用规划》、《江苏省水闸除险加固规划》;《全省区域骨干河道基本情况调查》汇编成册。三是推进有关专题研究与专项工作。编制印发《江苏省沿海挡潮闸防淤减淤运行技术规程》;完成《江苏省水利工程管理现代化评价指标》、《江苏省河道管理研究》等研究;开展水库安全生产专项检查和闸站安全鉴定、完成水闸注册登记、水闸安全普查等工作。四是制定出台多个有关湖泊管理与保护、水库安全管理、小型水库除险加固与管护、泵站安全鉴定等行业指导规范性文件。

(万 骏)

【省属水利工程管理】 2009 年,厅属管理单位积极组织开展汛前、汛后检查和维修项目专项检查。省管泵站排涝 34.22 亿立方米,抽水抗旱 73.44 亿立方米;省管涵闸泄洪 165.81 亿立方米,引水 264.54 亿立方米。

按照应急、抢险、保安全原则,区别轻重缓急,合理安排岁修、防汛急办和大站维修项目经费,使一些比较迫切需要维修的工程、设备得到正常维修保养。全年共安排省属闸站工程防汛岁修和大站维修经费 1059 万元,省级水利工程维修养护经费 3127 万元。

技术管理工作。加强技术管理基础工作,进一步推动水利工程“五化”管理。完成水利部“948”项目《大中型泵站特性测试与诊断系统》项目的验收和科技成果鉴定工作。下发《江苏省省属水利工程观测与资料整编工作管理办法(试行)》(征求意见稿),并完成征求意见的收集和整理工作。编制的江苏省地方标准《泵站运行规程》由省质量技术监督局正式发布施行。开展新技术、新工艺、新设备在省属闸站工程的应用和推广工作。省河道局与省水科院合作的《探地雷达在水工建筑物隐患探测中的研究与应用》,已完成在常熟枢纽的水下隐患探测试验和相应的试验技术报告。

(王震球 王 荣)

【水利风景区管理】 4 月开展了第三批省级水利风景区评审工作,经水利厅批准,苏水管〔2009〕97 号公布,南京市珍珠泉水利风景区、南京天生桥河水利风景区、太仓市金仓湖水利风景区、徐州市故黄河水利风景区、南水北调宝应站水利风景区、淮安市樱花园水利风景区共 6 家景区被评为“省级水利风景区”。推荐南京市珍珠泉水利风景区、南京天生桥河水利风景区、太仓市金仓湖水利风景区和徐州市故黄河水利风景区 4 家景区申报第九批国家级水利风景区。8 月份,上述 4 家景区被水利部以水事业〔2009〕423 号命名为“国家水利风景区”。6 月中旬,徐州市云龙湖水利风景区顺利通过水利部景区办的复查。圆满完成全省水利风景区建设与管理方面的政府信息公开工作。开展了三次有关水利风景区建设与管理方面的征文活动,共完成征文组稿近 20 篇。

(赵顺平 王 荣)

【水库移民后期扶持工作】 2009 年,全省水库移民后期扶持政策实施进展顺利,库区和移民安置区经济取得较快发展,社会基本稳定。截止年底,全省累计下达有关市、县 13 个季度后期扶持资金共计 47073 万元(不含三峡移民后扶资金,下同)。其中,发放直补资金 20252 万元;批复后扶项目 2821 个,使用后扶资金 29959 万元;完成项目 2699 个,完成投资 27750 万元(已兑付 22934 万元);投资完成率达 102%,资金总兑付比例 92%。一是加强组织领导,加快工作进程。通过组织召开工作座谈会、下发文件和编制简报,总结交流进展情况,研究部署工作任务,加快政策实施进程,推动后期扶持工作规范、有序开展。二是强化检查指导,加强移民干部培训。会同省发改、财政等部门多次赴有关市、县(市、区)了解情况、督促检查。通过以会代训、组织参加全国培训等形式,加强对移民干部的教育培训,强化业务素质,规范工作行为,提高工作效率。三是做好后扶人口数据管理。按照有关规定,认真做好扶持人口数据管理及原迁移民年度动态核定工作,为政策兑现提供依据,确保后期扶持工作有序开展。四是继续做好跨地区移民登记核实。基本完成跨省、跨市、跨县自主搬迁大中型水库移民的登记核实工作,为下一步工作奠定基础。五是做好移民安置规划前期工作。完成宜兴市油车水库建设征地移民安置规划批复和东太湖综合整治工程移民安置规划审核工作。六是加强宣传、信访和维稳工作。妥善处理来人、来信、来电等上访事宜,密切关注移民动态,查找、归纳上访热点问题,排查不稳定因素,维护社会稳定。

(徐丽娜)

水资源管理

【节水型社会建设】 2009 年,节水型社会建设取得明显成效。万元 GDP 用水量为 161 立方米,较 2008 年下降 12%,超额完成 4%的年度目标。2009 年共创建完成省级节水型企业(单位)163 个、节水型社区 71 个、节水型高校 24 所、节水型灌区 14 个;继续组织开展"八大行业"节水专项行动,全年完成节水示范项目 185 个,新增年节水能力 2.1 亿立方米,载体建设实现全覆盖。全面完成南京、徐州、张家港等 3 个国家级试点年度工作任务,并分别通过水利部终期验收专家核查和中期验收;南通、泰州新增为国家级节水型社会建设试点,规划报告已经省政府批复两市人民政府组织实施;11 个省级节水型社会建设试点单位各具特色,探索了循环用水、中水回用、废污水"零排放"、非传统水源利用和污水处理厂尾水回用等典型经验。根据省水利厅和省发改委组织的中期评估结果,11 个省级试点主要节水指标和工作基本达到规划目标要求。

【水功能区管理与水源地保护】 一是加强水功能区管理。省水利厅组织编制了《江苏省地表水功能区纳污能力和限制排污总量意见》,向环保部门提出了限制入河(湖)排污总量意见;各级严格入河排污口审批,编制完成入河排污口整治规划;水功能区监测基本实现全覆盖,继续发布水功能区水质通报和集中式饮用水源地水质旬报,对太湖重要水源地开展日报。二是开展水生态修复工作。开展尾水资源化利用和水生态修复试点,取得较好成果。洪泽县利用高速公路周边土地,根据地形条件,提出城市污水处理厂达标尾水生态处理和再生利用方案;张家港保税区化学工业园实施尾水再生利用工程;太仓开展乡镇污水处理厂尾水利用工程;南通开发区对造纸废水实行深度处理回用;无锡基本完成了水生态系统保护与修复试点建设任务。三是加强水源地保护。按照省人大常委会《关于加强饮用水源地保护的决定》,各地以水源地保护和水生态修复为重点,发挥保护措施与工程手段结合的优势,水资源保护成效明显。水源地保护方面,组织编制完成《江苏省饮用水源地安全保障规划》,通过省发改委组织的专家审查;指导各地完成了饮用水源地一、二级保护区和准保护区划分;制定了水源地达标建设方案;各级不断完善水源地突发性水污染事件应急预案,妥善应对盐城水源地污染、邳州砷污染、泰州三水厂油污染等突发性水污染事件,将污染影响控制在最小范围。备用水源地建设方面,省水利厅加强技术指导,各地积极探索,初步形成了河道可控、湖库调节、地下水备用、工业水厂深度处理等备用水源地建设模式,如盐城市实施具有生态调蓄功能的盐龙湖;江阴市以湖库和地下水作为备用水源等建设方案,对提高区域饮用水源安全保障水平具有重要意义。

【取水许可管理】 根据国务院460号令和水利部34号令的规定，加强取水许可监督管理。一是严格取水许可审批和验收。在取水许可审批中，以水资源论证报告为基础，严格执行取水许可审批的各项规定，对不符合产业政策或水资源管理规定的建设项目，坚决不予审批。对重大建设项目或取、退可能对第三者有影响的建设项目，进行实地调查，充分征求第三方的意见，防止取水许可审批决策错误。对一些水资源论证报告书编制质量不高的，在预审阶段及时提出修改完善意见，并要求报告书编制单位认真修改，直至具备审查条件方提交专家审查。按照厅取水许可验收的有关规定，对取水户及时组织验收，确保取水工程建设和运行符合审批要求。二是强化取水许可监督管理。全省各地加强对取水户取水设施运行情况、计划用水、退水情况等监督检查，摸清各用水户取用水现状，健全和完善用水户档案，为实现总量控制和定额管理提供了基础依据。加强对用水节约用水宣传和交流。定期组织召开用水大户座谈会，宣传水资源管理政策，统一思想，取得用水大户的理解和支持。三是严格地下水管理。年内超采区压缩地下水开采量600万立方米。扬州等地开展浅层地下水专项整治活动。通过广泛调查，在摸清浅层地下水用户分布的基础上，对符合取水条件的浅水井用水户办理了取水许可证；对不符合取水规定的浅水井依法进行了封填，规范了浅层地下水管理。

【水资源管理与能力建设】 2009年，按照国家实行最严格的水资源管理制度要求，制度创新工作取得明显成效。一是体制改革取得新进展。抓住机构改革的机遇，经过努力争取，省水利厅“三定”方案中，明确水利部门承担“指导水利行业供水、排水、污水处理工作”，“指导再生水等非传统水资源开发利用工作”，使省级在涉水事务统一管理上进了一步。徐州市、射阳县新一轮机构改革已明确实施水务一体化管理，全省已有40个市、县实现水务一体化管理。二是节水管理制度不断创新。出台了《江苏省水资源费征收使用管理实施办法》，进一步明确水资源费征管工作要求；建立了全省用水大户水资源费（含南水北调基金）专项稽查工作制度；制定了县级水资源管理规范化建设指导意见等政策文件。会同省发改委出台了《关于加强建设项目节水设施“三同时”工作的通知》，《水法》规定的节水“三同时”制度得到实质性突破；《江苏省节水型灌区评价标准》作为地方标准发布；完成了全省用水定额修订并通过审查。继续完善水资源管理和节水型社会建设考核工作，完成了上一年度的工作任务考核，考核结果向各市政府进行了通报。各地都加大节水制度建设，目前全省已有苏州市、南通市等12个市（县）出台了节约用水条例或办法。三是加强对基层水资源管理能力建设的指导，组织制定了《县级水资源管理规范化建设指导意见》，计划到2015年底，全省80%的县（市）完成县级水资源管理规范化建设任务。举办了全省水资源管理培训班，加强节水型社会、供水、排水、中水回用等方面的培训，继续办好基层水资源管理人员学历教育本、专科班。同时，加强科技创新，开展了河湖健康指标、水资源质量标准等课题研究，宜兴、六合、溧水等地完成县级水资源综合规划编制。四是加快水资源管理信息系统建设。全省水资源管理信息系统一期工程已进入招投标阶段，应用软件系统和水资源基础数据库建设正式启动，出台了建设管理办法和技术规范，保证工程有序、规范推进。13个地级市和江阴等14个县（市、区）组建完成项目部，第一批试点地区完成实施方案编制，并启动试点建设工作。同时，加强技术培训，培养了一批信息化技术方面的专业人才。五是“两费”征收取得突破。各地水利部门克服金融危机的影响，积极发挥经济杠杆的调节作用，促进企业节水和产业优化升级，降低企业生产成本。采取多种有效措施加大"两费"征收力度，对各市自来水水资源费审计稽查结果整改情况进行检查，落实追缴措施，启动了100家用水大户"两费"征收专项稽查。全年征收水资源费、南水北调基金7.63亿元。其中，南水北调基金2.51亿元，比上年增加25%；水资源费5.12亿元，超过年度任务6个百分点。

（胡长忠）

太湖水环境综合治理

【太湖蓝藻应急治理】 2009年，按照部门职责分工，水利部门全力做好调水引流、生态清淤、蓝藻打捞、"湖泛"防控、节水减排、河网整治等方面工作，得到省委省政府的充分肯定和社会的高度认可。水利部门共争取省级太湖水环境治理资金5.7亿元，有力保障了各项工作的开展。一是全力打捞和处置蓝藻。蓝藻打捞已由人工打捞，逐步转变为"专业化队伍、机械化打捞、工厂化处理、资源化利用"的产业形态，全年累计打捞蓝藻60多万吨，新建藻水分离站5座，处理产出藻泥8000多吨，直接用于发电和有机肥制作。二是严密防控"湖泛"生态灾害。制定了"湖泛"防控应急预案，组织对太湖"湖泛"易发区以及所有饮用水源地进行逐日巡查，累计巡查193天，第一时间发现11次小范围"湖泛"，及时、妥善进行了处置。太湖水质得到初步改善，蓝藻水华暴发时间晚于往年，聚积规模和强度也明显降低。三是生态清淤加快实施。汛前完成生态清淤土方570万立方米，并对湖泛易发区实施应急清淤，超额完成年度任务。工程施工全部采用环保绞吸式挖泥船，对疏浚余水采用絮凝剂进行净化处理，对淤泥采用固化和资源化利用，避免二次污染；对生态清淤的关键技术和效果进行专题研究。四是节水减排投入加大。积极争取节水减排列入省级太湖治理专项资金补助范围，共争取补助资金1775万，首批62个项目已全部完成，形成年节水能力1.2亿立方米，减排COD1.2万吨。治太三期资金还将继续安排。省水利厅组织编制了太湖流域节水减排实施方案，经省发改委审查通过。

（胡长忠）

【太湖引流应急调度】 4月1日江苏省启动太湖调水引流工作，调度常熟枢纽泵站开机抽引江水。4月27日，在望虞河全线水质稳定维持Ⅲ类后，开启望亭立交闸，向太湖补水。调水引流期间，一方面严格控制劣质水体进入望虞河沿线和太湖，另一方面通过长期运行梅梁湖泵站，带动贡湖、梅梁湖水体流动。1～12月，常熟枢纽累计抽引江水13.1亿立方米，通过望亭立交闸入湖4.87亿立方米；梅梁湖泵站连续运行，累计抽水5.62亿立方米。太湖调水引流的实施，为太湖补充了大量清洁水源，稳定了太湖水位，太湖水位比正常控制水位高5～30厘米，增加了太湖水环境容量，加快了水体流动，有效地改善了太湖水源地水质，确保了太湖水源地供水安全。为控制望虞河西岸支流污水进入望虞河，一方面加大引江流量，抬高望虞河水位，另一方面控制望虞河东岸口门分水流量，保证入湖水质、水量。对于内河水质较差的环太湖直湖港、武进港等入湖口门，关闸截污，控制污染水体进入太湖。

（防办室）

【太湖水环境整治水利前期工作】 根据国务院批复的《太湖流域水环境综合治理总体方案》（国函〔2008〕45号）和省政府印发的《江苏省太湖流域水环境综合治理实施方案》（苏政发〔2009〕36号），省水利厅积极推进调水引流等工程前期工作。走马塘工程可研报告4月经国家发改委批复（发改农经〔2009〕1151号），初步设计8月经省发改委批复（苏发改农经发〔2009〕1107号），工程概算总投资26.12亿元（其中中央7亿元、省级11.78亿元、市县

7.34 亿元),已于 10 月份开工建设。新沟河延伸拓浚工程可研报告 9 月份通过水利部水规总院技术审查,并已修改完善报送水利部。新孟河延伸拓浚工程规模及河线方案专题论证已经水利部水规总院审查,可研报告编制基本完成,即将报审。东太湖综合整治工程可研报告已经水利部审查并转报国家发改委。望虞河西岸控制工程可研报告 10 月份报送水利部。太湖、滆湖底泥清淤和入湖河道清淤年度工程前期工作按时完成。

(规计处)

安全生产工作

【综述】 2009 年,全省水利系统坚持以科学发展观为指导,遵循"安全第一,预防为主,综合治理"的方针,认真贯彻落实党和国家安全生产政策,认真贯彻落实《安全生产法》等一系列法律法规,切实履行安全生产综合管理和国家赋予的安全生产监督职能,加强领导,落实责任,完善制度,强化意识,实现安全生产形势的持续稳定,全省水利系统未发生重特大安全生产事故。围绕"安全生产年"部署和开展各项工作,组织开展重要水利设施安全隐患排查治理工作,组织开展"安全生产三项行动和三项建设"活动及节日安全生产监督工作;开展建设领域专项治理活动和水库安全管理工作;开展安全生产月活动,提高职工的安全意识。

(陈 浩)

【水利建设】 2009 年,江苏省水利工程建设安全监督工作始终坚持以科学发展观为指导,坚持"安全发展"科学理念,切实履行国家赋予的安全生产监督管理职能。深入开展安全生产执法、治理和宣传教育行动"三项行动",切实加强安全生产法制体制机制、保障能力和监管队伍建设"三项建设",进一步落实安全生产责任,全面深化水利工程建设安全生产各项工作,全省水利系统安全生产基础工作得到明显加强。全年未发生一起重、特大人员伤亡事故,一般性安全生产事故也得到了有效遏制,全省水利系统安全生产形势相对平稳,为水利事业的健康发展创造了良好的环境。一是积极开展全省在建重点水利工程安全督查。对春节前、汛前、国庆 60 周年期间全省水利工程建设安全生产工作进行周密部署,结合安全生产"三项行动"工作安排,认真研究制定工作计划、方案,精心组织实施,深入开展安全生产事故隐患排查、治理活动,对重大事故隐患建立挂牌督办制度,做到整改措施、整改资金、整改期限、整改责任人和应急预案"五到位"。二是深入开展"安全生产月"系列活动。包括"送安全、送清凉"进工地活动,全省水利工程建设安全生产在线访谈活动,全省水利工程建设"关爱生命、安全发展"主题摄影比赛等。三是进一步做好全省水利工程建设安全监督管理人员培训工作。11 月下旬,在南京举办全省水利施工安全技术标准宣贯培训班。自 2006 年以来,已成功举办 4 次,累计培训学员 680 人次,445 名同志进行了培训注册登记,83 名同志通过审核,获得全省水利工程建设安全监督员证,依法实行持证上岗。四是出台《江苏省水利工程建设安全监督工作指导意见》。进一步规范了江苏省水利工程建设安全监督程序,提高了安全监督管理水平,切实防止和减少生产安全事故。五是实现生产安全事故网上申报。2009 年 1 月 1 日在江苏水利工程建设网开通全省水利工程建设安全信息上报系统,实现生产安全事故网上填报。六是安全度汛责任人名单实行网上公示。2009 年 6 月首次将全省在建水利工程安全度汛责任人名单在江苏水利工程建设网上进行公示,进一步明确安全度汛责任,主动接收广大人民群众监督。七是进一步加强水利部建管司、安全监督司，省安全生产监督管理局及兄弟省市水行政主管部门安全监督机构联系。组织开展《江苏省水利工程建设安全监督工作指导意见》（征求意见稿）调研活动；邀请水利部、省安全生产监督管理局领导、专家亲临全省水利工程建设安全监督管理人员培训班现场授课；组织人员参加水利部组织的水利施工安全技术标准宣贯培训班；定期向水利部上报全省水利工程质量安全事故月报表等。

（省水利工程建设局）

【省管工程】 1月、6月和12月，分别对各管理处安全生产的重点站所、重点部位和重要环节进行3次安全生产专项检查。强调：确保防洪安全，防止发生大的灾害；确保人身安全，不得发生死亡事故；确保财产安全，防止火灾、重大设备事故的发生；确保加固维修项目安全，强化施工安全措施；确保多种经营项目安全，加强外出人员、车辆管理，加强通航安全管理，对有毒、易燃、易爆物品的运输、贮存、使用和高空、水上、水下、带电等作业按规定进行，切实做好劳动保护。2009年省属水利工程实现全年安全生产无事故。

（王震球 王 荣）

防 汛 防 旱

防汛防旱 105 ~ 109 页

2009年雨情、水情分析

2009年江苏省先旱后涝，冬春期淮北部分地区出现较重旱情；汛期全省多次发生强降雨过程，太湖、里下河等地区出现较严重雨涝，8月上中旬遭受第8号台风影响，太湖出现1999年以来最高水位，里下河河网水位一度超警戒；淮河及沂沭泗等河道出现洪水过程。

【雨情】 2009年全省面平均降雨量1062毫米，比常年偏多5.5%。淮北地区面平均降雨量为766毫米，比常年偏少13.1%；江淮之间面平均降雨量为984毫米，与常年基本持平；沿江苏南地区面平均降雨量为1275毫米，比常年偏多17.9%。

汛期(5～9月，下同)，全省面平均降雨量738毫米，比常年同期偏多8.7%。淮北地区面平均降雨量为613毫米，比常年同期偏少6.9%；江淮之间面平均计算量689毫米，与常年同期基本持平；沿江苏南地区面平均降雨量为839毫米，比常年同期偏多23.5%。汛期降雨主要集中在5～8月，5月淮北地区降雨量为97毫米，比常年同期偏多52%；沿江苏南地区6～8月累计降雨量为692毫米，比常年同期明显偏多，为常年同期的1.47倍。9、10两月全省大部分地区降雨量明显偏少，其中淮北地区2个月累计降雨量为49毫米，仅为常年同期的39.1%。

江苏省淮河以南地区6月27日入梅，7月15日出梅，梅期长19天；入梅、出梅日期偏晚，梅期长基本正常。沿江苏南、江淮之间梅雨量为196毫米、105毫米，分别较常年梅雨量偏少16.5%、53.3%；淮北地区同期雨量为133毫米，比常年值偏少28.3%。

【水情】

(一) 太湖地区河湖水位长时间超警戒水位。

7月中下旬，受多次强降雨过程影响，太湖地区河湖水位持续上涨，7月29日起太湖水位超过警戒水位，日增幅最大为0.14米。8月上旬，受台风"莫拉克"带来的强降雨影响，太湖水位进一步上涨，最高水位达4.23米，为1999年以来最高水位，超过警戒水位0.73米。汛期太湖水位在警戒水位3.50米以上达47天。

(二) 沂沭泗、淮河流域相继出现洪水过程。

7～8月份，沂沭泗流域多降雨，相继出现两次较大洪水过程。其间，江苏省境内港上站出现洪峰流量3770立方米每秒；中运河运河镇站洪峰流量1270立方米每秒；嶂山闸泄洪流量3050立方米每秒，新沂河沭阳站洪峰流量3090立方米每秒、洪峰水位9.50米；沭河大官庄站洪峰流量936立方米每秒，石梁河水库最大泄洪流量为1000立方米每秒。汛期骆马湖水位均未超过警戒水位。

汛期，淮河流域多次发生暴雨过程，淮河干流相应出现四次明显的洪水过程。7月21～22日淮河上中游部分地区出现暴雨到大暴雨，干流吴家渡站7月24日洪峰流量2840立方米每秒，入洪泽湖最大总流量为3376立方米每秒；三河闸汛期4次开闸泄洪，最大泄洪流量为2000立方米每秒。主汛期7、8月份洪泽湖蒋坝站最高水位为13.12米，低于警戒水位0.38米。

受台风"莫拉克"影响，8月7～11日江苏省里下河地区出现强降雨过程，8月11日普降暴雨到大暴雨。受强降雨影响，该地区河网水位快速上涨。8月12日兴化水位2.23米，超过警戒水位0.23米；盐城、阜宁、建湖站同日最高水位均超过警戒水位。

(三) 秦淮河出现洪水过程，江苏省长江干流及其他支流汛情平稳

汛期秦淮河流域数次出现暴雨过程，致使

秦淮河水位多次超过警戒。7 月 28 日秦淮河东山站水位 9.17 米，超过警戒水位 0.67 米，秦淮新河闸、武定门闸敞开泄洪，最大瞬时流量分别为 695 立方米每秒、270 立方米每秒。

8 月 13 日长江大通站最高水位 12.23 米，比警戒水位低 2.27 米，8 月 19 日出现年最大流量 45100 立方米每秒，长江干流及其他支流汛情平稳。

（四）大中型水库汛情平稳

全省 6 座大型水库、42 座中型水库主汛期仅有 15 座水库蓄水位超汛限开闸行洪，其中横山水库 8 月 10 日受降雨影响水位迅速上涨至 35.42 米，超汛限水位 1.42 米，超出历史最高水位 0.06 米。全省水库汛情总体平稳。

【旱涝灾情】 洪涝灾害：据统计，汛期全省共有南京、无锡、徐州、常州、苏州、南通、盐城、扬州、镇江、泰州、宿迁等 11 个市、45 个县（市、区）遭受洪涝灾害（含台风）。受灾人口 186 万人；倒塌房屋 0.2 万间；农作物受灾面积 244 千公顷，成灾面积 71 千公顷。因洪涝灾害造成的直接经济损失 13.3 亿元，其中水利工程水毁直接经济损失 1.1 亿元。

旱灾：2008 年入冬至 2009 年 2 月，江苏省淮北地区在田作物最大受旱面积 641 千公顷，其中小麦受旱面积 529 千公顷；成灾面积 197 千公顷，因旱干枯改种面积 19 千公顷。

2009 年全省防汛防旱抗台风工作

【有效应对冬春旱情】 冬春期淮北部分地区出现 15～20 年一遇的严重旱情。省防指根据旱情发展趋势，2008 年 11 月至 2009 年 2 月，调度洪泽湖、骆马湖、微山湖水源 31.8 亿立方米，支持各地居民生活、发电、航运、工业生产、秋播冬灌及改善区域水环境用水；及时调度高港枢纽、江都东闸引江补水，截止 6 月底，累计引江 33 亿立方米，保证了里下河及沿海地区水稻栽插用水；先后开启江水北调沿线江都、淮安、刘山、解台等泵站向淮北地区河库补水，切实解决抗旱水源。至 7 月上旬，江水北调沿线省属及省指定泵站累计翻水 66.5 亿立方米，其中江都站共抽引江水 27.6 亿立方米。连云港坚持高水高用、低水低用，调度石梁河水库向东海、赣榆两县灌区供水 5634 万立方米；徐州市及时开启各级翻水站补充抗旱水源；宿迁市县（区）200 多座固定泵站投入抗旱翻水，调度 1500 多台套临时机组用于受旱地区提水灌溉；淮安沿河湖地区利用泵站提水对受旱作物普遍进行了春灌，据统计，全省共投入抗旱人力 94 万人次，动用抗旱机泵 6.5 万台套，耗用柴油 5086 吨，耗电 4854 万度。

【全力抗御突发洪涝台风灾害】 汛期江苏省做出预测预报 140 余次，以书面、电话等形式下达调度指令 1000 多条。一是全力抢排太湖洪水。7 月下旬，针对太湖地区河湖底水较高实际，及时调度沿江闸站抢潮排水，常熟枢纽泵站至 8 月 31 日累计排水 9.6 亿立方米。太湖水位超警戒后，进一步加大望亭立交闸、太浦闸泄洪力度，7 月下旬至 8 月底两闸累计泄洪 14.6 亿立方米。受 8 号台风影响，8 月 10 日夜横山水库水位上涨迅速，省防指紧急调度加大泄洪流量并保持 121 立方米每秒，既有效控制了水位上涨，又保证了下游泄洪河道的安全，水库水位 8 月 12 日降至汛限水位。二是科学应对淮沂洪水。7 月下旬至 9 月上旬，嶂山闸 4 次开闸，累计下泄洪水 19.5 亿立方米，及时调度石梁河水库泄洪 3.7 亿立方米，有效控制湖库水位上涨；汛期三河闸累计泄洪 24 天，共下泄淮河洪水 25.4 亿立方米，洪泽湖最高水位仅 13.12 米，确保了洪泽湖周边及江苏省淮河下游地区的防洪安全。7 月下旬到 8 月上中旬，里下河地区降雨集中，水位上涨较快。省防指及时调度江都、高港等泵站及沿海四大港闸抽排自排涝水，至 8 月底累计抽排、自排里下河涝水 34.9 亿立方米，其中江都站、高港站累计抽排涝水 9.1 亿立方米。三是加强防御台风调度工作。2009 年第 8 号台风带来的强降雨，使得太湖地区河湖水位进一步上涨，里下河地区部分站点水位相继超过警戒水位。为确保防台安全，江苏省根据防台预案要求，科学调度水利工程，商请流域机构开启嶂山闸泄洪，预降骆马湖水位；加强对沿海、沿江水利工程的调度管理，全力排水，严格控制河网水位；要求城市排涝闸站做好应对持续强降雨、突击抢排涝水的准备；水库严格按照已批准的调度方案控制运用，确保安全。

【有效应对水污染事件】 2009 年江苏省先后出现盐城市城西水厂水污染、淮安市二河段水源地水色异常事件以及徐州市邳苍分洪道等河道两次遭遇山东砷污染下泄事件。省市防办通力合作，果断截堵控制污染源，避免污染面扩大。通过合理调度水利工程，加大冲污释污能力，迅速恢复盐城、淮安、邳州等地水质。强化太湖调水引流、秦淮河引江换水、里下河引江冲淤保港等水源调度，有效改善了区域水环境。

2009 年江苏省防汛防旱指挥部成员名单

指　挥：黄莉新　省委常委、副省长

副指挥：刘华建　省军区副司令员兼参谋长

吕振霖　省水利厅厅长

杨根平　省政府办公厅副主任

陶长生　省水利厅副厅长

成　员：林一峰　省发展和改革委员会副主任

刘德海　省委宣传部部务委员

顾瑜芳　省经贸委副主任

秦　军　省公安厅副厅长

凌　航　省民政厅副厅长

黄晓平　省财政厅副厅长

刘　聪　省国土资源厅副厅长

王　翔　省建设厅副厅长

李先友　省交通厅副厅长

张小马　省水利厅副厅长

陆桂华　省水利厅副厅长

陆永泉　省水利厅副厅长

李亚平　省水利厅副厅长

徐惠中　省农林厅副厅长

胡晓抒　省卫生厅副厅长

姚晓晴　省环保厅副厅长

沈　毅　省海洋与渔业局副局长

于　波　省气象局副局长

徐水祥　上海铁路局南京铁路办事处副主任

丁晓喜　省武警总队副总队长

徐筱棣　省供销社副主任

王　勇　省农机局副局长

马苏龙　省电力公司副总经理

许二宁　省通信管理局副局长

王其敏　省石油公司副总经理

省防汛防旱指挥部下设办公室，办公室设在省水利厅，由陶长生同志兼任办公室主任。

一、骆马湖联防指挥部（驻省骆运水利工程管理处）

指　挥：陆永泉　省水利厅副厅长

副指挥：漆冠山　徐州市人民政府副市长

吕德明　宿迁市人民政府副市长

赵建华　连云港市人民政府副市长

杨运高　沂沭泗水利管理局副局长

史　琨　73071 部队副参谋长

办公室主任:问泽杭　省骆运水利工程管理处书记、主任

二、淮河下游联防指挥部(驻省洪泽湖水利工程管理处)

指　挥:陶长生　省水利厅副厅长

副指挥:朱毅民　淮安市人民政府副市长
纪春明　扬州市人民政府副市长
陈还堂　盐城市人民政府副市长
丁士宏　泰州市人民政府副市长

办公室主任:张加雪　省洪泽湖水利工程管理处书记、副主任

三、太湖流域联防指挥部(驻省太湖地区水利工程管理处)

指　挥:陆桂华　省水利厅副厅长

副指挥:周玉龙　苏州市人民政府副市长
陈金虎　无锡市人民政府副市长
张耀钢　常州市人民政府副市长

办公室主任:颜廷举　省太湖地区水利工程管理处书记、主任

四、秦淮河联防指挥部(驻省秦淮河水利工程管理处)

指　挥:张小马　省水利厅副厅长

副指挥:陈维健　南京市人民政府副市长
曹当凌　镇江市人民政府副市长

办公室主任:陈振清　省秦淮河水利工程管理处主任

(省防办室)

水 文 工 作

水文站网

【站网设置】 2009年，全省共有各类水文基本站点2226处，包括：水文站155处、水位站135处、雨量站237处、水质监测站465处(其中：地表水239处、地下水226处)、地下水监测井1170眼(其中：浅层井316眼、深层井854眼)、泥沙站21处、蒸发站36处、墒情站7处。另外，还有苏北水资源供水监测专用站34处、引江济太水质监测专用站30处、水土保持监测站5处、水文巡测断面371处。

【资料整编】 一是地表水资料整编。本年度全省地表水水文资料复审工作共完成了155处水文站、135处水位站、476处降蒸(4处气象站未参加)站成果的复审工作，其中遥测资料直接参加整编的水位项目28处，雨量项目35处。共完成了水流沙672站年、降蒸472站年计162万字组的水文资料审查工作。完成了7754个电子文件，共14万字节的数据文件审查。成果质量达到水利部《水文资料整编规范》(SL247—1999)的标准要求。从审查情况看，该年送审的测验资料质量较好，全省水位完好率97.1%，雨量完好率99.4%，流量测次及其时空分布满足规范要求，较好地控制了洪水过程，实行流量间测的水文站点，也及时、适时地开展校测工作；全省地表水水文资料成果错误率为0.11/10000，达到规范要求。二是地下水资料整编。2009年度，全省开展地下水监测总站数为1170，其中浅层地下水监测站316，深层地下水监测站854，全年按照地下水监测规范要求，开展监测工作。对全年的地下水资料进行整编，刊布浅层地下水监测站水位、水温资料415站年，计18.4万字组。整编资料符合规范要求，达到刊布标准。三是水质资料整编。全省水质整编资料涉及地表水、地下水、排污口等各类站点2600余个，其中：地表水国控站58个，省控站246个，功能区站1672个，省管湖泊监测站点104个，饮用水源地站点106个，护水控藻监测站点36个，市控站1061个，排污口345个，浅层地下水井点65个、深层地下水井点161个，其它监测站点317个。全省最终水质监测数据量达38.1万，较2008年增加34%。

(王　萍　刘俊杰)

测报工作

【雨水情监测】

(1) 汛前准备

为督导做好2009年水文测报汛前准备工作，省水文局于4月9日～4月15日分苏南、苏中和苏北三个组，采用分片抽查的方式对11个水文分局和6个省属水利工程管理处59个水文测站和2处水文基地的水文汛前准备工作进行重点检查。检查认为：各单位对汛前准备工作重视，准备充分；健全规章制度建设，使得汛期测报、应急监测有据可依；措施得力，落实到位。水文测验设施、仪器设备保养基本到位，水文站测洪方案基本落实，站容站貌整洁，安全工作普遍重视。但也存在一些问题，如：遥测备品备件不足，少数测站自记台建设标准偏低，难以测记最低水位，部分设施老化需要改造等等。检查结束后，对全省汛前检查问题进行了汇总，并把一些亟待解决的问题列入汛前急办项目中，为安全度汛提供保障。

(2) 水情测报

全省局部地区多次发生强降雨过程，8月上中旬遭受第8号台风影响，太湖出现1999年以来最高水位，里下河河网水位一度超警戒，淮河及沂沭泗等河道出现洪水过程。受第8号台风影响，江苏省普降大到暴雨，局部大暴雨，暴雨中心在无锡的横山水库上游以及里下河地区，以致沿江苏南、里下河地区河湖水位迅速上涨。无锡横山水库10日8时水位33.89m，10日15:55水位涨达34.06m，超汛限水位0.06m，最大5小时水位涨幅达0.63m，省水文局实时跟踪降雨过程以及水库水位涨落，向省防办每小时一报最新水雨情，最紧张时每半小时一报，为水库安全调度决策提供技术支撑。汛期，共收发报文142万份，加测加报6000余站次，编制并发布各类水雨情简报4896期，水情分析报告163期，手机短信13.1万条。为全省防汛决策指挥调度提供了及时、准确的水文情报和预报服务。

（3）雨水情分析

在认真做好水情测报工作的同时，积极开展雨水情分析工作。按时编写了汛前、汛期各月、汛期以及全年雨水情等定期雨水情分析报告。同时，在梅雨期，编写了“入梅以来雨水情分析”、“梅雨期雨水情分析”等。在第8号台风过境期，编写了“莫拉克”袭击江苏省苏南和江淮之间普降暴雨大暴雨的分析，台风过境后，及时对第8号台风特点、降雨过程、时空分布以及河湖水位涨落过程进行了分析，并将分析材料上报省防办以及部水文局。

（4）旱情分析

受去冬今春少雨影响，2008年11月～2009年1月期间全省旱情严重，淮北地区更甚，抗旱形势非常严峻。为给各级领导提供抗旱决策依据，省水文局按照国家防办电视电话抗旱会议精神，及时下发了“关于做好旱情水文测报工作的紧急通知”、“关于做好旱情蓄水量统计的紧急通知”，部署水库水情加报以及旱情分析工作，并将分析材料上报至省防办以及部水文局。经分析，全省2008年11月～2009年1月期间的降雨量，与多年平均同期降雨量相比少7成，局部地区少8成，根据降雨距平百分比旱情等级单指标评估，淮北地区属于特大旱。

（5）水文预报

在第8号台风过境期间，太湖水位自8月7日8时3.97m后一路上涨，至15日11时达4.23m，超警戒水位0.73m。为了太湖地区的排涝，人民生产的安全，尝试应用河海大学开发的水文预报软件进行太湖水位滚动预报。在9日～18日期间的预报结果，若按预报绝对误差不大于0.02m计算，经评定合格率为50%，最大绝对误差0.05m；若按过程洪水预报，预报精度完全符合《水文情报预报规范》要求，全部合格。

（王　萍　黄利亚）

【水资源监测】

（1）苏北供水监测

为确保苏北地区水资源的科学调度与分配，继续由省水文局组织扬州、淮安、宿迁、连云港、徐州、盐城水文分局和洪泽湖、总渠、骆运、淮沭河、江都水利工程管理处的水文部门承担对扬州、淮安、宿迁、连云港、徐州、盐城等6市实际用水情况的考核计量监测工作，并以此制定、调整供水计划。苏北供水沿线设有34处专用计量监测断面，各监测断面非汛期每天监测1次水位（河道、闸站上、下）与流量，汛期每天监测2次水位、流量，并计算昨日的日平均流量。所有各类监测信息均通过水利专网传至省水文局的数据库存贮，经计算机处理后形成可用的监测数据，同时在江苏省水文水资源勘测局内网上还有专供查阅的“苏北供水监测”网页，实现了苏北供水监测信息共享。

（2）环境资源区域补偿断面监测

为落实省政府关于“推行环境资源区域补偿制度，促进太湖流域水环境综合治理，改善太湖流域主要河流水质”的精神，省水文局于2007年底陆续布置开展了太湖流域环境资源区域补偿断面流量流向监测工作，共布设10个监测断面。2009年3月，根据江苏省环保厅、江苏省财政厅、江苏省水利厅联合下发的《关于印发江苏省太湖流域环境资源区域补偿方案(试行)的通知》(苏环发〔2009〕14号)文件精神,新增20处监测断面。每月5日前向省环保厅提供上月30处断面的水量及流向监测资料。同时由省环保厅、省水利厅联合发函,按季度向南京、镇江、常州、无锡、苏州市人民政府通报试点断面水质水量情况。要求组织所辖县(市)排查污染来源,落实控源截污措施,加强监督检查,努力改善主要断面水质。为进一步做好该项工作,提高资料质量,省水文局于5月底专门组织人员实地抽查了部分补偿断面的现场测验情况。根据检查情况下发了《关于进一步做好太湖流域环境资源区域补偿断面流量流向监测工作的通知》(水文〔2009〕44号),对现场测验、资料整理等进行进一步规范,同时制定了《水文测验产品实现过程控制程序》,进一步明确岗位职责、工作流程、质量控制等方面要求。

【水环境监测】

(1) 常规水质监测。共布设省控地表水水质站点241个,监测频次为4~12次/年。监测项目分必测项目、间测项目、选测项目,其中必测项目为水温、pH值、电导率、溶解氧、高锰酸盐指数、五日生化需氧量、氨氮、氰化物、挥发酚、总磷等10项;间测项目为总氮、化学需氧量(CODcr)、铜、锌、氟化物、砷、汞、镉、铬(六价)、铅、石油类等11项;选测项目为硒、阴离子表面活性剂、硫化物、总大肠菌群、悬浮物、透明度、叶绿素、藻类等。

(2) 水功能区监测。省水文局在每月开展350余个重点水功能区监测及通报的基础上,2009年于3、8月各开展一次全省地表水1323个水功能区的全覆盖监测工作。省水文局组织各分局对全省每一个地表水功能区进行现场踏勘,并根据技术规范要求,合理设置水质监测断面1700余处。监测指标涉及溶解氧、高锰酸盐指数、化学需氧量、五日生化需氧量、氨氮、总磷、总氮等25项。

(3) 饮用水水源地水质旬报监测。省水文局继续组织全省第一批公布的89个集中式饮用水水源地的监测工作。监测频次为每月三次,分别于每月的5、15、25日实施监测。监测项目为水温、溶解氧、PH值、电导、高锰酸盐指数、氨氮、总磷、氯化物、氟化物等10余项,分别编制《江苏省集中式饮用水水源地水质旬报》,及时发送部、省有关部门及领导,有力地保障了全省重要水源地供水安全,促进了全社会的和谐与稳定。

(4) 省管湖泊水质监测。根据省水利厅部署,按季度组织开展了四次省管湖泊水质监测,范围包括:太湖、滆湖、长荡湖、固城湖、石臼湖、洪泽湖、骆马湖、高邮湖、邵伯湖、里下河腹部地区湖泊湖荡、白马湖、宝应湖等12个湖泊。与水利厅工管处联合编制了《江苏省省管湖泊管理季报》。

(5) 护水控藻水质监测。根据省水利厅部署,省水文局从1月份开始,继续对太湖调水引流沿线、太湖主要水源地和环太湖主要出入口门的36个断面进行水质监测;并于4月10日至10月20日,对太湖水源地及湖体进行逐日巡查,并现场监测气象及水温、溶解氧、透明度、藻密度等水质指标,记录蓝藻生长及发展情况。2009年进行太湖护水控藻水质监测累计达238天,巡查194天,累计投入人力1.92万人次,出动车船4514辆(艘)次,行驶车程30.6万千米、船程4.1万千米,巡湖面积10.5万平方千米,完成水质监测12.1万站次,获得水质数据近12.9万个,是常年工作量的4倍以上。全省累计编发《太湖水质简报》、《太湖水源地巡查简报》等1728期,编制完成太湖水源地、入湖河道及湖体巡查等各类分析报告18份,为水利工程的合理调度运行,保证调水引流的最佳效能及领导的科学决策提供有力的技术支撑与信息服务。

(6) 突发性水污染事故跟踪监测。2009年先后发生15起突发性水污染事故,省水文局及时组织相关市水文分局迅速启动应急监测预案，根据调查及监测资料，编制水质快报，及时将污染原因、水质现状、污染趋势向有关部门及领导报告。

（7）入河排污口监测。组织徐州、淮安、盐城等8个市水文分局，调查排污口345个，实测308个。监测项目为流量、水温、pH值、化学需氧量、五日生化需氧量、氨氮、挥发酚、总磷、总氮等9项。

（8）调水监测。继续组织开展引江济太、蔷薇河送清水工程、秦淮河调水工程水质监测。

（王　萍　刘俊杰）

分析研究

【各类规划】 2009年，省水文局成立专门班子，落实专门人员，花费大量精力，多次集中组织编写各类水文规划。截止年底，已基本完成《全省水文事业发展规划》、《全省水文站网规划》、《全省水土保持监测站网规划》和《全省"十二五"水文基础设施建设规划》的编制工作。根据省水利厅或流域机构要求，省水文局高质量独立完成了水系规划中的水资源保护规划专题、南水北调配套工程水环境保护研究规划以及淮河流域综合规划修编中的江苏省淮河流域水资源保护规划专题。其次，省水文局还参与完成了直湖港、洪巷港水环境综合整治规划、省发改委牵头，水利、环保、城建等部门参加的新一轮全省集中式饮用水水源地安全保障规划，以及省设计院牵头完成的里下河五港整治建设方案研究等。

【水文测报方式改革】 2009年是江苏省实行测报方式改革的第二年，在全省水文资料复审会议期间，成立专门小组对试点单位水位、雨量遥测资料直接用于资料整编的情况进行全面审查，对遥测数据的合理性检查、入库的完整率等进行分析统计，所有遥测数据均能达到整编要求。同时，加强了全省已建遥测系统的运行和维护工作，加强了测报整改关键技术和规范研究，为在全省逐步实行水文测报方式改革，提供良好的技术条件和可靠的物质基础。

（尤迎华　王　萍　刘俊杰）

基础建设

【前期工作】 先后编制完成了《江苏省省级以上水情报汛站改扩建工程可行性报告》、《江苏省"十一五"水文水资源（二期）工程初步设计报告》、《淮河"老三项"工程水文设施工程初步设计报告》、《江苏省水文水资源勘测局镇江分局水质化验室迁建改造工程项目建议书》及初步设计报告、《江苏省太湖流域水环境自动监测站网工程（水利）初步设计报告》、《泰州引江河二期工程水文设施可行性研究报告》、《新孟河延伸拓浚工程水文设施建设可行性研究报告》，还完成了列入江苏省水文基础设施"十二五"建设规划中的23个项目建议书的编制工作。

【建设管理】 根据苏北地区水资源配置监控调度系统工程建设处要求，对信息采集项目部负责项目进行了梳理，包括建设完成情况、变更设计情况、招标情况、合同情况等，5月上旬会同建设处、省发改委稽查办进行了现场察看，并根据稽查结果配合建设处做好设计变更和后续工作。

望虞河、太浦河自动监测系统工程中信息监测系统、计算机网络系统、数据共享服务系统建设完成并进行了完工验收，防洪调度系统已经完成开发工作，三个数据库建库工作正在实施，GIS系统结合水系管理信息系统正在实施。

完成了太湖地区水质应急监测车和省水文职工培训中心改造两个项目的全部建设内

容，于11月份通过省水利厅组织的验收。

淮河干流省界和沭河新安水质自动监测站工程中土建及附属设施已通过完工验收，自动监测系统已安装调试完毕并通过比对试验，进入试运行阶段。

国家防汛抗旱指挥系统一期工程。共七个水情分中心，已全部建设完成，并通过水利部项目办组织的竣工验收。

无锡苏州常州镇江4个水文分局水质监测化验室升级改造工程，完成了部分仪器设备共9个标的招投标、合同签订、供货、安装调试工作；完成常州分局、苏州分局土建、纯水系统、专用设施的施工设计、招投标、合同签订工作，并于年内开工建设。

通榆河水文与通信设施建设。水文测验及测量仪器、移动监测车、水质仪器设备已全部到货并通过安装调试检验；完成东台、阜宁两个自动监测站的设计、招投标和合同签订工作，并于11月开工建设；完成连云港境内测站的施工设计工作，开工建设灌河地涵、凤凰嘴土建及附属设施；通信调度系统初步设计经省发改委批复后，进行了省水情中心机房升级改造项目的招投标、合同签订工作，于11月底开工建设；完成了连云港境内测站自动监测系统招标文件的编制。

雨雪冰冻灾后重建和危房危旧设施改造项目。主要项目已基本建设完成，年内对常州、镇江、南通、扬州、淮安、徐州、连云港、盐城、南京单位工程进行了完工验收。

（尤迎华）

水文法规建设

《江苏省水文条例》由省第十一届人大常委会第七次会议于2009年1月18日审议通过，自2009年3月22日起施行。《条例》明确了编制水文规划、水文站网与调整、水资源动态监测、水资源调查评价、水文情报预报发布、水文资料统一汇交管理、水文资料使用审查、水文资料共享、水文设施和环境保护以及法律追究等十项制度。为更好地学习、宣传、贯彻《江苏省水文条例》，在厅党组正确领导下，在厅政法处等有关处室的支持配合下，开展了一系列学习、宣传活动。一是3月19日由省人大农委和省水利厅联合召开学习贯彻《条例》座谈会。二是利用“世界水日”采取布置展板、编发宣传画册、专题咨询、专场文艺演出等多种形式进行广泛宣传。三是印制《条例》单行本5000册，分发省、市、县政府和相关部门及全省水利系统，并在《新华日报》、江苏省水利网站、《江苏水利》杂志刊登《条例》政策解读、厅领导答记者问和系列报道，全省水文系统进行《条例》知识竞赛。四是各市水利水文机构均采取报刊署名文章、市长电视讲话、政府召开座谈会等多种形式开展对《条例》和水文工作的宣传。五是为了更好地贯彻落实《条例》，省水文局领导班子多次会议研究确定贯彻条例十项重点工作，并明确分工，落实任务，务求实效。

（刘　蓓）

机构改革

2009年1月4日，经江苏省编委苏编办复〔2009〕1号批复成立了江苏省水文水资源勘测局泰州分局和江苏省水文水资源勘测局宿迁分局，完成了全省按行政区划设置市级水文机构的重要改革。同时，江苏省水文水资源勘测局淮安分局和宿迁分局分别经所在市编委批复同意增挂“淮安市水文局”和“宿迁市水文局”牌子，全省水文体制双重管理改革取得新的进展。

（成德山）

南 水 北 调

【概述】 2009年,江苏省南水北调工程建设领导小组办公室(以下简称“省南水北调办”)和南水北调东线江苏水源有限责任公司(以下简称“江苏水源公司”)紧紧围绕建设“优质工程、节俭工程、廉洁工程”目标,认真贯彻国务院南水北调建委会第三、第四次全体会议精神和中央扩大内需、促进经济增长的重大决策,全面落实省政府和国务院南水北调办的部署要求,加大前期工作力度,抓紧项目开工建设,强化工程建设管理,全面加快工程建设,实现了阶段性工程建设目标。2009年,江苏南水北调调水工程包括截污导流工程完成投资10.11亿元,圆满完成年度投资计划,工程形象进度达到序时要求;累计完成工程投资40亿元,占已批项目总投资概算的77%。调水工程建设方面,三阳河潼河宝应站、刘山站、解台站、蔺家坝泵站、淮安四站及输水河道、骆马湖水资源控制工程全面完成,淮阴三站工程通过试运行验收,江都站改造工程进入扫尾阶段,苏鲁边界的南四湖水资源控制工程姚楼河闸基本完成,大沙河闸、杨官屯河闸抓紧实施。2009年批复的洪泽湖至骆马湖段泗阳站、泗洪站、刘老涧二站、皂河站工程全部开工建设。治污工程建设方面,根据《东线工程治污规划》和《江苏段控制单元治污实施方案》,江苏省南水北调治污项目共有102项。截止2009年底,所有项目已全部开工实施,完成98项,项目完成率达到96%。其中,65项工业点源治理和26家污水处理厂建设全部完成;江都市截污导流工程已投入正常运行;宿迁市截污导流工程基本建成,通过试运行验收;淮安和徐州市截污导流工程按计划推进,工程投资和形象进度实现年度目标。6项综合治理项目已经完成4项,还有2项正在建设。据江苏省环保部门的监测数据,列入国家考核的14个水质控制断面中,已有12个断面水质基本达到地表水Ⅲ类标准。《江苏省南水北调配套工程规划》已编制完成。

【前期工作】 2009年,省南水北调办和江苏水源公司认真抓好各项前期工作实施,重点做好一批新开工项目初步设计的报审工作,超前开展一批拟开工项目的初步设计编制工作,基本完成了江苏省南水北调配套工程规划编制工作。

(一)调水工程

2009年,江苏省组织编制、报审了16个设计单元工程的初步设计及工程管理设施总体设计。国务院南水北调办公室共计批复了泗洪站等5个设计单元工程的初步设计,以及高水河整治等3个设计单元工程的初步设计技术方案;金湖站等6个设计单元工程的初步设计通过水利水电规划设计总院组织的预审、复审;江苏水源公司完成洪泽站、邳州站等设计单元工程初步设计初审工作,并上报国务院南水北调办;江苏省工程管理设施总体设计编制完成,国务院南水北调办原则同意总体设计方案,并委托淮委设计院开展东线山东、江苏总体方案编制工作。通信网络初步设计已经完成。在做好初步设计组织工作的同时,根据2009年开工计划,超前开展并批复了泗洪站、泗阳站、刘老涧二站及皂河一、二站等工程部分招标设计。根据新开工工程施工进度急、任务重的特点,提早介入施工图设计组织工作,保证施工审查的顺利完成,为工程实施做好了技术保障。

(二)截污导流工程

2009年,省南水北调办配合江苏省发改委完成南水北调徐州市截污导流工程初步设计、淮安市截污导流工程调整初步设计审查批复,同时组织做好对各市截污导流工程年度开工项目招标文件的审查,为截污导流工程建设推进提供了保障。

(三)配套工程

2009年,省南水北调办下大力气推进南水北调东线一期江苏境内受水区配套工程规划工作,在各有关单位的配合下,基本完成配套工程规划的总报告编制工作，并在用水户概化、水资源配置、灌区续建配套、水质保护、供水区运管体制试点研究等若干专题的研究中取得重要成果。配套工程已列入江苏省水利“十二五”规划。

【工程建设】

（一）投资计划完成情况

2009年，江苏境内南水北调各项工程进展顺利。调水工程中，长江—骆马湖段工程、骆马湖—南四湖段工程、骆马湖水资源控制工程、苏鲁省界南四湖水资源控制工程等一批在建工程陆续进入建设尾声，本年度新开工建设了洪泽湖至骆马湖段的泗阳站、泗洪站、刘老涧二站、皂河一、二站工程；截污导流工程中，江都、宿迁两市截污导流工程已建设完成，淮安、徐州两市截污导流工程继续向前推进。年度计划完成投资10亿元，实际完成10.11亿元（其中调水工程完成4.48亿元，截污导流工程完成5.63亿元），占工程建设年度计划的101.1%。截止2009年底，江苏省南水北调在建调水工程实际完成29.36亿元，占在建工程总投资的69.4%。累计完成土方4210.5万立方米，砌石26.8万立方米，混凝土38.2万立方米，金属结构4214.7吨，机电设备安装75台套。

（二）工程形象进度

2009年，在参建各方共同努力下，江苏南水北调工程年度建设目标圆满完成。调水工程建设方面，2009年以前批复的单项工程已基本建成，其中，三阳河潼河宝应站、刘山站、解台站、蔺家坝泵站、淮安四站及输水河道、骆马湖水资源控制工程均全面完成，淮阴三站工程已通过试运行验收，江都站改造工程已进入扫尾，苏鲁边界的南四湖水资源控制工程姚楼河闸主体工程已经基本完成，大沙河闸、杨官屯河闸正在抓紧实施。2009年批复的洪泽湖至骆马湖段的泗阳站、泗洪站、刘老涧二站、皂河一站二站工程已全部开工建设。截污导流工程建设方面，江都市截污导流工程已正式投入运行，宿迁市截污导流工程已通过联合试运行验收。淮安市截污导流工程第一批截污干管工程基本完成，里运河清淤Ⅰ标、Ⅱ标和里运河板桩护岸工程、清安河疏浚及护岸工程、清安河沿线配套建筑物工程施工进入尾声，清安河穿运洞工程完成管道顶进，完成清安河上段整治和第二批截污干管工程共计5个施工标段的招标工作。徐州市截污导流工程中，张楼中运河地涵一期、苗圩地涵一期工程顺利完成，工程沿线河道疏浚及配套建筑物工程全面展开，已经完成大部分土方和小型水工建筑物施工，征地拆迁工作进展顺利。

【征地拆迁】 2009年，江苏南水北调拆迁工作进展顺利。三阳河潼河宝应站工程征地移民工作已全部完成；刘山、解台、蔺家坝站、骆马湖水资源控制工程建设征地移民工作基本完成，并已通过阶段性验收；淮阴三站、淮安四站及输水河道工程征地移民工作进入扫尾阶段；苏鲁边界的南四湖水资源控制工程姚楼河闸、杨官屯河闸、大沙河闸工程征地移民实施基本顺利；新开工刘老涧二站、泗阳站、泗洪站工程拆迁工作已经完成，保证了新工程顺利开工实施，移民安置工作有序进行，现场建设环境和谐。江都、宿迁市截污导流工程征地拆迁工作完成；淮安、徐州市截污导流工程征地拆迁工作有序进行。截止2009年底，已开工工程累计完成永久征地2.49万亩，临时占地1.14万亩，拆迁农户3600多户，搬迁人口1.3万人，拆迁农村各类房屋40.2万平方米，生产安置人口1万人，累计完成征地拆迁和移民安置投资13.8亿元。

（一）工程用地手续办理全面加快

省政府非常重视，多次协调耕地补偿标准和占补平衡，省南水北调办把工程用地手续办理作为年度重点工作来抓。

1. 调水工程方面。一是为保证刘老涧二站、泗洪站、泗阳站工程开工合法用地，积极协调办理先行用地手续。结合实际情况对征用地红线进一步优化，尽量减少使用农村集体土地，临时用地也尽量协调使用原水利或者船闸管理单位的国有管理用地，减少征用地矛盾。积极协调宿迁市及工程涉及的泗洪县和泗阳县国土部门，做好先行用地手续的报批材料组织，并商请省国土厅及时将泗洪站、泗阳站、皂河二站工程先行用地手续报送国土资源部。二是推进在建工程正式用地手续办理。2009年2月至8月，省南水北调办与省财政厅、国土厅、水利厅多次会商工程建设征地标准问题，同时会同江苏水源公司、省国土厅有关部门分别到徐州、宿迁、淮安、扬州等市核实工程征用地范围，做好征地手续报批各项准备工作。在省政府就南水北调江苏段工程建设征地补偿标准等重大问题作出决定后，省南水北调办会同省国土厅随即在扬州召开全省南水北调工程征地工作会议，部署南水北调江苏境内工程用地手续办理工作。9月省南水北调办、省国土厅、省土地勘测规划院、征地事务所就征地服务、勘测定界以及规划调整等具体工作达成一致意见，由省土地勘测规划院、征地事务所统一归口办理江苏境内南水北调工程相关手续，并签署南水北调工程征地服务、勘测定界、规划调整委托服务合同。在建工程土地手续办理正式启动，开始用地报批材料组织。截止2009年底，三阳河潼河宝应站工程用地报批材料已经报江苏省国土资源厅审查；徐州市境内刘山、解台、蔺家坝、骆马湖水资源控制工程勘测定界完成、规划调整基本完成、用地报批材料正在组织；宿迁市境内刘老涧二站、泗洪站、泗阳站、皂河二站勘测定界完成，规划调整、用地报批材料基本完成；淮阴三站、淮安四站及输水河道工程勘测定界正在进行。

2. 截污导流工程方面。协助、指导徐州、淮安、宿迁、江都市截污导流工程建设处做好用地手续办理相关工作。在用地材料组织之前，指导各地方做好相关准备工作，报送过程中，积极协调省国土相关部门审查。配合徐州市截污导流建设处，在一个多月时间内完成工程压矿和地质灾害评估等用地手续办理基础工作。截止2009年底，宿迁市截污导流工程建设用地手续已经批准，淮安、江都市截污导流工程建设用地手续已经上报省国土厅。

（二）开工项目征地拆迁工作有序推进

征迁工作的重点是保证工程建设用地，在工程开工前及早做好征地拆迁工作，既可保证工程建设用地，又可保证群众合法权益。为保证新工程按时开工，提前主动研究实施方法，拟定实施计划，将征地拆迁相关工作提前办理。

1. 明确征迁实施管理体制。省南水北调办及时与地方政府磋商刘老涧二站、泗洪站、泗阳站等宿迁市境内工程实施管理体制，明确由省与县直接签订征地拆迁投资和任务包干协议，县为基础实施，市负责协调，县以下实行报账的体制。

2. 落实征迁监督评估单位。因工程概算批复时间迟，开工时间紧，要保证开工用地，征迁需提前实施，而实物量联合调查复核又需要监测评估单位。在政策允许条件下，采取委托方式确定监理监测评估单位。2009年新开工的刘老涧二站、泗阳站、泗洪站、皂河二站工程移民监理、监测评估单位都已确定，并签订委托协议。

3. 现场办公促进实施。为加快泗阳站工程征迁进度，省南水北调办及时到泗阳现场办公，及时解决泗阳站管理所职工住宅楼拆迁和泵站红线范围内大面积突击建房拆迁问题，使职工拆迁平稳完成，突击建房和拆迁。

4. 开展征迁实物量调查复核。2月，省南水北调办组织刘老涧二站工程征地移民红线踏勘和实物量复核。5月，根据泗阳站征地拆迁红线图组织移民监理、建设、设计、勘测等部门现场测放征地红线，对泗阳站拆迁范围内实物量进行复核。6月，组织进行泗洪站工程征地红线现场测放，对拆迁范围内实物量进行复核，开挖工程范围界沟。11月，完成皂河二站工程征迁实物量复核。

5. 培训征迁工作人员。为保证征迁工作规范实施，提高工作人员的政策水平和工作水平，省南水北调办编辑印刷了《南水北调征地拆迁文件制度汇编》，将征迁方面的法律法规、南水北调征地移民政策和江苏省南水北调征地移民文件编印成册，征迁工作人员人手一份，并分别对刘老涧二站、泗洪站和泗阳站工程拆迁工作人员、财务管理人员进行培训和现场指导。

6. 签订包干协议。通过复核实物量，测算补偿概算，并协商一致后，省南水北调办分别与省骆运水利工程管理处、泗洪县政府、泗阳县政府、宿豫区政府签订了刘老涧二站、泗阳站、泗洪站、皂河二站工程征地拆迁任务和资金包干协议，明确拆迁安置任务、完成时间和补偿资金。

7. 及时拨付补偿资金。为不耽误拆迁时间，及时提出用款计划，筹措资金，按时下拨，保证征地拆迁的补偿兑付到位。

（三）南四湖水资源控制工程征迁工作取得重要进展

为了推动南四湖水资源控制工程建设，协调处理边界水事矛盾，国务院南水北调办等国家有关部门给予了高度重视和关心支持。省委、省政府高度重视，省委常委、副省长黄莉新主持召开协调会，提出解决问题原则意见，省南水北调办领导同志多次到现场调查了解情况，提出解决问题的办法。经国务院南水北调办批准，南四湖水资源控制工程中杨官屯河闸、大沙河闸的初步设计作了适当变更，两个闸的通航宽度均由原来的10米调整为12米，闸室长度分别从80米、100米调增为160米，提高了两个闸的通航能力。截止2009年底，姚楼河闸工程进展顺利，大沙河闸工程施工正常，杨官屯河闸工程征迁工作已经启动。

（四）在建工程征迁扫尾工作加快

刘山、解台、蔺家坝、骆马湖水资源控制、淮阴三站、淮安四站及输水河道工程征地拆迁和移民安置工作基本结束，但一直未能进行专项验收。2009年，各征迁责任单位加强了实施方案变更的完善手续，积极处理遗留问题，搞好征迁扫尾工作。

省南水北调办会同江苏水源公司对淮阴三站、淮安四站拆迁实物量进行现场核实，协调提出淮阴三站越闸人员安置方案；会同徐州市南水北调办组织铜山县有关部门对蔺家坝泵站工程剩余临时占地进行移交和接收；现场处理了白马湖农场征地拆迁、档案整理等遗留问题以及与楚州区边界矛盾；根据规定处理楚州区南闸镇白马湖湖区渔民上访，并结合地方规划妥善安置渔民生产生活问题。淮安、扬州市南水北调办已完成对征迁安置遗留问题追加经费报批手续，江苏省南水北调办及时进行了批复，对淮四输水河道扬州征地移民档案进行验收。

（五）督促指导截污导流工程拆迁安置工作

截污导流工程的项目法人由各地方政府负责组建，征迁工作具体组织实施由地方负责。为依法规范实施，保证公开、公平、公正，省南水北调办加强了指导和督促工作。徐州工程初步设计批复后，及时指导项目法人，按照大纲要求编制《移民安置实施方案》，进行实物量复核、公示，建立"一户一卡"，并在具体实施中跟踪督促检查。指导江都、宿迁市项目法人做好征迁扫尾和移民完工验收准备工作，督促淮安市项目法人按照工程实际变化做好城区拆迁安置工作。

（六）配合做好初步设计阶段征迁前期工作

2009年，省南水北调办加强了对调水工程初步设计阶段移民安置规划的审核把关。

1. 确定统一的补偿标准。江苏省南水北

调办要求项目设计单位要加强各地方社会经济情况调查，准确测算年产值和其他地面附着物重置补偿价格，并按照国家颁布的新规范计列相关补偿费用，保证被征迁群众的权益，减少征迁实施难度。

2. 提早介入征迁前期工作。省南水北调办参加了由水规总院组织的对骆南中运河、高水河、淮安二站工程初步设计审查及概算审查；配合江苏水源公司对刘老涧、泗阳、泗洪、皂河一、二站工程等5个泵站概算审查；配合江苏水源公司、省水利勘测设计院公司对里下河水源调整卤汀河、大三王河现场查勘和调查，参加了国务院南水北调办组织的初步设计初审；配合江苏水源公司对泗洪站工程总体布置及征迁方案的讨论，对即将开工工程概算批复交底会和金湖泵站金湖殡仪馆迁建审查会，对金宝航道工程初步设计初审，组织专家对金宝航道工程电力影响专项设计进行审查，参加金宝航道等工程初步设计复审。

（七）加强征地移民资金管理

2009年，在建工程征迁安置工作基本完成，为进一步规范移民资金管理，全面摸清征迁安置资金的使用情况，配合国务院南水北调办组织的对江苏南水北调2008年工程征地移民资金专项审计工作，并督促有关市、县做好国务院南水北调办对江苏南水北调2008年工程征地移民资金专项审计的解释及整改工作。委托江苏益诚会计事务所对淮安市楚州区南水北调工程征地拆迁和移民安置经费进行审计，并督促及时整改。

【生态环境】 2009年，《南水北调东线工程江苏段控制单元治污实施方案》确定的102项治污项目，已全部开工建设。其中，已完成98项，完成率96.1%；在建4项，在建率3.9%。

（一）工程进展

江苏省102项南水北调治污项目已完成98项，完成率96.1%；4项在建，在建率3.9%。其中，65项工业点源治理项目和26项污水处理厂已全部完成；6项综合整治项目已全部开工建设，其中，苏北运河船舶污染综合整治、江都垃圾场搬迁、高邮黑液塘、徐州大吴氧化塘改建污水处理厂项目已经完成；徐州桃园氧化塘改建污水处理厂和江都源头生态保护项目正在实施，预计2010年底可以基本全部完成；5项截污导流工程全部开工建设，其中江都、泰州、宿迁市截污导流工程已经建成，淮安、徐州市截污导流工程正在建设，预计2010年底可以基本完成。

（二）水质情况

根据环保部门监测数据，南水北调东线江苏段水质不断改善。列入考核目标的14个断面有12个断面水质达到地表水Ⅲ类标准，达标率85.7%；未达标的2个断面，正在组织综合评估。

【工程基金】 省政府及有关部门十分重视南水北调工程基金征收工作，积极采取多种措施落实基金工作。一是及时下达2009年度各市南水北调基金征收任务，并督促各市将征收任务进一步分解至县(市、区)；二是采取基金征缴与水利项目、地方项目、涉水项目的行政审批、水利投资计划安排及年度目标考核挂钩等措施；三是组织开展水资源管理专项整治和用水大户审计工作，对重点市县的基金征缴加强督察，切实加大征缴力度。到2009年底，全省已累计征收南水北调工程基金6.12亿元，按计划上缴国家财政的5.57亿元南水北调基金已及时足额上缴，同时省财政调度2亿元，用于治污工程建设。

【行政监督】

（一）审计稽查

2009年，省南水北调办参与、配合国务院南水北调办对南水北调东线江苏境内截污导流工程的稽查工作，针对稽查中发现的问题，督促淮安、徐州等市截污导流工程项目法人及现场参建各方认真整改到位，吸取经验，总结得失，促进了建设管理水平的提高。

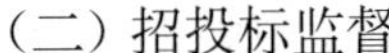

（二）招投标监督

省南水北调办和省纪委、省监察厅派驻南水北调东线江苏段工程纪检监察工作组（以下简称“派驻纪检组”），分别履行招投标工作的行政监督和纪检监察职责。在招投标监督管理工作中，坚持“公平、公正、公开、廉洁”的原则，依法行政，严格过程控制。在总结以往经验的同时，采取了一些新的方式方法，保证招标投标工作质量，提高工作效率。

2009年，共完成淮阴三站工程、江都站改造工程、刘老涧二站工程、泗阳站工程、泗洪站工程、皂河站工程等16个调水工程标段（17个合同），以及淮安、徐州两市截污导流工程33个标段的招投标监督管理工作，及时处理了相关投诉和举报事件，有力保证了南水北调东线江苏境内工程建设平稳、有序地开展。

在招投标过程的监督管理中，省南水北调办与纪检监察部门紧密配合，加强监管力度，采取各种措施促进招标投标工作水平的不断提高。一是进一步发挥江苏水利评标中心作用，规范评标有形市场的管理；二是在继续推行无标底招标的同时，尝试在主体施工标段中实行提前公布指导价制度，在材料及设备采购类标段中实行限价招标；三是研究制定了江苏南水北调招标投标备案制度。这些措施和方法的应用，在保障招标投标及评标过程的公平、公正、公开的同时，提高了招标投标工作的效率，更好地实现了监督管理目标，维护了南水北调工程招标投标市场的良好竞争环境。

（三）工程质量监督

根据国家南水北调工程质量监督管理办法，2009年，南水北调工程江苏质量监督站加强了对淮阴三站、蔺家坝站和江都站改造3个在建设计单元工程的监督巡查，参与了泵站机组试运行验收；积极推动了三阳河潼河宝应站、刘山站、解台站、淮安四站、淮安四站及输水河道、骆马湖水资源控制等7个设计单元的质量总评和验收工作；完成了刘老涧二站、泗阳站、泗洪站等3个年度新开工设计单元工程巡回抽查组的组建工作，并办理质量监督申报手续；继续做好淮安、宿迁、徐州等市截污导流工程的质量监督工作，定期开展质量监督巡查，参加合同工程的完工验收和联合试运行验收。全年累计组织开展45次调水工程质量监督巡查和22次截污导流工程的质量监督巡查，有力地促进了工程质量管理水平的提高，确保南水北调调水工程和截污导流工程质量状况继续平稳态势。

【配套工程】

（一）概述

2009年，省南水北调配套工程前期工作继续推进，《南水北调东线一期江苏境内受水区配套工程规划》总报告基本完成，各专题研究取得重要成果。《南水北调东线一期江苏境内受水区配套工程规划》已列入《江苏省水利“十二五”规划》，提升了配套工程建设的战略意义。

（二）前期工作

根据国家发展和改革委员会、水利部、国务院南水北调工程办公室联合印发的《关于加快南水北调中、东线一期工程受水区配套工程建设的通知》（发改农经〔2007〕2456号），2008年7月，省发展和改革委员会、省水利厅、省南水北调办联合下达了《江苏省南水北调配套工程规划任务书》，启动了江苏省南水北调受水区配套工程规划工作。省南水北调办负责规划编制组织协调工作，规划由省水利勘测设计研究院有限公司作为编制总承单位，省水文局、省水资源服务中心、省农村水利科技发展中心、省苏北供水局等单位协助做各个专题研究工作，沿线受水区各市水利局参与规划编制。截止2009年底，规划工作已取得以下重要成果：

1. 配套工程规划总报告已经基本编制完成。经过多次讨论和初步审查，省水利勘测设计研究院有限公司总承编制的《南水北调东线一期江苏省受水区配套工程规划(报审稿)》总报告已经完成。

2. 各专题研究报告基本编制完成并通过初审。《江苏省南水北调受水区用水户概化》、《江苏省南水北调受水区水资源配置》、《农业用水户管理体制运行机制研究》、《江都市沿运灌区供水成本测算方案和水价制定研究》、《供水区输水干线水质保护研究》,以及《灌区续建配套和节水改造规划》等,作为配套工程规划专题研究均编制完成并通过初审。

3. 配套工程规划已列入《江苏省"十二五"水利发展规划》。正在编制中的《江苏省"十二五"水利发展规划》已将南水北调江苏省配套工程规划一并列入,有助于下一阶段更好地促进建设实施。根据目前编制完成的《南水北调东线一期江苏省受水区配套工程规划(报审稿)》总报告,江苏省配套工程总投资约55亿元,主要内容包括:干线口门优化配置及完善工程。根据省内南水北调供水区用水户概化、水资源配置、"用水、保水、管水"的要求以及灌区内部水系调整的可行性,对干线取水口门适当合并、分类、拆除重建或更新改造。支线配套工程。对复新河、蔷薇河等承担向省内区域供水、补水的支线进行河道整治和口门归并完善。影响处理工程。完善东线一期可研未能充分考虑的影响处理工程,主要是洪泽湖、南四湖周边的影响处理工程,着力解决滨湖堤防薄弱、穿堤建筑物损坏老化,以及圩区排涝降渍困难等抬高蓄水位后带来的问题。农业用水户配水与计量工程。主要考虑支渠以上的控制、计量工程,用水户内部的配水、控制以及节水等工程措施结合灌区改造项目一并实施。计量监测控制工程。主要针对市县交水断面、梯级泵站出水口、干线分水闸、船闸、农业取水口门等进行配置。干线水质保护措施。在全面分析沿线14个治污控制单元水质达标情况的基础上,对达标情况较差的高邮北澄子河、丰县复兴河单元提出了尾水利用及导流、综合整治等水质达标措施,对夹江、芒稻河等南水北调东线水源地提出了以林带、湿地为主的源头水质保护生态廊道工程措施。此外为保证连云港送清水工程的安全运行,作为徐州市、宿迁市尾水输水工程的配套工程,计划实施新沂河尾水通道扩大工程。

【创新创优】 2009年,省南水北调办和江苏水源公司紧紧围绕前期工作和工程建设积极组织科研项目,坚持"产、学、研"紧密结合,加强南水北调科技创新,为南水北调工程建设和管理提供了有力的技术支撑。

(一) 加强重点科研项目的组织协调。2009年先后组织开展《南水北调工程对江苏经济的影响》、《南水北调-东线工程探索与实践》、《征地拆迁和移民安置流程再造研究》、《南水北调东线江苏段管理体制与运营机制研究》、《大型贯流泵关键技术与泵站联合调度优化》、《工程建设与调度管理决策支持技术研究课题分专题-工程建设与运营初期的管理实践研究》以及《疏浚底泥资源循环利用技术》等重点科研项目,不定期组织承担单位进展情况进行会商,研究、协调课题中存在的问题,完善工作机制,研究进展顺利。

(二) 及时完成科技项目成果验收。2009年,组织并完成了《南水北调工程对江苏经济的影响》、《南水北调-东线工程探索与实践》、《征地拆迁和移民安置流程再造研究》、《南水北调工程先期完成项目运行维护管理研究》、《淮安四站输水河道工程项目管理预算、淮安四站工程价差报告编制及编制办法研究》、《泗阳泵站流道及泵装置模型试验研究》、《南水北调东线一期工程刘老涧二站水泵装置模型试验研究》、《南水北调东线(江苏段)项目管理及其信息系统研究开发》、《南水北调东线一期工程低扬程大流量水泵装置水力特性、模型开发及试验研究》、《南水北调东线泗阳泵站进、出流道优化水力设计研究》等多项科研项目结题验收工作,给成果推广应用创造条件。

（三）加强科技成果推广应用。2009年，在加强产学研机制建立的同时，对已开展的项目进行梳理，分层次组织做好科研项目的成果管理工作，为成果推广应用创造条件。开展的《灯泡贯流泵装置研究开发》研究成果已应用于通榆河北延送水工程灌河北站、善后河南站工程及走马塘张家港枢纽工程，并在南水北调工程金湖站和泗洪站初步设计选型中应用；大型水泵液压调节关键技术研究与应用成果已推广应用30多台套，节省费用1800多万元；建筑与环境规划和工程管理功能区规划成果在刘老涧二站、泗阳站等设计单元工程建设中普遍应用；项目管理及设计变更专题研究成果在设计工作管理和投资控制中得到应用等。

（四）积极组织科研项目的申报。结合江苏南水北调科研工作进展情况，向国务院南水北调办和省有关部门组织申报了近20项科技创新项目。其中《南水北调工程初步设计质量控制措施研究》、《南水北调东线一期淮阴三站工程建设投资评价》2个项目，已获得立项支持；向省财政厅、水利厅申报了《大型泵站结构设计分析方法与标准研究》、《江苏南水北调工程受水区水价测算及补偿机制研究》等项目为2009年省水利科技重点项目。

（省南水北调办综合处）

水 利 科 技

科技管理

2009年2月18日在盐城市召开全省水利科技暨信息化工作会议。会上,厅长吕振霖以“信息化引领江苏水利现代化建设”为主题作重要讲话,提出当前江苏水利信息化建设的主要任务,并就着力提高江苏水利信息化建设组织水平提出了明确要求。副厅长陶长生在工作报告中总结了十五以来全省水利科技工作,进一步明确了今后一个时期的发展目标和主要任务。会议对第一届江苏省水利优秀科技人才、科技工作先进集体和个人进行表彰。卫臻、叶健、仲跃、刘军、孙宗凤、问泽杭、沈波、常本春、黄俊友、蔡勇获第一届江苏省水利优秀科技人才称号。审批下达年度科技计划。编制印发2009年度水利科技项目申报指南,组织专家对申报项目进行审查,立项支持58项,下达经费1000万元。加强项目督查管理。全年共组织省科技成果鉴定23项、项目验收11项,配合水利部、省科技厅完成了11个项目验收。接受了水利部对江苏省承担的21个水利部科技项目执行情况专项检查。积极组织地方标准编写。2009年,组织编制的《堤防白蚁防治技术规程》和《节水型灌区评价标准》两项地方标准已颁布实施。

科技成果

2009年,共评出省水利科技优秀成果奖28项,其中,“江苏省大型灌区节水改造关键技术研究与应用”等8项成果获一等奖,“大中型泵站综合特性测试系统开发研究与应用”等9项成果获二等奖,“水工混凝土结构钢筋锈蚀智能监测技术研究”等11项成果获三等奖。其中,“复杂地质条件下大口径长距离钢筋砼顶管设计与施工研究”获得2009年大禹水利科学技术三等奖,“江苏省大型灌区节水改造关键技术研究与应用”获得2009年省科技进步三等奖。

“复杂地质条件下大口径长距离钢筋砼顶管设计与施工研究”由无锡市水利局主持研究。该项目针对京杭运河无锡城市段的仙蠡桥水利枢纽工程建设要求不断航、地质条件复杂等特点,经过技术经济多方案比较,采用大口径、长距离顶管方案:钢筋混凝土管节内径3500毫米、外径4160毫米,顶进长度525米;顶管施工采用3管在同一工作井同时顶进;采用三维有限元分析,科学选用工作井结构形式、支护方式以及后靠土加固措施。该项技术在国内水利行业达到了领先水平,对同类工程的设计与施工具有指导意义,推广应用前景广阔。

“江苏省大型灌区节水改造关键技术研究与应用”由省水利厅农水处和扬州大学组织开展。该项目在总结国内外灌区节水改造新理论、新技术的同时,根据江苏省灌区特点,开展了一系列技术研究与推广,主要包括:渠道工程优化设计、灌区节水改造方案优化方法研究,设计概估算编制规定和定额研究以及相关软件开发,混凝土衬砌渠道生态修复、生态排水沟构建技术等方法研究并试点实践,数字式长喉道量水计研制,灌区管理信息系统开发等。该研究成果在示范应用及推广中取得了较大的经济社会效益,推广前景广阔。

课题研究

【重大课题研究】 完成沿海闸下港道淤积综合治理研究、洪泽湖河湖分离方案对湖区及下游影响研究、引江济太调水试验工程对太湖地区水环境影响研究、里下河地区河湖能力诊断与评价研究等课题，组织开展河湖健康指标体系研究、河道整治与水土资源配置研究、泵装置特性分析及适用性研究、农业灌溉水利用系数测算分析、太湖地区农田面源污染调控技术等重大课题研究。

【省部级科技项目】 省水资源服务中心申报的“爱瑞德取水计量远传系统”项目、省水利科学研究院申报的“密实土壤水稻节水技术的环境影响及适宜面积研究与推广”项目和扬州市水利局申报的“液压铣削深搅地连墙机的研发与应用”项目被列为水利部“948”计划，共获经费补助240万元。省水资源服务中心申报的“典型地区地下水污染与修复技术研究”项目被列为水利部公益性行业科研专项经费项目，获经费补助210万元。省水利科学研究院申报的“江苏多功能水利综合技术业务建设”项目被列为省科技厅科技基础设施建设计划——科技公共服务平台项目，获经费补助350万元。

对外合作

一是出国考察工作。先后组织了包括双跨团组在内的出国考察、培训12批次，共派出因公出国(境)人员30余人次，分别赴美国、俄罗斯、瑞典等国家，考察湖泊管理、水资源管理等方面的情况，进行水利工程征地移民管理、风险管理等方面的培训，以及水文、水生态监测自动化项目的洽谈和技术交流。二是做好国际来访接待工作。分别接待了澳大利亚驻华大使馆商务参赞 Mr. David Dukes 一行、澳大利亚地球系统公司一行和以色列耐特菲姆公司亚克夫一行等国外政府和水利行业考察团。

(科技处)

省级水利科研

【科技创新和服务】 2009年水科院共计招聘引进硕士以上学历人员6名，其中博士1名，清华大学的学生2名；提拔年轻的中层干部2名。全院共有106人(次)参加了由水利部、省水利厅以及有关部门举办的监理、检测、水土保持、水资源论证，新职工岗前培训等多层次、多形式的培训班。水下检测中心的测绘资质由丙级升级为乙级；水利建设工程质量检测站荣获水利部颁发的水利工程岩土类、混凝土类、金属结构类、量测类共四个类别的质量检测甲级资质。将遥感与水利热点结合，拓展中国陆地观测卫星数据在江苏湖泊保护、全省湖泊资料整编、河湖岸线资源监测与管理及海岸线稳定性监测等水利领域的研究与应用，被授予中国陆地观测卫星推广应用优秀单位。全年共完成各类科研项目11项，其中有7项通过了水利部、省科技厅和省水利厅的鉴定和验收，有2项成果获得省水利优秀成果奖励。

【质量检测与工程监理】 2009年获得水利部颁发的水利工程岩土类、混凝土类、金属结构类、量测类四个类别的质量检测甲级资质，可以承担各等级水利工程的质量检测业务，以及大型水利工程(含一级堤防)主要建筑物以及水利工程质量与安全事故鉴定的质量检测业务。获得了测绘领域的3项测绘乙级资质，即海洋测绘、工程测绘、遥感与摄影测量。继续承担了以通榆河北延送水工程、新沂河整治工程、南水北调工程等为重点的水利工程质量检测工作；承担了沙河水库、茅东水库等14个大中型水库，金坛、丹徒、东海、赣榆等35个小水库的质量检测工作；完成了阜宁水电站、宿迁市井头翻水站、响水县灌河沿线和灌南县灌河沿线36座穿堤建筑物以及赣榆县、泗洪县河闸、港闸等工程的安全检测工作。新争取了无锡市百子桥闸站工程等 3 个监理项目，接转项目 15 个。目前淮阴三站工程、江都站改造工程等 7 项监理工作进入扫尾阶段，全年完成监理产值 371 万元。

【自动化和信息化】 2009 年完成了厅水务楼大会议室、厅防汛防旱指挥中心改造建设项目的弱电系统监理工作；江苏水利工情数据库数据基本完成准备验收；江苏省水利厅政务内网可研设计报告于 6 月通过审查。盱眙清水坝二级抽水站、高淳茅东闸等自动化项目已经完成现场安装调试工作，通榆河北延红卫河闸、连云港盐东武漳河闸、新沂河整治工程沭阳枢纽、宿迁六塘河闸等自动化项目已完成验收。2009 年水土保持工作在验收技术评估方面又取得突破性进展。全年共承接了 7 项水土保持项目，其中水利部公益研究专项 1 项、水土保持方案编制 1 项、水土保持设施评估验收 4 项、水土保持监理 1 项，项目总经费达到 160 多万元，水土保持工作已经逐渐成长为新的研究方向和经济增长点。

【水利工程数值模拟服务平台】 2009 年完成了 ANSYS、FLUENT、DHI MIKE 软件的招标采购，正在组织开展软件的培训工作。该平台可为江苏省所有涉水问题的分析和数值模拟提供技术支持。海陆空综合服务平台进一步完善。2009 年在省科技厅和财政厅的支持下，通过政府采购，购置了海洋磁礼仪、水下浅地层剖面仪、涌浪传感器、泥浆密度仪、全频道的探地雷达等，购置了全省 2.5 米分辨率的日本 ALOSE 卫星的遥感资料和 150 个 GPS 控制点，另外获取了中国资源卫星和环境卫星的长期使用权。继续进行长江采砂检测、水利工程水下检测、太湖不间断蓝藻监测、海岸稳定性监测以及省管湖泊岸线资源利用监测，并利用最新购进的泥浆密度仪对太湖生态清淤进行检测，利用遥感资料对全省 137 个湖泊资料进行整编，实现了遥感技术在湖泊保护方面的创新应用；利用 3S 技术开发洪泽湖地理信息系统，采用 GPS 的全天候实时定位功能结合 GIS 和遥感技术建立洪泽湖地理信息系统，对巡查船只动态情况进行实时监控。

（水科院）

水利经济

水利经济　　131～137页

财务管理

2009年，全省各级水利财务部门紧紧围绕水利中心工作，依法理财，科学管理，在提供资金保障、保证资金安全、加强审计监督、推进水价改革等方面都发挥了重要作用。

【筹措水利建设资金】 全年共下达全省水利工程投资计划80.40亿元，其中省级以上资金计划指标44.44亿元已全部下达相关市县和有关建设单位(其中扩大内需新增项目24.03亿元、农村饮水安全项目14.86亿元)，省属的韩庄运河、中运河及骆马湖堤防加固工程、新沭河治理工程、通榆河北延送水工程、走马塘拓浚延伸工程、常熟枢纽加固改造等项目资金已根据投资计划安排和工程建设进度分批直接拨付到有关建设单位，为各项重点水利工程的顺利实施提供了资金保障。另外，按期偿还国债转贷、商业银行贷款等1.62亿元；对往年由省财政厅直接扣留的水文档案楼试验槽、江都东闸加固、三河船闸除险加固等工程的质量保证金也已申请拨付到位，确保工程项目建设工完账清。其它各项专项经费全部按计划下达。全年共下达防汛抗旱经费近3亿元，农村水利建设及河道疏浚整治经费11.1亿元等。

【强化预算管理】 2009年各级水利财审部门抓住部门预算改革和水管体制改革的契机，认真落实水利管理经费，得到了各级财政的大力支持。一是水利单位人员机构经费保障范围不断扩大，补助水平不断提高。2009年省水利厅的部门预算基本支出补助明显增加。厅系统离休人员已全面实行规范性津补贴，并全额纳入财政预算。水利工程维修养护管理及水利民工伤残补助两个调研成果得到了省人大财经委、省财政厅有关业务处室的支持，两项经费可望有较大比例的增加。二是改制事业单位退休人员待遇得到了较好的落实。三是厅机关、厅直单位发展专项支出得到安排，保证了各单位工作的正常开展。各市本级水利单位人员机构经费也都列入了部门预算，县级水利单位人员机构财政补助水平也有了提高。

【加强内部监管】 一是加强财务制度执行情况的监督检查。厅直各单位按照省水利厅要求，围绕“加强财务管理，规范资金使用行为”，逐条对照，分析制度执行情况，落实完善制度执行措施，在此基础上，省水利厅对部分厅直单位进行了重点抽查。二是组织防汛防旱、水利工程维修养护等专项经费使用情况的专项检查。在各市及厅直单位自查的基础上，省水利厅与财政厅联合组成检查组，对部分县维修养护经费、湖泊管理经费、排涝降渍经费进行重点抽查，促进各单位对专项经费的规范管理。三是组织对省重点水利基建项目、小型水库除险加固工程、扩大内需项目财务检查。特别是对列入扩大内需项目的大中型水库除险加固工程、海堤达标工程、农村饮用水安全工程和水土保持工程加强监督检查，促进基建财务制度的贯彻落实。四是扎实开展厅机关及厅属单位“小金库”清理活动。在各单位自查、厅重点抽查及省治理“小金库”领导小组办公室组织两个会计师事务所对我们历时两个月的全面检查中，未发现一起机关及厅属单位设立“小金库”的问题。五是严把竣工财务决算技术性审查关。根据《水利基本建设项目竣工财务决算编制规程》的要求，对项目法人编制的竣工财务决算进行审计前的财务技术性审查，主要对太湖治理项目湖西引排工程、钟楼防洪控制工程、入海水道完善工程、江都东闸清污机启吊便桥工程、部分海堤达标等项目的竣工财务决算进行财务技术性审核，对发现的问题及时提出整改意见，促进竣工决算审计工作的有序开展，为项目通过竣工验收创造了基础条件。六是配合审计署南京特派办对江苏省“农村饮用水安全”工程进行绩效审计调查；积极协助财政部驻江苏财政监察专员办，对江苏省扩大内需病险水库除险加固项目管理和资金使用情况进行监督检查；配合厅扩大内需项目督查组完成了对农村饮水项目、小流域治理项目和南京溧水、常州溧阳市大中型水库除险加固工程建设管理情况的检查指导工作。七是认真落实国家审计署对江苏省病险水库除险加固工程专项审计调查发现问题的整改工作。

【政府采购工作】 2009 年，省水利厅把加强政府采购管理作为一项重要工作来抓。一是成立了部门集中采购小组，明确各部门职责，形成公开透明、多部门制约、阳光采购模式。二是建立专项经费项目采购方案批复和政府采购进口设备的报批制度。2009 年，省水利厅对厅直单位以上项目实行项目采购方案报批制度，规范采购程序，明确单位分散采购、厅集中采购和政府集中采购的方式。三是组织厅属单位防汛、维修养护、厅机关及在宁各直属单位车辆保险采购等近 30 批次的部门集中采购。通过竞争性谈判、广泛询价等办法降低采购成本，提高资金使用效益，各个项目节约资金均在 10%以上。四是严格政府采购限额的规定，及时办理财政政府集中采购。全年省级政府集中采购金额 2000 多万元，节约资金近 300 万元。五是各单位分散采购有序推进，2009 年厅属单位采购的范围，已从初始的单纯货物领域扩大到服务和工程领域。

（高锁平）

水利审计

2009 年，江苏省水利内审工作“以风险为导向，以控制为主线，以治理为目标”，努力实现转轨变型。审计职能进一步强化，审计领域进一步拓宽，审计方法进一步创新，审计地位有了明显提升，较好发挥了内审工作的预警作用，提高了江苏省水利系统的内部“免疫力”，为水利事业持续健康发展作出了应有的贡献。全年审计资金 22.84 亿元，提出加强管理的意见和建议 294 条。

【对内审计】 一是制订有针对性的审计工作计划。年初在认真分析所属单位现状的基础上制订了内审工作计划，选择有重点地开展审计。针对不同的单位、项目制订相应的审计计划。二是加强对审计人员的教育，不断提高工作责任心。审计组由财务人员、工程技术人员和纪检、监察人员组成。审计进点前召集参审人员开会，除学习相关专业知识外，还加强事业心、责任心教育。明确任务和分工、权利和责任，提出质量要求。三是充分利用社会中介机构的力量。由于江苏省水利系统内审人员配备较紧，有些内审业务委托社会中介机构完成。重点从以下几方面把好委托审计质量关：1. 签订委托协议。严格执行《水利部委托社会审计业务管理办法》，与社会中介机构签订委托协议。2. 要求社会中介机构签订承诺书，建立审计责任制。中介机构成立的审计组实行主审负责制，内部明确分工，各负其责。3. 明确提供的审计成果。如：被审单位主要收入项目及金额明细表；主要支出项目明细表，尤其是大额现金支出项目明细表；往来款明细情况表；被审单位对外签订合同明细表；收、支、往来存在的主要问题等。中介机构审计人员要在提供的资料上签字。对查不出问题的审计人员严格质询。4. 实施联合审计。每一个审计项目我们都全过程参与，及时协调解决审计中遇到的问题，支持中介机构大胆审计，重要审计事项内审人员亲自把关。四是采取切实可行的内审方法。认真开展调查研究，重视分析对比法的应用，一般检查和突击检查相结合，查账和查实物相结合，充分利用其他部门的工作成果，把好竣工决算报表审核关，坚持审计决定会签制度，确保审计决定的准确性、合规性。五是规范审计文档。明确审计工作流程，规范审计报告及其他审计文档格式，提高审计工作质量和效率。

【项目审计】 2009年，对京杭运河常州市区改线段钟楼防洪控制工程、通州市遥望港闸除险加固工程实施跟踪审计。根据建设单位的要求，审计人员随时到施工现场做好咨询服务工作，解答建设管理中的疑难问题，及时对工程结算清单进行审核，规定未经审计不得结算支付工程款。对重大设计变更和动用预备费的项目重点审核，督促项目法人及时完善相关的报批手续。及时提出建设管理环节存在的不规范的问题，要求建设单位认真整改。扎实做好水利基建工程竣工决算审计。重点把好四个关口：一是竣工决算报表审核关；二是认真实施工程现场查勘；三是以审计工作流程为抓手，把好审计质量；四是坚持审计决定会签制度。针对社会关注、领导关心、建设周期长的项目开展在建工程审计。全年审计基建资金10.2亿元，审定实际完成投资9.76亿元，基建结余资金4388.9万元，提出促进工程建设及财务管理的审计意见和建议202条。

【厅直单位财务收支和内控制度审计】 2009年，对1个厅直单位实施了全面审计，对2个水管单位和3个厅属事业单位进行了财务收支审计。审计资金3.73亿元，提出改进工作意见和建议33条。

【任期经济责任审计】 对3名厅直单位的法人代表实施任期经济责任审计。审计资金共3.75亿元，提出意见建议18条。在审计工作中，严格按照《江苏省水利厅直属企事业单位领导干部任期经济责任审计暂行规定》中规定的审计程序、纪律要求、处理方法办事。通过对被审人员任期内单位财务收支、资产使用管理和保值增值、单位和个人执行国家法律法规、内控制度评价等方面进行审查和考核，明确界定、全面评价其在任期中的成绩与不足。

【效益审计】 对5个改制单位和3个国有企业的财务收支、工效挂钩、离退休人员提留经费等内容进行效益审计。审计资金5.16亿元，提出改进工作意见和建议41条。通过审计加强内部控制和提高经济效益，促进水利企业单位健康发展。

【"小金库"清理】 根据江苏省治理"小金库"工作的统一部署，在水利系统开展了"小金库"专项治理工作。及时成立组织机构，建立工作机制，精心制订实施方案，明确工作重点，准确把握清查中的政策界限，认真落实治理工作各个阶段的任务，全年未发现一起设立"小金库"的问题。

【专项审计】 针对当前水资源费征收使用管理方面存在问题较多的情况，2009年下半年对全省用水大户水资源费（含南水北调基金）进行了专项稽查工作。专项稽查共涉及全省15个市100家实际取水量在100万吨以上的企业（单位）。实施规范流程、统一纲要、过程跟踪、主审负责制等措施，狠抓审计质量，通过专项审计，加强了水资源费征收使用管理，确保水资源费管理使用政策的规范执行。

【内部审计管理工作】 由于内审力量的限制，对一些审计项目经常需和社会中介机构合作实施。为规范社会中介机构的审计工作，提高审计质量，防范审计风险，专门制订了《江苏省水利联合审计工作流程》、《江苏省水利财务收支审计工作流程》、《江苏省水利基本建设项目竣工决算审计工作流程》，进一步提高内审工作的规范化水平。组织厅系统13名内审人员参加江苏省内部审计协会举办的固定资产投资审计培训班。

（陆倩慧）

水利规费工作

【行政事业性收费征收】 涉水行政事业性收费主要包括防洪保安资金、水利建设基金、水资源费、堤防占用补偿费、河道采砂管理费、占用农业灌溉水源及灌排工程设施补偿费、水土流失防治费、水土保持设施补偿费、长江河道砂石资源费等。根据《省政府关于取消和停止征收部分行政事业性收费和政府基金项目的通知》(苏政发〔2008〕78 号)、《省政府关于进一步取消和停止征收部分行政事业性中介经营服务性收费项目的通知》(苏政发〔2009〕111 号),省物价局、省财政厅出台的《关于进一步明确有关收费清理政策的通知》(苏价费〔2009〕314 号、苏财综〔2009〕59 号)、《关于降低收费标准和实施收费减免政策的通知》(苏价费〔2009〕278 号、苏财综〔2009〕45 号)等政策文件,省水利厅下发了《关于进一步明确有关收费清理政策的通知》(苏水财〔2009〕21 号),就水利行业有关收费清理政策进行了明确:水利建设工程质量监督费自 2008 年 9 月 1 日起取消、水利定额编制管理费自 2009 年 1 月 1 日起取消;河道堤防工程占用补偿费对新办造船企业三年内减半收费、水资源费对农民专业合作组织减半收取。通过行风检查、专项检查、来信来访的处理、《收费许可证》年审等环节加强对行政事业性收费的监督管理,维护水利行业形象。2009 年全省征收水利行政事业性费及基金近 30 亿元。

【水利工程水价改革】 深入学习、宣传、落实《江苏省水利工程供水价格管理实施办法》(以下简称《水价实施办法》),加强水费工作人员的业务培训,积极开展《水价实施办法》的政策宣传,加强相关配套政策研究。积极开展"农业用水负担综合改革试点"研究,与省财政厅联合下发了《开展农业生产用水负担情况调查的通知》、《关于进一步核实农业水利工程水费计收情况的通知》,对全省农业生产用水情况进行梳理,重点对水利工程水费、防汛排涝降渍费、机电排灌费等三项费用,以及农业生产用水管理机构的经费来源、支出构成等方面的情况进行调查统计;对近年来农业生产用水负担和水利投入情况进行实地调查。受国际金融危机影响,2009 年工业企业普遍开工不足,同时由于国家环保政策的调整、节能减排措施的不断落实和企业节水设施的不断更新,非农业供水水费计收难度加大,省水利厅在继续完善供水计量设施和监控手段,加强信息化系统建设的基础上,加大水费报表管理力度,及时了解各地水费收缴动态,同时开展典型地区非农水费收缴情况实地调研,提出了在当前形势下做好非农水费工作的新思路。努力推进农民用水户协会建设试点工作。溧阳沙河水库组建了农民用水户协会,实施了农田灌排工程的自主管理与维护;南通市在如海灌区开展了将农民用水户协会组建与灌区改造、水利基础设施建设和经营管理相结合新机制的研究。同时,各级水利部门还进一步加大对已建协会的指导力度,通过健全管理机构、完善配套制度、加强能力建设等措施,努力提高农民用水户协会的规范化管理水平。

(高锁平)

水利经营

2009 年,江苏省水利经营工作把握"一个中心"(即以经济效益和社会效益为中心),坚持"两个原则"(即运用市场机制与发挥资源优势相结合的原则,发展水利经营与促进水利建设和水利管理的原则),面向"三个服务"(即服务社会、服务民生、服务行业发展),实现"四个统一”(即水利的安全效益、资源效益、环境效益和经济效益的统一),有效促进了水利行业的可持续发展。2009年全省水利经营实现总收入117.37亿元,利润7.36亿元。

【水土资源开发】 水利系统拥有大量的堤防、岸线、滩地等资源,2009年,各地继续挖潜增效,大力开发利用水土资源发展水利经营。兴化市利用行业优势,因地制宜,努力培植可持续发展的新的经济增长点,建立“绿色银行”,实行“以林护圩,以圩养人”,致富水利职工,稳定基层水利队伍,走水利经营可持续发展之路。以意杨栽植为主的经济林木生产正异军突起,成为水利经营的特色产业和新兴产业。截止2009年底,乡镇水利站经济林木总投入达181万元,累计意杨存量54万棵,营林面积4130亩,经济总量约为677万元。洪泽县水利局结合堤防绿化,在本县境内县管的64千米的堤防上大面积种植经济林木,共造林11350亩,堤防绿化覆盖率达90%以上,不仅美化了环境、保护了堤防,还为单位带来了潜在的经济效益,被称为单位的绿色银行。

【水利供水】 2009年,各地积极探索水务改革实践,城市供水、农村区域供水、污水处理产业发展迅速。日供水20万吨,总投资3.8亿元的武进区域供水二期工程重点项目——礼河水厂正式建成,并实现向武进城区管网并网供水。苏州市相城区污水处理工程完成投资2.85亿元,超计划总投资2亿元,用于新扩建污水厂、已建污水处理厂升级改造、污水管网及提升泵站建设和农村生活污水处理设施建设等。

【水利建筑业】 2009年,全省水利建筑业收入达43.60亿元,占全省水利经营总收入的37.15%。各地充分利用骨干企业资质、行业资源设备及人才优势,积极参与市场竞争,不断巩固扩大水利水电、土石方工程、桥梁等境内外市场。高邮市水建总公司一直保持较快的发展势头,水利建筑业产值、利税连年上升。2009年,该公司紧紧抓住国家扩大内需加强基础产业投入的机遇,投资参与灌区续建配套节水改造工程10437万元、饮水安全工程2899万元、区域供水工程2611万元、北澄子河上段区域治理工程2062万元、子婴河整治工程1951万元以及入江水道除险加固水土保持等工程建设,各类施工任务均按时按质完成。同时,该公司在十分注重巩固本地市场的基础上,还继续加大扬州办事处等外地市场的开拓力度,2009年实现产值1.8亿元,创利税800多万元。

【水利旅游业】 水利工程依林傍水,水利部门具有开展水利风景区建设、发展旅游业的独特优势,水利旅游业已成为江苏省水利经营工作新的经济增长点。徐州贾汪区水利局实施的南湖、柴窝水库的开挖和治理工程,在初步设计阶段就树立了生态旅游的新理念,现在一湖一库水面宽阔,绿阴环绕,碧波荡漾,白鹭群飞,成为老百姓休闲、旅游的新景点。淮安市樱花园、清晏园也都利用自身的公园优势,发展旅游业。清晏园还兴建了河道总督府,着力打造运河文化,拓宽旅游渠道,提高景点的知名度。

【水利资产经营管理】 各地加强了对水利国有资产的经营管理力度。苏州吴中区全区11个水利站共有沿街店面1.3万平方米、标准厂房1.2万平方米,全年房租收入360多万元。吴江市水利局水利站合并后,对闲置的办公楼等固定资产进行优化整合,对外招租,2009年实现房产租赁收入253万元,不仅增加了站内收入,而且加强了固定资产管理,实现了资产的保值增值。

(魏红蓓)

水利物资

2009年，省水利物资总站实现销售额5.1亿元，全年各项毛收入1965万元，实现税前利润212万元。

【防汛物资储备管理调运】 一是加强物资规范化管理。确定2009年为防汛物资促进管理年。3月份，总站发布"关于加强总站防汛物资管理工作的意见"，整理编辑《江苏省省级防汛物资管理手册》，对物资堆垛、库房管理、收发程序、岗位管理、质量管理、信息采集、装卸作业等都制定了具体标准及统一规范的要求。4月份，以高资站为试点，按照规范标准对所保管的防汛物资进行整理，将高资仓库建成总站防汛物资仓储管理的示范仓库。4月下旬组织各站库在高资站召开现场会，要求按标准对仓储物资进行重新整理。5月中旬，组织各站库负责人对各站库进行汛前互查。经过汇集编制标准，引导贯彻落实，组织互查和参观学习交流四个步骤的运作，各站库物资堆放整洁有序，账物卡一致，人员分工责任明确，防汛预案切实可行，防汛物资规范化管理水平得到大幅度提高。二是提前布置年度储备计划。新年伊始，总站就编制出2009年省级委储防汛物资计划，全年共下达省级委储草包360万只，木材1300立方米，应急灯1000只。4月份开始对新下达的省级委储防汛物资到位情况进行跟踪了解。5月底大岛山防汛块石基地场地4.5万吨防汛块石储备到位。做到汛前防汛物资落实到位。三是做好汛前检查。4月份组织各站库进行汛前自查，要求各站库结合实际编制防汛物资发运应急预案，尤其强调预案中车辆运输环节，确保各站库的防汛物资在汛期做到随调随发。5月份，总站与省防办、厅财审处、监察室对苏北、苏中、苏南三片区全省防汛物资进行检查，对检查出来的问题及时进行通报并要求立即整改。四是坚持24小时值班制度。6月初，总站系统进入防汛值班状态，机关和各站库认真排定值班表，明确值班细则，规范电话、电传记录，实行24小时值班制。

【水利工程物资供应】 2009年总站所中标承供钢筋水泥的水利工程主要有：新沭河三洋港工程、通榆河北延滨海大套三站工程和南水北调徐州截污导流工程，全年供应钢筋10500吨，水泥16000吨，磨细矿渣9000多吨。在材料供应中，始终坚持做到保质保量搞好供应，热情周到做好服务，在资源组织上始终严把质量关，严格按照标书规定组织货源供应。南水北调徐州截污导流工程总体用量大，战线长，供应点多，现场道路差，工地范围长达170多千米，供应点130多个，总站克服各种困难，严格按照合同保质保量地满足工地的需要，赢得业主和监理的好评。

【市场经营】 2009年，随着国际金融危机影响的不断深入，建筑钢材年初库存量创历年新高，钢材经销商普遍处于亏损状态。总站及时调整经营策略，进一步明确现款现货操作政策，严控经营风险；维持好原有销售体系，与各厂家保持正常有序的合作；积极寻求优质客户，提高市场竞争力；加强机关与站库之间的交流，在全省范围内实现资源优化配置，提高抗风险能力。在经营过程中有效地规避了风险，全年共销售钢材约13万吨，实现毛利500余万元。外经公司依托莫桑比克基地，围绕水利专业工程承揽、设备租赁、对外贸易等三个方面积极开拓业务，先后与南京住建、贝拉成品油库项目部、安徽外经公司等多家公司开展了良好的业务合作，工程贸易额250万美元，实现盈利50万美元。

（物资总站）

行业发展能力建设

党建及精神文明建设

2009年,厅机关党委坚持以邓小平理论和“三个代表”重要思想为指导,全面贯彻落实科学发展观,紧紧围绕水利中心任务,积极推进厅系统党建工作“两个走在前”(走在省级机关前列,走在全国水利系统前列),切实把服务科学发展的要求落实到加强机关作风和行风建设的实践中,充分发挥系统党的工作的政治优势和组织优势,积极推进江苏水利现代化建设,为完成厅党组提出的各项工作任务提供了有力保证。

【思想政治建设】 一是组织系统党员干部深入学习十七届三中、四中全会,全国“两会”精神和胡锦涛总书记在纪念改革开放30周年大会上的重要讲话精神;二是组织机关干部参加省级机关各类报告会8次,组织厅机关党员参加四中全会专题培训,各直属单位也组织所属党员开展了形式多样的专题学习培训活动;三是制定印发《江苏省水利厅党组理论学习中心组学习管理办法》和《水利厅党组学习中心组专题学习计划》,及时指导厅系统各党委理论学习中心组开展理论学习活动。部署安排厅系统处级干部开展“推动科学发展、建设美好江苏”专题调研活动,共收到各类调研报告86份,向省级机关工委推荐了12份优秀调研成果。

【党建工作】 第一,落实系统党建工作长效机制。一是继续开展厅机关先进党支部、文明处室创建及考核工作;二是开展厅系统党建工作长效机制落实情况检查交流;三是组织机关组宣委员进行先进支部、文明处室创建工作的业务培训。第二,组织开展纪念建党88周年系列活动。召开水利厅纪念建党88周年大会,会上吕振霖厅长作了题为《党员干部要在机关作风建设中当好表率》的党课报告,并进行了“七一”表彰;指导厅系统各级党组织开展改革开放30周年纪念活动。第三,加强基层党组织和党员队伍建设。指导届期已满的省洪泽湖管理处、省工勘院公司等3家单位顺利完成换届选举工作,严格按照党员发展工作程序指导基层党组织开展党员发展工作,积极指导厅系统23个单位(部门)的党组织召开处级党员干部民主生活会。第四,深入开展党建工作专项调研。共发放调查问卷1272份,先后听取12个单位党组织关于落实党建工作长效机制情况的汇报,召开12个座谈会,有96名基层党支部书记参与座谈交流,并写出专题调研报告向厅党组汇报。

【机关和行风建设】 一是加强组织领导。年初召开全省水利系统机关作风和行风建设电视电话会议,制定印发《中共江苏省水利厅党组关于加强机关作风和行风建设的意见》和《2009年水利厅机关作风建设工作计划》,及时调整充实省水利厅系统机关作风和行风建设领导小组成员。二是加强网络监督。在全省范围内聘请58名机关作风和行风建设监督员,在厅系统建立机关作风和行风建设联系制度;在江苏水利网设置机关作风和行风建设专栏和投诉热线,主动听取社会各界的意见和建议,全年共受理9件意见投诉。三是广泛征求意见。11月下旬,由厅领导带队,分6个小组深入到全省13个市,广泛征求基层干部职工、服务对象和党代表(人大代表、政协委员)的意见建议,共收到意见建议反馈表186份,征求各类意见建议42条。四是强化信息宣传。《省级机关作风建设简报》连续2期专门报道了水利厅机关作风情况,厅作风办编发6期《全省水利系统机关作风和行风建设简报》,组织人员对机关主要业务部门开展处室作风建设专题采写。

【精神文明建设】 第一,广泛开展纪念建国60周年系列活动。一是在厅系统组织了纪念建国60周年文艺汇演;二是组织纪念建国60周年水利厅青年歌手大赛;三是组织干部职工参加省级机关工委组织的网上征文活动,有2篇论文被评为优秀作品;四是选送两个优秀节目参加水利部、省级机关工委组织的文艺调演。第二,积极创新精神文明建设工作载体。在全省水利系统开展优秀电视诗歌散文创作评选活动,《永远的河道清洁工》和《南京的水》等2部作品分别获得金奖、银奖,另外还有10部作品获得一等奖。认真组织全国文明单位和全国水利文明单位复审,承办水利部政研会地域学组第二学理论研讨会。组织干部职工向台湾受灾地区捐款,广泛开展"送温暖,献爱心"捐助活动,共捐款26万余元。组织厅直管理单位向宿豫、泗洪扶贫工作捐款30万元。第三,精神文明创建工作硕果累累。2009年,省水利厅(机关)连续六届被评为全国水利文明单位,省江都水利工程管理处蝉联第二届全国文明单位;省秦淮河水利工程管理处、张家港市水政监察大队再次被确认为全国水利文明单位;省太湖地区水利工程管理处和江苏省泰州市城区河道管理处被命名为2006～2007年度全国水利文明单位。江苏省水利系统"五个一"活动成果、"江苏水利电视诗歌散文"被水利部文明委表彰为创新成果奖,"双目标"创建工作被省级机关工委评为创新创优成果一等奖。在全国首届水文化论坛上,吕振霖厅长撰写的《在水文化的传承与创新中开拓江苏水利的美好未来》等3部作品获得一等奖,有2篇论文获得二等奖、6篇论文获得三等奖,江苏省水利厅获得优秀组织奖,吕振霖厅长还在水文化论坛上作专题交流发言。

【群团工作】 一是加强工会组织建设。指导任期已满的基层工会进行换届改选;认真组织工会干部培训,进一步提高工会干部队伍素质;坚持深入基层慰问一线干部职工,向管理运行人员发放慰问金,激发干部职工工作热情。今年厅系统共获得"全国工人先锋号"、"省五一劳动奖状"、"全国水利系统学习型组织先进集体"等各类表彰30多项。二是发挥团员青年的积极作用。深入开展"青年文明号"争创活动,继续推进"读书、实践、成才"活动,动员激励广大团员青年为推进江苏水利现代化建设建功立业;广泛开展适合青年特点的各项文体活动,受到系统团员青年的普遍欢迎。三是不断丰富职工的业余文体生活。在组织参加第四届全国水利系统乒乓球比赛中,江苏省选手取得了女子单打冠军、男子单打第4名和第7名的好成绩,并获得了"体育道德风尚奖";还组织参加省级机关和全国水利系统羽毛球比赛,分别获得男子团体第2名和男子双打第8名的好成绩;此外,还举办了第二届水利厅职工乒乓球赛和首届柔力球比赛。

(机关党委)

纪检监察

2009年,全省水利系统党风廉政建设和反腐败工作坚持以科学发展观为指导,认真贯彻党的十七届四中全会、中纪委十七届三次全会、省纪委四次全会和全省水利系统党风廉政建设电视电话会议的精神,按照省水利厅党组的要求,坚持围绕中心,服务大局,积极构建教育、制度、监督并重的惩治和预防腐败体系,以领导干部廉洁自律为重点,以党风廉政建设责任制为龙头,加强党风廉政教育,强化监督体系和长效机制建设,进一步加强水利工程建设执法监察,促进了全省水利中心持续稳定健康发展。

【党风廉政建设责任制】 一是抓实责任分解、督促、考核。在年初召开的全省水利系统党风廉政建设工作电视电话会议上,厅党组分别与厅直26个单位及重点水利工程建设管理局签订党风廉政建设责任状,与厅机关及部分厅直事业单位处以上领导干部签订了80份廉政承诺书，全面落实“一岗双责”。研究制定《2009年省水利厅党风廉政建设工作有关处室、单位责任分解意见》，细化了21大类57项具体工作，明确到相关职能部门和责任人，规定完成时限。年底由厅领导带队，组成检查考核组，对厅系统领导班子及处级干部进行党风廉政建设责任制检查考核，并及时逐一反馈考核结果。二是抓紧权力内控机制建设。制定《关于在厅机关开展廉政风险点排查推进部门内控机制建设工作的实施意见》，排查风险节点，制定防范措施。三是参与重点工作决策。通过参加厅长办公会和内部重要会议的形式，全程参与对重大项目计划安排、内部大额资金使用分配方案的制订、水利规费征收等，全面履行纪检监察监督职责。四是抓牢领导干部廉洁自律。全年诫勉谈话1人，函询2次，新任职的处级干部任前谈话32人次；重点抓好领导干部违反规定收送现金、有价证券和支付凭证、跑官要官等党风方面存在的突出问题，不断加强领导干部勤政廉政能力建设。五是做好巡视监督工作。制定了《省水利厅党组2009年巡视工作意见》，参与对淮沭新河管理处、秦淮河水利工程管理处等3家厅直属单位的巡视监督，不断提高被巡视单位领导班子和成员贯彻落实各项规定的自觉性和有效性。

【党风廉政教育工作】 明确宣传教育工作目标。印发《2009年全厅纪检监察宣传教育工作要点》，对全年厅系统纪检监察宣传教育工作进行全面部署。开展正反典型教育。组织厅领导班子成员、机关和在宁厅直单位处级以上干部共94人参观南京监狱省反腐倡廉教育基地，进行警示教育，并召集厅机关处室、厅直单位主要负责人召开座谈会，交流警示教育体会；组织120余名处以上干部观看了《大案要案聚焦》；组织厅系统400余名党员干部观看《真水无香》教育影片；在水利大厦一楼宣传展厅举办四川省南江县原县委常委、纪委书记王瑛同志的先进事迹图片展；对重点水利工地举办警示教育报告会10余场，1000余人参会。全年，累计征订反腐倡廉教育片17种、74盘、宣传教育书籍128册。认真开展“做党的忠诚卫士，当群众的贴心人”主题实践活动。选择省委、省政府为民办实事项目宿迁市泗洪县西南岗地区水源工程建设作为开展主题实践活动联系点，开展了生动有效的主题实践活动。开展主题实践活动问卷调查，累计发放问卷196份，收回163份，比较全面地了解了厅纪检监察工作情况。从问卷结果来看，对厅纪检监察工作的总体评价满意度较高。继续在省各重点水利建设工地全面开展廉政文化“进工地”活动，积极创建廉政文化“工地示范点”。继续在建设工地设立廉政宣传栏、张贴廉政格言，积极开展廉政知识竞赛、廉政歌曲演讲比赛活动，保持了“以廉为荣、以贪为耻”的工程建设良好氛围。

【执法监察工作】 充分发挥南水北调派驻纪检组和省重点水利工程派驻组的作用，进一步加强对南水北调和其他重点水利工程的监督检查。认真开展工程参建人员的党风廉政教育，累计组织集中收看教育片20余部，近千人参加；召开党风廉政教育讲座3次，参会人数200余人；开展工地廉政教育图片展10余场，发放“廉政贺卡”和“节日短信”千余条。全程参与工程招投标活动，两个派驻组坚持对工程项目全过程进行现场监督，累计对104个标段，累计9.02亿元工程项目进行招标投标监督，节约资金1.1亿元，未发生一起重大违法违纪问题。强化对“三合同”制的监督检查，累计召开党风廉政建设座谈会3场，组织大规模考核检查5次，有力促进了各参建单位履行党风廉政建设各项规定的自觉性。正确处理来信来访，接待群众来访10余人次，收到领导批转人民来信4件，已全部办结。中央扩大内需促进经济增长政策落实第23检查组在江苏检查中充分肯定了江苏省派驻制的做法，并总结了派驻制、三合同制等6条做法。省委常委、副省长黄莉新在全省水利工作会议上，要求在全省重点水利工程建设中，全面推行纪检监察派驻制。天津市、湖南省、安徽省、山东省水利厅(局)纪检组专程到水利厅学习派驻制经验。

全面开展执法监察。加强江苏治淮工程的执法监察，下发《开展治淮工程执法监察工作要点》，会同相关职能部门和各市水利局纪检组监察室，组成治淮工程执法监察工作组，多次对江苏省在建治淮工程项目履行基本建设程序、征地拆迁与移民安置工作、合同管理等情况开展专项执法监察活动。配合省防办等职能部门对省级防汛物资、防汛责任状以及各市储备的防汛物资和省级委储物资的到位及管理情况进行专项督查；配合省水政监察总队先后4次开展全省统一清江行动，重点对采砂船、工程性采砂项目和集中船只停泊点进行重点检查，有力地打击了非法采砂行为；配合做好干部入口把关工作，保证招考工作的公平、公正。

围绕扩大内需项目全面开展监督检查，确保项目顺利实施。牵头厅相关职能部门组成检查组，围绕项目前期工作、计划管理、资金管理使用、建设管理、工程质量、安全生产等重点环节，制定检查计划，规范检查程序，明确分工，切实提高监督检查工作效果。截至年底，检查组已累计完成对农村饮水安全、水库除险加固、海堤建设、灌区改造、水资源监测能力建设等项目40余个单项工程的监督检查，完成检查报告15篇、简报9篇，发出整改函15份，提出整改意见200余条，有力地保证了项目的规范、有序实施。同时，还对相关责任单位和责任人进行责任追究，对多家项目法人、施工、监理单位给予全省通报、网上公示、取消参加招投标资格等处罚。

围绕省政府民生工程和厅重点项目开展监督检查。紧紧围绕农村饮水安全、太湖水环境综合治理、防汛防旱、农村河道疏浚、西南岗地区水源工程等事关群众切身利益的民生工程，加强监督检查，累计牵头组织各类督查10多次，提出整改建议百余条，有利地促进了工程建设，保证了工程质量和资金使用规范，其中针对西南岗地区水源工程中发现的问题，帮助其修订完善了西南岗地区水源工程建设管理办法，建立了项目具体内容在县级报刊上全面公示制度，实现项目建设阳光透明。

【纠风治理工作】 配合厅治理“小金库”领导小组开展监察。及时成立组织机构，建立工作机制，精心制订实施方案，设立厅“小金库”举报信箱，并在水利网站上进行公告。由厅领导带队，分4组对厅属单位进行重点检查，检查面达到厅属单位数量的50%以上。牵头职能部门开展治理河道三乱明察暗访。对省淮沭新河管理处所属的沭阳通航孔、盐河北闸(淮沭船闸)管理所、淮阴闸管理所，省灌溉总渠管理处所属的南运西闸管理所4个单位，不发通知，不打招呼，直接深入一线收费单位进行行风建设情况明察暗访，未发现行风不正和乱收费问题。配合职能部门做好水利工程建设领域突出问题专项治理工作，多次牵头组织监督检查，不断推进专项治理工作深入开展。

【查办案件和信访工作】 认真做好人民来信来访工作。全年共收到网上投诉、来访、电话、来信等85件，其中转有关市水利局和厅直单位办理62件，要求报结果的28件，已报结果25件；自查23件，已全部查结，其中针对2009年人民来信集中反映农村饮水安全工程、中小水库除险加固等民生工程的信访件，每件均协调相关职能部门进行认真调查处理。查处了某区农村饮水项目招标中违规串标问题、水库除险加固工程违规操作质量问题和某县河道清淤项目套取国家资金65万元的问题；初查了某工程中有关人员收取招标咨询费的案件线索，并及时移送地方纪委进行调查处理；查处了南水北调某区虚报征迁工作量，套取国家征迁资金69万元的问题。通过查办信访件，挽回直接经济损失数百万元。认真做好有关案件的查办工作。制定《2009年厅系统纪检监察信访管理和案件检查工作的意见》，明确案件查处工作重点。协助泰州检察院查办原泰州引江河管理处主任王某的案件；复议办结一起党员申诉件；正在处理一起党员赌博案件。案件质量和管理工作经省纪委组织的考核，给予了充分的肯定。9月，江苏水利厅作为省级机关唯一代表在全省案件查办工作会上作了交流发言。

【纪检监察自身能力建设】 加强水利系统纪检监察干部培训。9月组织全省水利系统14名纪检监察干部参加中纪委监察部培训中心学习，进一步提高纪检监察工作的业务能力和工作水平。开展有针对性的岗位培训。举办了全省水利工程建设项目招标投标行政监察培训班，全省共有132名执法监察和纪检监察工作的负责人参训。定期组织全省各市水利(务)局和厅直属单位纪检监察部门负责人，召开苏南、苏中、苏北片会，交流好经验、好做法，增进省直单位和各市纪检监察部门间的沟通交流。认真开展课题调研活动。先后撰写了《当前水利工程建设领域易产生腐败问题的新情况、新问题》和《水利工程建设领域遏制腐败制度建设调研报告》，得到了厅领导的肯定，《调研报告》被省纪委监察学会评为2009年优秀课题调研报告三等奖。

(何雷明)

组织人事

【省水利厅系统机构名录和处以上干部名单】

(截止2009年12月31日)

省水利厅：

党组书记、厅长：吕振霖

副厅长：张小马、陶长生、陆桂华、陆永泉、李亚平

纪检组长：李陆玖

党组成员：张小马、陶长生、陆永泉、李陆玖、李亚平、张劲松、朱海生、叶　健

副巡视员：王逸珠、戴元峰

厅办公室：

主　任：朱海生

厅副总工程师：陈锡林

调研员：张嘉涛

副主任：陈　锋

副调研员：诸建中、王红霞

厅政策法规处：

处　长：洪国增

副处长：曹东平

副调研员：钱惠康

厅规划计划处：

处　长：毛桂囡

调研员：施红怡

副处长：徐卫东

副调研员：凌松山

厅水资源处(省节约用水办公室)：

处　长：吴泽毅

副处长：李春华、张建华

厅工程管理处：

处　长：郑在洲

调研员：朱德伦

副处长：黄章羽

厅基本建设处(水利工程建设项目稽查办公室)：

处长、主任：金嘉麟

调研员、副主任：胡为平

副处长：赵曰平

厅农村水利处(省水土保持办公室)：

处　长：朱克成

调研员：刘有勇

副处长：汤建熙

副调研员：倪明娟

厅科技与对外合作处：
处　长：张春松
副处长：陈　辉
厅财务审计处：
处　长：高　文
副处长：张古军、潘良君、徐元亮
厅人事处：
处　长：韩全林
副处长：韦普和、张晓迅
副调研员：卢　文
厅机关党委：
副书记：罗明秀
厅工会主任：谭国惠
副调研员：尹宏伟、周继春
厅离退休干部处：
处　长：吴瑞清
调研员：杨利生、戴伟如
副处长：何　峰
省水利工程移民办公室
驻厅纪检组、监察室：
副组长、监察室主任：任晓明
监察室副主任：俞雪生
副处级纪检监察员：曹建霞、胡　佩

二、厅属事业单位：
省防汛防旱指挥部办公室：
主任：陶长生(兼)
副主任：陆一忠(正处级)、季红飞(正处级)、郑在洲(兼)
副调研员：宋　玉
省水利工程建设局：
副局长、分党组成员：陆泽群、刘胜松、方桂林、唐世国
办公室主任：宋品超
办公室副主任：孙荣友
政治处处长：黄良勇
政治处副调研员：刘　飞
项目处副处长：辛华荣、朱庆元
项目处副调研员：陈　健
工务处(安全监督处)：
工务处副处长：何　勇、张政田
工务处调研员：刘建伟
工务处副调研员：张业林
安全监督处调研员：马志华
财物处处长：沈建强
财物处副处长：朱冠余
省水政监察总队(省长江河道采砂管理局)
总队长：张小马(兼)
副总队长：徐殿洋(正处级)、洪国增(兼)、李玉松、武慧明
副调研员：陈玉兰
局　长：徐殿洋
副局长：李玉松、武慧明
省南水北调工程建设领导小组办公室：
主　任：吕振霖(兼)
副主任：张劲松
综合处处长：袁连冲
计划建设处处长：刘丽君
拆迁安置办主任：徐忠阳
副处长：张树麟
副调研员：刘再国
省水文水资源勘测局(省水利网络数据中心)：
书记、副局长、副主任：朱昌福
副书记、纪委书记：张　凯
副局长：唐运忆、马倩、孙永远
总　工：柏　屏
副处级干部：陆文林
南京分局局长：王文辉
无锡分局局长：张泉荣
徐州分局局长：李明武
常州分局局长：李家振
苏州分局局长：张晓波
南通分局副局长：陈建标(主持工作)
连云港分局局长：陈必奎
淮安分局局长：洪国喜
盐城分局局长：李　沛

扬州分局局长：许仁康
镇江分局局长：傅太生
泰州分局局长：肖俊东
宿迁分局局长：单延功

省苏北供水局：
局　长：朱月新
副局长：王冬生

省河道管理局
局　长：陈学富
副局长：杨　淮、于　涛

省水利工程规划办公室：
主　任：叶　健
副主任：陈振强、喻君杰
总工程师：苏长城

厅机关后勤服务中心：
主　任：胡昌泰
副主任：周长全（正处级）、蒋寿景、李　政

省水利信息中心：
主　任：潘　杰
副主任：盛家宝、曹海明

省水利产业经济管理中心：
副主任：王致道、徐　舒、王　苏

省水利科教中心：

省水资源服务中心：
主　任：常本春
副主任：耿建萍
总　工：贾锁宝（正处级）

省农村水利科技发展中心：
主　任：蔡　勇
副主任：葛书龙（正处级）、唐合年、樊峻江

省水利工程质量监督中心站：
站　长：黄海田
副站长：蒋建云
总工程师：顾文菊

省水利物资总站：
站　长、党委书记：蒋建新
副站长：焦爱华、韦建斌
副书记兼纪委书记：刘　飞

省水利科学研究院：
书记、院长：黄俊友
副院长：王珍兰、高士佩

省骆运水利工程管理处：
书记、主任：问泽杭
副主任：丁淮波
副书记、副主任：李太民
副主任：张合朋、周和平
纪委书记：张玉林

省淮沭新河管理处：
主　任：刘明智
书　记：陈万荣
副主任：李淮东（正处级）、钱邦永
副书记、纪委书记：许永平

省蔷薇河送清水工程管理处：
主　任：刘明智（兼）
副主任：钱邦永（兼）

省灌溉总渠管理处：
书　记、副主任：关翔
主　任：孙洪滨
副主任：戴启璠、韩成银
纪委书记：孟　俊

省淮河入海水道管理处：
主　任：孙洪滨（兼）
副主任：关　翔（兼）、何光叶

省洪泽湖水利工程管理处：
书记、副主任：张加雪
副主任：唐荣桂、马晓忠
纪委书记：周元斌

省江都水利工程管理处：
书记、主任：汤　超
副主任、副书记：汤正军（正处级）
副主任：王葆青、魏强林
纪委书记：徐　明

省秦淮河水利工程管理处：
主任、书记：陈振清
副主任：钱　钧、孙　勇
纪委书记：倪崇庆

省太湖地区水利工程管理处：

主　任：颜廷举

副主任：郝春明、陈卫冲

总　工：陈　立

省泰州引江河管理处：

主任、书记：王积生

副主任：徐铁涛、钱福军

纪委书记：史建华

省灌溉动力管理一处：

主　任：王积生

副主任：徐铁涛、钱福军

纪委书记：史建华

省灌溉动力管理二处：

主任、书记：董阿忠

省人民政府驻上海办事处水利处：

正处级干部：夏德怀

【人事管理】 一是大力加强各级领导班子和干部队伍建设。先后对省灌溉总渠管理处，省水文局南京、南通、连云港、泰州、宿迁分局，省水利科学研究院等单位和厅机关部分处室领导班子进行调整充实，共调整处级干部61人，占系统处级干部总数的35.1%。其中，提拔12人、交流9人、免职6人；对31名试用期满处级干部进行了任职考核并予以正式任职。全年厅系统共调整科级干部106人，其中提拔57人。通过调整，厅系统干部队伍结构发生了较大变化。截止2009年底，全厅系统共有处级干部174人，平均年龄48岁。其中，正处级干部65人，平均年龄51岁，45岁以下13人，占20%；副处级干部109人，平均年龄45岁，45岁以下45人，占41%。本科以上学历133人，占77%，研究生学历19人，占11%。二是加强后备干部和年轻干部的培养。根据厅党组《关于加强处级后备干部队伍建设的意见》，加大处级后备干部的培养使用力度，厅属管理处选派了3名处级后备干部到厅机关挂职，厅机关选派了3名处级后备干部到厅属管理处挂职，2名到工地锻炼，1名到区水务局挂职，连云港、新沂等市县水利局也选派了6名优秀年轻干部到厅机关及有关单位挂职。同时，为保证走马塘、通榆河北延等重点水利工程建设，抽调20余名年轻技术骨干到工地一线工作。配合省委组织部完成了新一轮省管后备干部的选拔推荐工作。三是开展干部人事工作调查问卷。为广泛听取党员干部和职工群众对干部工作的意见建议，在厅系统处以上干部、厅机关和参照管理单位全体工作人员、厅直属事业单位科级以下干部代表范围内开展无记名方式问卷调查，发出调查问卷390份，收回352份。从统计结果来看，职工群众对我厅的干部选拔任用工作总体满意，其中，认为我厅干部选拔任用工作好或比较好的占83.3%，认为我厅干部队伍整体状况好或比较好的占85.4%。四是积极稳慎做好新一轮政府机构改革工作。切实做好我厅新“三定”工作。成立以厅长吕振霖为组长，纪检组长李陆玖兼任办公室主任，机关多个部门参加的工作领导小组。拟订并上报我厅“三定”方案。省政府办公厅于2009年12月15日下达《省政府办公厅关于印发江苏省水利厅主要职责内设机构和人员编制规定的通知》（苏政办发〔2009〕143号），新“三定”规定对我厅职责进行调整，加强了水资源统一管理和监督、河道管理和保护等方面的职责，增加了水利工程移民工作职责。五是注重人才的引进，不断改善人才队伍结构。全年，厅机关及厅属单位共引进人才143名。以水利动力工程、机电一体化、水文水资源专业为主，招聘了76名应届本科以上毕业生；面向社会公开招聘60名具有大专以上学历的技术工人；根据省委组织部的统一部署，选拔了3名基层公务员到厅有关参照管理单位。此外，参加省人力资源和社会保障厅组织的“江苏·清华园人才招聘会”，引进清华大学、中国科学院应届硕士、博士研究生4名。六是积极做好专业技术干部队伍建设工作。加大各类专业技术人才评选力度，共评选“省333高层次人才培养工程”第二批中青年科技带头人6名、第三层次后备人选13名。进一步加强高层次专业技术人员的培养和管理，选派“新世纪百千万人才工程”代表、水利科技英才和水利部“5151人才”参加行业高层次人才研讨班及赴国外学习培训。进一步完善专业技术干部评价体系，修订申报评选条件，完善评审赋分办法，圆满完成年度中高级专业技术职称的评审工作。2009年度共有11人通过研究员级高级工程师任职资格评审、171人通过高级工程师任职资格评审、84人通过工程师任职资格评审，另通过会计、经济、档案、政工等高级技术职称委托评审11人。截止2009年底，江苏省水利系统共有研究员级高工52人，厅系统共有百千万人才工程国家级人选1人，水利部“5151”工程人选2人，省333高层次人才培养对象20人，国家和省有突出贡献中青年专家10人，享受政府特殊津贴专家25人。七是深化人事制度改革，稳步实施事业单位岗位设置管理工作。会同省人力资源和社会保障厅出台了《江苏省水利事业岗位设置管理的指导意见》，明确实施范围，提出岗位设置需要遵循的原则和岗位类别、岗位等级设置的规范要求；并结合事业单位的主要职责提出单位内部人员结构的控制比例。八是做好提前离岗政策调整及工资日常管理工作。调整工管单位提前离岗政策，规定距法定退休年龄不足两年的职工，可由本人申请，单位批准内退，对已经内退的同志，可由单位根据实际实行返聘等，缓解部分离岗人员待遇偏低的矛盾。调整50年代部分退职人员的生活待遇补助标准和丧葬补助费标准，按时足额发放五六十年代退职下放人员定期生活补助费。根据劳动监察规定，完成厅直单位2008年度劳动用工年检工作；继续实施职工带薪休假的具体办法，厅系统共有2150人实行了休假，占职工队伍总数的57%。

【职工教育培训】 一是举办厅系统处级干部学习会，厅系统处以上干部210余人参加了学习。二是加强地方水利干部培训工作，分别组织了12名市县水利局长、23名地方水利干部参加水利部举办的市县水利局长培训班和安全生产管理培训班；会同厅农水处举办1期乡镇水利站长培训班，共有56名乡镇水利骨干参加培训。三是加强公务员培训，按照省委组织部、省人事厅的要求，厅系统共有122人次的处以上干部参加了“菜单式选学”；厅机关共有52名科级以下公务员参加了“5＋x”培训；根据省人事厅、省级机关工委的部署，组织厅机关和参照公务员管理单位的79名公务员参加了省“五五普法”专项培训。四是加强专业技术人员知识更新，开展了各类业务培训，举办了新进毕业生、技术工人岗前培训班。五是与省人力资源和社会保障厅共同举办1期水利系统退伍士兵职业技能培训，共有62名同志进行为期15天的理论知识学习和操作技能培训。六是开展技术工人等级培训，全省水利系统共有823名技术工人参加培训，其中参加技师等级培训的共46人。

【表彰奖励】 省水利厅政策法规处洪国增同志、省防汛防旱指挥部办公室宋玉同志被水利部授予“全国水利系统奉献水利先进个人”荣誉称号。省骆运水利工程管理处陈士虎同志和陈宇潮同志被水利部评为“全国水利技术能手”。

（陈　浩）

“江苏水利优胜杯”获得者名单（3个）

南京市水利局
盐城市水利局
南通市水利局

全省水利先进单位名单（29个）

江苏省江都水利工程管理处
江苏省秦淮河水利工程管理处
江苏省骆运水利工程管理处

江苏省太湖地区水利工程管理处
江苏省水文水资源勘测局徐州分局
江苏省水文水资源勘测局常州分局
江苏省水文水资源勘测局苏州分局
南京市六合区水利局
溧水县水务局
宜兴市水利农机局
铜山县水利局
徐州市贾汪区水利局
常州市武进区水利局
溧阳市水务局
常熟市水利局
昆山市水利局
如东县水务局
如皋市水务局
灌南县水利局
金湖县水务局
淮安市楚州区水利局
盐城市亭湖区水利局
阜宁县水利局
高邮市水务局
江都市水务局
镇江市丹徒区水利农机局
句容市水利农机局
泰兴市水务局
宿迁市宿城区水务局

全省水利目标管理先进单位名单(14 个)

苏州市水利局
淮安市水利局
无锡市水利局
徐州市水利局
连云港市水利局
镇江市水利局
常州市水利局
扬州市水利局
宿迁市水务局
泰州市水利局
江苏省洪泽湖管理处
江苏省淮沭新河管理处
江苏省灌溉总渠管理处
江苏省灌溉动力二处

全省水利先进个人名单(46 名)

王金兰　高淳县水务局
陈　伟　南京市三汊河河口闸管理处
缪大宏　南京市水利局
曹霞莉　江阴市水利农机局
李月平　无锡太湖国家旅游度假区防洪工程管理处
胡　炜　丰县水利局
石炳武　徐州市防汛防旱指挥部办公室
邓阿龙　徐州市南水北调刘山站工程管理项目部
魏云芳　常州市水政监察支队
缪健民　溧阳市水利局
张乃康　常州市钟楼区水利局
李向上　苏州市吴中区水利局
俞德明　苏州市相城区水利局
沈　忠　太仓市水利局
马立新　海门市水利局
沈冠军　南通市水利局
曹　陈　南通市水利工程管理站
尹德庆　连云港市水利工程质量监督站
谭华业　连云港市海州区水利管理所
赵德龙　赣榆县水利局
车　力　洪泽县水利局
詹万林　盱眙县水利局
别同文　涟水县水利局
周明金　淮安市清浦区水利局
郑华美　东台市水务局
王　平　盐城市盐都区水务局
张守华　建湖县水利农机局
吕　博　滨海县水利局
闫　伟　扬州市水利局
吕立新　宝应县水务局

朱宏根 扬州市邗江区水利农机局
范公荣 扬中市水利农机局
颜朗辉 镇江市谏壁抽水站管理处
许立新 丹阳市水利局
吴国华 泰州市高港区水利局
蔡 浩 泰州市水利局海陵分局
毛文江 宿迁市水务局
张晓琳 宿迁市宿豫区水务局
仓荣贵 省水文水资源勘测局盐城分局
刘惠芹 省水文水资源勘测局扬州分局
吴朝明 省水文水资源勘测局无锡分局
吕新华 省淮沭新河管理处盐河北闸管理所
王宏图 省灌溉总渠管理处
张加雪 省洪泽湖水利工程管理处
赵林章 省泰州引江河管理处
刘爱明 省灌溉动力管理二处

（万汉峰）

老干部工作

2009年老干部工作在水利厅党组的正确领导和高度重视下，取得了较好的成绩。2009年国庆前，离休干部党支部第二次被中组部、省委组织部评为全国、全省先进离休干部党支部；信息工作连续3年被省委老干部局评为先进集体；老干部工作档案被厅评为先进单位。

【全面落实政治待遇】 认真组织老干部深入学习贯彻党的十七大和十七届四中全会精神，3次请省委党校教授作理论学习和形势报告，把老干部学习活动不断引向深入；3次召开机关离退休干部情况通报暨座谈会，传达全省水利工作会议和全国、全省老干部局长暨双先表彰会议精神；开展党日活动，3次组织老同志、老党员参观工农业生产项目。组织参观考察了省农林职业技术学院，省农林科技示范生态园；组织参观了陈云故居；上海东海大桥、上海国际航运中心深水港工程、杭州湾大桥、南水北调东线工程淮安四站等水利工程、大丰市沿海开发项目大丰港、大丰风力发电站、大丰国家级麋鹿自然保护区；坚持对离退休干部生病住院、高温走访、日常随访、节日祝贺、生日祝寿的慰问，全年走访慰问离退休干部职工150多人次，2009年春节期间，厅领导带领有关处室负责人分别走访慰问厅老领导及遗孀；建立健全了政治学习、组织生活、支委会和支部大会、党员请假、走访联系党员等规章制度，规范支部各项工作，做到每年召开支部大会不少于8次，组织参加各种集体重大活动不少于8次，模范执行支部“三会一课”制度。

【着力提高生活待遇】 水利厅机关和厅属事业单位的“两费”得到有效保障，为离退休干部发放副食品、福利等实物，帮助有困难的老同志送上门，多次为厅机关离退休干部分送福利和副食品，其中为离休干部上门送副食品1000多件；对有特殊困难的离退休干部、职工调查摸底，随时关心生病住院、长期患病经济困难的老同志和离退休干部无工作遗属，帮助他们协调解决医疗、生活等方面的问题，积极为他们向上级有关部门争取困难补助；年初带着省委、省政府和水利厅党组的关心，分3组赴扬州、淮安、宿迁、镇江、盐城、徐州等地走访慰问省直单位生活有特殊困难的离休干部，向困难老干部提前送上节日祝福，发放慰问金7.8万元，使困难老干部感受到党和政府的关怀与温暖；坚持看望安置在异地的老干部，经常和他们电话联系，随时关心他们的生活和思想状况，为他们办理福利费、医药费等；积极为老干部疗养、体检、拿药、办医疗证提供服务便利，全年接送老干部疗养达20余人次，服务保障用车达10多万千米。

【深入推进文体活动】 2009年，水利厅机关10个老年文体分会，举办诗词讲座2场，出作品展板4期，书画、摄影分会积极参加省农水片庆国庆书画摄影展，摄影分会采风3次，出摄影作品展5期；收藏分会举办展览、讲座2期，现场交流1次；棋牌分会举行比赛2场；钓鱼分会组织3次垂钓活动；歌舞分会坚持每周排练，积极参加省级机关、厅春节和庆国庆60周年，重阳节文艺演出。6月份，省老年人体育节在宜兴举行老年柔力球比赛，我厅老同志作为省级机关唯一代表队参加了本次比赛，荣获团体比赛优胜奖和道德风尚奖，9月下旬，在省级机关第三届老年人乒乓球比赛中厅老干部取得了男子团体第五名的较好成绩。2009年是新中国成立60周年，我们成功举办全省水利系统离退休干部演讲比赛。活动从年初发通知到9月份的成功举办，历时半年多时间，经过层层推荐，共有42名选手参加选拔，16名选手参加决赛，并从近百篇稿件中选出50多篇汇集印制成书，受到了上级领导和老同志的一致好评。此外，还积极参与水利部、省委老干部局开展的庆祝新中国成立60周年征文活动。在全省水利系统离退休干部中征集文稿50多篇，并从中选出16篇上报。分别组织离退休老厅长、党支部书记赴北京参观新中国成立60周年成就展和水利部举办的全国水利成就展，向离退休老干部通报了全国、全省“双先”表彰会和北京展览盛况，组织离退休党员同志学习全国、全省离退休干部先进个人和先进集体事迹。不断完善活动室建设，加强对活动室的管理。更新了活动室2块老同志摄影和诗词展板，在厅党组和厅领导的关心下，在2008年更新沙发和购置图书的基础上，又相继更新配置3台液晶电脑、购置图书400多册、健身器材2件、乒乓球桌1张。

【注重抓好队伍建设】 3月召开全省水利系统老干部工作会议。传达全省老干部局长会议精神，通报2008年老干部工作情况、部署2009年老干部工作；2次召开厅机关及驻宁事业单位老干部工作网络员会议；举行3次厅属苏中、苏南、苏北片单位老干部工作会议，交流老干部工作情况，总结经验，排查解决问题，推动厅属系统老干部工作开展。3名处长参加了省委组织部开展的处级干部菜单式学习培训，积极参加部、省老干部局组织的业务培训，3名工作人员参加了省人事厅组织的5＋x公务员能力培训和省级机关工委组织的五五普法教育培训。成功举办全国水利系统离退休干部工作第一组年会，会上，王逸珠副巡视员介绍厅老干部工作情况时，得到与会人员的肯定和赞扬。

【拓展信息宣传工作】 认真办好江苏水利网老干部处网页，办好并编印《老年园地》4期。向有关涉老报刊杂志发送报道和新闻稿件近40篇。其中，被水利部网老干部之窗网页采用稿件35篇、新闻图片35幅，被水利部离退休干部局主办的《水利老年天地》采用稿件30篇，被省委老干部局《老干部工作情况交流》采用稿件8篇，被《银潮》、《党的生活》杂志采用稿件各1篇；被《老年周报》采用稿件4篇。12月16日，《老年周报》还在头版头条刊登水利厅文化养老的经验。撰写工作调研文章2篇，被水利部、省委老干部局分别评为一等奖和二等奖。此外，老干部处还把近几年的老干部工作开展的活动，取得的成绩，用视频录像的形式刻成光盘，受到了省委老干部局调研组的好评。

（老干部处）

政务工作

【重要水事活动】 2009年，顺利完成了全省大中型水库除险加固（扩大内需）工程、走马塘工程等开工仪式和全省水利工作会议、全省市县水利局长会议等重要会议的组织安排工作。认真组织厅长办公会议26次、厅党组会议12次、厅务会12次，整理印发厅长办公会议纪要26期，厅党组会议纪要9期。水利部陈雷部长视察太湖治理、防汛工作，鄂竟平副部长视察农村水利，胡四一副部长视察节水型社会建设，罗志军省长、赵克志常务副省长、徐鸣副省长、黄莉新副省长和省人大代表政协委员视察太湖治理、防汛防旱抗台、重点工程建设等重要活动的工作，以及江西省、广东省、拉萨市水利代表团、新疆伊犁哈萨克自治州代表团考察江苏水利工作等，都妥善周密安排，有条不紊开展，确保了各项重大活动圆满完成。

【党务政务公开】 一是强化网站建设。作为政务公开的重要平台，水利厅对江苏水利网站进行较大规模的改版，实现主动公开信息全文发布，依申请公开申请目录发布。增设“厅领导活动”栏目，对部门年度预算、专项资金管理、重大建设项目及进展情况等同步上网公开。新建“防汛信息服务平台”，下设“天气预报”、“实时卫星云图”、“实时台风信息”、“实时水情”、“实时雨情”五个实时栏目，以及“防汛防旱机构”、“防汛抗旱信息”、“防汛防旱知识”三个栏目，使公众了解防汛防旱的基础知识、最新资料以及江苏省防汛防旱机构建设情况；开发“江苏水利网站场景式服务平台”，方便公众快捷地了解到所需资讯。全年发布动态类新闻1500余条，策划制作南水北调东线工程、农村河道疏浚整治、全省水利工作会议等20个水利政务专题。2009年，江苏水利网站被水利部评为全国水利行业优秀政府网站。二是启动行政权力公开透明运行系统建设。成立厅行政权力网上公开运行系统建设协调领导小组和项目建设处，投资1100万元完成项目可研报告（代项目建议书）编制工作，11月初获得省发改委批复。三是注重倾听民意。针对水利行业受社会关注的热点、焦点问题开展“网上调查”，做好“厅长信箱”、“投诉建议”、“公众留言”等栏目工作，接受和回复厅长信箱及在线咨询1505条，办理回复率100%，办理省纪委纠风办“政风热线”来信94件。向省政府网站报送信息得分1906分，名列63个省直单位第3名；联合省政府在中国江苏网和江苏水利网开展6次在线访谈。四是提高行政许可服务水平。在网站上开设“网上办理大厅”和“行政权力专栏”，提供水利厅行使行政权力项目的“在线申报”和“办理状态查询”功能。厅行政审批管理系统进入最后调试阶段。2009年共办理行政许可事项235件，无一起投诉。

【政务信息】 围绕水利中心工作，2009年编发水利政务信息361条，比上年增加16%，编发反映各地工作动态、交流工作经验的水利信息简报近300期。江苏水利厅政务信息工作在水利部名列榜首，在省委名列第7，在省政府名列第15。“太湖蓝藻打捞、处理与资源化利用成效显著”、“江苏省军地共建抗洪抢险专业队今年将覆盖全省13市”等信息被国办采用，省水利厅全力以赴防御莫拉克台风、太湖竺山湖生态清淤成效显著、省水利厅迅即启动邳苍砷污染应急预案等信息分别得到梁保华书记、赵克志常务副省长、黄莉新副省长、徐鸣副省长等省领导批示。4月份以来，水利厅办公室每天安排专人值班，及时汇编太湖调水引流、卫星监测、蓝藻打捞、生态清淤、湖泛巡查及水质情况日报。为更深入贯彻国家、水利部和省委、省政府关于水利发展的方针政策和重大部署，更及时了解兄弟省市水利发展的创新举措，更全面掌握水利行业发展动态，首次编印了《水利发展动态》并在12月份召开的全省市县水利局长会议上发放，受到与会代表一致好评。

【督查工作】 把强化督查作为促进决策落实、推动工作进展的手段，努力发挥办公室督促检查的职能作用。一是建立重点工作的定期会商和督查通报制度。围绕全省重点水利工程建设、资金配套到位情况、农村饮水安全工程建设、太湖治理等全年重点工作任务以及一些难点问题，每月第1个工作日组织有关部门进行会商，通报进展情况，分析存在问题。编发《督查通报》分送省政府分管领导，各市、县（市、区）政府。在2009年的全省防汛防旱工作会议和全省水利工作会议上，省领导要求将督查通报发给与会代表，通报情况，激励后进。二是强化督查后管理。对每月会商中发现的建设进度、工程质量、配套资金和规费征收等问题，呈报8期专报信息给厅领导，厅领导都作出批示，督促有关工作。负责同志对年度目标任务进展较慢的市、县政府水利部门进行沟通，或带队赴现场督查督办，较好地推动了年度目标任务的落实完成。三是拓展督查内容。在对省委、省政府确定的年度目标任务进行逐季督查的同时，对农村新五件实事工程、改善民生的十件实事工程涉及水利的任务按季度督查，对行政许可事项办理情况、厅长信息办理情况、网站有关栏目维护情况实行每月通报，海堤达标、水库除险加固工程等也在不定期检查之后运用《督查通报》平台向全省通报进展情况和存在问题。全年编发督查通报44期，较2009年同比增加215%。

【水利档案管理】 全年整理科技档案55卷、文书档案2553件，培训基层档案人员达900多人次。对淮北大堤、新沂河整治工程、扩大内需项目有关大中型水库除险加固工程、海堤达标及治太工程等50多个国家及省重点水利工程档案加强指导、检查和验收。开展机关及事业单位档案互查评比活动，充分调动档案工作人员的积极性。省属单位档案管理工作再上新台阶，淮沭新河管理处、太湖处成功创建三星级档案管理单位。

【信访保卫工作】 2009年共受理人民来信259件，来信总量比2008年下降4.78%。受理群众来访114批243人次，同比批次下降8.82%，来访总量比2008年批次下降3.39%，人次下降29.77%。开展“信访积案化解年”活动，集中化解多年信访积案，对江苏省水利系统久拖未决的2件跨度较长的信访积案，依照信访事项“三级终结”办法予以结终化解。排查矛盾纠纷，共排查11件涉及水库移民等方面的信访案件。定期对受理的群众来信来访情况进行综合分析，分析群众信访反映的热点、难点问题，关注反映的带有政策性、普遍性问题及其变化情况，通过《专报信息》等形式定期向厅领导报送。对重要来信来访、重信重访等难点疑点信访问题，由信访部门牵头，协调相关部门进行专题研究，共同推动问题的解决。全年未出现大规模群体性上访事件。

【日常机关运转】 全年共收发文件4000多份，处理机要文电3000多件。抓好保密工作，召开厅系统保密检查暨签订保密承诺书动员大会，与机关各处室、单位签订保密承诺书，开展保密检查，进行厅保密内网建设。全年密码电报和业务文件保管齐全，未发生一起重大泄密事件。起草了罗志军省长对江苏水利60周年的回眸与展望、省领导在加快沿海水利基础设施座谈会、治淮建设工作会议、全省水利工作会议等重要会议上的讲话、建国60周年水利工作成就总结等大量文字材料。承办建议提案101件，代表委员满意或基本满意率达100%。针对省政协张连珍主席重点督办的“关于进一步推进江苏省农村饮水安全工程的建议”，筹备张连珍主席现场督办前的调研、现场准备、督办活动安排等工作。围绕加强水行政机关效能建设、水利工程建设领域遏制腐败制度建设、推进水务一体化改革、电子政务应用、工程征地拆迁补偿及失地农民生活保障、工程档案管理等课题开展专项调研，形成专题调研报告，增强办公室工作的针对性、有效性。完成《江苏水利年鉴》的组稿和编审，撰写《中国水利年鉴》、《江苏年鉴》、《长江年鉴》、《治淮汇刊》涉及江苏水利文字内容近30万字。

（任伟刚）

水利宣传

【新闻宣传】 2009年组织各大主流媒体发表水利新闻、通讯等200余篇，图片150余幅，在水利厅网站及时发布重大水利新闻200余篇、图片400余幅，其中很多文章受到广泛好评。《太湖引水人》先后获得江苏省委宣传部第十一届优秀报道二等奖。《引来长江水，太湖活起来》、《一片冰心凝太湖》荣获中国水利报季度优秀作品奖。此外，江苏记者站连续十年蝉联水利报社"优秀记者站"称号，潘杰、王慧梅、缪宜江被评为"优秀记者"，王慧梅被新华日报授予2009年度"十佳"通讯员称号。

【水利杂志】 《江苏水利》杂志发行12期，刊登文章300余篇，发表照片100余幅，杂志发行工作以较高的品质赢得各级领导和读者的赞誉，获得了较高的社会效益和一定的经济效益。《江苏水利》杂志以生态、美学、环境形成江苏水利特点，杂志已连续两届评为优秀期刊。一直保持一级期刊标准。

【史志工作】 《中国河湖大典·淮河卷》江苏部分经过数年的不懈努力，出版了将近20余万字的资料集，经专家评审，受到了淮委编委会的好评。2009年又进一步开展了复审评议工作。现文字工作已基本结束，图片收集、整理工作将陆续展开。

（程　瀛）

水利社团工作

【江苏省水利学会】 学会被江苏省科学技术协会评为2009年先进学会。一是学术交流。10月21日～22日在南京举办江苏学术年会——"江苏水论坛"，论坛主题是"江苏水利现代化"。汇编《江苏水利现代化论文集》、《江苏省水利自动化与信息化专题论文集》。12月参加了华东七省市水利学会第二十二次学术研讨会，会议主题是"饮水安全理论与实践"。学会有13篇文章录用在研讨会论文集《饮水安全理论与实践》。二是科普宣传。6月19日邀请南京水利科学研究院教授在南京举办"长江下游江苏段涉水工程关键技术研究与思考"学术讲座。3月与江苏省水利厅、南京市水利局、盐城市水利局等单位在鼓楼广场共同举办了"落实科学发展观，节约保护水资源"宣传，并与水资源协会共同发起"节约保护水资源、从我做起"倡议签名活动。7月举办了为期3天的"2009青少年水利科技夏令营"。8月底组织各市水利学会和会员单位优秀科技工作者赴三峡、葛洲坝等水利工程进行考察。三是课题研究。完成《江苏民生水利调研报告》。四是组织建设。2009年新发展个人会员235人，单位会员9个，现有近3000名个人会员，65个单位会员，覆盖全省有关高校、科研院所、机关、涉水企事业单位等。成立新一届专业委员会和工作委员会，现有11个专业委员会，3个工作委员会。学会先后制订了《江苏省水利学会财务管理办法》、《江苏省水利学会会员管理办法》、《江苏省水利学会专业委员会管理办法》等规章制度。五是能力建设。不断完善内部管理，提高服务水平。组织完成了网站建设，自6月网站开通以来，已发布20条学会动态，20条通知公告。六是专委会活动。全年共有水工结构专业委员会、水力学专业委员会、农田水利专业委员会、水利规划设计专业委员会、湖泊保护与治理专业委员会、水力学专业委员、泵站专业委员会开展专题研讨等活动。七是其他工作。协助做好中国水博览会的参展工作；参加中国水利学会、省科协组织的各项活动；通过厅档案检查工作；主办的《江苏水利》杂志继续稳步发展。

（省水利学会）

【江苏省水资源协会】 江苏省水资源协会成立于2002年12月22日，原名江苏省水资源管理协会，2006年更名为江苏省水资源协会。协会现有单位会员166个，个人会员34个，覆盖全省各级水资源管理事业单位、高校和科研院所、用水大户、自来水厂、污水处理厂等。2009年，协会认真贯彻落实科学发展观，遵照“服务、研究、交流、提高”的工作方针，围绕水资源开发利用、节约保护和强化管理，在政府与企事业单位之间较好地发挥了桥梁纽带作用。

组织建设：经请示省民政厅原则同意，协会拟设立节水、供排水、地下水、水资源保护四个专业分会，分设在南通市城区水资源管理处、省农村水利科技发展中心（江苏振兴水利供水有限公司）、徐州市城区水资源管理处、张家港市水资源管理处。2010年将完成社会团体分支机构设立申请、分支机构负责人备案等筹备工作，并报请主管部门审批。

学术研讨：6月，在苏州召开“湖泊保护综合治理技术研讨会”，协会部分理事及江苏省沿太湖、洪泽湖、骆马湖地区的水资源管理部门、水文单位的40余名代表参加了座谈研讨。研讨会特邀中科院南京地理与湖泊研究所、淮河流域水资源保护局、太湖流域水资源保护局的专家围绕湖泊治理保护作了专题报告。参观考察了苏州太湖湖滨湿地公园、无锡杨湾藻水分离站、太湖竺山湖及西沿岸区北段生态清淤试验工程等现场。

培训考察：5月，协会举办了一期水资源管理培训班，共有100多名会员单位的代表参加了培训。理事长徐俊仁作了题为“江苏可持续发展水利之路”的专题讲座；副理事长常本春作了题为“江苏水资源管理与配置”专题讲座。培训结束后，还组织部分学员赴省外进行实地考察。10月，协会受省贸促会委托，组织水资源代表团赴台湾访问，重点就水资源综合开发利用、环保、饮用水和废水处理等问题与有关机构进行对口交流，并观摩了“台湾国际绿色产业展”，学习借鉴水资源管理的先进经验。

高层论坛：11月25日，协会在南京举办“水资源管理制度”高层论坛，省水利厅厅长吕振霖作了主旨报告，北京师范大学水科学研究院院长许新宜做了专题报告。

课题研究：受国务院南水北调办公室政策及技术研究中心委托，协会及省水资源服务中心共同开展了《南水北调东线水源区重点治污工程和综合整治情况调查研究》，重点调查南水北调东线水源区重点治污工程实施情况和综合整治情况，分析治污工程的治污效果，评估有关治污措施的成效，并提出意见和建议。该课题已通过国务院南办组织的评审，为保障南水北调东线水源地水质稳定达到供水目标提供了依据和参考。

（王　菊）

【江苏省水利企业协会】 业务培训。在中国水利企业协会的帮助和指导下，适时举办了相关的培训辅导班。分别是：7月份在南京召开水利施工企业关键岗位考核培训班，9月份在南京举办了水利水电施工企业安全生产考核培训班以及水利监理人员安全生产培训班，得到了广大企业和学员的一致好评。

评优选优。2009年中国水利企业协会在全国举办了水利工程建设企业优秀项目经理评选活动，协会认真布置了这项工作，有关企业也积极参加这项活动。经过协会的推荐和评委会的严格评选，江苏省共有3位项目经理当选。

信息交流。协会利用各种方式，向广大会员单位和有关企业提供各类信息，产生了很大的影响。年初，为各会员单位订阅了由中国市场研究会主编的《特供信息》，这是一份及时传递国内外重大动态的刊物。另外，协会还充分利用江苏水利信息网等现代媒体发布有关的政策法规及行业内的相关信息，使广大会员单位及时了解协会的工作和行业动态，加强了与有关部门和单位的沟通联系。

（劳　建）

地 方 水 利

南 京 市

【概述】 根据市委、市政府和省水利厅的工作部署,全局紧紧围绕“保增长、保民生、保稳定”的首要任务和工作主线,深入学习实践科学发展观,坚持水安全、水资源、水环境“三水统筹”的治水理念,积极抢抓扩大内需机遇,统筹推进水利各项工作,圆满完成了水利工程建设与管理、防汛防旱、水资源管理和水行政执法等年度工作任务,呈现出管理加强、改革深化、服务拓展的良好态势,为促进全市经济社会可持续发展提供水利支撑和保障。

【水利建设】 全市完成水利建设总投资8.4亿元,投资规模、重点工程数量和省以上投资都创历史新高。中央和省3个批次的扩大内需新增水利投资计划6.15亿元,其中省级以上补助3.48亿元,实施中型水库除险加固、滁河应急消险、湫湖泵站改造等27个项目。目前,已完成金牛山水库、滁河应急治理等14个项目,方便水库、湫湖泵站改造等13个项目正全面抓紧建设,全市扩大内需项目总进度达70%。三个主要流域重点防洪工程建设统筹推进,完成秦淮河支流二干河二期堤防整治6.7千米,加固滁河分洪道划子口河堤防4.5千米,基本完成水阳江流域茅东闸拆建工程,全市135座重点病险小型水库已累计完成105座。

【防汛防旱】 做好汛前准备,加大查消险力度。完成防汛、防旱、防台、水库等8个方面10项应急预案,各区县编制修订各类预案近300个。完成县级以上消险工程162项。全市共组建防汛抢险队1292支,合计55237人;储备防汛物资木材2368立方米,“三袋”430万条,块石19万吨,土工布11万平方米。5月份,全市防汛防旱指挥系统建成并全面投入使用,实现信息的迅捷收集、传输、分析和共享,进一步提升防汛抗旱预警预报和科学决策的水平。5月下旬局部干旱,各地统筹做好河湖水库及塘坝的抗旱蓄保水工作,启用泵站390处,投入机械1400台套,共翻引水2.1亿立方米,有效保障生活、生产用水需求。7月份局部发生大暴雨,市区县各级迅速行动,积极应对,紧急安排防汛机动队支援抢险排涝,把雨涝影响程度降到最低。

【水政执法】 加强政务公开和权力阳光运行机制建设,逐步推进“窗口”升级。建成“南京水利行政服务大厅”,完善相关制度,对行政权力运转流程及岗位责任进行固化,建立提醒、催办和监督机制,办理的8件行政许可全部在5个工作日内办结。率先启动地方法规的立法后评估,对《南京市防洪堤保护管理条例》实施后的社会绩效进行评价;围绕执法与管理一体化,开展整合基层执法管理力量试点,摸索提高基层执法管理效能的经验。推进执法队伍规范化达标建设,所有大队全部按期达标,中队达标率85%;参加全省水政执法技能竞赛;开展“百湖执法大检查”,查清各类违规占用1271处。全年共出动执法人员19600人次,制止水事违法行为605起,立案查处49起,拆除违法搭建15500平方米,清除违章种植609亩,有效地维护了水工程设施的安全和水事秩序。市政府成立了禁采工作领导小组,加强执法基地和集中停泊点建设,全年共出动执法船1350航次,抓获非法采砂船只126条次,其中扣压98条次,保持江面可控。经市依法行政领导小组考核评定,局2009年依法行政工作在全市行政机关中位列第一。切实加强水利宣传,南京水利网发布水利要闻1100余条,《南京日报》报道水利工作近108篇,市委、政府两办采用水利信息近75条。

【水利管理和服务】 以创建国家和省市级工程管理达标单位、水利风景区为引领,整体推进工程管理工作,完成1个国家级、2个省级水管单位、4个市级小型水库管理单位的创建工作，新增珍珠泉、天生桥河2处国家级水利风景区。水管体制改革逐步深化，全年落实市以上管理经费2000余万元，管养分离、委托管护等模式加快推进，全市43家水管单位近1/4实行了新型管护模式，水利工程管理面貌焕然一新。水库移民后扶工作稳妥推进。累计完成后扶项目338个，完成项目投资和拨付直补资金近9000万元，移民生产生活改善。工程建设管理日趋规范。出台建设市场监管、安全质量监管等7项建设管理制度。加强招投标管理，建立招标代理库，修订细化评标办法，全年120余项水利招标项目全部公开、公平、公正。开展文明工地创建工作，组织进行7次专项安全生产检查，全年无大的安全生产事故。强化对83个扩大内需和规模以上重点项目的监督检查，共发放书面整改函件20份，确保工程进度和质量。落实市委市政府“五服务”要求，出台《关于服务企业、服务项目的实施意见》，从简化办事流程等6个方面提出20条具体服务措施；将28种违反水法规的行为细化为121种自由裁量情形并进行网上固化；明确15项具体违法行为实行“三不处罚”；制定水利规费的减免政策，减免部分单位的河道堤防占用补偿费，减轻企业负担；高效服务沿江造船带、龙潭港、高铁和江心洲生态科技园等涉水项目审批和建设。建管中心、水资源管理中心、机动抢险队3家局属单位通过了档案达标创建。开展重点水利规划和重点水利建设项目科技咨询活动，完成7期600余人次的业务培训工作。

【农村水利建设】 以服务新农村建设、服务现代农业发展和改善农村水生态环境为重点，积极推进农村民生水利建设。全年共完成182条县乡河道和近1600面河塘清淤，完成清淤土方2500万立方米，改善216个村庄用水条件和居住环境，浦口、六合、江宁、雨花台、栖霞5个区提前完成“十一五”规划清淤任务，江宁等区新一轮清淤整治率先启动。完成农村泵站改造80座，改善农田排灌面积11.5万亩。新扩建丘陵山区塘坝500座，增加蓄水1000余万立方米，105个村的生产生活用水条件得到改善。通过综合治理，59平方千米水土流失面积得到有效控制。总投资5000余万元的江宁区中央财政小型农田水利重点县和浦口、六合、高淳、溧水等区县专项工程建设工作全面展开。扎实开展“一区两县”及9个经济欠发达镇水利帮促工作，协助市发改委解决了11余万农村居民饮水不安全问题。落实了农水工程管护经费，用水户协会管理等新模式稳步推行，水利站文明创建逐步深化。

【节水型社会建设】 围绕创建目标，对照节水规划，全面加快推进节水型社会建设各项工作。共完成节水型企业、灌区、高校和小区50个，完成节水示范点、节水技改项目34个。全市万元GDP取水量下降到107立方米，灌溉水利用系数达到0.62，工业节水能力新增4800万立方米/年，水功能区达标率达58%，年节约水资源量约5.5亿立方米，减少污水排放约4亿立方米，对照规划，五大项主要节水指标已有2项提前实现。全市节水型社会建设通过水利部中期评估验收，得分在长江流域参评城市中位居第一。完成了“2234”水利系统年度工作任务，开展以水库为重点的饮用水源地安全状况普查，实施了固城湖水环境综合整治行动等水生态保护与修复试点工作，组织开展了长江夹江饮用水源地突发环境事件应急处置演练。认真做好河道保洁，加强秦淮河流域河道水质巡查，实施6闸联控，全年调引江水近4亿立方米入秦淮河，较好改善了城市水环境。加强取水许可和计划用水监督管理，计划用水率达到100%，对全市112个水功能区、26口地下水动态监测井开展日常监测，完成了长江、外秦淮河等249个各类排污口和排污河道普查。启动了市水资源管理信息系统建设。

【项目前期工作】 水利规划体系进一步完善。全面完成市级水资源综合规划,7个区县水资源综合规划;配合城市总规修编完成了总规中城市防洪专项规划,新一轮南京城市防洪规划修编工作已着手启动,高淳、溧水、六合、浦口、江宁5个区县中心城区防洪规划全面完成并通过审查;各专项水利规划有序推进,完成了中小河流治理、水利血防、中型水闸和灌区改造等规划,编制完成2010～2015年农田水利建设方案。滁河治理等三大工程立项取得较大进展。滁河、水阳江、长江新济洲河段防洪治理可研已经国家发改委、水利部完成了项目审查评估,项目估算总投资约20多亿元,力争在2010年通过立项后开工建设。重点水利项目前期工作推进有序。完成了二干河治理三期、汤水河整治、湫湖泵站改造、三江口节点加固、淳东灌区改造九期等项目报批立项,八百河等4条中小河流整治、相国及蛇山泵站改造、7座中型水闸消险等重点项目立项工作扎实推进,启动长江八卦洲汊道整治项目前期工作。

【创建全市首家国家级水管单位】 市三汊河河口闸管理处成立以来,通过内强素质、外树形象、规范管理,2006年获得"水利部优秀设计金奖",2008年获得"中国优质工程大禹奖",2009年获得"全国水利系统先进集体";以积极开展国家级水管单位创建工作为抓手,全面提升工程管理水平,创建工作高分通过国家级水管单位验收,填补全市无国家级水利工程管理单位的空白,成为集"设计、施工与管理"3个全国水利系统最高荣誉于一身的工程管理单位。

【行业发展】 一是建成南京水利展示馆。南京水利展示馆位于三汊河河口闸管理处,展示厅总面积约800平方米,是全国唯一全面反映地方水利发展历程的小型专业展示馆。展示馆分为序厅、南京水脉展区、历代治水展区、当代水利展区和未来展望展区五部分,运用展板、模型、多媒体演示、场景、实物等展示手段,概要介绍了南京水利的全貌,是南京水利文化建设的重要成果,是宣传展示南京水利的重要载体,是广大市民了解南京水利的直接窗口。二是学习实践活动取得成效、机关作风建设加强。局系统全体党员干部450余人参加了学习实践科学发展观活动,共召开各类座谈会13次,排查征集意见建议8类136条,围绕水利规划、工程建设与管理、队伍及班子建设等8个重点方面,研究出台了25项工作意见和管理办法,经测评,群众满意率达100%。机关作风建设突出效能和服务,开展"融入基层、永葆先进"主题活动,完善处务会、处级领导干部填写网上工作日志等制度。开展文明单位创建,健全和完善局属单位内部管理制度,进行工会改选,全年局系统新选拔调整15名处级干部。出台局机关财务管理办法,成立局系统事业单位会计核算中心,开展"小金库"专项治理清理清查工作。出台《关于建立健全惩治和预防腐败体系工作意见》、《南京市水利局廉政谈话制度》等一系列规定,开展了廉政文化建设示范点、廉政文化进工地等活动。全年共办理市人大代表建议、政协委员提案22件,其中主办件12件,代表、委员满意率为100%。

(朱允强)

溧 水 县

【地方概况】 溧水县地处南京市南部,秦淮河上游,属宁镇扬低山丘陵区,东临溧阳市,南连高淳县,西与安徽当涂县毗临,西北同江宁区交界,东北和句容市接壤。全县总面积1067平方千米,辖7个镇,一个省级开发区,91个行政村,2个国有农林场圃,总人口41万,耕地3.07万公顷。"十一五"期间,溧水县紧紧围绕"五年翻两番,全面达小康,建设新溧水”中心目标，大力实施“工业立县、三产兴县、科教强县、环境优先”四大发展战略，先后荣获“国家级生态示范区”、“长三角最具投资价值县”、“全国食品工业强县十大特色县”、“国家园林县城”、“法治江苏合格县”、“江苏省路政管理示范县”等荣誉称号。2009年，全县实现地区生产总值192亿元，同比增长16.2%；实现财政总收入23.65亿元，同比增长35%；地方一般预算收入14.42亿元，同比增长44%；全社会固定资产投资165亿元，同比增长38.7%；工业固定资产投资140亿元，同比增长39.9%；社会消费品零售总额59亿元，同比增长19.2%；农民人均纯收入9610元，同比增长11%；城镇居民人均可支配收入22150元，同比增长11.3%。

【水利概况】 溧水境内跨石臼湖、秦淮河两个水系，是一个以丘陵山区为主的地区。境内低山丘陵面积占72.5%、滨湖、滨河圩区占27.5%，其地理位置属北亚热带向中亚热带过渡地带，四季分明，气候温和，雨量充沛，日照充足，无霜期长，水热同季。多年平均降雨量1087.4毫米，汛期平均雨量543.8毫米，多年平均风速2.7米每秒，平均相对湿度77%，年均径流深282.7毫米，径流系数0.26，径流总量4.75亿立方米，年均日照时数2240时，无霜期237天，年均气温15.6℃，蒸发量1038毫米，有利于地区经济发展，但洪、涝、旱、台风等自然灾害发生的几率也偏高。为此，溧水县委、县政府坚持从县情出发，把治水工作摆到保障溧水经济和社会事业发展、保障人民生命财产安全和提高人民群众生活质量的高度，每年都发动组织群众，大规模地开展水利建设，筑堤坝、疏沟河、整田块、修渠道、建涵闸、造桥梁，有效地提高了抵御自然灾害的能力，取得了巨大的社会效益和经济效益。据不完全统计，建国以来，溧水县共建成固定泵站394座，装机容量2.51万千瓦、544台套，总流量186.38立方米每秒，开凿机电深井9眼，共建中型水库6座、小(一)型水库15座、小(二)型水库58座，总库容1.27亿立方米。整治骨干河道6条114.46千米，开挖大中小沟2427条，修筑干、支、农渠3171条。加固堤防313千米，将175个中小圩子联并成51个具有一定防洪除涝能力的大圩；建成旱涝保收农田1.10万公顷，实施水土保持面积347平方千米，初步形成防洪、除涝、抗旱、降渍、供水五套工程体系。

【年度工作】 一是坚持以科学发展观为指导，适度超前编制各类规划。2009年配合河海大学完成《水资源综合规划》并通过专家组评审、《溧水县城防洪规划》、《小型水库水情调度预案》、《南京市溧水县节水灌溉规划》、《溧水县小型农田水利工程管理办法》、《溧水县农村河道河塘长效管理办法》、《方便水库库区生态修复工程建设方案》等水利专项规划，做到规划科学、合理、可行。全面启动“十二五”水利发展规划，及时编制《江苏省淳东灌区(溧水片)续建配套和节水改造工程规划报告》、《江苏省南京市溧水县湫湖泵站更新改造工程初步设计报告(修订本)》、《溧水县2009年度农村抗旱排涝基础设施建设和改造工程实施方案》等一批重点水利工程规划报告，全力做好全县重点水利工程项目储备，确保工程如期实施。二是自我加压，集中力量，抓好重点水利工程建设。2009年完成水利建设土石方689万立方米。完成县乡河道疏浚整治18条、土方272万立方米；完成村庄河塘疏浚整治492座、土方285.55万立方米；完成丘陵山区水源塘坝116座，新增蓄水量240万立方米；更新改造村级小泵站13座；完成中山、老鸦坝和姚家3座中型水库和7座小型水库除险加固工程，方便、卧龙和赭山头3座中型水库进展顺利，预计2010年5月底基本完工；重点实施了城西自来水增压站、城市截污管网二期工程中山河段、新增农村安全饮用水6万人等工程；完成秦淮河流域——二干河综合整治二期工程，三期工程计划2010年3月份开工，预计2011年5月底基本完工；扩大内需项目——湫湖泵站更新改造工程已开工，预计2011年5月基本完工，淳东灌区（溧水片）续建配套与节水改造工程已开工，预计2010年3月底基本完工。三是认真完善防汛防旱各类预案。进一步充实、调整、完善防汛防旱工作预案，形成《溧水县防汛防旱预案汇编》，包括《溧水县防汛防旱应急预案》、《溧水县防洪预案》、《溧水县防御台风预案》、《溧水县抗旱预案》、《溧水县中型水库大坝安全管理应急预案》、《溧水县小型水库大坝安全管理应急预案》，并通过县政府批准执行。编制了《小型水库水情调度预案》已通过专家审查，通过不断的完善，使预案更切合实际，更具可操作性，形成较完备的预案体系；认真落实了防汛防旱责任制、防汛队伍和防汛防旱物资；积极开展防汛指挥系统建设。进一步完善溧水县水利工程地理信息系统，为防汛科学决策提供强有力支持。四是强化水资源管理，狠抓节水型社会建设。坚持以取水许可为龙头，以权属管理为重点，狠抓节水型社会载体建设。完成南京飞燕活塞环股份有限公司、南京华晶集团有限公司、南京八幸药业科技有限公司、南京亚狮龙体育用品有限公司4个工业节水技改项目，年节约新水达100多万吨。完成太湖流域7个节水减排、节水减污项目，达到改善水环境，改善水质的目的；完成南京八幸药业科技有限公司和南京华晶集团有限公司开展省级节水型企业的创建工作；完成县城荣昌花园节水型小区创建、溧水县第二高级中学节水型单位创建活动；完成永阳镇石巷灌区节水型农业灌区创建和南京小洋人生物科技发展有限公司节水示范点建设工作。狠抓水功能区水质监测，设立水质监测断面21个，实现水功能区水质监测率达100%，饮用水源地监测率达100%。五是坚持依法治水，加大水务宣传力度。结合“3·22”世界水日、“中国水周”、“节水宣传周”等活动，开展广场、校园、科技园和小区宣传4次；向市民发放宣传品、资料上万份；每月编写一期《水政水资源工作动态》，将水资源管理、保护、水质监测等工作信息，及时发送给上级主管部门、县政府分管领导和各镇水务站、局直属水利工程管理单位，让他们及时了解和掌握水务局的主要工作和水政水资源方面的工作开展情况；进一步完善《溧水县水务局行政执法责任制》，规范行政许可行为。2009年，县、镇两级共组织出动挖掘机15台次、人员500余人次，清除违章搭建4处220余平方米、施工弃土1200立方米、违章垦殖140亩，全年未发生一起行政复议及行政诉讼案件，违章案件能在案发初期得到及时处理，结案率达100%。六是水库移民后扶工作取得显著成效。自2006年6月开展中型水库移民后扶工作以来，溧水县共发放移民后扶资金745万元，建设移民项目147个，总投资1446万元。重点实施一批农村道路、农村饮用水安全和农村广电、卫生设施工程的建设。极大地改善了移民区群众的出行和生产生活条件，提升了建设社会主义新农村的指数，受到省市好评。

（葛元见）

无 锡 市

【概况】 2009年，无锡水利系统以党的十七大和十七届三中、四中全会精神为指引，以科学发展观为统揽，进一步解放思想，创新思路，集中加快水利基础设施建设，全力推进太湖水环境综合治理，水利各项工作呈现良好的发展态势，取得了“三大突破”：一是无锡市水利局首次获评“全国水利系统先进集体”荣誉称号；二是无锡市太湖闸站工程管理处通过国家级水利工程管理单位验收、宜兴横山水库管理处通过国家级水利工程管理单位复验；三是梅梁湖泵站工程获评全国水利工程最高奖项——“大禹奖”。

【水利建设】 2009年，无锡市抓住国家扩大内需的良好机遇，加快了重点水利工程建设步伐。一是太湖引排工程。走马塘拓浚延伸工程正式开工建设，该工程是改善无锡市东部地区水环境，减少入湖污染，确保望虞河引江济太水质的一项治太重点工程，建设总投资26.12亿元，建设工期36个月；新沟河延伸拓浚工程和望虞河西岸控制工程可研报告通过水利部水规总院技术审查，将报国家发改委审批，争取2010年完成初步设计报批工作，开工建设；完成武澄锡引排工程竣工验收。二是城市防洪年度工程。城市防洪工程运东堤防三期瓦屑坝、新西、高桥闸站改造工程全面完成；山北南圩、盛岸联圩达标建设工程基本完工；运东外围堤防及水系调整工程惠山段完成总工程量的95%，锡山段完成6座泵站建设以及安镇刘佑圩堤防加高加固；梁溪河西部地区防洪排涝工程新建5座涵站及4条河道的整治工程全面完工，并通过法人验收。三是地方基建工程。完成大渲河泵站工程、蠡湖隧道东侧步行闸桥工程建设；启动新一轮城区河道综合整治；建成4座藻水分离站并投入运行。

【太湖治理】 按照中央、省、市关于太湖治理的工作部署，全力做好治太各项工作，确保了太湖安全度夏。一是实施生态清淤。太湖梅梁湖生态清淤2008年度工程于2009年5月底全部完成，清淤面积6.511平方千米，清淤方量144.3万立方米。梅梁湖生态清淤月亮湾试点工程于5月初开工建设，9月底完工，完成清淤面积1.76平方千米，清淤方量53万立方米。与此同时，对贡湖、梅梁湖清出淤泥实施了淤泥固化，共固化淤泥200多万立方米。二是开展调水引流。充分利用现有水利工程，结合市防汛形势与水质状况，有针对性的开启城区调水泵站，引清释污。2009年，无锡城区河道调水总量达到2.6亿立方米；“引江济太”入贡湖水量4.88亿立方米；梅梁湖泵站累计调水5.5亿立方米，大渲河泵站累计调水1.6亿立方米，持续稳定的调水引流改善了水源地水质，推动了断面水质达标。三是组织湖泛巡查。根据《无锡市太湖湖泛巡查及应急处置预案》，明确对“湖泛”的事件分级、响应机制、组织体系、责任主体、巡查监测和应急处置要求，从4月份开始组织对太湖西岸大浦港-竺山湖-梅梁湖-贡湖段实施“湖泛”巡查，沿湖宜兴、滨湖、新区等地也统一对辖区内水域组织巡查，做到第一时间发现，第一时间处置。四是推进蓝藻打捞与无害化处理。经过两年多的探索，无锡在蓝藻打捞处理上形成了一条专业化队伍、机械化打捞、工厂化处理、资源化利用的科学合理的技术路线和工作机制，取得了机械化打捞作业、藻水分离和资源化利用的三大技术突破，实现了由人工打捞向机械化打捞转变、由群众打捞向专业化打捞转变、由堆场堆放向资源化利用无害化处理转变、由政府包揽向政府政策推动与企业市场化引导相结合转变、由应急应对向科学监测预警转变的五个转变。两年来共建成投运5座藻水分离站，初步形成蓝藻打捞处理产业链。2009年，全市累计打捞蓝藻70.9万吨(含藻水分离站自吸处理蓝藻16.9万吨)，相当于从水体中清除了189.1吨的氮和47.3吨的磷，为治理太湖、保护水源，确保太湖安全度夏提供了有力保障。

【防汛防旱】 一是全面落实防汛工作责任制。汛前，各级防汛指挥部机构成员调整完毕。长江、太湖、望虞河大堤、水库及重要圩区的防汛行政与技术责任人在《无锡日报》上公布，接受社会公开监督。各地落实了指挥部成员分工包片及技术人员包村、包圩、包堤等分级包干责任制，明确责任，加强监管。二是重新修订预案。针对新的水情工情以及加强台风防御工作的要求，市各级防汛指挥机构对各类防汛预案进行了修订完善，并报上一级防指部门备案。三是落实防汛物资和抢险专业队伍。全市共组建抢险队伍 1054 个，总人数 29596 人。汛前，各地防汛抢险队伍都开展了防汛实战演练，进一步提高了防汛应急抢险实战能力。全市共储备防汛物资（包括镇级）草包 14.8 万只，编织袋 312.32 万只，木材 2111.25 立方米，毛竹 5.247 万枝，树棍 5.11 万根，铁丝 26.88 吨，元钉 9.153 吨，柴油 203.2 吨，块石 17900 吨，土工布 18.5 万平方米。四是加强信息化管理。完成全市水利信息化系统整合工作，提高了信息的共享性，做好防汛信息化系统的日常维护和调试，确保系统运行正常。面对强降雨、高水位，市防指联合调度水利工程，及时启动城市防洪工程，预降水位。2009 年汛期，除梅雨期出现一次较大降雨外，7 月 21 日至 30 日出现持续降雨过程，雨量超过常年同期的 3～4 成，太湖平均水位自 7 月 29 日超警戒水位后持续上涨，8 月 16 日达到最高值 4.23 米，为本世纪最高水位。第 8 号台风“莫拉克”对全市特别是宜兴造成了较大影响，宜兴 12 座水库出现溢洪，横山水库水位刷新建库以来最高水位记录。面对汛情，全市紧密配合，积极防控，科学调度，在坚决不向太湖排水的情况下，依靠已建的城市防洪大包围工程，妥善处理好防汛与调水引流、防治水患与改善水环境的关系，江阴沿江各闸充分利用长江低潮位开闸排水，有效控制了锡澄地区河网水位。沿太湖、望虞河西岸所有闸站严格执行关闸挡污，取得了防汛排涝与保护水源的双赢。水利工程在防御自然灾害、保障经济社会稳定发展方面发挥了重要作用，取得了显著效益。

【水政执法】 一是开展“百湖执法大检查”活动。市水利局成立专项活动领导小组，制订活动方案，于 4 月底开展汛前交叉执法大检查活动，采取水利、公安互动，水政监察三级联动的做法，对辖区内所有湖泊、水库、重要水域的开发、利用和保护情况进行执法检查，逐项登记建档，按照“边检查边处理”的原则，依法及时纠正或严肃查处了一批重大水事案件，处理了一批历史遗留问题，取得了很好的成效。据统计，专项活动中，全市共出动执法人员 4518 人次，执法车 1261 台次，执法船 89 艘次，检查各类涉水项目 336 个，填写登记表 684 份，查处违法行为 206 起，立案查处 23 起。二是完成防汛清障任务。汛前，支队联合防办在全市开展为期一个月的“全市水政联合执法月”活动，集中力量清除河道管理范围内各类阻水、违章建筑物，对在行洪通道内设障、违章搭建等行为，坚决依法予以清除，对可能影响行洪安全的行为，责令当事人采取相应补救措施，制定详细防汛预案。三是完成长江采砂“强化管理年”工作任务。严密防控长江江阴段非法采运砂行为（含过境非法船），认真计划、组织、实施“长江非法采砂集中整治月”和省砂管局组织的“09 迅雷”等专项打击活动。联合江阴大队、无锡、江阴水警、海事局开展集中打击长江非法采砂活动 4 次（分别是“巡江行动”、“集中整治长江澄通河段非法采砂行动”、“清江行动”、“集中整治行动”），出动执法人员 200 余人次、执法船 4 艘次，有效维护了长江航运安全和河势稳定。四是加强法制宣传。除利用“世界水周”和“中国水日”集中宣传外，还着力强化执法过程中的宣传工作，直接向当事人宣传水法律、法规，使其了解法律条款，明确违法事实，效果非常明显。同时，加强媒体曝光，以案说法，提高了全社会的水法制意识。据统计，2009 年，全市共组织执法巡查 1950 次，依法严肃查处水事违法行为 280 起，立案查处 23 起，查处率为 100%，无行政复议和诉讼行为的发生。

【水资源管理】 一是抓好节水型社会建设试点。全市共创建省级节水型企业（单位）14 家、八大行业节水行动项目 6 个、节水示范项目 16 个、节水型高校 4 个、节水型灌区 2 个、节水型社区 4 个、太湖治理节水减排项目

3个、零排放示范企业1家、重点节水技改项目3个。二是强化对重点水功能区的水质监测。4月份进入蓝藻预警期后，市水利局会同无锡水文分局加强了对辖区内重点水功能区的水质监测，加密了监测频次，为科学决策提供技术依据。三是从严控制在用地下水井开采量。年初下达各类地下水开采计划总量775万立方米，其中浅层地下水308万立方米、深层地下水467万立方米，并要求各地加强管理，防止地下水开采反弹，严格落实本行政区域的开采计划。四是规范两费征收。及时调整征收标准，确保圆满完成“两费”征收目标。

【农村水利】 全市共完成农村水利建设总土方1932.6万立方米，其中县乡河道疏浚土方1010.9万立方米，村庄河塘疏浚整治土方707万立方米；加高加固圩堤88千米，土方101.8万立方米；新建圩口闸14座，改造圩口闸23座；新建机电泵站65座，改造机电泵站191座；修建防渗渠道266千米；修建小沟以上建筑物964座；新建塘坝10座，改建塘坝30座；新增有效灌溉面积3万亩；改造中低产田4万亩；恢复治理水土流失面积16平方千米。农村水利现代化示范工程建设顺利进行，全市完成创建农村河道综合整治示范村25个、万亩圩区达标建设2个、农村水利现代化示范园区4个。农村河道长效管理在巩固成绩、提高质量的基础上，取得新进展，全市已有95%以上的农村河道落实长效管理。宜兴市、锡山区、惠山区、滨湖区等4个市(县)、区提前完成“十一五”农村河道疏浚整治规划目标任务，顺利通过省级农村河道疏浚整治工程整体验收。无锡成为全省第二个全面通过省级农村河道疏浚整治工程整体验收的地级市。

【河道整治】 2009年，第二轮城区河道综合整治第一批17条河道整治工程基本完成，整治长度25.2千米，清淤42.1万立方米，新建各类护岸14.05千米，加固整修护岸10.53千米。整治后河道按照属地原则移交相关部门管理，水利部门积极配合组织检查考核，确保保洁质量。按照市委、市政府的部署，“河长办”(设于市水利局)牵头负责“河长制”日常管理，并对全市省、市、市(县)区、镇四级河道实施全覆盖的“河长制”和“片长制”管理。2009年，全市落实“河长制”管理的河道达到1280条，河道长效管理机制日趋完善，管理模式不断创新，管理考核更加严格。

【工程管理】 一是加强河湖管理。2009年10月1日，《无锡市河道管理条例》正式出台，这是无锡市河道管理的首部地方性法规，在河道规划、整治、保护等方面作了许多有针对性的规定，为河道依法管理与保护提供了强有力的法制保障。二是规范涉河建设项目审批。认真履行有关法律法规赋予的河道管理职责，在河道管理范围内严格控制商业开发行为，依法规范基础设施建设项目，对确需占用河道管理范围的，严格按照水法律法规和规划要求进行审批。进一步强化了涉河监督管理措施，加强建设项目方案审查，落实涉河建设项目论证和防洪影响评价制度，从初步设计、施工组织到建成后的运行管理都进行紧密跟踪，及时指导解决有关涉河技术难题，更好地保障社会经济可持续发展。全年共完成涉河建设项目和有关活动审批16件，涉河建设项目技术审查30余件。三是认真组织达标创建。市太湖闸站工程管理处通过国家级水利工程管理单位验收，宜兴市横山水库管理处顺利通过国家级水利工程管理单位复验，全市水管单位工程管理水平在原有的基础上又有了新的提升。四是加强水库安全管理。完成了全市18座水库大坝安全管理应急预案编制工作，并逐一明确水库大坝政府、主管部门、管理单位三个层次安全责任人。组织了2次水库安全管理专项检查，掌握水库安全管理第一手资料。五是坚持开展白蚁防治。全市累计投放灭蚁灵16980包，完成了对江阴8.5千米江港堤白蚁防治达标复查验收及滨湖区马山马圩南大堤1.8千米达标复查段验收。

【水利科技】 近年来，无锡市重点水利工程建设中广泛应用新工艺、新技术、新材料，水利科技的作用日益显现。2009年，市水利局共向省水利厅申报了8个科技项目，其中，《水工钢结构防腐蚀材料的应用与推广》等3个项目分别获得省水利科技优秀成果一、二、三等奖，《低扬程大型泵站装置特性研究》项目荣获无锡市人民政府颁发的科学技术进步三等奖。无锡市水利局被评为“2004～2008年度江苏省水利科技工作先进集体”，另有2人被评为江苏省水利科技工作先进个人。

【机关建设】 2009年，无锡水利以“强基础、抓规范、争领先”为指南，充分发挥基层党组织的战斗堡垒作用，全力推进“强基工程”建设，形成了机关党建工作与文化建设双向齐推的良好局面。一是组织开展“在和谐中奋进”、“援疆干部谈体会”等主题教育活动，不断创新党建思路和党建实践，开启水利党建新模式，被授予“全市基层党建工作示范点”荣誉称号，在市级机关中走在前列。二是以提升机关党员干部执行力为重点，继续深化推进ISO9001国际质量管理体系建设，市太湖闸站工程管理处继局机关之后也顺利通过了认证，国际质量管理理念贯穿于机关建设与工程管理中，进一步提升了工作效率和效能。三是开辟水文化论坛，在水利系统内营造积极进取、求实创新的良好工作氛围。

（曹莉莉）

滨湖区

【自然经济社会概况】 滨湖区位于长江三角洲腹地，江苏省东南部，无锡市西南部。南依太湖，北接北塘、惠山两区，东连南长区、新区，西临常州市武进区。水陆交通便捷，环太湖高速公路、锡宜高速公路、京杭大运河穿境而过，张家港、江阴港、天锡机场、上海虹桥机场、浦东机场、南京禄口机场近在咫尺。总面积629.44平方千米，其中陆地面积257.76千米，耕地面积3681公顷。境地土地肥沃，物产丰富，青山绿水，景色秀丽，三次产业发达，经济繁荣兴旺，是近代民族工商业和现代乡镇企业的发祥地和中国吴文化的发源地之一。滨湖区属亚热带季风海洋性气候，四季分明，热量充足，降水丰富，雨热同季，年平均气温15.5℃，适宜气温10～28℃可达220天，常年主导风向为东南风，年平均降水量1048.0毫米。2009年末，全区常住人口67.32万人。滨湖区辖胡埭1个镇，马山、雪浪、蠡园、华庄、太湖、河埒、荣巷、蠡湖8个街道以及无锡太湖国家旅游度假区、江苏省蠡园经济开发区、江苏省无锡太湖山水城旅游度假区、江苏省无锡经济开发区、无锡太湖新城科教产业园等5个省级以上开发区。2009年，全区实现地区生产总值(GDP)428.02亿元，增长11.6%。全区完成财政总收入76.2亿元，增长8.2%；财政收入占GDP的比重为17.8%；其中一般预算收入42亿元，增长24.7%。财政支出31.12亿元，增长12.1%。

【水利概况】 滨湖区南临太湖，水资源丰富，水资源总量26750万立方米，人均水资源量630立方米。现有用水户124户，其中非农业用水户78户，农业用水户46户。非农业用水户中地表水用户为53户，地下水用户为25户。农业用水量为3050万立方米，其中河道取水2945万立方米，湖泊取水105万立方米，工业用水620万立方米，其中江河取水507.3万立方米，湖泊取水112.7万立方米。生活用水为285.6万立方米。其中，地下水取用38.6万立方米，其中湖泊取水247万立方米。全区1镇8街道共有河道443条、总长452.66千米，其中省级河道1条：江南运河；

市级河道5条:直湖港、双河(张舍塘河)、梁溪河、曹王泾(梁塘河)、长广溪;区级河道26条;镇村级河道411条;有家塘231个,面积30.06万平方米。其它重要河道有:古竹运河、骂蠡港、庙桥港、壬子港、小溪港(蠡河)、南大港。滨湖区政府历来十分重视水利基础设施建设和防汛工作,兴建了大量的水利工程,形成了较完善的防洪、排涝、灌溉水利工程基础设施体系。(1)太湖大堤工程:滨湖区太湖岸线全长112.6千米,其中已建成堤防及口门建筑物的有:国家级太湖大堤38.704千米,地方太湖大堤7.948千米。口门建筑物14座、排涝站7座;另外,区内有市直管太湖大堤2.185千米,口门建筑物6座。(2)圩区建设工程:全区有万亩以上圩区1个,千亩以上重点圩区6个,零星小圩区7个,圩区保护面积49288亩,保护人口3.9万人。圩堤总长56.46千米,建成防汛石驳46.47千米,建有圩口防洪闸10座,排涝站24座,排涝流量57.8立方米每秒,排涝动力4016千瓦。(3)排涝站工程:全区共有排涝站43座97台套,排涝流量67.8立方米每秒,排涝动力4727千瓦,水闸25座。(4)灌溉站工程:全区拥有146座灌溉站,177台套,灌溉流量47立方米每秒,灌溉动力2561千瓦。(5)田间防渗渠道:建成各类防渗渠道合计136.428千米。(6)塘坝(库)工程:建成塘坝(库)4座,总库容32.1万立方米。滨湖区水利局是滨湖区主管水行政的职能部门,内设党政办公室、综合计划科、水利建设科、工程管理科、行政许可科、水政水资源科等6个职能部门,下设滨湖区水利管理总站、滨湖区水资源管理所、滨湖区水政监察大队、滨湖区河湖堤闸管理所、滨湖区贡湖堤闸管理所、滨湖区水利重点工程建设管理处等6个事业单位。局机关共有高级技术职称3人,中级技术职称7人、初级技术职称25人。滨湖区共设有8个水利站,分别为胡埭镇水利农机站,马山水利农机站、荣巷街道水利农机站、蠡湖街道水利农机站、华庄街道水利站、雪浪街道水利农机站、蠡园街道水利农机站、太湖街道农机站。

【年度工作】 一是水利建设。2009年,全区共完成水利建设投资2.1亿元,占计划的110%,完成土石方159万立方米,占计划的102%,新建、翻建护岸石驳4040米,新建水泥明排沟4200米,改造防渗渠、地下渠1000米,新增节水灌溉面积350亩,加高加固圩堤710米,新建泵站2座、水闸2座,翻建泵站2座,新建下水道8500米,新建防汛公路700米等。主要完成了梁溪河西部地区防洪排涝工程、蠡湖周边河道水系调整工程、无锡市亲水河工程(滨湖段)、太湖(梅梁湖)生态清淤吴塘门堆场围堰工程、月亮湾生态清淤2008年度试点工程、闾江口藻水分离站等。二是防汛防台。及时召开全区防汛工作会议,修订完善各类工作预案,进一步完善以行政首长负责制为核心的防汛工作责任制,建立防汛抢险队伍105支3863人,全面实行24小时防汛值班和领导带班制度,认真开展河道清障,确保河道行洪畅通。6月底的强降雨和第8号台风"莫拉克"的侵袭,各地内河水位猛涨,最高水位达4.87米,全区共出动抗灾人员548人,投入排涝站40座91台4444千瓦、流动泵53台301千瓦,动用编织袋7000多只,基本实现了安全度汛,经受住了防汛、挡污、调水"三重压力"的考验,确保了居民、企业不受淹,农田不受涝。三是蓝藻打捞。2009年,全区共投入蓝藻打捞资金1500万元,打捞蓝藻36.34万吨、漂浮物9981吨,出动打捞人员5.36万人次、打捞船1.28万船次、运输车2986车次。闾江口藻水分离站共处理藻水67016吨、藻浆12998吨,分离出藻泥1532.3吨,继续将陈藻用于浇灌林地、苗木、绿化等,共处理陈藻28万余吨,切实提高蓝藻处理能力。抓好"湖泛"巡查及应急处置工作,7月7日、7月21日马山灵湖码头、蠡园街道喇叭口分别出现小范围"湖泛"

现象，巡查、监测人员及时发现水质变化情况，并做好跟踪、监测工作，基本做到了及时预警、及早发现、及时处置。四是河道整治。结合“两整两创”活动，深入开展“河长制”管理工作，切实改善水环境质量，营造良好的水生态环境。2003～2009年滨湖区农村河道疏浚整治工程通过了省级达标验收。2009年，完成沿太湖入湖河道上溯10千米、横向支浜等28条河道的清淤工程，清淤土方94.19万立方米、长度43.42千米；创建精品河道6条、精品家塘4个；全区1442只入河排污口完成封堵1421只；加强河道长效管理，落实专(兼)职河道保洁员597人、打捞船只250条，聘请义务监督员130人，与沿河568家单位和19903户居民签订了卫生自律书。五是沿湖管理。抓好关闸挡污工作，沿湖14座水闸常年实行关闸挡污，落实堵漏措施，防止内河污水流入太湖；抓好沿湖滩地管护工作，年初，投资50万元，对太湖大堤近75万余平方米芦苇滩地实施割除养护，落实护堤员对芦苇滩地加强管理和巡查，最大限度地发挥滩地吸附氨氮功能；抓好调水引流工作，小溪港闸坚持每天连续换水7小时9.6万立方米，促进断面水质达标。六是节水型社会建设。深入推进区内节水型企业、高校和节水示范项目创建工作，减少污染物排放量，共创建省级节水型企业1家、市级节水项目2个、节水推广项目1个、重点节水技改项目2个。

(刘美玲)

徐　州　市

【综述】 2009年度，全市水利系统广大干部职工紧紧围绕加快振兴徐州老工业基地、加快建设特大型区域性中心城市目标，坚持水安全、水资源、水环境统筹协调，强化“为发展、为基层、为民生”服务意识，调整治水思路，创新治水实践，努力提升徐州水利在更高水平小康社会建设中的基础保障作用，实现了水利事业新的跨越，全市累计完成水利建设投资15.3亿元，为全市经济社会持续、快速、健康发展提供了有力的支撑。

【水利建设】 2009年全市水利建设继续保持高强度、大投入的态势，续建、新建南水北调、东调南下、中小型水库除险加固、地方基建、城市防洪、市城建重点工程等58项，其中续建31项、新开工27项，截至年底落实结转及新开工项目总投资达16亿元，完成投资15.3亿元，超额完成年初制定的15亿元的投资目标。同时，有23项工程通过阶段验收，6项通过投入使用验收，3项通过竣工验收，另有23项工程正在做验收准备工作。治淮项目：中运河骆马湖堤防加固工程完成投资4.28亿元，主体基本完成；沂沭邳治理工程完成投资2.77亿元，进展顺利；中运河影响处理旧河头西站工程基本完成；黄墩湖滞洪区安全建设2009年度工程全面完成；刘集桥工程基本完成；南四湖湖西大堤省界插花段6.23千米加固工程有新突破，北丁官屯缺口已封堵，正进行护坡，其余项目均已完成。区域治理项目：陈楼河治理项目基本完成，龙固杨屯洼地治理等项目全面完成，已发挥防洪排涝效益；湖西洼地治理工程初步设计正在审批，复新河洼地治理工程开工建设。小型水库除险加固建设完成23座，有15座通过阶段验收，蓄水运行。实施故黄河(李庄闸～六堡水库)治理、金龙湖防护工程、奎河综合整治工程和泉山森林公园龙泉湖防渗工程。

【防汛防旱】 (一)雨水灾情。2009年全市降雨总体偏少，但汛期来得早，较常年提前。全市平均降雨量742.4毫米，较多年平均值823.1毫米，偏少10%。其中，1～4月份平均降雨量72毫米，比多年同期平均值120.1毫米偏少40%，全市出现了40年未遇的春旱;汛期(5～9 月)降雨量 628.2 毫米,与多年平均 636.2 毫米基本持平,但降雨时空分布不均,东部降雨多于西部、南部;汛期中 5、6、8 月份全市平均降雨量比多年同期降雨偏多,7、9 月份均偏少,5～6 月份全市平均降雨量 232.7 毫米,比多年同期平均值 169.2 毫米偏多 37.5%,汛期点最大降水量 983.2 毫米(铜山县张集镇),点最小降水量 410 毫米(睢宁县李集),最大值是最小值的 2.4 倍。至后汛期,降雨又持续偏少,9 月份全市平均降雨 38.5 毫米,较多年平均值 76.7 毫米,偏少 49.8%,10 月份全市平均降雨仅为 12.6 毫米(其中 10 月 31 日～11 月 1 日全市平均降雨 10.6 毫米),较多年平均值 39.9 毫米偏少 68.4%,出现了不同程度的秋旱。整个汛期中,沂河洪水过程较多且洪峰流量较大,沭河洪水过程偏少,洪峰流量较小,南四湖、运河沿线水量充沛,运河洪水持续时间较长。2009 年全市的灾情主要是旱灾,尤以春旱为重。据统计,全市有 529.5 万亩作物受旱,其中,轻旱 226.2 万亩,重旱 296.3 万亩,干枯 7 万亩,造成直接经济损失 4.06 亿元,其中农业损失 3.68 亿元。

(二) 防汛防旱。去冬今春抗旱工作成效显著,汛期安全度汛,将灾害损失降到了最低限度。一是防汛。扎实做好防汛基础工作,认真开展水利工程汛前大检查,抓好各类预案的修订,完成了《徐州市主要水利工程调度运用方案》、《徐州市防御台风预案》、《黄墩湖滞洪区运用预案》、《徐州市城区防洪应急预案》等预案。超额储备草袋和编织袋 70 万只,块石 3 万吨,土工布 4.7 万平方米,彩条布 2.2 万平方米,钢管 50 吨等防汛抢险物资。加强防汛指挥系统建设和维护,重点加强了防汛会商室、值班室建设,增建了大龙湖刘桥闸上下游、双山水库等 4 处水、雨情遥测站点。加强对市、县级防汛指挥系统网络以及水雨情遥测系统的检查和维护。2009 年汛末,我们坚持“适度超前”的原则,拦蓄雨洪资源,初步实现了由控制洪水向管理洪水、由被动抗旱向主动防旱的转变。二是抗旱。去冬今春,全市出现 40 年未遇的春旱。市委、市政府及时召开抗旱调度会和全市抗旱工作会议,科学有效应对重大旱情,将灾害损失降到最低。2 月份,国务院、省政府先后 3 次派出抗旱督导组来市检查指导抗旱工作。据统计,全市累计投入抗旱人数 30 万人,机电井 2.11 万眼,抗旱机械 4.79 万台套,动力 28.94 万千瓦,抗旱用电 2825.6 万度,用油 2327 吨;市、县累计引提水量 4.05 亿立方米,其中抽取地面水 2.7 亿立方米,抗旱浇灌面积 372 万亩;投入资金 8279 万元,其中:地县级财政拨款 1610 万元,群众自筹 4839 万元,国家、省共下拨市抗旱经费 2130 万元。中央电视台《焦点访谈》栏目以“科学发展抗大旱”为题,向全国推广徐州市抗旱经验。

【规划计划】 全省通过水利部审核的 50 座大中型水闸除险加固项目中,徐州市占四分之一,总投资 7 亿元;列入国家计划 12 个大中型泵站更新改造项目中,徐州市占全省的三分之一,总投资 4.8 亿元,其中郑集河泵站、湖西泵站已经开工建设。全年累计新增扩大内需投资 6.29 亿元,南水北调配套工程规划徐州市分报告完成初审并报省水利厅。水系规划与市国土资源局签订地形图使用协议,规划展室装修完成。重点平原洼地可研报告完成,通过水利部复审。大中型病险水闸除险加固专项规划报告通过省水利厅和淮委审查。启动水利发展“十二五”规划编制,初稿报省水利厅。全市 12 座大中型泵站,已批复开工建设 2 座,其余 10 座正在做前期工作。黄墩湖安全建设刘集桥工程基本完成;黄墩湖徐洪河上 4 座桥梁初步设计已经省水利厅批复,总投资 3019 万元;黄墩湖避洪楼全市境内计划建设 629 幢,2009 年度省水利厅计划安排 120 幢,总投资 1971 万元,初步设计报告已上报省水利厅。完成省际边界工程包括新沂市臧圩河下段治理和丰县苏鲁边界治理 2008 年度工程，总投资分别为564万元和92万元。全市有10条中小河流列入中小河流治理规划，其中废黄河铜山段、荆马河西段、房亭河上段初步设计省水利厅已批复，总投资7270万元。新沂骆北泵站二期、沛县龙固杨屯洼地治理、丰县丰沛河治理项目完工并发挥效益；丰县复新河流域洼地应急治理和沛县湖西洼地应急治理初步设计已经省水利厅批复，总投资5504万元，其中丰县复新河流域洼地应急治理已开工建设，沛县湖西洼地应急治理工程正在进行施工准备。邳州市三沟河治理、铜山县楚河上游和龙泉河治理及九里区拾屯河治理一期由市水利局批复，其中铜山县楚河上游和龙泉河治理工程已完成。共组织6个项目参加省水利厅2009年度地方基建和2010年度区域治理竞争立项，分别为丰县丰城闸站改建、丰县沙支河配套建筑物、睢宁县小濉河、睢宁县老龙河、小沿河水源地治理和奎河市区段综合整治2009年度工程。2009年度各项城市防洪工程可研报告和初步设计已由市发改委和市水利局批复，完成投资9571万元。

【农村水利建设】 积极实施农村河道疏浚、泵站改造、饮水安全、灌区配套改造和小型农田水利设施建设，全市农村水利累计完成投资7.6亿元。农村河道，共疏浚县级河道33条1403万立方米，乡级河道214条1630万立方米，完成投资1.35亿元，完成年度计划任务的109%。村庄河塘整治完成2957条(个)、土方1800万立方米，完成投资6296万元，完成年度计划任务的107%。铜山县、丰县在苏北地区率先通过农村河道疏浚省级整体验收。农村饮水安全工程建设，共打井195眼，铺设管道1.1万千米，有效解决近100万农村人口饮水问题。灌区节水改造与节水示范项目加快建设，贾汪不牢河灌区完成河道疏浚3千米，完成投资1300万元；睢宁县凌城灌区规划报告已经省发改委、水利厅批复，总投资2.96亿元；新沂沂北灌区续建配套、丰县节水灌溉示范项目正在实施；沛县邹庄、邳州岔河等八个重点中型灌区节水配套改造项目可研报告已上报省水利厅，总投资4亿元。农田水利项目，全面完成中央财政小型农田水利工程补助专项资金项目，总投资3942万元，共新建改造泵站146座、修建渠道80千米；全面完成农村小型泵站更新改造项目，总投资3368万元，更新改造泵站250座，装机容量1.15万千瓦。2009年度中央财政小型农田水利工程总投资8442万元，其中省以上补助5500万元，目前各地实施方案已报省水利厅。

【工程管理】 2009年完成12座泵站的现状调查分析、工程现场安全检测、工程安全复核等相关工作，其中郑集河泵站、湖西泵站安全鉴定报告和可研报告通过省水利厅组织的专家组审查，已批复实施。其余10座泵站完成了安全鉴定初审工作，并申请省水利厅组织鉴定。完成小水库汛期水情调度方案审查审批和云龙湖水库大坝安全管理应急预案编制并上报市政府批准，其他4座中型水库也完成了编制、批准、上报工作；督促各地编制小水库大坝安全管理应急预案；落实省水利厅下发的《江苏省小型水库管护工作考核办法(试行)》，切实抓好小水库管理工作。对各地上报的小水库除险加固初步设计，组织有关专家进行初审上报。全市69座小型水库安全鉴定完成了63座，上报省水利厅初步设计60座；批复的47座中有39座已完成或完成主体工程建设任务。加强督促小水库实施进程，2009年11月召开全市小水库除险加固建设及水库管理工作座谈会，进一步推动小水库除险加固工程建设和管理工作。铜山县五孔桥水库完成水下工程建设任务，铜山县胡集、汉王2座水库、新沂市小冲、白龙马、高林、曹刘4座水库于11月开工建设；铜山县的倪园、吴湾2座水库于2009年2月通过竣工验收；艾山、杨庙、梁山、柴窝、雷古山5座水库接受了省级财务审计。组织有关工程技术人员，对市直水利工程进行全面检查。安排下达市直单位维修养护项目 59 项，经费 385.7 万元，养护经费 214.3 万元；2009 年争取中央大型泵站改造资金 1.6 亿元，省级下达维修项目 14 项，经费 214.5 万元，养护经费 61 万元，项目下达后，及时督促各工程维修养护项目的落实；同时，对县(市、区)2008 年度有关维修养护项目进行分组检查，并编制了市直单位养护计划。加强安全生产管理工作，5 月份组织对市直管理单位进行安全生产大检查。完成了京沪高铁跨河桥梁、104 大桥和京杭运河航道疏浚等项目申报、审批、监管。

【政策法规】 积极开展行政执法监督检查、评议考核、普法宣传和法制培训活动。开展了学习贯彻《中华人民共和国抗旱条例》活动，举办了水政监察员培训班，开展《徐州市节约用水条例》和《江苏省水文条例》专题讲座。积极组织县(市)区水行政执法骨干参加省水利厅举办的“全省水利法规培训班”和与市政府法制办联合举办的“行政执法人员培训班”，对国务院关于加强市县政府依法行政的决定、典型行政复议和行政诉讼案例分析、依法行政制度建设、水法律法规等内容进行培训。调研起草《徐州市防汛防旱条例》，并配合省水利厅做好《江苏省水政监察管理办法》、《江苏省水域管理办法》的立法调研。配合省水利厅做好《江苏省实施〈中华人民共和国水土保持法〉办法》的评估工作，结合市水土保持现状，提出修订意见和建议。按照市人大要求，结合市实际情况，分别对《江苏省水上搜救条例(草案)》和《徐州市地下文物保护办法(草案)》提出修改意见。根据省水利厅和市政府要求，积极开展市水利系统规范行政自由裁量权工作，初步拟定出各处罚事项的自由裁量情况，被市政府评为“2008 年度规范行政裁量权工作先进单位”。

【水资源管理】 一是高度重视节水型社会建设工作。全年完成了妇幼保健院等 6 家节水型企业(单位)、空军后勤学院节水型高校、九里区夹河矿小区等 2 家节水型社区的申报工作。同时还积极组织做好坝山热电厂水循环保护系统等 17 个节水示范项目的立项申报工作。积极进行节水型社会建设终期完成情况分析和经济效益、社会效益和环境效益分析等。二是水源地保护工作成效显著。成立了小沿河水源地保护管理所，配备 2 艘快艇，负责水源地的日常监督管理和监测巡查工作。三是开展小沿河综合治理工程。完成投资约 860 万元，9 月主体工程竣工并通过投入使用验收。四是加强地下水水源地管理。认真落实取水许可制度，严格实施计划开采和建设项目水资源论证，严格执行省水利厅压缩地下水任务。同时，不断加强地下水监测，完善地下水动态监测网。在市区重点水源地设立水位监测点 120 个，水量监测点 304 个，水质监测点 60 余个，完善地下水动态监测网络和统计分析资料数据库。近年来对主城区关停的 216 眼自备水源井及时采取保护措施，并将其中大部分作为专门的地下水动态观测井和城市供水应急备用水源。五是积极开展饮用水安全保障规划研究。编制完成了《徐州市区地下水水质演化及污染控制研究》、《徐州市饮用水水源地安全保障规划》、《徐州市集中式饮用水源地突发性水污染事件水利系统应急预案》等，开展了《徐州市应急备用水源地可行性研究》、《张集水源地保护方案研究》等课题研究，安排部署各县(市)、贾汪区开展饮用水源地安全保障规划的编制工作。六是规费征收。把原来自来水生活用水水资源费标准不到位的部分，统一从 0.1 元/立方米调整到 0.2 元/立方米。在自来水基本价格调整的同时，对自备井水资源费作了相应提高。全年征收水资源费 5800 万元，南水北调基金 820 万元。七是加强水功能区管理。对全市 21 条河道的 45 个重点水功能区监测断面每月进行水质监测，并编制水功能区月报。推行了饮用水源地的旬测制度，对小沿河水源地专门编制了监测方案，设置了水源地沿线和上游影响范围的12个旬测断面，与环保部门、城市供水单位建立了信息同步互动的联合保护机制。《徐州市区地下水水质演化及污染控制研究》课题荣获省水利优秀科技成果一等奖。组织开展《徐州市备用水源地可行性分析》课题研究，为徐州市备用水源建设提供了理论依据。

【水政执法】 2009年，水政支队获得市政府"贯彻《全面推进依法行政实施纲要》先进行政执法基层单位"、徐州市"百佳基层执法单位"和"规范行政裁量权工作先进单位"三项荣誉称号，并在"市级行政执法机关行政处罚案卷评查"中获二等奖。一是采取多种宣传形式，提高全民水法律、法规意识。在"世界水日"和"中国水周"期间，与徐州电视台联合举办了"水、使命、共享"主题电视晚会。同时，进一步深化日常宣传，增大宣传覆盖面。二是不断加强队伍规范化建设。强化外部监督，采用向社会和基层单位发放水利局行政执法调查问卷、制作执法程序公示牌、向社会公布举报电话、设置电子邮箱和意见箱、聘请水行政执法行风监督员等形式，随时接受社会各界的监督来改进工作。在内部监督上，加强层级监督和内部考核，全面落实"执法监督制度"和"年度考核奖惩制度"。规范执法管理，严格落实《执法责任追究制度》。进一步规范法律文书形式和内容，推广应用说理式执法文书，并将各类执法文书电子化，统一进行电脑打印并案结成档。认真开展"百湖执法大检查"专项活动，出动执法人员2000余人次，对非法圈圩、非法采砂、取土行为以及各类涉水建设项目进行执法检查并做好基础资料的收集整理工作。累计清除渔网、渔簖70处、违章坝埂14处、砂站17个，清理黄沙20万立方米，拆除违建46处，查处违章取土案12起，查处水资源案件91起，查处侵占损毁堤防案件9起，调处拒缴水资源费、堤防占用费9起。期间，还落实人民来信、电话举报31起。同时，以专项行动为契机，集中力量查处一批"历史遗留问题"和"难热点问题"，彻底解决了困扰多年的"邹庄钢厂拆迁"和"老沂河非法采砂"问题。

【科技与对外合作】 确定了《徐州市备用水源地可行性分析》、《张集水源地保护综合研究》、《七里沟岩溶水源地四氯化碳污染修复研究》和《徐州市小流域综合治理工程模式研究和应用》《城市农业化集雨高效用水配套技术试验研究》5个课题作为重点科研课题，完成了《张集水源地保护综合研究》科研项目，《七里沟岩溶水源地四氯化碳污染修复研究》、《徐州市小流域综合治理工程模式研究和应用》和《张集水源地保护综合研究》3个项目被省水利厅批准立项。对2008年省水利厅立项的《水工混凝土抗冻耐久性研究》科研课题进行跟踪管理，完成了现场试验观测、测试、撰写论文等工作。《徐州市区地下水水质演化及污染控制研究》科研项目在2009年评为省水利科技一等奖。以"打造民生水利、构建人水和谐"为主题，开展"全国科技活动周暨徐州市第二十一届科普宣传周"科普宣传活动，科技处被评为全市2009年度科普先进单位。制定了《徐州市水利科技奖励办法》，对"徐州水利"网进行改版，对各县水利局和局直属单位信息报道员进行电子政务信息写作知识培训，加强信息的录入和网站页面更新工作，网站更新信息3700多条，并做好上网信息的安全保密工作。

【组织人事】 深入开展科学发展观学习实践活动。认真做好十七届四中全会学习宣传，结合市委书记曹新平推荐的两本书读书学习活动，开展了十七届四中全会学习心得体会文章撰写评选活动。成立了沂沭邳工程建设管理局等2个基层党支部，发展党员10人，预备党员转正7人。开展庆祝建国60周年系列主题活动，积极参加全市文明单位创建活动。2009年交流调整干部11人，对6名任职满一年的科级干部进行考核，做好干部职工教育管理工作。完成了局属37家事业单位岗位设置管理调查工作，成立了奎河管理机构，调整了储运站、物资公司和刘山节制闸领导班子。

【财务管理】 本着"以收定支，量入为出"的原则，加强财务收支管理。严格各单位申报项目金额审核，做好国库集中支付工作，严格按预算控制拨款，定期分析检查2009年各项预算的执行情况。及时办理政府采购计划，对局属37个事业单位和部分建设处进行检查。2010年全局纳入财政部门预算管理单位（不包括水科所）31家，财政预算支出6211万元，顺利通过财政审核。

【纪检监察】 严格落实党风廉政建设责任制，建立完善《徐州市水利局党风廉政建设"一岗双责"工作办法》。深入开展"勤廉水利"创建活动，组织实施廉政文化"四进"工程，扎实推进行政审批改革和行风热线活动，认真开展重点水利工程执法监察，开展专项执法监察，坚决制止各种拖欠和克扣农民工工资的行为。继续加强对所辖河道收费船闸的管理与监督，加大收费船闸的软硬件建设，提高管理水平和服务质量。认真办理群众来信来访，组织开展各类业务培训和政治理论培训，有效提高了执法人员素质和业务能力，继续巩固治理河道"三乱"的成果。

【水利经济】 2009年实现经营总收入近9亿元，利润6300余万元，其中市属单位经营收入约8600万元，利润约600万元。老办公楼租金年收入316万元。发放水机厂破产职工安置补偿费256万元，补缴的养老保险等五金200余万元。大禹磁电厂全年完成销售收入3500万元，利润450万元。

（刘　奉）

常　州　市

【概述】 2009年，全市完成水利建设投资达12.9亿元，水利基础保障能力进一步提升；夺取了抗御局部雨涝灾害斗争的胜利，水利防灾减灾效益进一步显现；太湖治水和水工程调度管理取得积极成效，水利在维护水资源水环境方面的功能作用进一步发挥；民生水利发展的成效显著，水利工作与基层群众的生产生活进一步融合；水资源管理与保护工作取得重要进展，社会关注水资源、保护水生态的共识进一步增强；水利改革持续推进，部门社会管理公共服务能力进一步加强。

【水利建设】 重点水利工程建设继续保持投资加大、建设加快、管理加强的良好态势，争取省以上项目资金突破2.3亿元。病险水库除险加固推进迅速。列入2008年四季度中央扩大内需新增项目的沙河、茅东2座水库除险加固年度任务基本完成。列入2008年省除险计划的13座小水库汛期如期发挥效益。2009年省水利厅批复的11座水库除险工程全面启动。"三河三园"景观建设有序实施。北塘河和澡港河东支的驳岸、船闸和景观绿化工程如期完工，完成投资3亿元。城市防洪大包围建设扎实开展。2008年开工建设的城市防洪北塘河、永汇河枢纽已建成投运，老澡港河枢纽于10月开工。大运河东枢纽、南运河枢纽、串心河枢纽3个重要防洪节点控制工程可研通过评审，工程初设和招标工作已经开展。继续加大居民区洼地治理力度，完成市区洼地治理7处，受益居民2万余人。太湖清淤和市区清水提升工程持续推进。列入省入湖河道重点治理内容的漕桥河综合整治已经完工，完成投资4.8亿元。竺山湖生态清淤一期工程已于3月份提前完工，清淤土方86.2万立方米。2009年度市区水环境巩固提升河道的生态清淤工程，已达到年度目标要求。农村水利任务超额完成。累计完成农村水利建设投入2.91亿元，为年度计划的108%。武进、溧阳县乡河道疏浚及村庄河塘整治提前一年完成五年疏浚任务，并通过省级整体验收。水利市场化投融资力度进一步加大。通过努力，2009年水利投资公司新增银行贷款1.9亿元，土地市场化运作顺利推进，青龙生活区二宗土地成功上市拍卖，回收土地受益金4.7亿元。

【防汛防旱】 2009年汛期全市汛情总体平稳，降水量接近常年，但时空分布不均，梅雨量偏少，全市面平均梅雨量为223毫米，为历年均值的93%。梅雨期间，经历2次强降雨过程，受强降雨影响，市区及金坛城区、茅麓等地出现不同程度积水和雨洪冲刷状况。汛后期，全市受台风影响1次，影响程度一般。认真开展汛前检查。2月份就组织汛前自查和检查。对查出隐患，及时采取措施，落实度汛方案。4月下旬至6月上旬，国家防总副总指挥、水利部部长陈雷，省长罗志军，省防指指挥、副省长黄莉新等部省领导先后视察常州防汛工作，对市防汛准备表示肯定。修订完善各类工作预案。针对近年来水情、工情变化及本年度在建重点基础设施工程多、工期紧的情况，结合汛前检查发现的问题，修订市管河道防洪排涝工程调度运行方案、大中小型水库安全管理应急预案和调度方案等防汛预案，要求所有跨汛期施工的各类涉河项目都要制定落实安全度汛方案，报市防指备案。及时落实各项防汛任务。召开全市防汛防旱工作会议，及时调整防汛成员单位及其职责，落实年度防汛任务，与二市五区签订防汛防旱工作责任状；在《常州日报》公布各类工程防汛行政责任人和技术责任人，接受社会监督。与此同时，备足备实各类防汛物资，加强防汛应急队伍建设，汛前组织开展防汛知识与抢险技术培训和抢险实战演练，提高队伍实战能力。切实加大河湖清障力度。在确保城际铁路、京沪高铁等重大建设项目建设顺利开展的同时，及时查处一批随意开挖圩堤、损坏原有排水管道、施工筑坝清除不彻底等问题，确保河道行蓄洪功能的发挥。积极抗御洪涝灾害。入梅后，全市出现2次强降水过程，特别是发生在7月6～7日的第2次强降雨，对市区及金坛城区造成较大影响。暴雨期间市区数十条马路积水，165户住宅受淹，金坛有3座水库溢洪，有10个居民小区受淹。汛情发生后，各级防指行政、技术、专职巡查责任人迅速到岗到位，市防指及时调度沿江排水挡潮，市区泵站开机预降。同时报请省防指同意开启太湖武进港节制闸泄洪。汛期，沿江各闸累计排水、挡潮30天，排水1.15亿立方米，充分发挥了水利工程的减灾效益。

【水政水资源】 进一步强化水资源管理基础工作。及时下达深层地下水开采计划，加强地表水和浅层地下水开采的计划管理，对市区152家骨干企业下达年度用水计划。开展水资源费征收情况调查。建立地表水年取水量50万立方米或地下水5万立方米以上用户(含自来水厂和自备水源)的基础数据档案。强化取水许可监督管理，对新建设项目取水工程实施水资源论证和排污口设置认证，发放地表水取水许可3份，浅层地下水取水许可17份。大力推进节水型社会建设。节水型社会创建各类载体全面展开，节水宣传扎实推进。2009年创建省级节水型企业(单位、社区、高校)13家，在常高校的节水创建全部完成，争取省级节水减排技改项目21项，完成市级节水技改项目36项，年节水逾5624万立方米。武进节水型社会建设试点11月份通过省水利厅、发改委组织的中期评估。列入省太湖流域节水减排项目实施计划的21个节水项目也顺利完成并通过省水利厅组织的整体验收。进一步加大水资源保护力度。结合常州实际编制完成《常州市地表水(环境)功能区划》调整方案,对124个水功能区实施全覆盖动态监测,加强入河排污口监督管理和饮用水水源地保护,启动水资源管理信息系统一期工程建设。在武进水务一体化取得显著成绩的基础上,溧阳水务一体化管理也扎实推进。

【水行政执法】 认真做好涉河项目审批工作,与发改、规划、建设等部门加强在涉河项目审批环节的联动配合,有序开展重大涉水工程防洪影响评价工作,强化事前审批、事中监管力度。完成城际铁路、京沪高铁、中石化输油管道、芜申运河以及企业开发建设等重大项目防洪影响评价10个。进一步完善水政执法巡查责任体系,依托"百湖执法大检查"、"长江河道采砂管理集中整治月"行动,对非法占用、违法占用水工程设施的行为,实行事前、事中、事后三控制,发现苗头性违章事件及时查处。全市共派出执法检查人员5637人次,车辆(船)1450台(航)次,总行程47861千米,共检查各类涉水建设项目1139个,填写各类登记表1577份,制止违法行为304起,立案查处各类水事案件10起。

【水利管理】 加强规划前期管理。结合本市水利现状和各县(市)区实际需求,加强项目储备管理,拟订全市水利2009年及今后三年建设计划,组织编制一批专项水利规划,年内,全市有6条骨干河道列入全国中小河流治理规划。对省市领导关心、全市关注的新孟河拓浚延伸工程、新沟河拓浚延伸工程,主动跟进,加强配合,4月11～16日,水利部水规总院在常州市对新沟河延伸拓浚工程可行性研究报告进行技术讨论,年内,工程可研报告上报国家有关部委审查。加强市区河道长效管理。制订《常州市区河道引清调水调度方案》《常州市区河道长效综合管理目标考核办法》,在满足防洪安全的前提下,开启江边枢纽,调度市区闸站,实施常态化调水,加大水环境容量。推进湖泊管理。成立市河道湖泊管理处,副处级建制。金坛、溧阳均明确了部门,落实了管理人员,健全管理队伍网络。武进经编委批复成立"河道湖泊管理处",基本形成由市、辖市(区)、沿湖乡镇水利站人员参加的湖泊管理组织体系。落实巡查责任,及时制止非法圈圩、抬水养鱼、擅自开发等违法行为,确保湖泊保护管理正常有序开展。加强水库管理。推进小水库长效管理,2009年,金坛全面落实小水库管护机制,溧阳市政府出台《溧阳市小型水库长效管护考核办法》,对该市小水库管理职能及管护进行细化明确,建立管护人员聘任和持证上岗制,以除险为契机,将辖市区小型水库收归基层水利站,实施统一运行调度。推进规范管理。积极推进水闸注册登记和泵站普查工作。组织开展省级水管单位达标创建前期调研。编制魏村、澡港枢纽达标创建方案,并在人员配备、档案整理、项目划分上做了大量工作。

【"中水回用与污水净化技术示范与推广"项目】 6月10日,由省水利科教中心、市节约用水办公室、常州纺织服装职业技术学院共同承担的水利部科技成果重点推广计划项目——"中水回用与污水净化技术示范与推广"项目顺利通过水利部验收,并被综合评价为A级。该中水回用与污水净化日处理污水500吨,平均每吨中水的处理成本为0.95元,以此测算可年节水15万立方米,产生直接经济效益25万元。同时,也大大减少学校生活污水排放量。纺织服装职业技术学院在推广运用过程中,取得了多项教学、科研成果,其中"中水处理系统"获得了国家实用新型专利(专利号:ZL200720033956.7);目前北郊中学、旅游商贸高等职业技术学院及南京化工职业技术学院的中水回用系统已经建成运行,刘国钧高等职业技术学校的中水回用系统正在建设,效益显著。

【"三河三园"景观综合整治工程】 10月中旬,常州结合水利建设、亲水旅游而重点打造的综合性惠民工程，总投资近7亿“三河三园”景观综合整治工程竣工，并全面投入运行。“三河三园”景观综合整治工程河道全长12千米，由市建设局和市水利局分段同步实施。“三河三园”是市按照“现代、亲水、生态、文化、经济”的理念，串联沿河景观，打造的一条水景观工程。工程的建成，使得常州市中心城区首次具有规模最大、系统完备的滨河绿地，拥有第一条蕴含历史文化、彰显水乡特色，集水上观光、商务接待、茶憩小点、文化演艺四大功能于一体的水上旅游线路。

市水利局与市检察院在“三河三园”景观整治工程建设中全面推行“工程合同、廉政合同”双合同制。重点项目工程合同、廉政合同一起签订是市水利工程建设史上的第一次。对于加强工程管理，确保工程质量，防范和抵制工程建设中易出现的腐败现象，预防和减少工程中的违法违纪行为，具有十分重要的作用。

【首批省管湖泊巡查艇启用】 7月23日，省水利厅在常州市滆湖举行第一批省管湖泊巡查艇的启用仪式。第一批湖泊管理与保护巡查艇共27艘分别配备给常州、南京、无锡、苏州、淮安、扬州、宿迁、省洪泽湖水利工程管理处等湖泊管理单位，具体承担各自辖内的太湖、洪泽湖、高邮湖、邵伯湖、石臼湖、固城湖等湖泊区域巡查、水资源环境综合治理、水事违法案件查处任务。首批27艘巡查艇中有4艘配备常州市，用于境内太湖、滆湖、长荡湖的巡查工作。

【澡港河水利枢纽工程】 6月16日，澡港河水利枢纽工程通过省水利厅组织的竣工验收。澡港河水利枢纽工程主要包括节制闸、泵站和船闸等建筑物。工程1999年2月开工，2001年4月完工，工程运行以来，自流引水33.2亿立方米，自流排涝4.8亿立方米，开机引水3.1亿立方米，抽排涝水552.8万立方米，创造了较好的防洪抗旱效益，对常州城市水质的改善作出重要贡献。

【行业发展】 2009年6月16日，溧阳市沙河灌区供水管理协会在天目湖镇成立，该协会为灌区农民用水户通过民主方式组织起来的从事农业灌溉用水管理的群众性社会团体，是非营利的群众互助合作用水组织，属常州首家也是苏南第一家。沙河水库灌区现有主干渠60千米，支干渠196千米，灌溉面积4万亩，受益群众3.5万人。协会成立后，通过制定相应规章制度，实行农户自主管理，可以充分发挥群众自我建设、自我管理维护水利工程的积极性和主动性，为农业用水效率提高，节水型农业的建设起到积极作用，标志着农村水利工程管理体制向前迈出新的一步。

（张　勇）

溧　阳　市

【地方概况】 溧阳市地处太湖湖西地区，苏浙皖三省交界处，东临宜兴，西接高淳、溧水，南与安徽省广德、郎溪交界，北与金坛、句容毗连。市境南北长59.06千米，东西宽45.44千米，总面积1535.87平方千米，耕地面积6.85万公顷，辖10个镇(2个省级开发区)，总人口77.6万，2009年行政村经优化合并，调整为175个行政村、12个社区居委会。1990年8月撤县设市。先后获得国家卫生城市、全国生态示范区、国家环保模范城市、中国优秀旅游城市、中国旅游竞争力二十强县(市)、中国十佳休闲生态城市和江苏省园林城市等殊荣。2009年，全市完成财政收入66.66亿元，其中地方一般预算收入23.17亿元，分别增长23.28%和18.09%；实现地区生产总值365亿元，比上年增长14%；全市城镇居民人均可支配收入21298元，农民人均纯收入10066元，比上年分别增长13.35%和10%。

【水利概况】 溧阳全境河流均属长江流域太湖水系，境内地形复杂，山、丘、平、圩兼有，属半山半圩低丘陵地区。南、西、北三面环山，南部以南河为界，属天目山余脉，西部北部以北河为界，系茅山余脉，腹部由西向东，地势平坦低洼，河港纵横交错，湖荡嵌布其间，为广阔的平原圩区。溧阳主要属北亚热带季风型气候，干湿冷暖，四季分明，雨水丰沛，日照充足，无霜期长，温、光、水资源比较丰沛，是江苏省雨量热量的高值区。据气象资料统计，全市年平均降水量1168.8毫米，雨日118天。由于受季风影响，雨量时空分布很不均匀。据不完全统计，建国以来，溧阳市共建成大小水库64座，其中大型水库2座、中型水库2座、小(一)型水库12座、小(二)型水库48座，总库容2.88亿立方米，拦截洪水面积448.16平方千米，防洪保护面积47000余公顷，保护人口58.5万人；建成大小圩子667只，圩堤总长1173.24千米，其中，万亩以上圩11只、五千亩至万亩圩18只、三千亩至五千亩圩17只、千亩至三千亩圩61只、千亩以下圩560只；建成固定泵站1338座，装机1625台套，总动力4.96万千瓦；建成塘坝13487座；拓浚骨干河道30余条；实施水土保持面积近400平方千米；全市旱涝保收面积近5万公顷，沟、渠、路及其主要控制建筑物已基本配套齐全的农田有4万公顷；全市以水库水源作为生活水源的受益人口已达70余万人，初步形成了防洪、除涝、抗旱、降渍、供水五大工程体系。

【年度工作】 2009年，全市水利系统干部职工突出解决人民群众最关心、最直接、最现实的水利问题，积极实践可持续发展水利，创造性地开展工作，水利建设步伐不断加快，水资源配置不断优化，供水保障体系不断完善，水环境综合整治不断加强，水利工程呈现出建设投资多、管理力度大、工作机制新、上下协调强、发展氛围浓的良好态势。一是水利建设规划。编制完成并上报最后一批8座小水库的《除险加固初步设计》；完成城市防洪燕山河工程规划，并做好实施准备；完成中央财政小型农水项目区规划和中央财政新增农资项目规划、城区污水管网二期配套规划以及太湖流域水污染防治、节水减排项目规划；启动《溧阳市水资源利用规划》、《溧阳市市域供水工程规划》和《溧阳市市域污水治理工程规划》编制工作。二是水利工程建设。全市加固圩堤30千米，其中河道堤防护岸4千米；改扩建塘坝152座，增加蓄水库容96万立方米。先后实施完成团结水库、野毛卡水库、草鞋岭水库、长岭水库、满墩坝水库、大兴坝水库、子儒桥水库和砂子岗水库共8座小水库的除险加固建设，并于5月26日通过常州市水利局组织的水下工程阶段验收，投入防汛防旱运行；完成沙河水库除险加固一期工程项目建设，于6月10日通过省水利厅组织的水下工程阶段验收，投入防汛防旱运行。完成中央财政小型农水补助上黄尚典、上兴陶村、曹山节水工程建设。完成39座涵闸泵站改造和54座大塘坝的配套建设，全市千亩以上圩在册的111座圩口闸已全部改造完毕；山丘区153座5万立方米以上的大塘坝也全部完成工程配套。完成2008年完建的11座小水库除险加固加固工程项目竣工验收。2009年9月起，先后组织对沙河水库除险加固二期工程，大溪、前宋水库除险加固工程，姚河坝、下姚、竹林、鸡隆坝、大坝坊、吕庄、大山口等7座小(一)型水库和新冲坝、沙马坝、北山、石岗、石坝5座小水库除险加固工程正实施建设。三是生态市创建及污水处理工程建设。结合生态市创建，继续推进村庄河塘清淤疏浚整治和河道清淤，完成14条河道长44千米的清淤及130个行政村1263座村庄河塘清淤整治工作，率先实现省水利厅“五年任务四年完成”的目标。加快生态市创建水质监测系统工程建设，完成沙河、大溪水库水质自动监测站建设；加大水源地保护治理，完成沙河水库上游中田河9道拦砂坝和下宋湿地建设。加快实施城市污水处理工程，完成市第二污水处理厂和主城区52千米污水收集主管网建设，并于11月2日投运通水；推进集镇污水工厂化集中处理进程，推进并完成南渡、埭头、前马、别桥等集镇污水处理厂的建设管理，加快集镇污水收集管网建设，加强污水处理设施的运行管理，提高集镇污水集中处理效率。四是水政水资源管理。利用电视、横幅、宣传画等多种形式，宣传《防洪法》等行业法律法规。切实做好涉水工程项目的审查审批，全年受理批准行政许可申请15件，许可审批时间压缩70%。强化依法治水力度，认真开展河道清障、违规占用河道堤防进行建设等执法工作，市水政监察大队联合市公安局水上警察大队、市农林局渔政监察大队、交通局港监处对辖区骨干河道违章违法情况进行综合执法巡查，组织实施"百湖执法大检查"专项行动，完成长荡湖和四大水库基本情况普查。重点查处戴埠河倾倒建筑垃圾案件，及时制止城际高铁建设对长岗水库、团结水库等水库工程的损害。继续加强6个区域补偿断面水质指标和水资源的巡测工作。加大企业取水计量监管，积极推进企业节水改水工作，完成力强化工、维多生物等企业的水平衡测试和16家企业的节水技改工作，全市单位地区生产总值用水量从2008年的86立方米下降到79.3立方米。出台《溧阳市城市排水许可管理办法》、《溧阳市水土保持治理费、设施补偿费征收管理办法》、《溧阳市小型水库管护考核办法》，为提高水利行业管理效益提供制度保障。五是防汛防旱。认真抓好防汛防旱各项准备工作，组织开展水利工程汛前大检查，共处理险患工程32处，完成全市排涝抗旱设施检修。及时调整市防汛防旱指挥部成员和市级领导及机关各部门防汛防旱工作挂钩单位。召开全市防汛防旱工作会议，落实防汛工作行政首长负责制，市政府与各镇(区)签订防汛工作责任状，落实定圩定库责任人，在《溧阳时报》上公布十万立方米以上水库和3000亩以上圩的防汛行政和技术责任人。在组织编制常规防汛预案的同时，特别制定正在除险加固水库的度汛应急预案和《全市小型水库大坝安全管理应急预案》，加强水库工程汛中、汛后安全检查。强化防汛器材储备，市镇两级储备草包38.3万只、麻袋20.3万只、编织袋78万只、桩木345立方米、钢管10吨、抗排机械80台套，并继续保持30万只草包的后续供应。建立小型水库管护巡查制度，出台《小型水库专职管护考核办法》，加强小型水库工程的监管力度。加强水情信息的测报，新建10个水文遥测站，与水文系统5个水文遥测站点进行资源整合，建成水文信息系统，由水文局实行专业测报、统一管理，水文局加强测报管理和遥测站设备的维护。强化防汛值班制度，汛期坚持24小时值班制度，并督促全市各级防汛指挥机构、防汛责任单位和防汛责任人到岗到位。完善防汛通讯网络，确保汛期雨情、水情、工情的及时准确传递。7月6日夜里11时起至7日14时，全市普降暴雨，面雨量为113.3毫米，其中，前马站雨量达到全市最大175毫米。溧阳市区总降雨量78毫米，其中上午8时至下午2时雨量达68毫米。市区部分地段出现积水，市城市防洪管理处及时开启平陵、板桥、图塘排涝站，降低内河水位；市建设部门对福田中心等处窨井进行紧急疏通，排除涝情。市防指加强水库水位的调度，在"7·6"暴雨和"莫拉克"台风期间，先后6次发布防洪调度令，对沙河、大溪、塘马水库进行洪水调度，及时控制水库运行水位，确保安全度汛。

(周　龙)

苏 州 市

【概述】 2009年，苏州市共投入水利水务建设资金 20.47 亿元，其中水利投入 12.6 亿元，水务投资 7.87 亿元。全市水利水务系统在省水利厅和苏州市委、市政府的正确领导下，全面贯彻落实党的十七届四中全会精神，深入开展学习实践科学发展观活动，咬定全年工作目标，进一步加快发展步伐，抓建设、抓管理、抓服务，在防汛防台、水利水务建设、工程管理、依法行政、水资源管理、精神文明建设等方面都卓有成效，有力地保障和促进了全市国民经济及社会事业的持续稳定发展。在深入学习实践科学发展观活动中，市水利局提出“坚持科学治水，加强民生水利”的主题，确定胥口水利枢纽工程管理处、西塘河引水工程管理所运行班组、全国“五一”劳动奖章获得者罗延银、常熟市水利局局长金惠生为学习典型，走访基层、社区、“三服务”联络点、领导干部调研联系点、服务对象，累计为群众办实事 56 件，解决群众反映强烈的突出问题 29 件。在群众满意度测评中，满意和比较满意率为 100%。

【水利建设】 2009 年，水利建设投资 12.6 亿元，水利工程建设 20 项，基本完成苏州市城市中心区防洪工程、太湖生态清淤工程、农村水利工程(新开疏浚河道 1276 千米、加高加固防洪圩堤 136 千米)、苏州市永昌泾河口节制闸工程、张家港节水灌溉示范工程、张家港双山洲堤除险加固二期工程、张家港老海坝节点整治 2009 年度工程、太仓 2009 年度长江堤防应急加固工程、太仓 2009 年度圩区治理工程、昆山城北地区水利综合整治工程、红峰圩与玉山圩合并工程、雉城枫塘河综合整治工程、相城区环漕湖堤防加固工程、苏州市望亭段太湖大堤改造节制闸工程、吴中区北渡水桥套闸和席家河节制闸工程、吴中区环太湖大堤铜坑闸续建工程、高新区 2008 年度节水灌溉示范工程 17 项。正在建设跨年度张家港三干河南延工程、常熟海洋泾引排综合整治工程、昆山淀山湖堤防续建及道路工程 3 项，

【防汛防旱防台】 一是雨水情。2009 年汛期，全市总降雨量比往年略为偏多，面雨量为 778.1 毫米，比多年平均降雨量多 17.5%。降雨时段主要集中在 6 月下旬、7 月下旬至 8 月上旬，雨量达到 472.7 毫米，占整个汛期降雨量的 60.8%。河湖水位较往年略偏高，太湖平均水位最高为 4.23 米，是 1999 年以来新高。其它站点均超过警戒水位，处于警戒线上时间较长。梅雨期较短、梅雨量偏少。6 月 26 日入梅，7 月 8 日出梅，梅长 12 天，全市平均梅雨量 111 毫米，不足常年的一半。台风“莫拉克”降雨主要集中在 8 月 9 日下半夜至 8 月 10 日早晨及 8 月 11 日白天，苏州市东部及沿江大部分地区日雨量达到暴雨，降雨量为50～90 毫米，局部超过 100 毫米，最大过程降雨量出现在张家港晨阳站 105.5 毫米。7 月下旬至 8 月上旬，共出现 5 次强降水过程。8 月 2～3 日，昆山、太仓相继出现特大暴雨，昆山里库站 259 毫米，太仓浏家港 336.8 毫米，太仓七浦闸 391.4 毫米，超过历史最大日降雨量(1977 年 8 月 21 日浏河闸 301.3 毫米)。汛期长江干流总体来水少于常年，来水量为 4852 亿立方米，比常年少 970 亿立方米，少 16.7%。二是防汛防台。汛期苏州市遭受强暴雨袭击和台风“莫拉克”的影响，苏州市防汛防旱指挥部(以下简称市防指)坚持“安全第一、常备不懈、以防为主、全力抢险”的方针，立足于“防大汛，抢大险，救大灾”，周密部署各项防汛抗台工作，取得全面胜利。(1) 精心准备。2 月，市防指下发《关于开展水利工程汛前大检查的通知》，部署各地及早开展汛前检查，切实做好安全度汛的各项准备。3 月下旬，组织 9 个检查组对全市防汛准备情况进行抽查。4 月，分别召开全市防汛工作座谈会、全市防汛防旱工作会议，通报汛前检查情况，市政府与各市、区政府(管委会)签订防汛防旱工作责任状。5 月，再次组织对全市险工隐患应急处理、防汛物资储备和各项预案完善情况

进行检查。对大部分险工隐患进行应急加固处理,对暂时不能处理的险工隐患制订应急抢险方案,落实应急抢险队伍,加强巡查、监测和专人防守。加强防汛物资准备,落实防汛物资管理责任制,完善物资调运方案和各项预案,加强预案演练。储备袋类298.89万只、桩木1022.622立方米、块石4.1569万吨、土工布17.407万平方米、发电机组2117千瓦、投光灯124只、柴油3404.5吨。(2)应急指挥。8月2日~4日,昆山、太仓、吴江连续遭受暴雨袭击,市防指领导第一时间赴昆山、太仓、吴江指挥防汛救灾工作;同时迅速派出工作组指导各地应急抢险。各地也迅速启动防汛应急预案,积极投入救灾工作。累计投入抗灾人数5.81万人,投入排涝机泵动力10.5万千瓦。8月6~7日,市政府两次召开全市防汛紧急会议,部署防御和应对台风"莫拉克"的各项工作,并于8月8日17时,启动防台风Ⅲ级应急响应。8月10日9时,市防指派出六个工作组分赴全市各地,指导各地防台工作,对城镇、圩区和在建工程防台措施的落实情况进行检查。防台抗台期间,五市、四区党政主要负责人坐镇指挥,各级防指指挥长深入一线,现场办公。(3)科学调度。根据各阶段天气和水情状况,进行科学合理的调度。汛期,沿江八闸共引水303潮次,引水量13.25亿立方米,其中望虞河常熟枢纽引水量9.23亿立方米;共排水461潮次,排水量21.55亿立方米,其中望虞河常熟枢纽排水量10.69亿立方米。7月下旬至8月上旬,苏州市多次出现大范围强降雨,河湖水位上涨较快,沿江八闸累计排水15.25亿立方米,达到2008年全年排水总量的90%。经过沿江各闸全力排水,主要河湖水位迅速降低。大部分时间,各站点水位维持在3.03米~3.35米之间,处于比较合适的位置。

【水政】 一是政策法规。3月24日市长常务会议通过《西塘河管理保护办法》。10月27日苏州市第十四届人民代表大会常委会第十三次会议通过《苏州市节约用水条例(草案)》,并于11月23日经省第十一届人民代表大会常务委员会第十二次会议批准,自2010年3月22日起施行。二是水法规宣传。全市共组织广场宣传活动20余次,发放宣传资料5万多份。3月22日下午,在高新区绿宝广场举办主题为"坚持科学治水,加强民生水利"的大型水法宣传活动。"中国水周"期间,苏州电视台在《苏州新闻》和《社会传真》栏目进行宣传,《苏州日报》以专版形式连续七天集中报道苏州市水利、水务成就,《姑苏晚报》、《江南时报》分别以新闻、访谈、专栏的形式集中报道水法宣传系列活动,新华网、名城苏州、《苏州水网》等网络媒体也进行宣传。三是水行政执法。加大对水事违法案件的查处力度,开展执法巡查、防汛清障和百湖专项执法检查活动,全年共出动执法人员4530人次,执法车1513车次、执法船60航次,行程52700多千米,检查涉水项目360余个,填写登记表810余份,现场制止违法违章行为180起,立案查处40余起,罚款88.1万元。打击长江非法采砂抓获非法采砂船30余条,拆除采砂设备40余套,罚没款71万元。

【水资源管理】 严格执行建设项目水资源论证制度,做好全市地下水监测站网的调整完善工作,编制七浦塘排污口整治方案,继续做好北河泾和荻溪塘水生态修复示范项目,完成阳澄湖湖区和主要入湖河道清淤工作可行性研究报告。对54个重点水功能区实行每月监测和通报制度,编制《苏州市水(环境)功能区划》。以创建节水型城市、节水型企业、节水型社区、节水型高校等为载体,完成3所高校、15家企业、6个社区、25个节水示范项目的创建工作,开展用水评估,做好用水审计试点工作。加大蓝藻防控力度,建立健全蓝藻防控组织工作网络,完善蓝藻防控预案,做到打捞设备和队伍专业化,蓝藻处置规范化。2009年4月至11月底,太湖水域累计打捞蓝藻1879.3

吨;城区河道累计打捞含水蓝藻总量5348吨。强化水质监测,2009年共对全市水功能区内的285个断面监测1896点次,单项评价(DO、IMn、BOD5、NH3—N、FN)超国家《地表水环境质量标准》(GB3838—2002)Ⅲ类水的分别为:34.2%、38.1%、26.1%、52.0%、0.1%,五项指标中DO、IMn、BOD5、NH3—N、FN较2008年分别下降12.1、9.6、1.7、18.8、0.4个百分点。综合评价285个监测断面中,Ⅱ类水占总监测断面的6.5%,Ⅲ类水占17.6%,Ⅳ类水占15.3%,Ⅴ类水占8.8%,超Ⅴ类水占51.9%。超Ⅲ类水监测断面占74.0%,较2008年下降2.0个百分点。另外,在非功能区外监测了20个监测站点,监测66点次。2009年度共监测水功能区190个1198次,其中553次达到或超过该水功能区2010年相应水质目标,达标率为46.2%,较2008年上升10.8个百分点。

【水利科技】 围绕科教兴水战略,抓紧实施保护水资源、修复水生态等重点科研项目。2009年,苏州市共承担水利科技项目15项,通过项目验收或专家鉴定的2项,报告结题3项,有3个项目获得江苏省水利科技优秀成果奖,其中《灌排试验系统研发及农田水肥高效利用理论研究》、《轨道式牵引过闸设施工程的研究和应用》获二等奖,《泵站集群智能管理系统的研究应用》获三等奖。在科技创新的同时,在水利水务工程建设中大力推广实用新技术、新材料。张家港市2007年开始在全市范围内进行水稻节水灌溉管理制度和激励机制管理的试点研究,2009年选择13个不同灌溉制度、不同灌溉条件的试点村进行推广,节水减排效益十分显著,对于南方水网地区的农业节水减排治理具有很好地示范作用。常熟市继续在农田中推广变频恒压供水系统,截止2009年底,已累计推广面积达8000余亩,年增效在800万元以上,赢得农民群众的广泛好评。

【农村水利建设】 以建设社会主义新农村为出发点,加强农村水环境建设为切入点,加快以防洪保安、水环境整治为重点的农村水利建设步伐。全市共完成土方2874万立方米,是计划的148%,其中圩堤加固141千米,土方106万立方米,疏浚各级河道2140条1718千米,土方2451万立方米;完成配套建筑物973座,新建改造机电排灌站244座、1.3万千瓦;建设挡墙护坡184千米。全市农村水利投入达7.8亿元,其中市级以上财政2000多万元,各市、区落实财政资金补助近3.6亿元,镇级财政也加大投入力度。一是农村河道畅流工程。全市投入1.5亿元资金,疏浚整治各级河道2140条、1718千米,完成河道土方2451万立方米,超额完成年度任务。完成拆坝639座,建桥(涵)492座,清理沉废船只1223条,复耕土地1000多亩,完成河道绿化295千米、绿化面积5400亩。2009年太仓、常熟、吴江、相城通过省级河道整体验收,至此,苏州市在全省率先通过省级验收。二是农村河道长效管理。以张家港为榜样,按照"投入公共化、保洁市场化、装备现代化、宣传经常化、考核制度化、管理人性化"的模式,不断创新工作机制,完善管理体制,河道长效管理水平不断得到提升。吴中区出台《加强吴中区河道管理工作的意见》,针对管理中出现的新问题、新情况,进一步规范河道长效管理工作。常熟市河道长效管理统一由水利站管理,逐步走上规范化、市场化管理的轨道。全市各级进一步加大河道长效管理经费的投入,全市2009年度落实河道长效管理经费9984万元。

【水利工程管理】 在工程建设过程中,严格执行项目法人制、招标投标制、建设监理制和合同管理制,落实水利工程管理责任制,继续按照"强化管理考核,提高管理水平"的指示精神,指导和开展水管单位管理考核和达标工作,推进管理规范化、法制化、现代化。沿江三市的水管单位都获得了国家级水管单位称号。

太仓市金仓湖风景区获得国家级水利风景区称号。加强对镇村生活污水治理。2009 年，围绕镇村污水治理目标，狠抓机构建设，加大资金投入，强化指导督促，全面完成工作任务。在城镇污水处理设施建设方面，全年共投资 31 亿元，新扩建 12 座污水处理厂，新增污水处理能力 51 万吨/天；完成 26 座污水处理厂升级改造，规模达 67 万吨/天；敷设完善 1236 千米污水收集管网；5 座污水处理厂尾水再生利用投运，新增再生水 13 万吨/天；开工建设 2 座污水处理厂污泥处置工程。在农村生活污水处理设施建设方面：全年共投资 5.2 亿元，完成 509 个村庄生活污水治理，新增污水处理能力 1.86 万吨/天，受益户数 8.7 万户，其中，太湖一级保护区完成 159 个村庄生活污水治理，受益户数 1.6 万户，阳澄湖水源保护区完成 52 个村庄生活污水治理，受益户数 5130 户，污水治理取得明显成效。各地共完成建设资金 36.2 亿元，向上争取到补助 5.26 亿元，苏州市级财政也安排 500 万元环保专项资金，对有农村污水治理任务的区实施以奖代补。

【城市水务工程建设与管理】 2009 年度苏州市城区水务项目顺利推进，完成投资 7.87 亿元。一是总投资 40761 万元，对福星、娄江、城东污水处理厂进行升级改造，计划污水处理全面达到国家“一级 A”标准，总处理规模为 36 万吨/天。目前土建主体施工基本完成，正进行设备采购。二是横山水厂移建。总投资 58505 万元，计划移建 30 万立方米/日净水厂 1 座，采用“预处理-常规处理、深度处理-消毒”生产工艺；扩建铺设浑水输水管线 10.2 千米，清水输水管线 16.3 千米，改建浑水管线为清水管线 18.6 千米。目前净水厂工程构筑物土建主体的施工基本完成；清水管线施工完成 14.48 千米，占整个清水管线的 98.5%；浑水管线完成 2.79 千米，占整个设计浑水管线的 27.3%。三是城区排水管网完善工程。年度任务包括三个部分，排水管网完善工程、城区街巷综合整治污水工程、老住宅小区改造污水工程，总投资 4650 万元，计划敷设雨、污水管道约 127 千米。已投资 3670 万元，完成工程量的 83%，管道完成 104.23 千米。四是城市中心区防洪。苏州市城市中心防洪工程西、南面以新京杭大运河为界，北以沪宁高速公路为界，东至苏嘉杭高速公路，面积约 84 平方千米。设计防洪标准为 200 年一遇、排涝标准为 20 年一遇。主要包括十大枢纽、沿线小闸新建、加高加固等工程，总投资 66700 万元，已批复投资 63937 万元，累计完成投资 62268 万元，年度完成投资 13248 万元。十大枢纽中除胥江枢纽外其余全部完工，胥江枢纽主体基本结束；沿线闸站改造除四期小闸外其余全部完工，四期小闸完成 55%。五是太湖生态清淤。总投资 53238 万元，完成投资 10000 万元，基本完成东太湖清淤工程排泥场的移民安置、征地拆迁等前期准备工作；开工建设金墅水源地二期清淤。

（汪　频）

太　仓　市

【地方概况】 太仓位于江苏省东南端，东依长江，南邻上海，西接昆山，北连常熟，是江苏省唯一的既沿江又沿沪的县市。市域总面积 823 平方千米，辖太仓港经济开发区和七个镇，户籍人口 46 万。早在 2500 年前的春秋时期，吴王和春申君先后在此设立皇家粮仓，太仓由此得名，素有“锦绣江南金太仓”的美誉。元、明时期，太仓刘家港商贸繁荣，史称“六国码头”。1405～1433 年间，著名航海家郑和从这里七下西洋，远航亚非三十多个国家和地区。太仓拥有得天独厚的港口优势和区位优势，太仓港是国家一类口岸，是上海国际航运中心的干线港和组合港。太仓是国家生态市，国家卫生城市，国家园林城市，国家环境保护模范城市，是全国首个“中德企业合作基地”。2009年，全市实现地区生产总值(GDP)608亿元，比上年增长15.8%，全年完成财政收入138.3亿元，比上年增长23.4%。按常住人口计算，人均地区生产总值达到90500元，增长14.8%。是全国中小型城市综合实力百强县(市)。

【水利概况】 太仓地处长江河口段右岸、太湖流域东部，既处在长江三角洲冲积平原，又是太湖阳澄低洼圩区的东部堞缘，全境地面高程在3.5米～4.5米之间，自东北向西南略呈倾斜，沿江高而腹部低。该市属北亚热带南部湿润气候区，四季分明，雨水丰沛，气候温和，日照充足，无霜期长。该市境内河流稠密，塘浦纵横交错，全市水域面积285.9平方千米，其中长江水域面积173.9平方千米，内陆水域面积112平方千米。现有村级以上河道2300多条、2200多千米。其中区域性河道浏河、杨林、七浦横贯东西，盐铁塘连接南北。以盐铁塘为界，东部为沿江平原，西部为圩区。新中国成立以来，在太仓历届党委、政府的正确领导下，全市上下坚持不懈大搞水利建设，初步建成了防洪挡潮、除涝、灌溉、降渍、调水五大水利工程体系。东部长江堤防由38.38千米主江堤和12千米港堤组成，沿岸线建有浏河闸等八座通江节制闸和11座通江涵洞，1997年11号台风以后，在全市掀起了江海堤防达标工程建设的高潮，完成了全线主江堤、港堤护砌达标，通江口门的改建、维修、除险加固。西部圩区面积49平方千米，圩堤总长度95.6千米，已建护岸40.2千米，固定排涝泵站52座，排涝流量67.96立方米/秒，排涝总动力3235千瓦，建成各类水闸56座。

【年度工作】 一是防汛防台工作。2009年，太仓市共遭受4次暴雨袭击和1次台风“莫拉克”外围影响，在太仓市委、市政府的正确领导下，依靠各级、各部门和广大干群的共同努力，将自然灾害造成的损失降到了最低。8月2日早上至8月3日上午8时，太仓市港区、浮桥等地区出现了超历史记录的特大暴雨，内河水位迅速上涨，杨林塘局部最高水位达4.3米。市防指紧急召开防御“8·2特大暴雨”工作会议，全市动员，全力抢险，调运土工布袋、草包2300余只，潜水泵200台，全市水利职工到岗到位，确保各类水利工程安全运行，全力抢险排涝。2009年沿江各水闸共引水594潮次，引水量99002万立方米；排水531潮次，排水量94929万立方米。二是水利水务工程建设。基本建设方面，2009年完成杨林玖龙码头至环保电厂码头及长江石化码头至太仓美孚码头段长江江堤加固工程1491米。完成圩区1座防洪闸，940米标准化圩堤建设。完成维修改造市级农桥30座，建设彩虹桥53座。实施南城河太平路拆涵建桥工程及樊泾河南园路拆涵建桥工程。完成荡茜河枢纽管理区绿化道路、市政配套工程。农村水利建设方面，2009年度完成农田水利建设总土方568.5万立方米，其中疏浚及新开河道土方405.6万立方米，开挖和清理外三沟土方80万立方米，加高加固圩堤土方26.4万立方米，新建及维修改造小型农水配套建筑物97座。7月，2003～2009年度太仓市河道疏浚整治通过了省委组织部、省委农工办、省财政厅、省水利厅的联合检查验收，获得优秀等次。水务工程建设方面，2009年完成全市39个农村生活污水治理点建设计9619户农户受益，铺设污水主管网70.2千米，镇区支管网37.23千米；实施昆太供水管网互通工程，铺设DN800—1200输水管道6500米，应急输水能力6～8万立方米/日；完成南郊污水处理厂(2万吨/日)土建、沙溪(岳王)污水处理厂扩建(1万吨/日)工程、城东污水处理厂升级改造(4万吨/日)工程、城区污水处理厂中水回用(2万吨/日)工程建设。三是涉水管理工作。水资源管理方面，开展“八大行业节水行动”，完成11家省级节水型企业、6家节水型单位、6个节水型小区的创建，节水型城市创建通过省级验收。调整水功能区划，将“长江七丫口至美孚石化码头下游100米”调整为“长江太仓杨林塘工业、农业用水区”；“长江美孚石化码头下游100米至浏河口”调整为“长江太仓浏家港饮用水水源区”。按地表水325718万立方米、地下652万立方米的指标，完成自备水源取水户年度取水计划的分解和审核。集中式饮用水源地水质达标率100%。对七浦塘沿线污染排放口、取水口、交叉水系等进行基础资料的搜集和GPS定位。依法治水方面，在“3·22”水日期间，水利系统50名青年志愿者在太仓市中心广场、金仓湖开展水法律法规现场宣传，同时展示节水器具及使用技巧，派发宣传品，各水利站同步在各镇、区开展现场宣传，当晚在太仓市中心剧场举办了“娄水魂”专场大型文艺宣传晚会，省水利厅厅长吕振霖等领导到现场观看。营造保护水资源的浓厚氛围。2009年实施涉水项目审批82个(其中：城市排水32个，河道管理范围内从事有关活动14个，河道管理范围内建设项目28，取水许可8个)。按照太仓市政府行政许可审批“两集中、两到位”的工作要求，市水利局调整了行政许可审批科室职能和人员配置。水政执法方面，2009年对明达仓储长江采砂吹填一期工程40万立方米的采砂实施了监管，完成国华荣伟长江采砂的各项报批手续。加强长江水上执法巡查，全年出动执法艇43航次，执法车311车次，执法人员1342人次，重点巡查苏沪交界长江水域以及太仓常熟交界长江水域。端掉了白茆口非法采砂船窝点，彻底捣毁7艘非法采砂船的采砂机具，维持了长江良好的水事秩序。全年查处9个企业私自开采使用浅层地下水。5月，联合市水上派出所、市渔政站开展市级河道网簖渔具的清障执法，拆除网簖渔具68口。水利工程管理方面，按照水利部颁发的《水利工程管理考核办法》及其考核标准，开展沿江4座中型水闸和6座小型水闸安全鉴定工作，对全市190个涉河建设项目实施管理。在城厢、双凤、沙溪三镇开展圩区水利工程标准化管理工作，并顺利通过苏州市水利局、财政局年度考核。出台圩区水利工程建设管理实施意见，明确圩区管理体制和机制，落实管理经费，制订圩区建设管理考核办法，明确工作要求。成立市、镇、村三级圩区建设管理领导小组，设立圩区工程管理机构，落实管护人员。完成圩区3镇6个圩区16个闸(站)、13千米圩堤标准化管理工作。河道长效管理方面，根据《太仓市市级河道长效管理考核办法》，对杨林塘、七浦塘、十八港、石头塘、吴塘河等153千米市级河道落实长效管理考核制度，由专人对市级河道每月进行不少于三次的考核。每个季度开展一次全市农村河道长效管理的检查考核，全市2835条2519.7千米河道保洁水平进一步提高。在城区致和塘、北城河等处种植梭鱼草、再力花等水生植物，在团结河、东长春河等处种植240平方米水生美人蕉，各镇在镇区部分河道两侧种植了水生植物，既美化了河道水环境，又改善了河道水质。涉水规划方面，完成《太仓市2010～2012年农村河道轮浚整治规划》编制，以及2010年～2012年七个镇级农村河道轮浚整治规划的编制，完成2009年小型农田水利工程省级专项工程的实施方案编制和申报，完成《太仓市新区三期水系规划》。队伍建设方面，组织科学发展观专题讲座2期，180名党员干部参加听课，举办为期2天的水政监察员培训班1期，84人参加培训，另外系统80人次参加了市及条线组织的各类专业培训，2009年，系统招录用大学本科以上专业人才10名，选拔了11名同志任担任中层干部。取得成绩：2009年，太仓市水利局成绩斐然、硕果累累，先后荣获“2007～2009年度全省水利经营工作先进单位”，“苏州市建设社会主义新农村现代农业先进集体”，苏州市爱国卫生先进集体、苏州市农村水利工作先进集体，太仓市委、市政府“为繁荣太仓港建功立业”竞赛活动优胜单位、“争先创优特别奖”、“绿色太仓”建设先进集体、“太仓市勤廉文化建设示范点”、“2006～2009年度信访工作先进集体”、“2009年度为农服务先进单位”、“2007～2009年度城镇和交通建设先进集体”等荣誉称号。

（太仓市水利〈水务〉局）

南通市

【概况】 2009年，全市水利工作依据省水利厅和市委、市政府提出的工作总目标，坚持以科学发展观为指导，积极践行可持续发展的治水思路，围绕解决影响经济社会发展和人民群众利益的突出水问题，水利工作呈现出保障有力、抗灾有效，发展加快、管理加强的良好态势，各项水利工作亮点频现，成绩显著，节水型社会建设、水利工程管理体制改革、农村河道疏浚、农村饮水安全、重点工程建设、水利质量监督等多项工作在全国、全省领先，为全面小康、全面腾飞提供了有力支撑和保障。

【水利建设】 水利建设任务加快推进。全市主动抢抓国家扩大内需、加强基础设施建设的机遇，积极争取水利项目，水利总投入达16亿元，一批惠民工程相继完成，为促进全市经济社会发展发挥了重要作用。2009年，着重开展农村饮水安全、中小河道治理、农村泵站改造、长江治理、水闸除险加固、城市防洪工程、灌区改造等项目的申报和实施工作。6条骨干河道列入全国中小河流治理规划，其中2条已经付诸实施。九圩港闸加固工程列入国家大中型闸除险加固水利专项规划，南通节制闸、九圩港闸、北凌新闸、焦港闸等加固、改建工程列入江苏省沿海开发专项水利规划。全市市县水系规划编制工作取得阶段性成果，海门市水系规划通过省水利厅审查，其余各县（市）水系规划已全面启动。重点水利建设推进迅速，完成重点项目投资23984万元，占全年总计划的113%，重点工程建设完成情况在全省位置前移。海堤达标项目通州区遥望港闸、启东市塘芦港新闸除险加固工程通过省水利厅组织的档案专项验收及竣工决算审计。通州区新中闸迁建工程、海门市海堤防护工程、海门市长江抛石护岸工程通过省水利厅竣工验收。中央拉动内需项目海安贲家集提水泵站如期开工，在年内完成工作量达到投资计划40%以上，快于全省其他同类项目建设进度。

【防汛防旱】 防汛防旱扎实有效。及早部署全市汛前检查工作，努力消除度汛工程隐患。投入1800万元用于各类除险加固工程，加强防汛防旱物资储备，市、县两级共储备防汛编织袋125万只，防汛草包5万只、块石4.3万吨，土工布23万平方米，木材202立方米。成立第一支市级防汛抢险专业队伍，组建应急防汛抢险队伍146个，开展多种形式的应急演练。筹集800万元建设防汛决策支持系统。汛期沿江各闸引水12.55亿立方米，沿江沿海各闸及时抢排涝水37.90亿立方米，成功防御了多次暴雨、特大暴雨以及8号“莫拉克”台风袭击。进一步加强引江调水工作，全年共引水6个潮汐、84潮次，引水量7.87亿立方米。排水54潮次，排水量9.08亿立方米，有力保护和改善了城乡水环境。据环保部门监测，2009年水质达标率比上一年上升10个百分点。

【水政执法】 水政监察和执法工作大力加强。把抓好队伍学习作为开展工作的一项重要内容，积极参加省、市组织的各项业务培训和竞赛。严格执法程序，规范执法行为，提高依法行政能力和执法水平。积极开展阳光行政、文明执法活动，开展了行政权力网上运行。成立南通市水利局案件审理委员会，对所有水事案件的办案过程进行全程监督，重大水行政处罚案件集体讨论。在全市水政监察队伍推行说理式水行政处罚文书，修改完善《南通市水政监察工作台账》，建立巡查台账登记制度，制订《长江巡查记录表》并建立巡查档案。总投资760万元，完成江苏省水政执法南通基地项目一期工程。开展"一、二级河道执法大检查"整治活动，对九圩港、如泰河、栟茶河等全市12条一级河道进行拉网式检查。开展"百千米巡查"、"集中整治周"、"迅雷集中整治周"等一系列专项活动，推进采砂管理规范化。全年共出动执法人员486人次，出动执法艇37艘(航次)，与海事、长航公安等部门联合行动24余次，在巡查过程中现场制止10余起非法水事行为，割断(拆除)采砂管14根，驱逐停留在南通水域的采砂船10余条，立案6起，罚款59万元。

【水资源管理】 全市水资源管理工作坚持管理与服务相结合、规范与创新相结合、环境与效益相结合，突出重点内容，狠抓试点和典型，取得显著成效。组织编制了《南通市集中式饮用水水源地突发性水污染事件水利系统应急预案》，提高水利系统应对突发性水污染事件的应急反应能力。加强水功能区水质监测工作，加大水资源保护力度，对全市36个重点水功能区实施日常监测和管理的同时，全面开展汛期和非汛期182个全部水功能区的水质监测和评价工作。

【工程管理】 认真开展水利工程管理工作，进一步建立健全水利工程管理制度，落实水利工程管理责任制，加强技术管理，提高管理水平，确保安全运行，无重大事故，全面推进南通水利从传统水利向现代水利、可持续发展水利的转变。积极推进闸管单位升级管理工作，全面开展水利工程管理考核和省级水管单位的申报工作，加大了对申报单位的扶持力度。通州区新江海河闸通过国家级水管单位初步验收，如皋市碾坨港闸、如东县洋口外闸顺利通过了省一、二级管理单位的验收，全市已有省级以上水管单位共5家，在全省处于领先。全力推进市区河道整治工作，借鉴先进城市河道建设与管理经验，精心编制《南通市城市水系规划》，并在政府常务会议上通过；营船港河整治工程、城山河整治工程、姚港闸拆建工程、南通农场闸拆建工程、东方红农场出江闸站工程、小姚港闸上游护岸整治工程等项目完成投资，工程投入运行后效益显著。

【水利改革】 进一步深化水管单位管理体制改革工作，全面完成长达5年的水利工程管理体制改革任务并通过省级验收，进行对工程管理改革深化有关情况的全面普查和统计。充分保障各县、市、区水管单位人员和运行经费，增加维修养护经费，维修项目全部推向市场化运作，养护项目部分推向市场，水管单位体制改革工作分别被水利厅、水利部表彰为先进集体。

【水利科技】 坚持科技兴水，出版《南通水利》并以《南通水利》科技为载体，加强科技、学术交流。组织2008年度市水利科技进步奖及优秀论文的评选，选出优秀论文21篇。同时组织2009年度水利科技课题申报。认真开展课题研究，积极组织项目结题，对历年来的课题进行认真梳理，全市水利课题结题率达到80%。《纤维混凝土防渗渠道的试验研究与应用》获省2009年度水利科技优秀成果三等奖，《沿海平原水库建设关键技术研究与应用》课题已临近结题，认真开展《长江北支补偿机制研究》等课题的研究。

【行业发展】 行业管理科学规范。进一步健全招投标等各项管理监督制度，省以上重点水利工程均实行招标代理制，项目前期的可研、设计、工程的监理、及重要材料的采购等招标工作全面推开。加强全市水利建设市场行业管理，加强对项目参建单位的考核、管理、诚信建设力度，严格执行基本建设程序，市以上重点工程施工公开招投标率达100%。开展创建全省文明工地活动，努力争创精品工程。九圩港闸被评选为新中国南通十大建设工程之一。认真开展工程建设领域突出问题专项治理工作。加强对河道管理，每一个涉河项目都落实责任单位和责任人进行日常管理和巡查，继续严格审批制度。

【农水建设】 全年疏浚县乡河道377条，完成土方2492万立方米，提前一年超额完成农村河道疏浚工作。农村河道疏浚继2008年海门、如皋两市通过省级验收后，2009年海安县、如东县、通州区、启东市顺利通过省级整体验收，成为继苏州之后全省第二个全部通过省级整体验收的地级市。农村饮水安全工程完成投资34102万元，铺设管道7339.47千米，新建增压泵站4座，新建水厂1座，圆满完成省政府下达的70万人建设任务，占总计划任务100.23%，得到水利部领导高度肯定。小型农田水利基础设施建设全面启动，在全省率先提出以泵站建设为重点的小型农田水利基础设施建设，为保障农业生产、保持农民增收和可持续发展奠定基础。

【江海联动】 江海联动、洋口港建设等重点工程进展顺利，成效显著。根据市政府重大项目工作要求，制订局重点工作任务责任分解，定期上报进展情况及相关信息，积极协助做好项目的报批、审查工作，保证各项重点工作顺利开展。积极加快长江澄通河段整治开发规划研究进程，如东沿海平原水库前期工作稳步推进。

【节水工作】 作为全国节水型社会建设试点市，编制《南通市节水型社会建设规划》，通过水利部和省水利厅的审查。加强制度建设，推广先进节水经验，全面推进八大行业节水行动，努力使节水工作向纵深发展。创新出台"污水零排放企业减免污水处理费规定"、"污水零排放企业认定办法"、"差别水价"政策，得到省水利厅充分肯定，并向全省转发，中国环境报也进行了专门报道。积极探索地表水处理冬灌夏用、循环使用，开辟浅层地下水使用等新途径，充分调动民间节水积极性和创造性，制作家庭生活用水一水多用装置，获国家专利。

（季　巍）

如　东　县

【自然经济社会概况】 如东县位于江苏省东南部、长江三角洲北翼。东面和北面濒临南黄海，西部与如皋市接壤，西北与海安县毗连，南部与通州市为邻。县境陆地东西长68千米；南北宽46千米，全县面积（不包括海域）1872平方千米。如东县有着优良的自然环境。陆地是典型的滨海平原，地势基本平坦，略呈西高东低、南高北低之势，高程一般在海拔3.5～4.5米之间。气候属北亚热带海洋性季风气候区，受海洋的调节和季风环流影响，一年中四季分明、光照充足、雨量充沛，年平均气温15℃。县境内土地肥沃，水草丰盛，林木繁茂，田园葱茏，盛产棉粮果蔬。曾三度突破皮棉总产百万担大关，还是全国粮食生产先进县、全国商品瘦肉猪基地先进县，全国山羊板皮出口先进县，全国水利建设先进县，全国平原绿化先进县。2009年，如东县委县政府认真落实中央决策部署和一系列政策措施，积极应对国际金融危机带来的严峻挑战和困难，以"全力保增长，全面达小康"为工作主线，全县经济及各项社会事业保持了又好又快发展的良好态势。全年实现地区生产总值297.5亿元，按可比价计算，比上年增长13.7%，其中第一产业增加值40.77亿元，比上年增长4.4%；第二产业增加值157.07亿元，比上年增长15.7%；第三产增加值99.66亿元，比上年增加14.3%。人均地区生产总值比例为

13.7∶52.8∶33.5。全年实现财政总收入40.14亿元，比上年增长33.4%，其中地方一般预算收入15.33亿元，比上年增长26.6%。县域经济基本竞争力连续七年跻身全国百强县(市)行列。

【水利基本概况】 2009年，如东县水务系统坚持以科学发展观为指导，紧紧围绕县委县政府中心工作，从惠民项目入手，以重点工程带动，抢抓机遇、真抓实干，全县水利发展实现新突破，被推荐为全省水利建设先进单位、荣获全省农村河道疏浚先进县等荣誉称号。全年共完成各类水利建设项目8件，其中：治理河道1113.34千米，综合治理水土流失面积8.5平方千米，新增灌溉面积3.4万亩，改善面积15.15万亩，除涝面积0.8万亩，改造中低产田0.65万亩，改善农村饮用水人口8.99万人。

【年度工作】 一是防汛防旱工作。坚持把防汛防旱工作放在突出位置，不断健全防汛工作机制和完善防汛体系，强化汛前和汛期检查，落实防汛物资和队伍，加强值班、畅通信息，及时完善和落实各类预案。全县共储备三类防汛袋6万只、块石2500吨、木材15立方米、土工布5000平方米，并在全市率先组建了一支防汛抢险专业队。7月28日，如东县发生历史罕见的特大暴雨灾害，掘港站内水位骤然上涨至3.42米，超警戒水位0.62米，创建国以来的第4次高水位，防指及时派出6个工作组深入一线指导抗灾救灾工作，同时密切联系上级防指及周边各市县，科学调度涵闸，实现对涝水的有效抢排，抢险专业队发挥快速、高效的抢险突击作用，累计抢修土方1.76万立方米，保证了海堤安全度汛。汛期全县累计排水达15.7亿立方米，确保全县安全度汛。二是农村水利工作。大力推进农村饮水安全建设。围绕两年内解决26.64万农村人口的饮水安全问题的目标，制定出台并实施《如东县农村饮水安全工程实施办法》，2009年组织实施一期工程，重点解决岔河、长沙8.99万人的饮水安全问题，工程于2009年9月15日开工建设，完成投资4382万元。以保证水资源的可持续利用为重点，大力推进农村河道综合整治及长效管理。制定出台《全面推进农村河道整治加强农村河道长效管理意见》等政策文件，投入劳工12.4万个，机械3.2万台班，清理水花生10万余吨，清理河坡垃圾7.8万吨，整治水面20万亩，累计整治等级河道1610条，长度3980千米，等级河道整治实现全覆盖。同时，县财政拿出200多万元用于长效管理补助，成立农村河道管理办公室，落实专业化队伍和以河包干的责任人，全县共落实管护人员1038人。2009年8月，如东县农村河道疏浚工程三年规划任务顺利通过省级验收，并荣获全省农村河道疏浚先进县荣誉称号。大力实施农田水利基础设施建设，保障粮食安全。2009年，全面完成中央财政小型农田水利项目、省农村小型泵站更新改造项目、袁庄节水灌溉等项目。累计新建防渗渠道78.5千米，新建(改造)泵站71座，渠系配套建筑物1397座，疏浚土方7万立方米，改善灌溉面积4.94万亩，完成投资1808万元，取得良好的经济和社会效益。三是重点工程建设。海堤达标工程加快推进。加快实施以"两闸"下迁为重点的沿海重点水利工程建设。掘苴新闸工程已于2009年5月通过水下工程验收并投入使用，累计完成投资约8000万元；东安新闸围堤工程和上游引河工程于2009年10月通过初验，共完成围堤10.53千米，引河6.7千米，闸主体工程于2009年4月开工建设，计划11月前通过竣工验收。洋口运河工程克难求进。加大工作力度、创新举措、严格责任，克服沿线拆迁、占用补偿、资金筹措等困难，全面完成土方主体工程，成投资约1亿元。掘苴垦区工程按序时推进。掘苴垦区工程是市委、市政府下达的全市土地占补平衡项目，工程概算投资2.1亿元。工程于2008年底正式开工，目前，围堤工程已通过竣工验收，正在实施土地复垦工程，该工程累计完成土方685万立方米，新建主海堤约12.3千米，匡围面积约3.3万亩，新增土地面积约2万亩。四是水利工程管理。切实抓好安全生产工作。强化沿海涵闸的运行管理，加强与公安边防、渔政部门建立渔船进出闸联动机制，严格出海船只的管理；加强水利建筑工程的安全生产管理，全年安全无事故。加强堤防管理。建立健全堤防巡查制度，严格占用审批，认真落实堤闸绿化，完成海堤绿化面积930余亩。抓好融资工作，为水利重点工程提供保障。2009年共融资到位1.6亿元。全县水利工程管理日趋规范，2009年3月，洋口外闸通过创建省二级水利工程管理单位验收。五是水政水资源管理。出台《如东县水行政处罚实施办法》、《如东县河道管理暂行办法》等规范性文件。积极牵头县妇联、县教育局举办节约水资源主题征文活动；牵头县财政、县审计部门开展供水企业水资源费征缴专项稽查；以节水型社会创建活动为抓手，开展节水宣传进单位、进校园、进社区活动，在南通市青少年教育基地开辟节水型社会专题宣传。坚持日常管理和案件查处两手抓，开展以一、二级河道大检查为重点的执法活动，累计出动检查人员1468人次，船艇162航次，车辆578辆次，普查河道1007千米，登记占用河道项目4203个，为水资源管理提供强有力的基础保障；同时组织执法巡查350余人次，立案查处水事违法案件21起，罚款4.1万元，有效维护了全县正常的水事秩序。全年共征收水利工程水费832万元，征收水资源费503万元，水费征收工作位居全市各县(市)前列。六是水利项目前期工作。2009年，牢牢把握沿海开发的政策机遇，不断加强沟通，落实对接，扎实抓好项目申报、推进、跟踪落实工作。目前，平原水库项目已取得省发改委立项批复，正着手编制可研；九洋灌区改造项目也已跻身于省4个中型灌区改造项目之一，实施计划已上报，形成了项目实施一批、储备一批、争取一批的良好态势。

(尤晓勇)

连云港市

【概述】 2009年，在市委、市政府的正确领导下，全市水利系统全面贯彻落实科学发展观，抢抓沿海开发机遇，积极融入全市发展大局，突出“主攻前期工作、狠抓重点工程、强化行业管理、创新体制机制、提高队伍素质”5个方面，负重攻坚，整体推进，超额完成了各项目标任务。全年完成投资17.83亿元，占投资计划10.47亿元的170.3%。其中农村饮水安全工程完成投资30980万元，通榆河北延送水工程完成投资30502万元，新沭河五十年一遇工程完成投资40539万元，大浦河调尾工程完成投资14715万元，灌区节水改造完成投资15300万元，农田水利建设完成投资10150万元，大中型挡潮闸加固工程本年完成投资3628万元，大圣湖饮用水应急水源库区综合整治工程完成投资2050万元，县乡河道疏浚完成投资9217万元，村庄河塘整治完成投资4629万元，泵站更新改造完成投资731万元，小水库除险加固完成投资3567万元，房山水库除险加固工程完成投资2000万元，横沟水库除险加固工程完成投资1540万元，昌梨水库除险加固工程完成投资1800万元，八条路水库除险加固工程完成投资2400万元，防汛岁修完成投资1088万元，圩区治理和小型农水完成四县小型农田水利工程投资3057万元，山丘区水源完成投资380万元。超额完成市委市政府下达的38项年度目标任务，连续3年夺得全市经济建设和社会发展目标一等奖；通榆河北延送水工程、大浦河调尾工程、城市饮用水安全保障工程、新沭河治理工程分获全市重大事项推进奖；新沂河河道、通榆河灌北泵站工地被省水利厅评为“文明建设工地”。

【防汛防旱】 2009年全市累计降水量为762.8毫米，较多年同期降水量偏少16%。年初，全市发生了较为严重的旱情，受旱成灾面积达15.71万公顷。通过科学蓄水保水、积极调引水源、深入一线指导等有效措施，将旱灾损失降到最低，为全市夏粮连续第7年丰产丰收提供了水源保障。坚持防汛防旱两手抓，按照“防大汛、抗大灾、抢大险”的要求，全面落实各项防汛责任，积极开展防汛抢险演练，备足各种防汛抗旱设备，提高应对突发事件的能力。主汛期间，超汛限的16座大中小型水库及时泄洪；新沂河、新沭河安全行洪，新沂河最大行洪流量沭阳站达3090立方米/秒，新沭河最大行洪流量达1000立方米/秒；成功防御了第8号台风“莫拉克”对市外围的影响。

【水政执法】 “五五”普法继续深入，涉水行政权力“阳光运行”稳步推进，规范性文件体系不断健全，行政许可制度切实规范。严格落实水行政执法责任制，加强水政监察队伍建设。“百湖执法检查”、饮用水源地保护等专项执法活动取得明显成效，初步建立全市执法管理基础数据库，检查涉水建设项目1282个，形成登记资料20册，查处违章行为479起，有效维护水事秩序。组建石梁河水库水上派出所，强化水库库区综合整治。加强水资源费、南水北调基金、水费征收，各项任务得到较好落实，经费使用管理严谨规范。

【水资源管理】 加强取水许可规范化管理，严格水资源论证报告书审查制度，完成《市水资源综合规划》编制工作。强化水源地保护，推进饮用水源地安全专项检查，及时掌握水质动态。建立饮用水源地保护部门联动和重大事项会商机制，确保反应及时、应对有力。加强农村饮用水源监管，公布全市第一批农村饮用水源地名录，开展水源地保护区划定，加强日常监测。积极推进节水型社会建设，强化节水宣传，完成《全市节水型社会建设规划》的编制，以节水型企业、节水型高校、节水型灌区为重点，以点带面推进节水工作开展。

【工程管理】 完成19座大中型涵闸、5座大型泵站、30座小型水库的安全鉴定，及时编制上报大中型病险涵闸除险加固规划，为病险工程除险加固奠定基础。实施9座小水库除险加固工程，完成投资3567万元，占年度目标的178.4%。继续深化水管单位改革，推进千分制考核，提高管理水平，盐东水利工程管理处盐河南闸管理所达到“千分制”考核省二级标准。加大维修养护投入，下达防汛岁修经费2605万元。依法审批40余项建设项目，切实加强监督检查，确保工程安全。

【农村水利】 2009年全市共疏浚县乡河道182条，完成土方2245万立方米，完成投资9217万元，占投资计划的230%。整治村庄河塘2708个，完成土方1348万立方米，投资4629万元，占投资计划的128.6%。投资731万元，完成泵站更新改造174座，11993千瓦，占目标任务的146.2%。沭新渠灌区、小塔山灌区、石梁河灌区改造工程共防渗衬砌干支渠80.35千米，疏浚河渠30千米，新建、改造泵站、闸、涵等建筑物206座，完成投资1.53亿元，占年度目标的255%。完成灌云县、灌南县圩口闸更新改造28座，完成4县小型农田水利工程投资3057万元，占年度投资计划的152.9%。新建塘坝71面，大口井58眼，投资380万元，占投资计划的126.7%。争取灌云县、灌南县小型农田水利工程重点县省级以上投资3400万元，东海、赣榆、海州、新浦小型农田水利工程补助资金专项工程省级以上投资1200万元，合计4600万元，占年度目标计划的230%。

【饮水安全】 2009年度农村饮水安全工程上报省可行性研究报告项目共计89个，解决不安全饮水人口94.32万人，其中省批复可研71个，解决不安全饮水人口72.3万人。市批复初步设计报告的项目共计68个，解决不安全饮水人口70.19万人，计划投资3.42亿元。至年底，解决不安全饮水人口63.52万人，完成投资3.10亿元，占年度投资计划的154.5%。

【新沭河五十年一遇治理工程】 新沭河五十年一遇治理工程是国家19项治淮骨干项目沂沭泗河东调南下项目的主要工程之一，列入市委市政府2008年十项重点工程、2009年市委市政府重大事项督查项目。至2009年底，主要完成征迁用地1853.3公顷；三洋港挡潮闸沉井浇筑完成，闸室沉井刃脚胎模全部制作完成，上游引河开挖工作基本完成，正在进行岸翼墙桩基、上下游防冲排桩施工；范河闸加固及山岭房退水涵洞工程基本完成；临洪东站自排闸闸墩、胸墙、排架、工作桥承台已浇筑完成，下游消力池及护坦全部浇筑完成，公路桥预制工作正在实施；大浦第二抽水站流道底板及流道层浇筑完成，水泵支墩浇筑完成，进水流道侧灌注桩全部完成，站下引河开挖累计完成9.2万立方米，引水涵洞扩建正在开挖基坑；磨山河桥闸拆建工程施工围堰基本完成；下段干河河道土方开挖完成，堆土区进入削坡整理扫尾阶段；排水通道完成土方开挖55万立方米；中段护坡接高及险工处理Ⅰ、Ⅱ标段护坡砌筑工程全面完工。完成投资40538.75万元，占年度目标的202.7%。

【通榆河北延送水工程】 2009年，通榆河北延送水工程灌北泵站、东门河闸等7座建筑物工程通过水下阶段验收，善南泵站完成土建主体工程，善后河北套闸、蔷薇河地涵等5座建筑物开始实施；6.27千米新开河道全部完成并通过投入使用验收；基本完成盐河扩浚工程、沭北航道改造、龙北干渠疏浚、八一河扩浚工程4项河道工程，开始实施引水河扩浚；灌云县城截污导流工程(一期)基本完成，通过水下工程阶段验收，八一河截污导流工程建筑物工程基本完成；灌南、灌云县影响工程基本完成，完成水下工程阶段验收，海州区影响工程(一期)基本完成。完成投资30502万元，占年度目标的152.5%。

【大浦河调尾工程】 大浦河调尾工程是省水利厅扶持苏北发展的重大事项，工程的实施可以解决连云港城市防洪排水出路问题，使市区排涝标准由五年一遇提高到二十年一遇。2007年12月26日举行大浦河调尾工程开工典礼。2009年，大浦河调尾工程征地拆迁工作基本完成，0+000—4+700段河道已完成土方开挖113万立方米，完成2座跌水施工；新东方大道交通桥工程完成南幅桥桥面砼铺设、桥头引道等施工；新港城大道交通桥北半幅通车；三元闸主体工程开工建设。全年完成投资14714.5万元，占年度目标的147.1%。

【海堤达标工程】 海堤达标工程2009年主要实施沿海大中型挡潮闸工程，其中北六塘河闸、龙沟河闸、燕尾闸基本完成，义泽河闸通过水下阶段验收，新城闸开工建设，全年完成投资3628万元，占年度目标的145.1%。11月17日至20日，2006年度海堤防护工程除赣榆段外均通过省水利厅组织的投入使用验收。

【水库移民后扶】 严格按照政策规定，突出重点地区，转化后进地区，整体推进全市移民后扶工作。全市后扶资金的兑付率达94%，高于全省平均水平。东海县后扶工作被推荐为全省唯一的全国先进集体。全市共完成原迁移民直补资金发放3353.94万元，批复后扶项目487个，审批项目资金7658.87万元，完工项目454个，完工项目资金6481.12万元，已批复拨付项目资金5546.87万元，水库库区及移民安置区项目资金拨付864.35万元。

【对接沿海开发】 根据《江苏沿海地区发展规划水利专项规划》，按照“区分轻重缓急、进行分步治理”的原则，编制完成《全市沿海水利基础设施建设实施方案(2010年～2012

年）》，明确了发展目标、主要任务和项目安排，重点排出了近三年需实施的水利工程计划。完成徐圩新区防洪除涝规划、水资源供给规划，并通过省水利厅审查，经市政府批准实施。此外，积极推进项目前期工作。开展重点地区中小河流整治、连云新城挡潮闸、城市防洪、东温庄水库等工程项目前期工作。启动全市“十二五”水利发展规划编制工作，取得阶段性成果。

【行业自身建设】 一是党的建设。深入开展学习实践科学发展观活动，获得全市创新载体“十佳”单位称号，取得督导七组11家联系单位学习实践活动各阶段检查得分第一名的成绩，较好地达到了党员干部受教育的目的。加强思想建设，采取中心组学习、上党课、报告会、辅导讲座等方式，组织党员干部深入学习党的最新理论成果。加强组织建设，完成3个总支、8个支部的改选工作。加强党风廉政建设，不断深化党性党风党纪教育，全面落实党风廉政建设责任制，开展重点工程执法监察，推进基层党风廉政建设，及时整改存在问题，确保“干部安全、工程安全、资金安全”。二是队伍建设。重点抓好年轻干部的选拔和培养，增强队伍活力。新提拔了22名科级干部，充实局机关处室和直属单位领导班子。积极推进培训交流，与省委党校、市委党校联合，对部分中层干部实行“3＋2”培训，赴昆山实地学习；派出14名同志赴水利部、省水利厅、县、区水利部门、其他市级机关和徐圩片区学习锻炼，开阔思路、拓宽视野、提高素质。在全市水利系统中开展十佳理财能手、十佳写作能手、十佳操作能手、十佳档案管理能手、十佳执法办案能手、十佳服务标兵等“五手一兵”竞赛评比活动，调动广大水利职工积极性。三是自身建设。开展歌咏、乒乓球、篮球、羽毛球、象棋等比赛活动，丰富职工生活。组织部分人员赴南京参观“奋进的江苏”60周年成就展，举办“我为科学发展新水利作贡献”征文活动。加大水利宣传力度，着力提高国家级、省级媒体发稿量，扩大水利影响。全面完成市人大代表建议和政协委员提案办理工作，受到较高评价。切实加强老干部工作，认真落实离退休人员“两费待遇”，组织老干部参加门球比赛、外出参观考察等活动，丰富老干部生活。四是水利学会工作。为纪念新中国成立60周年，市水利学会以总结60年治水成就为学会年会主题，在全系统开展征文活动。市人大原副主任、市政府原常务副市长周保法亲自撰文，共收到各类文章82篇约35万字。9月28日召开纪念新中国成立60周年水利建设论文交流大会，会后，市水利学会将论文连同125幅珍贵照片编辑为《伴水行》文集。

（张卫怀）

淮 安 市

【概况】 2009年，淮安市水利工作坚持以科学发展观为指导，认真贯彻落实中央扩内需、保增长的方针政策，紧紧围绕淮安市经济社会发展大局，积极践行可持续发展治水思路，加大水利投入，加快水利建设，加强水利管理，把防灾减灾能力建设作为推进淮安小康进程的重要内容，把水资源节约保护和优化配置作为资源水利的工作导向，把县乡河道疏浚、村庄河塘整治、农村饮水安全作为改善农村生产生活环境的重要抓手，狠抓措施落实，实施了以南水北调、茭陵泵站改造、洼地治理为重点的水利基建工程，以县乡河道疏浚、灌区节水改造、村庄河塘整治、农村饮水安全为重点的农村水利工程，以城区河道治理及楚秀园、石塔湖公园等水体活水换水为重点的城市水利工程；扎实做好各项防汛防旱工作，保证淮安市工农业生产和城乡居民生活的正常进行；进一步加强水行政执法和水资源管理，组织实施了2个政府创新项目和26个部门创新项目,不断提高系统创新创优能力,淮安市水利事业呈现出项目增多、投资增大、保障有力、管理加强、发展加快的良好态势,水利服务经济社会发展的能力进一步增强。2009年,据不完全统计,市水利局共获得地厅级以上表彰50余项,荣获了市级机关科学发展目标考评水利建设奖,创新创优、水利工程建设、水利工程管理、防汛防旱、节水型社会建设、软环境、安全生产、社会治安综合治理等工作,分别受到省、市表彰。

【水利建设】 截止12月底,淮安市水利局共完成水利基础建设投资11.58亿元,占年度计划任务的115.8%,水利建设投资创历史新高。集中实施了鲍集圩安全建设、2007年灾后重建,茭陵抽水泵站,龙王山、桂五两中型水库除险加固等重点工程;完成县乡河道疏浚、村庄河塘改造、灌区节水改造、农村饮水安全等民生工程;完成大寨河、洪福河、清扬大沟等城区河道整治,开工建设西郊泵站改造、运河泵站改造及越河泵站拆建。一是前期工作进一步加强。配合做好入江水道整治、洪泽湖大堤除险加固、分淮入沂整治"新三项"工程,以及南水北调金宝航道、金湖站、洪泽站、南水北调影响工程前期工作;完成中小河流整治工程规划、大中型涵闸除险加固规划、淮安市南水北调配套工程规划、淮安市水利发展"十二五"规划思路和头溪河上段整治可研报告、茭陵泵站更新改造及淮阴区淮西洼地泵站改造、白宝湖洼地治理等工程初步设计;完成淮安市城市东部新区防洪排涝、淮安工业园盐化工基地、苏北灌溉总渠淮安港工业园区、里运河与古黄河水位抬高工程、城区水环境治理工程实联化工淮安工业园区建设工程淮河入海水道滩地取土方案等相关规划和前期工作。二是淮阴三站具备运行条件。2009年12月13日,总投资2.67亿元,淮阴三站顺利通过机组试行验收,具备送水条件。工程建成后,具有向北调水、改善水环境、提高航运保证率等功能。三是南水北调截污导流年度工程顺利完成。2009年累计完成投资2亿元,开工15个标段,其中,天津路及柯山路干管2个标段工程完成,里运河清淤、板桩护岸、清安河疏浚及护岸、清安河沿线配套建筑物等11个标段基本完成;北京南路过河干管及污水提升泵站工程完成过河顶管和泵房主体结构;清安河穿运洞移址重建工程双线顶管顺利贯通。四是淮安市2007年灾后水利重建基本建成。截止2009年底,工程已实现主体完工,共计加固堤防35千米,新建护坡挡墙18.8千米,新建(拆建)排涝泵站63座,涵闸51座,生产桥9座,加固维修入海水道滩地小型建筑物660座,维修防渗渠道8.5千米,受益面积达684.45平方千米,受益人口达72.93万人。五是白马湖地区花河排涝泵站正式完工。工程概算投资4033万元,自2008年3月正式开工实施,4月1日通过水下工程阶段验收;8月6日通过机组启动运行验收,12月31日,通过合同工程完工验收并交付洪泽县水利局运行管理。工程建成后,将解决洪泽县、楚州区及市化工园区部分次高地涝水,同时兼顾抽排白马湖底水,提升该地区的防洪排涝标准。六是鲍集圩行洪区安全建设、白马湖宝应湖地区洼地治理等工程进展顺利。截止2009年底,总投资926万元,基本完成行洪区安全建设工程牛头路、杨滩路、西拐路等撤退支道建设。总投资2480万元,白马湖宝应湖地区洼地治理包括楚州、洪泽两县区工程全面开工实施。金湖县利农河整治二期、盱眙县团结河杨滩等三座穿堤涵闸拆建及洪泽县砚台船闸拆建等地方基建工程进展顺利。七是楚州茭陵泵站更新改造工程开工实施。概算总投资8902万元,主体工期一年,于9月30日开工实施,截止年底,土建工程已全面实施。

【农村水利】 2009年度,淮安市农村水利紧抓农村河道河塘疏浚整治、农村饮水安全、灌区节水改造等重点工程。全年共投入资金6.9亿元，100万工日、机械24500台班，开挖土石方5531万立方米，兴建小沟以上建筑物5456座，其中中沟以上建筑物2213座，疏浚县乡河道313条，实施392个村村庄河塘整治工程，实施51.89万人的饮水安全工程，兴建防渗渠道174千米，加固圩堤56千米，土方92万立方米，加固塘坝56面，土方71万立方米，新建及改造机电泵站163座。增加有效灌溉面积4.2万亩，恢复改善灌溉面积102万亩，增加除涝面积2.2万亩，恢复改善除涝面积100万亩，增加旱涝保收田31万亩，改造中低产田面积12万亩。一是灌区改造工程。总投资21400万元，实施渠南五期、涟西四期等6个灌区9期项目。共完成节制闸、进水渠首闸、涵洞、渡槽等建筑物256座，新建改造泵站22座4667千瓦，渠道防渗护砌55条104千米，疏浚整治河渠34条208千米。二是农村饮水安全工程。共完成投资21809万元，解决了44.7万人的饮水不安全问题，并且建立长效运行管理机制，初步实现“建得成、管得好、用得起、长受益”的目标。得到中央扩大内需督查组和省政协主席张连珍的充分肯定。三是农村河道疏浚工程。投入资金1.03亿元，完成县乡河道疏浚工程313条，长1299千米，土方2726万立方米。工程完成后，可以增加排涝能力320立方米/秒，改善灌溉面积50万亩，改善排涝面积103万亩，增加旱涝保收田25万亩。植树1100万株，改善了水环境和土壤环境。四是村庄河塘整治工程。投入资金4780万元，开工实施392个村1829个村庄河塘整治工程，完成土方1469万立方米，占计划任务108.5%。清理垃圾3.18万吨，复垦土地611.8亩，植树造林37.59万株，新增水产养殖面积8282亩，增加蓄水能力261.5万立方米。五是灌区末级渠系改造工程。实施淮涟、洪金、渠南灌区等三个灌区末级渠系改造项目，共完成投资2529.18万元，完成土方141.8万立方米，混凝土8.5万立方米，浆砌石7.3万立方米。新修渠道38.84千米，新建渠系建筑物889座、新建其它建筑物60处，改造渠道85.8千米、泵站1座、其它建筑物26座。实现新增和改善灌溉面积2万亩，新增、改善除涝面积3.18万亩，新增节水能力266万立方米。六是农桥改造工程。首次与财政部门合作改造农桥，共投入资金5390万元，完成改造农桥614座，占计划任务的113.5%，成效显著。

【水利科技】 一是课题研究。开展“灌溉渠道直读式柱形量水槽研制及应用”、“民办公助”项目运作模式研究与应用”2项目的研究；开展“农村饮水安全工程建设机制及运行管理模式研究与推广”、“灌溉渠道直读式柱形量水槽的示范推广应用”、“大中型灌区水生态环境修复技术推广应用”4项目研究与推广。“淮北沙土区河道边坡设计与植物防护技术研究”获省水利厅科技进步二等奖；“连续梁桥跨河施工支架研究”、“桩围软体截流坝技术研究与应用”获省水利厅科技进步三等奖。二是农村饮水安全工程建设机制及运营管理模式获市政府创新创优项目优胜奖。首先是建设机制创新。建立公众参与机制，鼓励和引导公众参与决策、监督和管理；其次是融资机制创新。建立健全多元化、多渠道、多层次投融资机制，吸引乡村集体、企业大户、个体经营者投资兴办农村饮水安全工程；第三是工程技术创新。推广运用新材料、设备、工艺，提高工程或设备使用寿命和工作效率；第四是运管机制创新。实行多井联网供水，强化资源整合。突破行政区划界限，实行镇镇联网、镇村联网、村村联网等多井联网供水模式，在水厂经营管理方面推出承包经营、股份制等四种管理体制。

【城市水利】 2009年，淮安市水利局承担的城市水利工程主要包括西郊泵站拆建、运河泵站拆建、越河泵站拆建、洪福河西延、大寨河北段整治、清扬大沟二期整治、楚秀园补水活水、石塔湖清淤、小盐河下段改道等，累计完成城市水利工程投资3500余万元。一是城区河道整治工程年度任务顺利完成。截止年底，清扬大沟整治二期工程完成河道开挖、浆砌石挡墙、交通桥、涵以及岸坡护砌、绿化、栏杆安装等建设内容。大寨河北段整治通过竣工验收。洪福河西延工程完成钢筋砼暗管铺设。小盐河下段改道工程，完成投资约150万元。二是城区公园活水及景观提升工程大力实施。2009年，楚秀园补水活水工程全部竣工，具备运行条件；外城河及石塔湖清淤工程通过验收；清晏园、樱花园提升改造工程完成工程项目建议书审批，2009年7月份规划设计方案通过规划部门组织的专家评审，总投资超1亿元，计划分3年实施。经过积极争取，樱花园2009年10月份实现免费对外开放。三是城区防汛泵站拆建工程按序推进。运河泵站拆建工程完成基坑开挖、站身底板、4米高站身及62米引水涵洞浇筑，预计2010年4月底前可完成全部施工任务；西郊泵站拆建工程完成原泵站机电设备拆除、施工导流、施工围堰、基坑清淤、底板浇筑、翼墙砌筑等任务；越河泵站拆建工程完成原泵站机电设备拆除、工地围挡、施工围堰填筑、施工临时用电架设、基坑开挖、站底板及站身浇筑等任务，2010年汛前可全面竣工。四是里运河水环境整治及绿化工程再添新风景。完成里运河南岸（北门桥—若飞桥）景观提升改造工程。里运河北岸风光带建设工程总投资约1600万元，截止年底，仿古建筑、景观绿化工程已开标。五是城市长效管理工作不断加强。出台《淮安市水利局2009年城市长效综合管理实施办法》，分解任务，落实责任，强化考核，多次召开长效管理工作会议，制定切实可行的措施，及时汇总整理日报、周报材料，发现薄弱环节立即整改，努力做到常规工作不失分，创新工作得高分，不断推进城市长效综合管理上台阶、上水平。在年终市直单位评比中，排名第二。

【防汛防旱】 2009年，淮安市各级防指未雨绸缪，超前部署，扎实做好各项防汛防旱工作。一是认真组织开展汛前检查。2月6日，市防指部署汛前检查工作。3月9日至24日，市防指成立汛前检查工作组，对全市流域性河湖堤防、水库、涵闸、泵站、城市防洪工程及区域性防洪工程等重点险工地段进行实地检查。3月30日，召开防办主任会议，对各县（区）、市属工程管理单位汛前检查情况和防汛准备措施落实情况，逐一点评，明确整改措施。二是全面落实防汛防旱工作责任制。及时调整充实市、县（区）防汛防旱指挥部成员。5月11日，市政府与各县（区）人民政府签订防汛防旱工作责任状，并在《淮安日报》上公布淮安市流域性河道堤防、涵闸、泵站、水库、滞蓄洪区、城市防洪等重点工程的防汛行政责任人和技术责任人，接受社会公开监督。三是完善各类防汛防旱预案。5月6日，市防指组织专家组对重新修订的《淮安市防汛防旱应急预案》进行完善后报市政府批准下发，同时要求所有跨汛期施工的重点工程项目，必须落实安全度汛方案。五是强化落实各项非工程措施。做好各类防汛防旱设施、设备的维护和保养工作。市县两级共落实草包20.3万只、编织袋391.87万只、土工布11万平方米、木材751.437方、树棍26万枝、铁丝27.2吨、元钉460公斤、块石89759吨，防汛抢险队伍1243支、7.25万人。初步建成市县级防汛会商系统，实现省市县三级防指视频会商。六是切实加强防汛值班。进入汛期，立即恢复24小时值班制度，各级防汛指挥部领导带班，密切注视和掌握雨情、水情、工情及灾情情况。七是积极做好防旱抗旱工作。去冬今春淮安市部分县区出现轻度旱情，市防指积极组织抗旱。全市累计投入抗旱人数9.72万人，投入机动抗旱设备0.682万台套、装机容量6.307万千瓦，投入资金680万元，抗旱用电98.3万度，抗旱用油266.9吨，抗旱浇灌面积83.98千公顷次。水稻大用水期间，及时向省防指汇报，请求对用水困难地区补充灌溉水源，保证在水稻栽插、活棵等生长关键时期抗旱用水。

【水政执法】 一是加大宣传力度。采用广场大型宣传、咨询、倡议、展示等形式开展“3·22”世界水日、中国水周宣传活动。共散发宣传画、册、挂历、报纸等5000多份，解答群众咨询100多人次。3月27日，在清江中学开展水资源管理、保护宣传活动，散发《水资源知识二十问》等宣传资料2000余份。4月2日至3日，举办26支代表队参加的水法规知识竞赛。开展“5·18”行政执法服务月和“12·4”法制宣传日宣传活动，共散发水法律法规宣传画、宣传挂历等资料2000余份。二是加强培训工作。6月邀请专家就水环境、水资源管理和水利政策法规知识进行培训，12月15日，邀请市法制办相关领导作行政执法报告会。积极参加淮安市“四级干部”学法竞赛活动和公务员学法征文活动。三是积极推行行政权力网上公开透明运行。对原有的63项行政权力进行清理，保留46项行政权力，编制每一项权力的项目公开表、外部流程图、内部流程图等。2009年，市水利局行政许可、行政处罚共38项行政权力在网上公开并实现网上申请和办理。四是水行政执法工作。继续开展四级巡防机制，对流域性河道重点区域增加检查、巡查次数，深入开展“百湖执法大检查”专项活动。全年共查处水事违法案件6起，其中立案查处1起，申请法院强制执行2009年遗留的行政征收案1起，及时制止、现场处理违章设障、违章打井等水事违法行为4起。

【水资源管理】 一是落实“河长制”。2月下旬，二河饮用水源地水色发生异常现象以后，淮安市委、市政府对市域范围内所有河道实行“河长制”管理。由市水利局牵头起草和制定“河长制”有关文件和实施方案，组织专人对各地“河长制”开展情况进行检查，并负责对淮安市范围内秸秆禁抛督查考核，水资源管理初见成效。二是加强饮用水源地保护。拓展监测范围，将原有7个饮用水源地水质检测点扩大到23个，定期分析饮用水源地水质评价结果，发现异常，立即上报。严格执行水功能区水质达标率考核制度，积极探索应急备用水源地建设方案，组织开展大运河备用水源地工程建设方案调查研究和白马湖备用水源地建设的前期工作。积极开展生物生态处理城市尾水研究，会同洪泽县人民政府以及有关单位通过对洪泽县地理位置、现状的排污分析，探索提出用生态—生物技术处理污水。截止年底，该课题已进入立项申报和组织实施阶段。三是加强地下水管理。研究制定主城区地下水整治方案，对主城区自来水管网到达地区的114眼地下水井用途逐一进行梳理过滤，保留29眼地下水井、关闭85眼地下水井。全年整治非法深井129眼、非法浅井666眼，拆除水温空调6台。向地下回灌自来水30万立方米，漏斗区地下水位下降的趋势得到有效控制并有一定幅度的回升。四是加大湖泊管理与保护力度。建立健全各级湖泊管理机构，成立“市洪泽湖高邮湖湖泊管理处”和“市白马湖宝应湖及里下河湖泊管理处”。各有关县(区)进一步明确河湖管理处(所)的湖泊管理工作职责并下设湖泊管理站。完成省管湖泊勘界设桩，并顺利通过省水利厅验收。按时保质完成湖泊资料整编工作。五是节水型社会建设。全力开展省级节水型社会试点建设，积极开展九大高污染行业节水减排活动，加大节水技改投入，创建韩泰轮胎公司等14家省(市)级节水型企业(单位)、创建淮阴工学院省级节水型高校、创建富丽花园社区等22个省(市)级节水型社区、创建盱眙东灌区等2个省级节水型灌区。全年实现节水减排投入1.40亿元，形成年节水减排能力1600.29万立方米。11月20日，淮安市省级节水型社会建设试点工作在省政府组织的专家组考评中继2008年后再次名列全省第一。

【行业发展】 一是学习实践科学发展观活动成效显著。突出"坚持科学治水,建好四大水利"主题,开展"我为水利献一计"、"三走进三破解"等特色活动。市水利局特色做法先后14次被中央学习实践官方网站刊登,学习实践信息在市直参加第二批学习实践活动的128个机关企事业单位中排名第一,并荣获市学习实践活动信息宣传先进集体。在淮安市第二批学习实践活动总结大会上作典型发言。二是目标管理工作进一步加强。连续6年在全系统实行目标考核量化考评,组织印发《淮安水利目标管理》手册,有效促进水利各项工作的落实,多次荣获淮安市目标管理先进集体。三是水利创新创优能力进一步提升。出台并完善《水利创新创优奖评选办法》。2009年选定创新项目26项,并率先在淮安市对系统创新项目采用幻灯片格式评审,同时"农村饮用水安全工程建设机制及运行管理创新"项目获市政府创新项目优胜奖。四是水利信息宣传成效明显。2009年,市水利局信息工作在市直80多个部门排名第六,在全省13个地市排名第三,在"江苏水利网"用稿排名全省第一。组织编印《淮水安澜》(新世纪淮安水利成就掠影)大型画册,摄制《水利淮安》专题宣传片;组织开展"扩需看水利"等专题系列报道;荣获南水北调系统宣传工作先进集体、2007～2009年度淮河流域信息宣传先进集体、全省水利新闻宣传先进单位。五是党风廉政建设不断加强。签订党风廉政建设责任状,开展述廉述职述学述法活动,不断提高干部廉洁自律意识。同时开展检企共建抓预防,服务企业助发展的创新活动,取得了较好的效果。六是精神文明创建扎实开展。在系统内大力开展文明创建活动,努力营造良好的机关作风和水利行风,进一步优化行业软环境建设,先后获得省创建文明行业先进行业、省水利文明单位、市级文明机关、市文明机关先进单位,被市委、市政府表彰为淮安市宣传思想文化先进集体。

(潘光杰　王惠莲)

淮阴区

【地方概况】 淮阴区位于江苏省北部,中国大陆的降雨量分割线上。地处淮河下游,南临洪泽湖,西接泗阳县,北隔六塘河与沭阳县相望,东邻涟水县、楚州区、清河区,南北长62.5千米,东西宽38.5千米,总面积1264.10平方千米,总人口90多万人。年均降水量为9548毫米,重大涝灾一般为四至五年一次,干旱平均为十年一至二次。淮阴区曾与扬州、苏州、杭州并称为江淮四大都市并居其首。文化底蕴丰富,高家堰洪泽湖大堤正申报世界文化遗产。水陆交通发达,古有"南船北马"、"九省通衢"之称,现为江苏南北交通的中枢。矿产资源丰富,拥有碳氢钠石、粘土矿、天然气、石油、硼、碘等多种资源,岩盐、芒硝储量分别高达270亿吨、12.8亿吨。淮阴区是"鱼米之乡",全国商品粮生产基地、生猪生产基地、山羊生产基地,曾被评为全国粮食生产先进县、全国平原绿化先进县、省农业开发先进县区、省高效农业规模化先进区。工业快速发展。已形成能源、化工纺织、木材加工、农副产品加工等支柱产业,具备一定的产业竞争优势。其中辉煌太阳能成为中国驰名商标,万邦香料成为省级名牌产品。

【水利概况】 淮阴区处于南北气候过渡地带,素有"洪水走廊"之称。境内淮沭河、中运河、古淮河、盐河、二河、张福河等主要河道纵横贯穿,全区水资源分布不均,洪、涝、旱、渍、碱等自然灾害频发。特别是作为直接承泄淮河中上游15.8万平方千米来水的洪泽湖,湖底高程平均高出下游地面6.8米,成为苏北平原的一个"悬湖"。在建国后60年水利整治中，先后建成100多座大中型骨干水利工程，加固洪泽湖大堤，开辟苏北灌溉总渠，新建二河闸、淮阴闸等大型水利控制工程；建成竹络坝、淮高、淮涟、临湖四大灌区，全区灌排体系全面建成，基本形成了“遇洪挡得住，遇涝排得出，遇渍降得下，遇旱灌得上”的防洪、除涝、灌溉、抗旱四配套水利工程体系。在改革开放的30年里，全区水利建设在“科技兴水、水利为民”的指导思想下，坚持高起点、高标准规划，实行骨干工程与连片治理并举方针，把水利建设同农业综合开发、同农村产业结构调整以及高效农业有机结合起来，重点实施一大批区乡骨干河道疏浚、河塘整治、泵站改造、灌区改造、节水灌溉、灾后重建、涵闸维修加固等水利配套设施建设。在河道疏浚方面：近10年来，先后组织疏浚中运河、张福河、沙礓河、跃进河、二大沟、上官沟、夏码大沟、翻身河、赵公河、崔大泓、渠西河、竹络坝总干渠等40多条县级骨干河道，轮流疏浚了300多条乡级大中沟，完成总土方近1.5亿立方米，改善灌溉面积64.33万亩，增加旱涝保收田18.36万亩。基本实现大河小河河河顺畅，大沟小沟沟沟相连，大闸小渠配套齐全，为全区农业增产增收提供了重要保障。在灌区改造方面：从2001年开始，总投资达1.5亿元，先后组织实施淮涟1～6期、竹络坝1～5期改造工程，改造后，境内农户年均可增收200元/亩以上。在沟塘整治方面：近5年来，共改造沟塘1190座，完成土方1161.42万立方米，增加水产养殖面积4368亩，增加蓄水能力349.4万立方米，增加土地面积209.9亩，植树13.4万株。

【年度工作】 一是水利建设。全年完成农田水利基本建设总土方712万立方米。投资2100万元，完成竹络坝灌区续建配套与节水改造三期工程；投资4500万元，完成竹络坝灌区续建配套与节水改造五期工程；投资471.1万元，完成淮涟灌区末级渠系配套工程；投资1430万元，完成2009年度农村桥梁改造155座；改造农村中低产田4.9万亩；投资3044万元，完成农村饮水安全一期工程，项目涉及运南和淮泗片10个乡镇。整治村庄河塘299个，完成土方336.92万立方米。在冬季水利中，从11月份开始，实施了区级骨干淮涟一干渠、天然河2条河道疏浚，长29.38千米，完成土方70.71万立方米；实施乡级66条大中沟疏浚，长169.36千米，完成土方216.95万立方米。投资91.5万元，完成省级流域性堤防维修养护工程。投资10万元，建成防汛视频会商系统。二是防汛抗旱。2月下旬开始，淮阴区防办组织水利部门各相关单位开展水利设施汛前大检查，并逐一制定度汛应急措施。4月底，调整区防汛防旱指挥部及其防汛防旱分指挥部领导成员，召开全区防汛防旱工作会议，签订防汛防旱责任状，进一步完善洪泽湖滞洪区撤退预案、防洪预案、防旱预案、防台预案，建立健全区、乡、村、组四级防汛网络。5月1日起，区防办实行24小时值班，及时做好水情、雨情、汛情统计测报工作。6月初，科学调度水源，保证农村40万亩水稻及时栽插和用水。7月中旬，针对区境内淮西洼地出现的短期涝情，通知夏东、夏南等泵站迅速排涝降渍，使内涝地区的积水得到及时排除，保证了农作物的正常生长。三是水政执法和水资源管理。全年组织水政执法巡查4849人次，立案查处各类水事违法案件6起，调处水事纠纷15起，无一起错案。拆除违法建筑4处，清除违章种植面积200亩，取缔违法取用浅层地下水30户。全面实行取水许可制度，严格执行“四个一”管理制度，完成取水许可证年审226本。全区年用水量2028.9万立方米，其中地下水1170万立方米，地表水858.9万立方米。投资4万元，为江苏盐业采输卤有限公司等企业安装智能电子流量计2台，普通取水计量设施11台。在饮用水源河道新增埋设固定宣传、警示标牌11块，开展饮用水源地专项巡查2184人次，执法清障行动

7次，出动执法车、船艇计50台次，拆除饮用水源保护范围内违章搭建12处，封堵整治生活污水口5处，清理垃圾20多吨，拆除网箱养殖14只，计342平方米，拆除鱼簖5处。强化“河长制”管理，每月组织4次以上“河长制”管理工作巡查，下发《河长制管理工作任务交办单》24份。设置河长制责任牌197块，建立55条区级以上河道责任分解表及河塘分布图。全年提前并超额完成水利规费征收494.6万元，其中水资源费456.1万元，水利工程水费38.5万元，创历史新高。水利工程水费征收比2008年提前10天收缴完毕，收缴率达到100%，取得了水利工程水费征缴以来前所未有的好成绩。征收污水处理费43.88万元。四是创建国家级节水型城市。创建幸福新苑、世纪苑、东昇花园、星光苑4个省级节水型小区、黄河花园1个市级节水型小区。淮安三得利啤酒有限公司创建的节水项目和竹络坝灌区创建的节水项目通过市级验收。完成江苏白玫化工有限公司和上海太平洋化工集团淮安元明粉有限公司污水处理设施升级改造，建成工业废水回用和生活污水处理回用工程。工业新区各企业基本实现了废污水“零排放”。王营镇各社区推广安装节水型器具78套。西宋集镇跃进河四至七支渠片以及丁集镇农庄、劳动片建成支、斗渠量水槽10座，农渠量水槽67座，计量控制面积9500亩。2009年，全区单位地区生产总值取水量为314.7立方米/万元，单位工业增加值取水量(不含电厂取水)为12.52立方米/万元，工业用水重复利用率89.2%。五是机组设备改造。活动坝水力发电站在3月枯水期，筹集资金120万元，更新改造4台发电机组和2台主变压器，自行设计安装了增速箱油温控制仪，35天完成技改任务，比原计划提前15天。改造后机组增效10%。盐河水力发电站在11月初枯水季节，筹集资金12万元，把3#机组原ID—592转轮体换成新型J6转轮体，20天完成技改任务，比原计划提前13天。改造后机组效率比改造前增加20KW。六是水利经济。2009年实现水利经济纯利润2856万元。其中4个单位纯利润超200万元，14个单位纯利润超100万元，创历史之最。成立了淮安市绿茵园林绿化工程有限公司和淮安润达水利建设工程有限公司两个新公司，为淮阴水利经济快速发展打下坚实基础。七是党建工作。调整充实淮阴区水利局16个支部班子成员。深入开展学习实践科学发展观活动，淮阴区水利局“六个结合”的做法在全市进行推广，并在全区经验交流会上作重点介绍。建党88周年前夕，组织在水利系统范围内开展演讲比赛、党的知识竞赛、参观井冈山革命圣地等活动，接受党的知识、先进性和革命传统性教育。出资30多万元，选拔32名基层单位素质较好的年轻干部职工，到扬州大学脱产培训6个月，为水利后备人才打下坚实基础。2009年，淮阴区水利局被淮安市人民政府表彰为农村村庄河塘整治工作先进单位(荣获一等奖)。

(屠建军　张以波)

盐　城　市

【概况】 2009年，盐城市水利系统紧紧围绕“全面奔小康、建设新盐城”工作大局，以深入开展学习实践科学发展观活动为抓手，牢固确立并践行以“一个中心、两个规律、三个统筹、四个能力”为核心的治水思路，不断拓展服务领域，创新工作实践，着力提升水安全保证能力、水资源保障能力、水环境保护能力和改善民生服务能力，为全市保增长、保民生、保稳定、促发展的工作大局提供强有力水利保障。由于成绩突出，盐城市水利局被省水利厅授予“江苏水利优胜杯”。

【水利建设】 一是大中型泵站更新改造

工程。2009年，大套一站、东台市富安泵站、建湖县宝塔泵站等泵站更新改造工程3项工程共完成投资5581万元。大套一站完成站身底板浇筑及清污机桥基础工程施工，富安泵站完成基础预应力管桩、水泥搅拌桩及站上灌砌块石护底施工，宝塔泵站进行了基础砼浇筑。二是海堤达标工程。年内完成投资15901万元，其中上年度结转项目市属黄沙港闸加固改造工程、响水县灌河堤县城段防护及5座建筑物工程、响水县新滩闸等6座小型建筑物工程、滨海县陶湾段保滩工程、射阳县3座小型建筑物工程全部完成；扩大内需新增第一批项目滨海县振东闸以南段海堤防护和大丰市竹港闸下移工程于3月底前基本完成，第三批项目银宝公司3座建筑物工程、响水2座建筑物工程、响水县海堤防护及保滩工程等按计划实施。三是城市防洪工程。盐城市区完成串场河闸站、蟒蛇河防洪闸、三墩港拓浚及大马沟调尾等工程，完成投资15063万元，占计划的150.6%。四是通榆河北延送水工程。投资9196万元，完成响水引水闸工程、响水引河跨河桥梁、河道工程响水境内引河及阜宁、滨海、响水三县影响工程。五是里下河地区灾后应急治理扫尾工程。基本完成射阳河闸下港道整治（二期）、射阳河阜宁城区束窄段整治、戛粮河卡口段应急治理等7项工程，骨干项目通过市级验收，完成投资2474万元。六是地方基建工程。完成盐都区红九河、亭湖区小新河整治工程，完成投资1848万元。

【防汛防旱】 2009年，全市成功战胜干旱缺水、突发性水污染、台风等灾害，整个汛期总渠堤防、淮河入海水道堤防、废黄河堤防、主海堤和其它圩堤均未决口，盐城市区、各县县城、重点城镇、重要交通干线、工矿企业以及各类水利工程安全度汛。一是汛前准备。汛前检查工作扎实。市和各县（市、区）对防汛责任制落实、在建工程安全度汛、防汛岁修急办、水毁工程修复、防汛物资储备、城市防洪等进行了三上三下的检查。防汛防旱责任制明确。市、县对防汛防旱指挥部成员单位进行调整充实，先后召开防办主任会议、防汛防旱会议、市区防汛会议和市防指成员单位会议进行责任细化，并在盐阜大众报上公布防汛隐患和防汛责任人名单、联系电话。防汛预案修订科学。市、县两级防汛部门结合水情、工情的新变化和经济社会发展的新要求，对11个水旱灾害应急预案进行重新修订和完善。完成防汛经费项目。完成省下达的防汛经费项目70个、1655万元。储足储全防汛物资。市、县、乡三级共储备三袋228万只、块石6.4万吨、木材705立方米、土工布4.5万平方米。加强抢险队伍建设。6月10日～20日，与盐城军分区在阜宁县联合组织防汛抢险演练培训和演习，防汛应急能力不断提升。实施市防汛指挥调度中心网络系统升级工程，启动了盐城市区防洪工程信息系统项目。河道清障工作成效明显，6月20日前，“四大港”全部通过清障验收。二是保障生产生活用水需求。积极协调，抗击春旱效果显著。2008年11月至2009年4月，全市累降水比常年平均偏少48%。2月份淮水接近断流，洪泽湖水位低于正常水位，淮水和江水向盐城市供应减少。为保证用水需求，市防指积极和省防指沟通协调，在支持北部地区抗旱的同时，共调水41亿立方米，保证城市用水和大秧栽插用水。入汛以后，降雨逐渐增多，5月份降水比常年偏多32%，市防指在充分论证的基础上，改变常规调度方式，适当抬高里下河水位，四大港闸调度以保水为主，5月份盐城里下河河网平均水位比常年偏高约0.17米。截止6月初，四大港水位平均1.10米左右，为6月8日～26日的用水高峰提供了充足的底水。统筹兼顾，坚持防汛防旱两手抓。进入主汛期后，盐城市发生多次较强降雨过程，渠南里下河地区的河道水位3次突破警戒水位。与此同时，总渠、废黄河沿线用水却一直较为紧张，市防指在里下河水情调度中，坚持防汛防旱两手抓，按照防涝为主，兼顾用水的原则，密切关注水情、雨情变化，适时启闭四大港闸，在确保防汛安全的同时，为总渠、废黄河灌区用水提供充足水源。在两大灌区水情调度中，在省防指的大力支持下，适时开启北坍站、大套一站、大套二站向两大灌区补水，累计翻水 1.63 亿立方米，滨海闸水位及六垛南闸水位基本维持在灌溉水位以上，保证了两大灌区用水需求。三是成功抗御“莫拉克”台风影响。受 8 号台风“莫拉克”影响，全市 8 月 10～11 日普降大到暴雨局部大暴雨，全市面平均降水量达 102.3 毫米，致使河道水位急剧上涨，其中渠南河道水位上升速度尤为迅猛，不到一天时间各主要河道相继突破警戒水位，市防指立即启动预案，周密部署，积极组织抗台工作。8 月 6 日下午，市防指召集市建设、气象、农业、民政、水利、水文等部门负责人召开防御第 8 号台风“莫拉克”工作会议，对防台工作作出部署，调度四大港闸一天两潮开闸，提前预降水位，组织督查组对各地防台工作落实情况进行专项督查。8 月 8 日下午再次召开紧急视频会商会，传达省防指和市委书记赵鹏、市长李强关于防台工作的重要指示，明确责任，具体落实各项防台任务。8 月 10 日台风开始影响全市，10 日下午，市政府紧急部署市区和面上的防台排涝工作。抗台过程中，各县(市、区)、乡镇、市区街道办事处等单位的党政领导迅速到岗到位，指挥防洪排涝工作，迅速排除农田及小区积水，四大港闸也争分夺秒，全力抢排，全市水位上涨不到 2 天即开始回落，至 17 日，各主要河道水位均降至警戒线之下。市区城市防洪工程首次启用，效果显著。盐城市普降大到暴雨，市区降雨量达 130 毫米，市区防洪工程首次运行并经受考验。在新洋港水位达到 1.7 米警戒水位时，市防指立即关闭市区第三、第五防洪区沿线所有涵闸，并调度串场河闸站、小洋河东支闸站大新河闸站、小洋河西站开机抽排。通过封闭外排，市区外河水位达 2.09 米，而内河水位只有 1.0 米，市区无一处受淹，得到了市领导和广大市民的一致好评。

【水政执法】 一是“百湖执法大检查”专项活动卓有成效。成立全市“百湖执法大检查”专项活动领导小组，制定分段实施方案；对全市重要河道以及里下河湖荡的 180 个项目进行全面登记，及时查处涉河各类违法行为。二是防汛清障效果明显。联合市海洋与渔业局下发《关于进一步加强河道管理范围内捕捞养殖设施管理工作的通知》。全市共出动清障船艇 180 艘次，出动清障人员 2000 多人次，发放清障通知书 200 多份，清除违章圈圩 10 亩，清除水草、高秆植物 960 亩，拆除渔罾渔簖 737 处，渔坞 49 处，网箱 68472 米，打捞河内杂草 1 万多平方米。三是依法行政紧扣服务。从 8 月份起开展“沿海服务行”活动，为企事业单位办理水行政审批手续提供上门服务，得到地方政府和企业好评。全年共受理行政许可申请 48 件，全部按时办结、程序合法。四是宣传教育求实创新。水周期间，编排一台以小品、魔术等为主要内容的文艺晚会，在广场、学校、工管单位、部分县(市)演出十余场，还赴省水利厅进行专场演出；选送的水法制宣传小品《源》荣获水利部水法宣传文艺节目评选活动综合类一等奖。五是内外监督逐步强化。在局办公楼一楼大厅设置公示栏，将执法人员、执法依据和服务承诺公布于众；聘请 4 名行风监督员，定期召开座谈会，认真听取他们对水行政执法工作的意见和建议。六是强化考核提升素质。继续开展“三学三比”活动，定期开展督查考核，年初对“全市十佳基层水政监察队伍”、“全市十佳基层水政监察员”进行评选，促进基层水政监察队伍的素质建设。七是对《江苏省湖泊管理条例》的贯彻实施情况进行检查。对盐城市列入江苏省湖泊名录的湖泊及其主要出、入湖河道的占用情况以及非法圈圩、违法涉水建设项目等进行普查并登记造册进行检查和核实；对相关县(区)湖泊管理机构执行湖泊条例的情况进行现场监督并抽查台账资料。

【水资源管理】 一是抓好大丰市节水型社会建设试点。指导大丰市开展节水型社会建设试点工作，完成省下达的大丰市节水型社会建设试点中期任务，年节水达9500万立方米，11月份通过省水利厅、发改委中期评估。二是实施水功能区监测全覆盖。加强对全市94个水功能区、85处河道断面水质的监督管理，按期发布水功能区水质通报、市区供水水源地水质旬报。5月份开始，对市区取水口上游的市域交界、县域交界处的五个河道断面水质每周进行监测，每周四在盐城水利网上公布。三是全力推进水资源管理信息系统一期工程建设。全市近300个监测点实地勘察工作和内业已结束，实施方案于12月30日提请省水利厅专家审查。四是节水型社会建设稳步推进。申报创建省级节水型企业(单位、社区、灌区、高校)27家；积极争取省级节水技改项目30项，完成市级节水技改项目10项，年节水逾1065万立方米；全市万元GDP耗水量为320万立方米/年，比2009年下降了14%。五是超额完成地下水压采任务。制定地下水压缩任务的具体实施方案，责任分解到县、乡镇。全市共封填(存)深井51眼，地下水实际用水量10475万立方米，比省水利厅计划少525万立方米。六是为企业取排水提供优质服务。全市共依法报批或审批取水许可项目55项，入河排污口设置2项。

【工程管理】 一是加强河湖管理工作。盐城市、盐都区、阜宁县、建湖县均明确了管理机构，制定了河道、湖泊巡查办法，采取日常巡查、联合巡查、专项检查等形式，加强监督，发现违法违规行为及时制止；加强河湖管理能力建设，对盐都、建湖、阜宁三县(区)11个湖泊湖荡的水情、工情进行调查，对沿湖的涵闸、泵站、滚水坝逐个进行GPS定位，形成详细的文字和数表资料；完成全市境内11个湖泊湖荡勘界定桩工作并顺利通过验收，实地埋设301根界桩，明确了湖泊湖荡的边界址。二是强化重点骨干以上河道管理的行业指导和督查。5～8月份对省水利厅确定的盐城境内长2162千米的60条流域性、区域性骨干河道逐一进行再核实，并形成翔实的基本情况文字资料。三是规范涉河开发建设项目的审批及后续监督管理工作。对涉河项目审批事项采取一次性告知，所受理的44件市级河道涉水项目许可申请全部按时办结；对省水利厅审批的盐城市亭湖地方海事处水上电视监控设施等7个省管河道项目进行现场察看，并及时出具反馈意见。四是开展水利工程管理单位考核和达标创建工作。响水船闸管理所、废黄河引水调度闸管理所通过省一级水管单位考核验收，大套第二抽水站管理所通过省一级水管单位复核。五是继续深化水管体制改革。对全市水管体制改革工作进行再检查，重点督促各级财政认真落实两项经费，目前全市公益性工程维修养护经费到位率89%，除滨海等个别县外，公益性人员基本支出经费到位率达90%。

【农村水利建设】 全市累计完成农村水利建设总投资7.2亿元，比2008年增长15%，再创新高。共加修加固圩堤728千米，新建和加固改造闸、站等各类配套建筑物5100座，修建防渗渠道95千米，恢复和改善灌溉、排涝面积160万亩，新增有效灌溉面积7.2万亩。土方工程建设任务超额完成。到5月底，提前和超额完成年度目标任务，完成总土方8300万立方米，占计划任务138.3%。农村饮水安全工程建设进展顺利。全市年内解决农村饮水不安全人口53.3万人，共新建、改造水厂14座，铺设由镇到村的自来水主管道623千米，村以下支管道2432千米。灌区改造工程进展顺利。其中射阳五岸七期工程、东台堤东灌区四期工程、滨海三层灌区二期工程等全部完成。全面完成中央财政小型农田水利项目建设任务。建湖、滨海2县新建和改造排涝站等各类建筑物149座；东台堤东、阜宁渠南、射阳五岸灌区完成末级渠系配套建设，共新建和改造各类建筑物2323座，新建防渗渠道64.52千米。完成里下河圩区圩口闸更新改造任务，全市共完成里下河圩区圩口闸210座。认真抓好河道长效管护工作。每个乡镇重点培植1～2条农村河道长效管护典型，12月份各县(市、区)进行总结汇报，推广好的经验做法并以市政府名义出台《关于加强农村河道长效管理的意见》。

【市区饮用水源盐龙湖工程】 盐龙湖工程位于盐都区龙冈镇境内，工程分为预处理区、生态湿地净化区、深度净化区等区块，征地3286亩。盐龙湖工程建成后，运用生态湿地对水质的净化作用，改善水源地水质，满足市区供水，有效库容达460万立方米。4月28日，盐龙湖工程开工，9月初工程初步设计获省发展与改革委员会批准。年内征地拆迁基本结束，中试项目完成土方开挖和植被栽植，工程建设监理及Ⅰ、Ⅱ区土建与设备安装工程招投标工作已经结束，施工及监理单位于12月21日进场施工。全年共完成投资20100万元，占计划的100.5%。

(史长森)

亭 湖 区

【自然经济社会概况】 亭湖区既是盐城市主城区、老城区，又是新兴的充满活力的综合性城区。1996年9月、2004年3月盐城市区域调整，亭湖区行政区域不断扩大，由单纯的城市管理区发展成为既有城市，又有农村的综合性行政区，下辖南洋、青墩、新兴、永丰、伍佑、步凤、便仓、盐东、黄尖等9个建制镇，大洋、新洋、黄海、五星、文峰、先峰、毓龙等7个街道办事处和2个经济区。2008年末，全区共有人口90.39万人，其中农业人口36.95万人。全区耕地面积64.75万亩，农业土地占全区总面积的85%。粮食总产量25.29万吨，皮棉总产量38.63万担，名列全省第四。2008年全区实现地区生产总值124.94亿元，农业生产总值36.93亿元，工业生产总值50.54亿元，财政收入(不含基金)19.81亿元，一般预算收入12.59亿元。城镇居民可支配收入15862元，农民人均收入7845元。

【水利基本概述】 亭湖区地处苏北平原中部，属淮河流域，以通榆河为界，河东属沿海垦区，河西属里下河腹部地区。全区属平原地貌，按地势高低又分为“次高地”和“低洼地”两种，“次高地”真高一般在2.0～3.0米之间，“低洼地”真高在1.3～2.0之间。全区水资源丰富，但时空分布不均。多年平均降雨量1050毫米，汛期降雨量占全年的65%。境内河网密布，有大、中沟327条，通榆河、新洋港、串场河贯穿境内，蟒蛇河、草埝河、潭洋河、六子河、西潮河、斗龙港为区与邻县(区)的分界河道。全区划分为55个小圩区，801千米圩堤，排涝站动力16786千瓦，全区平均排涝模数0.56，其中，农村排涝模数为0.41，市区排涝模数为1.56。近几年来，区委、区政府高度重视水利建设，加大对水利投入，至2009年底全区共建成排涝站172座，圩口闸728座，疏浚整治区镇级河道1100多万立方米，初步形成了灌溉、防洪、排涝、抗旱、降渍五大水利工程体系，为保障全区经济社会的顺利发展打下了坚实的基础。

【年度水利工作】 一是防汛防旱工作措施扎实。坚持“安全第一、常备不懈、以防为主、全力抢险”的方针，扎实做好防汛防旱的各项工作。汛前组织30多名业务人员对全区各镇、街道及开发区防汛防旱准备情况进行全面检查，全区共排查出各类工程险工隐患105项，其中不达标圩堤30千米；病险圩口闸70

座；排涝站35座。针对区划调整频繁，原有建制不断被打乱，水系不断被破坏的实际情况，深入圩区做详细的调查研究，广泛征求意见，重新修订了《亭湖区农村防汛预案》、《亭湖区市区防汛预案》、《亭湖区抗旱预案》、《亭湖区防御台风预案》及《亭湖区突发水旱灾害应急预案》，并于2009年4月9日行文下发全区各地执行。全力做好防灾工作。2009年4、5月期间，全区连续无雨旱情较为严重，我们积极落实应对措施，在切实加大沟河清淤清障力度的同时，全力组织机械动力日夜翻水，保证农业生产用水需要。8月10日至11日全区普降暴雨，内河水位迅速上涨，部分农田受淹。面对突发灾情，以及洪、涝、潮"三碰头"的严峻防汛抗台形势，区防指紧急启动防洪抗台预案，把台风防御工作的责任落实到各个层面、各个环节、各有关人员，确保最大限度地避免人员伤亡和减少灾害损失。同时，积极推行行政首长负责制，进一步细化责任，明确工作任务。各地各相关部门实行24小时值班，保证各类防汛抗台信息的畅通。全区防汛抗台工作得到市领导和市抗台工作指导组的充分肯定。

【水利建设】 针对历次洪、涝、旱灾中暴露出来的问题，做到形势分析透、规划制定早、措施推进实，坚持强化组织领导，创新投入机制，严格建设管理，全面完成了各项水利建设任务。一是继续巩固城市防洪体系。按照"分片发展、合力建城"的要求，全力做好城市防洪工程建设。疏浚清理朝阳河等6条市区骨干河道；征地300亩，拆迁70户，完成三墩港、油坊沟等市区防洪年度重点城建项目建设任务。二是继续加强农村圩区治理。按照"统筹兼顾、突出重点、先急后缓、打歼灭战"的原则，共投入资金1500万元，对盐东镇李灶圩区、黄尖镇新同圩区、便仓镇东大圩区、亭湖新区开发圩区、盐城环保园联合圩区进行治理，共建设完成排涝站9座，防洪闸20座，使这些不设防或低洼圩区防洪除涝能力得到显著增强。三是继续推进农村河道疏浚。2009年度区镇河道疏浚共投入机械500多台套，工日24万多个，资金1500多万元，完成县乡河道疏浚360万立方米，村庄河塘整治110万立方米。其中县级河道11条、84千米，乡级河道43条、159千米；村庄河塘35个村、125条村庄河塘，占省市下达河塘整治任务的110%。四是继续完善水利工程规划。编制完成《五港整治规划》、《亭湖区小型泵站更新改造规划》、《亭湖区小型农田水利重点县项目实施方案》等7个规划。2009年度区被中央、省列为小型农田水利重点县，按照项目安排，中央、省级财政将连续3年、每年补助1300万元用于区小型农田水利工程建设。2009年度区重点建设南洋、盐东、黄尖镇7个圩区的38座4米闸和12座54立方米每秒排涝泵站。五是农村饮水安全工作成效显现。按照"建得成、用得起、管得好、长受益"的要求，编制完成2009年农村饮水安全工作可行性研究报告，通过专家评审立项批复。2009年项目总投资3756万元，解决南洋、青墩、永丰、新兴、步凤、伍佑、便仓7镇78个村7.7万人的饮水不安全问题。

【水资源管理】 2009年，全区水资源管理力度不断加大，狠抓重点环节，严格规范水资源管理行为。一是在取水许可申请过程中严格把好程序关，新建取水项目全部进行水资源论证。加强计划用水管理，下发年度地下水、地表水取水计划，制定年度地下水压采方案，压采地下水20万立方米。计量设施实现智能化，安装率、完好率均达100%。二是加大对重点入河排污口的巡查力度，规范排污设置的监督与管理。同时按照省市部门要求，切实抓好水资源综合规划编制工作，编制完成《亭湖区饮用水源地保护安全保障规划》、《亭湖区入河排污口整治方案》等。三是帮助盐南职中、红蜻蜓油脂公司、金盛装饰面料公司等4家单位节水技改，并申报了中水回用、管网改造等省市级节水项目；帮助华泰纸业公司分析节水效益，实施水循环利用改造，使企业从原来年取用地表水60万吨减少到年取用25万吨左右，降低了企业生产成本，提高了水资源利用效率。四是严格执行价格政策，规范征收行为，全面完成年度水资源费征收和南水北调基金筹集任务，增幅达30%，所收资金全部解缴国库，实行收支两条线管理。同时，积极探索水费计收新方法，加强供水管理工作，采取行业自收的办法，取得了较好的效果。

【水政监察】 一是进一步完善水政执法网络。新成立3个水政监察中队，各中队配齐5～7名水政员，设立公示栏、举报与投诉电话，聘请13名行风监督员。二是规范水政人员执法行为。制定《亭湖区水政人员行为规范》，下发《亭湖区水政人员奖惩考核意见》。举办为期80课时的水法律法规培训班，提高全区水行政执法人员阳光行政、文明执法的水平。三是及时查处违法水事案件。坚持河道巡查制度，采取正常巡查与突击巡查相结合，重点巡查与面上一般巡查相结合，努力使各项水事活动处于水政监察网络的有效控制范围之内。在汛前，组织20多名水政人员与公安、渔政等部门对新洋港、斗龙港主要行洪河道进行联合执法，清除违章建筑物108处，保证了河道的畅通。在“百河执法大检查”中，全面进行调查，逐项登记建档，做到边检查、边处理，圆满完成各项任务。2009年，共受理水事案件20多起，立案5起，结案5起，结案率达100%。

（陶　进）

扬　州　市

【概述】 2009年，是全市水利工作取得重要进展的一年。广大干部职工紧紧围绕市委、市政府的重大部署，认真贯彻落实中央扩大内需政策，切实打造安全水利、环境水利、资源水利、文化水利和法治水利，咬定目标，狠抓落实，全市水利建设、管理和改革取得新成效，水利为社会经济发展服务的能力显著增强。省委书记梁保华、水利部副部长矫勇、鄂竟平等领导先后来市视察，对市水利工作都给予了充分肯定。

【水利建设】 全市水利建设完成投资9.06亿元，其中省以上投资3.38亿元。一是新上了一大批项目。2009年度7个扩大内需项目，其中：第一批2个项目，包括宝应2009年度第一批农村饮水安全项目、仪征达天冲小流域水土保持项目，投资2733万元。第四批5个项目，包括高邮灌区、江都沿运灌区、宝应灌区、江都市季刘河小流域治理、江都市吴桥节水示范项目，投资4915万元。2008年7个项目已于3月底前完成，通过国家和水利部检查组的检查，并发挥了显著的工程效益。2009年第一批扩大内需项目已经完成，第四批项目各地正抓紧实施。二是水利重点工程建设强势推进。南水北调工程。江都市南水北调截污导流工程投入运行，成为南水北调截污项目中第一个正式投入运行的项目。三阳河潼河宝应站工程通过省水源公司组织的竣工决算审计。乌塔沟分洪道工程。征地拆迁工作基本完成，总体已完成投资2.5亿元，河道工程Ⅰ标形象进度80%，桥梁Ⅰ标形象进度90%。水利血防工程。归江河道水利血防工程顺利完成，仪征通江河道和邗江、开发区军桥港水利血防工程有序推进。长江治理工程。六圩弯道6号～7号丁坝岸段应急护岸工程基本完成，为扬州港安全、六圩弯道河势稳定提供了保障。中小型病险水库除险加固。中型月塘水库除险加固工程已完成，全市59座需除险加固的小型水库，2009年实施15座，最后24座初步设计已全部报省水利厅。中小河流治理。今年高邮北澄子河、宝应宝射河、江都老通扬运河被省水利厅列入中小河流治理项目批复实施，高邮北澄子河治理工程已开工，宝射河、老通扬运河正在进行开工准备。地方基建工程。江都团结河、高邮新六安河、宝应黄塍片治理工程已顺利完成。三是民生水利建设不断突破。农村河道疏浚整治。全市共疏浚县乡河道 301 条 1101 千米，完成土方 1822 万立方米，占下达计划的 122%；整治村庄河塘 2560 条(个)，完成土方 1077 万立方米，占下达计划的 108%，均超额完成计划任务。江都、邗江、高邮三市(区)被评为全省农村河道疏浚整治先进单位和全市农业农村工作河塘清淤单项考核先进单位。大型灌区续建配套和节水改造。高邮灌区、江都沿运灌区 2009 年总投资 1.65 亿元，改造后灌区的渠系水利用系数由过去的 0.48 提高到 0.56，年节水可达 1 亿立方米。宝应灌区在各方努力下，亦已列入改造项目计划。区域供水和农村饮水安全工作。宝应、高邮、仪征三县(市)新增区域供水受益人口 36.09 万人，解决农村饮水不安全 19.7 万人。水土保持工作。全市治理水土流失面积 14.3 平方千米，总投资 1005 万元。小型农村水利建设。中央财政小型农田水利工程已全面完成计划任务。里下河圩区治理、水源工程和农村小型泵站更新改造有序实施。拆建圩口闸 80 座，加强了圩区挡洪能力。丘陵山区浚深当家大塘 209 面，增加蓄水量近 400 万立方米。更新改造老化失修的小型泵站 210 座。

【防汛防旱】 立足防大汛、抗大旱、抢大险，扎扎实实做好各项防汛防旱工作。全面落实防汛防旱工作责任制，进一步完善各类工作预案。汛前，认真开展水工程安全排查，加大险工患段除险加固力度；市防指与市委组织部连续第二年联合办班，在全省率先完成对所有乡镇防汛指挥长轮训；市防指还与军分区联合组织民兵预备役人员进行堵口抢险专项训练，并参加市委市政府组织的“四防”实战汇报演练，各地也先后组织防汛演练，着力提高防汛应急反应能力；初步建立“扬州市防汛抢险专家库”，为防汛抢险工作提供技术支持；市防汛物资仓库迁建工程开工建设，一号库、二号库已经封顶。汛期，市县防指时刻保持高度戒备，加强科学调度，认真应对里下河局部雨涝和第 8 号“莫拉克”台风等各类突发灾害。充分利用淮河过境客水资源，为古运河、仪扬河累计换水 3 亿多立方米，有效改善了古运河等城区河道水质。为保障运博会顺利召开，8 次紧急调度扬州闸调控水位，为古运河换水 160 万立方米。

【水政执法】 一是开展普法宣传，增强法制意识。“世界水日”、“中国水周”期间，组织大规模的法制宣传活动。二是组织专题讲座，提高法律素质。下发《全市水利系统 2009 年度水法规学习计划》，邀请省市领导和专家举办多次专题辅导培训。积极参加省、市相关部门组织的各类法制教育培训。三是改革管理方式，推进政务公开。按照市纪委、市法制办“清理审核市级行政权力”和“清理审核市级行政执法主体资格”工作要求，共清理出 5 大类共 154 项行政权力，经市法制办审核，通过报刊、网络向社会公布，自觉接受社会公众的监督。四是加强制度建设，依法履行职责。完成《扬州市河道管理实施办法》的起草工作，并上报市法制办审核。年底又向市法制办提交了《扬州市水文管理办法》规范性文件立项计划。出台《扬州市水利局 2009～2014 年推进依法行政工作规划》。五是加大执法力度，坚决查处水事违法行为。开展“百湖执法大检查”专项活动。全市出动执法人员 3508 人次，执法车(船)1174 辆(航)次，拆除违章建筑 2500 多平方米，清除渔网、渔簖 200 多道、围网养殖 1469 亩，清除扒翻种植 190 多亩，现场纠正各类水事案件 394 起，立案查处 62 件。严厉打击长江非法采砂活动，坚持日常巡查与集中打击相结合，组织沿江市、区执法队伍开展 13 次集中打击行动，全年共出动执法人员1100多人次，船艇120多航次，查处非法采、运砂船56条次，摧毁采砂机具70多台套。启用扬州港执法基地，使长江采砂管理重心前移，为采砂管理提供有效保障。

【水资源管理】 一是认真执行总量控制与定额管理制度。下达地下水开采计划5750万立方米，及时分解落实到全市1047个取水口，地下水计划用水率达100%。二是强化取水许可监督管理。全市共计换发取水许可证1163套，其中地表水116套，有效扼制无证取水现象。全市水资源管理信息系统一期工程项目前期准备工作有序进行。三是开展浅层地下水整治行动。贯彻《扬州市浅层地下水管理办法》，认真开展浅层地下水专项整治活动，取得阶段性成果。四是重视饮用水源地保护。认真贯彻省人大常委会《关于加强饮用水源地保护的决定》，完成扬州市饮用水源地保护区划分方案。联合相关部门开展饮用水源地整治行动。五是加大水资源费、南水北调基金征管力度。高邮、江都水资源调价文件已于年内落实到位。加强"两费"征管工作，2009年度全市共征收水资源费2762万元，圆满完成征收任务。南水北调基金全市共征收895万元，占省下达指标的39.19%。六是节水型社会建设全面推进。省扬州商务高等职业学校通过创建节水型高校考评验收，至此扬州市6所省直属高校全部获得"省级节水型高校"称号。高邮市节水型社会建设试点工作通过省发改委、省水利厅组织的中期评估验收。全市10家企业(单位)、8家社区(小区)、2个灌区分别通过省级节水型企业(单位)、社区(小区)和节水型灌区初审考评验收。完成省市级节水技改示范项目16项，总投资2200多万元，形成年节水能力300万立方米，全市工业用水重复利用率平均达70%以上。

【工程管理】 一是涉河建设项目监管得到加强。及早介入河道范围内兴建的建设项目，引导、指导项目业主开展《防洪影响评价报告》等前期技术审查工作，督促他们按程序办理有关手续。涉水行政许可实行一个窗口对外，对审批事项、审批程序和材料目录及许可期限等进行网上公示。认真开展涉河建设项目专项设计、施工方案、补偿与加固方案的审查，开展建设项目位置界限放样及专项验收等工作，加强对建设单位、施工单位及管理单位的施工和运行管理的监管，签订施工协议、占用协议，确保把项目建设对防洪、河势的影响减小到最低程度。二是湖泊管理与保护工作逐步走上正轨。宝应设立宝应县湖泊湖荡河道管理处，其余各地也都明确了湖泊湖荡的管理机构，保证市湖泊管理与保护工作的顺利开展。配合省工勘院先后完成高邮湖、邵伯湖、宝应湖、白马湖和里下河腹部地区湖泊湖荡勘界设桩工作，按照省水利厅统一部署开展湖泊资料整编工作。三是水库除险加固和运行管理取得实效。做好小水库除险加固工作，仪征市出台《小型水库管护工作考核办法》，落实专管人员，建立巡查制度，认真开展小型水库管护考核工作，强化水库日常管理与管护。各地进一步完善水库大坝安全管理责任体系，制定水库大坝安全管理应急预案，及时组织修订已除险小水库的调度运用方案，加强运行安全管理。同时，市委、市政府出台《扬州市农村环境综合整治和"四位一体"长效管护工作意见》，各县(市、区)政府也出台相关的管护办法，推进河道长效管护工作。

【规划管理】 一是继续开展全市水系规划工作。重点开展了市级河道规划布局和规模论证工作，基本完成现状调查、骨干河道规模复核及布局研究等专项报告初稿。高邮市率先完成市水系规划工作，并由政府批准实施；江都市《通南地区水利综合规划》初稿经过1年努力，目前已具备评审条件。市区《朴席片区水系规划》、《广陵新城水系规划》已编制完成。《入江水道以西水利规划》正在修订。

二是配合《扬州市城市总体规划修编》，同步开展扬州城市水系规划。《扬州市城市防洪规划修编》初稿已经形成，《扬州城区水系规划》准备在年内组织评审，并报市政府批准。三是完成一系列规划。先后完成水利血防二期规划的修订，大中型水闸、泵站改造规划，中小河流整治规划的编制，配合编制南水北调配套规划、抗旱规划等。部分项目已立项建设。四是启动"十二五"水利规划编制工作。11 月 25 日召开了各县（市、区）水利部门主要负责同志参加的"十二五"水利规划编制会议，启动"十二五"水利规划编制工作，规划思路已经成稿上报省水利厅和市发改委。五是强势展开重大项目前期工作。配合完成南水北调、淮河入江水道整治工程前期工作；和镇江市共同完成《镇扬河段三期整治工程可研报告》的编制工作，并完成相应的"环评"、"水保方案"的编制工作；配合省水利厅开展《长江扬中河段二期整治工程可研报告》的编制工作；完成中小河流等区域治理重点工程前期工作；完成剩余的 24 座小水库除险加固工程的初设的申报工作；老三阳河等 3 项工程通过省水利厅的竞争立项评审；城市防洪工程幸福河工程也顺利进入省水利厅补助项目；血防二期规划项目的可研编制工作初步完成。

【水利改革】 一是认真开展达标创建工作。仪征市大闸管理所创建省三级管理单位，已通过水管单位自评和县（区）考核。二是各项管理制度不断健全。不断加强工程管理制度化、规范化建设，按照江苏省堤防、水库、水闸、泵站的技术管理办法和有关行业技术标准，结合工程具体情况，逐步建立健全各项规章制度，制定完善各项工程管理实施细则，健全各项管理制度。三是加强法规体系建设。完成《扬州市河道管理实施办法》的起草工作，并送市法制办审查。四是管理机制不断完善。完善竞争上岗和激励考核机制，增强水管单位内部活力。同时，通过大力推进"管养分离"，水利工程维修养护的市场化不断扩大。五是建立健全管理机构。宝应水利部门设立了宝应县湖泊湖荡河道管理处，专门负责境内湖泊荡滩及滞涝圩口的保护、开发、利用和管理等工作。其余各地也都明确了湖泊湖荡的管理机构。

【水利科技】 明确相关补助和奖励办法，筹集 30 多万元资金专门用于市级水利科技研究和推广以及科技人员培训和奖励。完成高邮灌区群闸调配专家决策控制系统研究与应用、扬州城市建设项目水土流失现状与防治对策研究、等厚[多轴]掘搅水泥土防渗墙施工工法的应用与推广、阿奎泰克冲吸式下水道清污设备等科技项目的验收。积极支持"小型泵站节能改造关键技术及其工程应用"等课题的研究，对不同地形的典型泵站进行调查分析，根据改造目标的原则，对泵站系统各部分节能潜力进行分析，提出节能改造措施。

【行业发展】 一是扎实开展深入学习实践科学发展观活动，认真进行整改落实及"回头看"，着力建立学习实践科学发展观长效机制。深入学习贯彻党的十七届四中全会精神，以改革创新精神全面落实党的建设各项任务。二是加强干部队伍建设。加强干部选拔任用和交流锻炼，使一批群众公认的优秀同志选拔到重要岗位，优化了干部队伍结构。派出多名干部到信访和基层一线工作，举办全市农村水利技术干部培训班。三是抓好党风廉政建设。狠抓党风廉政建设责任制落实，积极开展水利工程建设领域突出问题专项治理。组织全系统党员干部赴市警示教育基地参加警示教育活动。大力推进作风行风建设，切实增强服务意识，在市政府纠风办、文明办共同组织对全市与群众关系密切的 31 个部门和行业暨城区基层站所和服务窗口的行风评议中，总排名列第 6 位。四是精神文明建设扎实推进。乌塔沟工程建设处获得省、市"青年文明号"荣誉称号。圆满完成市政府布置的 2009 中国·扬州世界运河名城博览会邀客、接待、水源调度等任务，“水利号”花船获得一等奖。与荷兰布雷达市代表团共同举办以“水利管理及土地利用”为主题的“健康长江”论坛。制作《情注水利》MTV，组织开展迎国庆情注水利歌咏比赛和《扬州水利史话》编撰工作。信息、宣传工作受到省水利厅和市委、市政府表彰，市局信息工作连续5年获市一等奖。通过弘扬水文化，宣传了扬州水利的发展成就，激发了水利队伍创新发展的活力。

（傅桂明）

维　扬　区

【自然经济社会概况】　维扬区位于江苏省中部偏南，在长江北岸12千米、省会南京东部100千米处，地理坐标为北纬32°24′、东经119°26′。地貌上以蜀岗为界，分丘岗高地与平原两区。地势西北高东南低，平均高差在40米左右。丘陵区北至槐泗河，南临沿山河、护城河一线，东依大运河，西达赵家支沟。冈丘区有扬冶、扬天、扬菱等主次干道纵横穿越，西北绕城公路及宁启铁路穿境而过，交通便利。年平均气温为14.9℃，全年降雨量平均为1042.4毫米，年均降雨日116天，降水量年际变化较大。因地处长江下游，经常受北方和南方冷暖气流的交互影响，气象变化比较复杂。主要常见的自然灾害有水灾、旱灾、风灾等。维扬区下辖6个乡镇、街道，行政区域面积126平方千米，耕地面积4.34万亩，总人口20.9万人，农业人口8.5万人，农业劳动力5.1万人。初步统计，2009年全区完成地区生产总值（在地，市反馈）115.13亿元，可比价比上年增长13.8%，财政税收稳步增长。2009年全区完成财政总收入20.36亿元，比上年增长23%。完成地方财政一般预算收入9.94亿元，比上年增长20.8%。财政总支出8.86亿元，同比增长20.7%；其中地方一般预算支出5.6亿元，同比增长6.78%。2009年，维扬区大力实施科技创新行动计划，科技创新型经济加速发展，企业自主创新能力不断增强；教育、文化、体育、社区建设取得新进展，荣获首批“全国和谐社区建设示范城区”称号，安平社区成为“全国和谐社区建设示范社区”，卫生事业进一步加强。

【水利基本概况】　经多年水利建设，区以防洪保安工程建设为主，洪、涝、旱、渍兼治的工程体系已基本建成，依法、管水的非工程措施也已到位。全区现有8座小（二）型水库，8.5千米的防汛堤防工程（槐泗河堤防3.5千米、京杭大运河堤防3.5千米、古运河堤防1.5千米）；中型水闸1座为大官漫水闸；排涝工程有县乡河道23条；全区现有3座提水灌区，即甘泉灌区、西湖灌区、城北灌区。3个灌区提水总灌溉流量为4.6m^3/s，灌溉面积约2.5万亩，现有蓄水当家塘及村庄河塘约725座；水利管理单位有区水政监察大队、区防汛防旱指挥部、山区水库管理所、乡镇水利管理派出机构5个。

【年度工作】　2009全区水利工作坚持以科学发展观为指导思想，围绕水利建设的目标，全面完成年度工作任务。全年完成水利投资670万元，完成各类土方85万立方米，为提高全区防洪保安能力，推动全区经济社会发展提供了可靠保障。一是全面完成河道疏浚任务。根据全区河道疏浚整治规划，区已连续7年实施河道整治工程。区农业水利局精心组织、积极实施，有效地推进河道疏浚整治工程。2009年全区完成3条河道整治任务，其中县级河道1条，乡级河道2条，疏浚河道土方总计40万立方米，疏浚河道总长度16.4千米。二是全面完成村庄河塘整治任务。为全面推进新农村建设，自2006年以来，区全面推进村庄河塘整治工作，以清淤河塘、改善水环境为着力点，切实改变村容村貌。2009年全区疏浚村庄河塘86座，土方总计45万立方米。三是重点水利基建工程有效推进。2009年全区完成重点水利工程有尚桥河综合整治工程、荷叶水库除险加固工程、归江河道水利血防城北瓦窑工程。俞桥水库、荷叶水库顺利通过省市竣工验收。四是防汛防旱工作取得新胜利。汛前，全区立足防大汛、抗大灾、高标准做好防汛准备工作。全面开展水工程汛前大检查。加强调查研究，打有准备之仗，是做好今年防汛工作前提，从3月份开始，召开乡水利站长会议，明确汛前检查的任务、要求及责任，按照“查全、查细、查实”的要求，全面开展汛前水工程检查工作，对水库、堤防等重点险工患段进行了抽查，并针对存在的问题，分别制定防汛应急措施和除险加固方案。强化责任制的落实。按照《防洪法》的规定，区政府与各乡（镇）签订防汛责任状，乡、村层层抓落实，实行一把手负总责，做到思想到位、组织到位、责任到位，把各项防汛责任制真正落实到人、到基层、到每一段堤防、每一座闸站、水库；积极做好防汛物资和抢险队伍落实工作。区级储备三袋6万只，木材30立方米，土工布0.6万平方米，乡镇储备三袋8万只，木材80立方米，土工布0.62万平方米，铅丝2600公斤，水泵14台套。加大河库清障巡查力度。进一步修订和完善《维扬区防御洪涝灾害预案》，制定《维扬区水库大坝安全管理应急预案》、《维扬区小水库防洪抢险应急预案》、《维扬区防汛工作意见》。建立健全防汛机构，严格岗位责任制。区、乡防指于6月初恢复办公，并实行24小时值班制，对每一段堤坝、每一座涵闸、每一座水库、每一处险工患段都落实了防汛责任人，保证日夜24小时有人巡逻检查，并要求每天有记录，每天有汇报，确保安全度汛。五是水政水资源管理工作进一步规范。（1）积极开展节水型小区创建工作。富贵园小区被列为省节水型创建单位后，农业水利局对照《江苏省节水型社区标准》，针对小区实际情况，从节水组织的建立、节水宣传、节水器具整改、节水规章制度的制定等方面入手，积极开展节水型小区创建工作，富贵园小区顺利成为节水型小区。（2）加强浅层地下水管理。2009年扬州市出台了《扬州市浅层地下水管理办法》，按照规定，农业水利局组织各乡镇水政监察人员对全区的所有浴室、菜场使用浅层地下水的用户进行了调查登记。对已经取用浅层地下水的且符合规定条件的，给其办理了取水许可证，依法征收了浅层地下水水资源费。同时对区域内非法抽取浅层地下水的，只要接到群众举报，立即组织执法人员进行调查和处理。（3）规费征收情况。在规费征收上，严格按照文件要求和上级精神，认真做好水行政规费征收工作，征收费用逐年递增，为做好水政监察工作提供了有力的后劲。在征收费用过程中，大队水政监察人员不以收费为主要目的，在工作中积极向广大用水户宣传水法规和地下水资源保护知识。目前已全面完成水资源费征收任务。

（维扬区农业水利局）

镇 江 市

【概述】 2009年，镇江市水利系统广大干部职工以十七届四中全会精神为指导，围绕镇江“推进思想解放、推动科学发展”主题，积极践行科学发展观，坚持人水和谐治水思路，水利各项工作取得明显进展。一是认真做好重点水利项目前期工作，确保项目储备充足。2009年区域治理项目——丹徒区长山站除险加固工程、谏壁抽水站运河侧引河整治工程和句容市北江河整治工程初步设计全部完成；镇扬河段三期整治工程可研及项目环境影响评价报告、水土保持报告编制完成，通过了水利部水利规划设计总院初步审查;句容河上段综合整治工程初步设计报告完成;镇扬河段世业洲左汊2009年度应急治理工程、和畅洲左汊口门控制加固工程、扬中河段夹江马家港至思议港段整治工程、京口区老鼠山河泵站工程及丹徒区世业镇九龙提水站工程等五个项目可研报告完成。二是大中型病险水闸除险加固规划编制完成;市级水系规划编制工作形成规划初稿;"十二五"水利发展规划思路研究完成。三是重点工程建设。2009年,除北部滨水区外,镇江市水利重点工程累计完成投资超过5亿元,超额完成年度建设目标。长江治理方面,镇扬河段世业洲左缘进口段护岸工程全部完成,完成投资1456万元。小水库除险加固方面,2005年度10座、2006年10座及2007年6座小水库除险加固工程全部建成,19座完成竣工验收,6座完成水下工程阶段验收;2008年批复下达的14座小水库除险加固工程基本完成,11座通过水下工程阶段验收;2009年度批复的14座小水库除险加固工程有5座正式开工。水利血防工程方面,镇江新区水利血防工程基本建成。地方基建项目方面,丹阳市迎丰河闸拆建工程全部完成,水下主体工程通过阶段验收,完成投资529万元;丹阳晓墟河撇洪工程中的撇洪西河完成,完成投资2700万元。区域治理方面:丹徒区长山站除险加固工程、谏壁抽水站运河侧引河整治工程和句容市北江河整治工程三个区域治理项目进行招投标、施工图设计等工作,完成投资1500万元。

【中央扩内需项目】 由于水利前期工作基础扎实,在扩大内需的机遇面前,一批水利重点项目得以抢占先机,在首批中央扩内需项目就有4座中型水库除险加固工程获得近亿元的资金支持。项目获批后,克服时间紧、程序严、要求高等困难,规范操作,强力推进,顺利实现三个百分之百的要求,所有扩内需项目年底全面竣工。中央、省检查组来镇江市检查时,对中型水库建设给予高度评价。

【水利工程管理】 2009年,镇江市以创建省级水管单位为抓手,以制度创新为重点,切实扭转水利工作长期以来重建轻管的倾向,水利工程管理工作呈现新气象。谏壁抽水站、九曲河水利枢纽被评定为省一级水管单位,京口闸、北山水库、扬中长江堤防工程等评定为省二级水管单位。丹阳、扬中等地积极探索农村河道长效管理的新机制,也都取得积极成果。2009年,镇江市采取有效措施,争取小水库管理养护经费,切实履行行政管理责任,小水库规范化管理初见成效,受到省水利厅肯定,在全省水利系统推广。

【农村水利】 2009年度,全市完成各类土方2015万立方米(占年度计划任务的118%),完成各类建筑物1550座(占年度计划任务的103%),新建改造塘坝510座(占年度计划任务的102%),修建防渗渠道91千米(占年度计划任务的113%),完成圩堤加固30千米55万立方米,治理水土流失面积15平方千米。各项农村水利工作取得了新的进展和成效。一是农村河道疏浚。2009年,市委、市政府将河塘疏浚整治工程列为镇江市加快推进农村改革发展的五大实事工程之一,市政府专门制定下发了《镇江市2009～2012年河塘疏浚整治工程实施方案》。全市全年完成疏浚县乡河道疏浚142条,疏浚土方667万立方米(占计划任务的111%);疏浚村庄河塘1550个,完成疏浚土方687万立方米(占计划任务的122%)。其中,丹阳市和扬中市具备省农村河道疏浚整体考核整体验收条件,其他地区规划内农村河道疏浚工程完成进度在90%以上。二是农村饮水安全。"十一五"期间镇江市计划解决全市48.55万人口的农村饮水不安全问题,其中2009年度计划解决18.16万人。市政府专门制定《关于加快镇江市乡镇区域供水工程的实施意见》。目前,丹阳市2007年度农村饮水安全项目建设完成,解决6.24

万人的饮水不安全问题。句容市2009年度农村饮水安全项目因省批复较迟尚未完成外，其他地区年度计划已完成或超额完成。三是小型泵站改造。积极组织各地以辖市(区)为单位编制《农村小型泵站更新改造规划》，目前该“规划”已经省、市审查通过。根据“规划”，全市计划于2015年前更新改造泵站1767座2344台套，总装机11.11万千瓦。其中，2009年度计划完成小型泵站更新改造175座，总装机容量14721千瓦。截止12月底，全市小型泵站更新改造计划任务已全部完成。四是水土保持工作。抓住“创建生态市”工作机遇，结合农业综合开发、土地复垦、中低产田改造等专项工程进一步加大小流域综合整治工作力度，完成水土保持小流域治理面积15平方千米。以市为单位编制了《镇江市水土保持规划》，确定全市水土保持重点监督防治区域，结合实际制定出台《镇江市水土保持方案审批办法》；对句容市建华管桩二期工程、丹阳市恒神碳纤维项目等一批本地有影响的重点项目实行跟踪管理，控制新增人为水土流失。

【防汛防旱工作】 2009年汛期，镇江市经受了8号台风“莫拉克”和7次暴雨的袭击，在各级党委、政府的领导下，全市骨干河道、水库等工程未发生重大险情，防汛防旱防台工作取得全面胜利。一是落实责任。汛前市防汛指挥部和六大联防指挥部成员调整落实到位。全市317千米的江港洲堤防、在册101座水库、64条骨干河道、9座大中型闸站及各类小型穿堤建筑物的防汛防旱行政责任人和技术责任人均已落实到位，各级防办汛期实行24小时值班。二是完善预案。《镇江市城市防洪应急预案》、《镇江市防御台风预案》、《镇江市抗旱预案》经市政府批准实施，市防办组织了中型水库防洪应急预案修订和水雨情调度应急预案修订工作。做好防汛物资储存和抢险队伍建设，共储存草包40.7万只、编织袋114.9万只、木材500.1立方米、土工布6.1万平方米、铁丝16.7吨、块石1.64万吨，防汛抢险队伍550个，总人数17533人，其中民兵抢险队227个，河道及管理单位抢险队91个，水库抢险队59个，专业抢险队1个，确保防汛需要。对全市雨水情监测站网进行优化，增设监测站点，建成市防汛会商视频会议系统，实现雨水情信息测、报、送和自动报警的实时性，防汛防旱现代化水平进一步提高。

【水行政执法】 一是积极参加省水利厅、省水政监察总队组织的集中打击长江非法采砂行动。全面部署“百湖执法大检查”活动，并派督查组赴各辖市区检查，专项行动按计划进行。开展“流域性河道管理范围内建设项目专项检查”。二是河湖清障工作。全市各地针对暴露出来的问题，进行大面积、拉网式地河道库塘清障工作。市水政监察支队共出动执法人员1780人次，水上执法巡查286次，出动执法艇221航次，执法航行时间630小时，查处非法采砂船69条，拆除非法采砂机具26台套，发放《严禁采砂告知书》100份。三是加强宣传教育。开展3月22日第十七届“世界水日”及第二十二届“中国水周”宣传活动。开展“落实科学发展观、节约保护水资源-第十七届‘世界水日’、第二十二届‘中国水周’大型广场文艺活动”；制作印刷《镇江水利》画刊；在多处繁华地段设置宣传点，与江科大学生协作，走进社区宣传。

【水资源管理】 围绕提高服务能力目标，切实做好水资源管理工作，起草并出台《镇江市地下水资源管理办法》。一是节水工作。市水利局联合市其他职能部门开展八大行业节水行动，组织开展节水专项调研，确保八大行业节水行动取得实效。建立县市区节水管理网络和八大行业单位节水行动管理网络，把行动落实到企业和责任人，确保八大行业节水行动的顺利实施。同时，句容市节水型社会建设试点有力推进。二是节能减排。对太湖流域节能减排项目申报调查，5家通过审核，省财政下达补助金额120万元。组织对镇江市2008年省水资源费补助江苏船山矿业股份有限公司采场渗水技改工程、镇江锚链厂循环利用、镇江发电有限公司零排放工程等3个省级节水项目进行了验收。三是地下水资源管理。加大计量收费执法力度，严格依法计量收费。出台《镇江市城市地下水资源管理办法》，进一步理顺与区水利局地下水管理关系。制定《镇江市城市节约用水管理办法》并由市人民政府颁布实施。四是节水型社会。完成省水利厅下达的节水型社会建设、地下水控采、水资源费和水资源管理信息系统一期工程建设年度目标任务，创建节水型载体8个，完成八大行业和节水减排示范项目13个，深层地下水开采量控制在300万立方米以内，水资源费及南水北调基金征收标准调整到位。

【北部滨水区建设工程】 2009年，北部滨水区“五全”年度目标顺利实现。即：金山湖景区全景开放、滨江旅游专线全线贯通、内江控水主体工程全面完成、金泉花园安置房全面封顶、内江清淤工程全面启动。一是金山湖景区。自2006年金山湖整治工程启动以来，随着退渔还湖工程逐步实施，金山湖水面基本形成，金山湖景区成为北部滨水区建设的形象和亮点工程。试办引河清淤提前完成，试办引河南路提前贯通；金山湖桥桥面贯通；征润州泵站提前完成主体部分、预计春节前泵站具备抽排水能力，江南桥闸站提前完成水下主体工程；周边配套道路环湖路和外环路一期工程按期完成，二期工程10月份提前开工建设；金山湖东景区中，D景区提前于“五·一”建成对外开放，E区提前于“十一”建成对外开放，景观长堤(C景区)已具备对外开放条件，西景区主体和绿化基本完成，除配套设施外基本具备对外开放条件。国庆期间，演艺广场大型数字化音乐喷泉成为新的热点和亮点，受到市四套班子的充分肯定和社会各界的高度赞誉。二是滨江旅游专线。滨江旅游专线全线贯通是北部滨水区2009年建设任务的重中之重，项目包括滨江旅游专线东、西段道路及风光带工程。滨江旅游专线道路自4月8日开工建设，仅用168天就实现全线贯通的年度目标，比预定工期提前100天；风光带工程于10月提前开工建设，木栈桥桩基平台和绿化基本完成，滨江风光带以全新的姿态，迎接“迎新万人长跑”的成功举办。三是金泉花园安置房。金泉花园和滨江花城小区是北部滨水区拆迁集中安置工程。金泉花园一期12万平方米和2万平方米商业配套全部建成交付安置，二期地块计6万平方米，除两栋小高层外已全面封顶，并已完成主体验收；3#地块即滨江花城，按照指挥部的要求改多层为高层、小高层，总面积约23万平方米，完成其中21栋小高层(11层)的桩基施工，其中部分已完成主体框架5层。今年金泉花园共实现拆迁安置196户370套安置房。百花洲路和临江路作为安置房的配套市政工程，提前完成竣工通车的年度目标。其中百花洲路建设仅用时3个月，创造了北部滨水区道路建设的最快速度。四是内江控水工程。内江控水工程包括：引航道水利枢纽工程、焦南闸扩建工程、焦南坝缺口封堵工程以及运粮河节制闸工程。引航道水利枢纽工程已完成水下主体工程的施工任务，累计完成砼浇筑8.7万立方米、钢筋制作安装8000吨；完成9闸的闸门安装任务；主要设备已制作完成并进场，管理房工程开工建设。焦南闸扩建工程已提前完成全面建设任务，竣工投运；运粮河闸站征地拆迁、渔民补偿及施工场地的三通一平等前期准备工作于10月完成并开工建设。五是内江清淤工程。随着北部滨水区建设的顺利推进，内江清淤已成为广大市民迫切关注的热点。市委、市政府在年初确定全面启动内江清淤的目标基础上，重新提出了春节前完成清淤的要求。内江清淤工程于9月16日开工，完成全部257万平方米滩面芦苇清理工作；完成800万立方米清淤量，春节前将全面完成清淤施工任务。六是重点拆迁项目。2009年北部滨水区既定拆迁目标30万平方米提前实现。其中:安置房二期全面完成拆迁和征地交地工作。滨江旅游专线东西段拆迁提前一个月完成。征润州村和金山湖桥拆迁完成。亚美达船厂协议、大东搬迁协议签订;省交通工程公司和象山油库的搬迁积极推进。七是融资工作。抓住国家扩大内需政策机遇,多方位、多渠道筹集资金,融资工作取得了突破性成效。超前完成项目包装,积极与各大国有银行、商业银行合作,2009年新增贷款35亿元,提前超额完成原定30亿的融资目标。开展申报发行七年期20亿元企业债券工作,申报材料报送至省发改委审批。进一步优化水利投资公司资本结构,通过调增公司土地资产,水利投资公司总资产达到150亿元。

(陆智国)

扬 中 市

【社会概况】 扬中位于江苏省中南部的扬子江中,东、北与泰兴、江都、邗江隔江相望,西、南和武进、丹阳、丹徒依水相连。全境由太平洲、雷公嘴、中心沙、西沙四个沙洲组成,拥有面积332平方千米,其中长江水域面积100多平方千米,人口30万。1994年经国务院批准撤销县制,建立扬中市。扬中历史虽不悠久,成洲千年,建置百年,却以其独特的岛园风光驰名中外,是全国百强县、首批小康县、国家级生态示范区、全国文化先进市、江苏省文明城市、江苏省社会治安安全市等。扬中市是长江中的一个岛市,为江中沙洲,属冲积平原,全市无山岳,地势低平,海拔4~4.5米,相对高度1米。地处亚热带季风中部气候区,雨量充沛,光照充足,气候温和,无霜期较长,雨热同季。是首批国家级生态示范区,江苏省综合环境质量最好的地区之一,全市绿化覆盖率达36%,大气环境质量达国家Ⅰ级标准。扬中乡镇企业起步较早,发展较快,现有机械制造、电气产品、轻纺服装、精细化工、电子等30多个行业,并形成了工程电器、硅橡胶、钎焊材料、精细化工、电子测量测试仪器、复合肥等六大产品基地。电力电器产业2002年被国家科技部批准为“国家火炬计划扬中电力电器产业基地”。目前,有电力电器企业近400家,产品包括七大系列近千个品种,企业年销售规模近100亿元,占国内市场份额的20%,是远近闻名的“工程电器岛”。

【水利概况】 扬中位于长江下游,距入海口200余千米,境内河港纵横交错,江岸线120余千米,其中深水岸线近54千米。扬中先后自筹资金兴建了两座长江大桥、筑起了抵御百年洪涝的环岛大堤、修建了贯穿全岛的扬中大道。历史上,至清代光绪年间,已围垦土地29万余亩。至民国37年(1948)底,全县已围垦大小圩块1640余个,营造良田23.26万亩。新中国成立后,扬中县人民政府成立修堤开港围圩委员会,1949~1995年46年间,围圩20处,新筑江堤21040米,围垦土地7959.36亩,新增耕地5355亩,市域陆地面积扩大到36.5万余亩。其间,1968~1988年,相继开展了大规模护岸治坍工程,护岸长16809米,历经20余年的艰苦努力,至80年代末江岸趋于稳定。与此同时,全面开展农田水利建设,新凿河港,填塞废港,隔田成方,兴建涵闸,增设电站,新建环岛江堤公路,投入劳力数以十万计,完成土方逾亿立方米,耕地资源得到保护,耕地质量得到提高,连续20余年旱涝保丰收。

【年度工作】 一是水利建设。2009年,全市组织实施江港堤防培修加固、河道疏浚、城区泵站改造一期工程、中央财政小型农田水利专项补助工程、长江止坍工程、水利工程维修养护、防汛急办、农桥改造、配套建筑物、中低产田改造等项目,完成各类水利土方 340 万立方米,石方 0.6 万立方米,砼 0.5 万立方米,总投资 3740 万元。江港堤防培修加固工程,总投资 309 万元,2008 年 12 月开工,2009 年 4 月全部完工。河道疏浚,工程总投资 1155 万元,其中:省级投资 18 万元,镇江市投资 6 万元,县级投资 215 万元。2008 年 12 月开工,2009 年 4 月底全部完工,2009 年 9 月通过省级整体验收。累计清淤整治乡级河道 35 条,长 53.37 千米,土方 48.4 万立方米;村庄河塘 326 条,土方 114.14 万立方米。城区泵站改造一期工程,总投资 160 万元,于 2009 年 4 月 1 日开工建设,2009 年 6 月 6 日完工。中央财政小型农田水利专项补助工程,工程于 2008 年 11 月开工,2009 年 6 月底全面竣工。工程总投资 625 万元,其中省以上补助 300 万元。涉及新坝、油坊、八桥 3 个镇,翻建改造排涝站 33 座,设备 48 台套,装机容量 1777 千瓦,排涝流量 25.25 立方米/秒。长江止坍工程,工程于 2009 年 5 月 10 日开工,2009 年 12 月底全部结束,总投资 186 万元。2009 年,全市完成长江止坍工程 4 处,长 880 米,抛石 31613 吨。其中,开发区红星河口段长 200 米,抛石 10271 吨;油坊镇马家港段长 280 米,抛石 15403 吨;油坊镇镇海新圩段长 60 米,抛石 581 吨;三茅镇二墩港口下段长 340 米,抛石 5358 吨。水利工程维修养护,于 2008 年 11 月开工,2009 年 4 月底基本结束。工程总投资 75 万元,其中省级补助 72 万元。主要内容包括:长江堤防、东新港闸养护;何家大港闸启闭机更换、启闭机房翻建和管理房维修;长江堤防挡浪墙、排水沟、挡车设施维修。防汛急办项目,主要包括:联丰港闸工作桥排架重建、启闭设备更换、启闭机房新建、管理房维修,工程于 2008 年 10 月开工,2009 年 4 月底基本结束。该项目总投资 24 万元,其中省级补助 20 万元。农桥改造,2009 年,全市组织实施 33 座农村桥梁建设工程。工程于 2009 年 9 月开工,2010 年 1 月底基本结束。完成土方 2.3 万立方米,石方 1930 立方米,砼 2340 立方米。工程总投资 365 万元,其中省级补助 244 万元,镇江市级补助 32 万元,扬中市级承担 54.5 万元,乡镇及村级自筹 34.5 万元。配套建筑物工程,2009 年,全市新建、接长、维修各类配套建筑物 213 座,其中:江堤涵洞翻建 1 座、维修加固 31 座,骨干河港涵洞新建、修接 62 座,圩内小型配套建筑物新建、维修 104 座,固定灌溉站新建 15 座。工程于 2008 年 12 月开工,2009 年 4 月全部完工。工程总投资 350 万元。中低产田改造,2009 年,扬中市水利农机部门配合农业部门完成堤外口门拓浚 24 条,坝头改造 300 个,中低产田改造 0.1 万亩,新建砼衬砌防渗渠道 9.0 千米,修筑机耕道路 10.0 千米,植树绿化 10 万株。工程于 2008 年 12 月开工,2009 年 4 月全部完工。工程总投资 491 万元。二是水政执法。2009 年,全市水行政主管部门认真宣传、贯彻实施《水法》、《防洪法》、《行政许可法》等法律法规,依法加强水行政执法工作。重点查处水事案件,严厉打击非法采砂,依法征收各类规费。全年水事巡查 109 次,查处水事违法案件 50 余起,接待群众来访 19 次,处理群众举报事项 9 件,处理政府转办单、群众来信来访事项 9 余项,调处水事纠纷 20 多起。严厉打击和坚决取缔长江非法采砂活动,贯彻实施“陆治水打”方针,并以市政府文件形式,下发《关于进一步加强长江扬中水域采砂船舶管理的通告》。共组织打击行动 56 次,驱逐外地采砂船 10 条次,指定停泊点停放 35 条,查处非法采砂船 47 条、拆毁采砂设备 11 台套、罚款和没收非法所得 120 余万元。2009 年,全市征收工业水费 25.3 万元,水资源费 119.6 万元(含南水北调基金),排涝水费 22 万元。三是防汛工作。2009 年,全市坚持“安全第一,常备不懈,以防为主,全力抢险”的防汛工作方针,认真开展汛前防汛工作大检查。对机电排灌站逐台试机试水，对发现的险工隐患采取工程措施，全面落实以行政首长负责制为中心的各项防汛责任制。全市5月至9月汛期总降水量781.9毫米（沙家港887.3毫米）。7月份雨水较多，沙家港全月降水367毫米，市防汛指挥部科学调度，充分利用长江低潮通过节制水闸预降内港水位，没有形成内涝。8月10日发生强降雨（沙家港日雨量111毫米），城区部分街道、小区积水，夏家港泵站、二墩港闸站全部开机抽排涝水入江。5月至9月汛期，江潮水位超过6米警戒水位有10天，最高潮位6.22米（8月8日，农历6月18日），最低潮位3.05米（5月22日，农历4月28日）。汛期发生江港堤防滑坡险情3处（三茅镇永固段、二墩港通江港堤段，开发区东新港恒平段），江堤涵洞跌塘险情2处（八桥齐家十圩涵、八桥六圩涵），联丰港东侧陈三桥段、新坝大港治安段存在堤身单薄险情，均一一采取除险加固措施。应对汛情，2009年汛期，全市储存草袋1.45万只，麻塑袋2.17万只，编织袋27.48万只，木材86.11立方米，竹笆片1165张，木桩1933根，铁丝9573公斤，元钉1384公斤，钢管23.4吨，彩条布3.43万平方米，土工布0.65万平方米。全市共组建巡逻队1262人，抢险队2154人，预备队2900人，突击队453人，重点加强市100名民兵突击队和镇区50名民兵抢险队建设。针对今年出现的新情况、新问题，修编完善原有预案，市与各镇（区）、各镇区与各行政村签订防汛工作责任状，各地还与涵闸防守人员、沿江企业签订防汛工作责任状，做到每段堤防、每条河港、每座建筑物、每处坍江及险工地段都有专人防守，不留空白。市四套班子领导和市级各部门主要负责人都分工到各镇区指挥防汛。6月2日，扬中长江水文遥测系统投入运行，实现水雨测报自动化。

（崔德荣）

泰　州　市

【综述】 2009年，泰州市水利系统以党的十七届三中、四中全会精神为指导，深入贯彻科学发展观和抓住国家省市加大水利基础设施投入的机遇，大力发展以“安全水利、资源水利、环境水利、民生水利”为主要内容的现代水利，在水利建设、防汛防旱、水务水资源等方面都取得了显著成绩，全面完成了年度各项工作任务。泰州市水利局被省水利厅表彰为“全省水利目标管理先进单位”、“全省水利工程管理先进集体”、“江苏省水利新闻宣传工作先进单位”、“全省水利工程水费工作先进单位”，被市委、市政府表彰为文明城市创建工作先进单位，获市首届“十佳”文明优质服务品牌提名奖。

【水利建设】 全年完成水利建设投资8.1亿元，超过计划任务1000万元。一是水利重点基建工程。泰东河沈马大桥工程和新通扬运河段工程通过省水利厅组织的竣工验收。整治完成兴化市上官河城区段，完成防洪堤1.42千米，新建防洪闸1座。启动溱湖水系整治工程，疏浚姜溱河等5条进出口河道，完成土方187万立方米，新建跨河桥梁2座，完成投资4000万元。启动靖江市夏仕港治理工程。二是城区水利建设。主城区全年完成水利投资1.8亿元。周山河整治一期工程（泰高路段至凤凰河段）完成河道挡墙4400米，完成土方56万立方米，新增绿化面积10万平方米，累计完成投资5000万元；老通扬运河整治一期工程（引江河到二水厂段）疏浚整治河道1760米，累计完成投资3929万元；老通扬运河整治二期工程（二水厂至南官河段）1.8千米，启动实施；鸭子河整治工程医药园区段1.8千米，将河口宽由20米拓宽至50米，完成工程量的40%；城区东北片城市防洪工程一期工程共新建闸站两座、接通整治河道1条；启动城区水生态环境整治工程，城区生态调水泵站完成水下部分工程。三是农村水利。共解决农村饮水不安全人口45万人，新建改造圩口闸165座，新建改造机电泵站550座，配套小沟以上建筑物1963座，疏浚县乡河道369条、完成土方1992.4万立方米，疏浚整治村庄河道503个村、完成土方1960.5万立方米、复垦土地1300亩，植树造林97.2万株，打捞清理水花生及水面漂浮物约129万平方米，靖江、高港、泰兴、姜堰、海陵县乡村河道疏浚通过省级验收。

【防汛防旱】 一是汛前准备。按照省市防汛责任状的要求，认真做好全年的防汛抗旱工作，落实防汛抗旱各项责任制，完成省防指下达的防汛物资储备任务，共储备“三袋”77万只、木材180.7万立方米、树棍3.15万根、块石4.5万吨、土工布3.5万平方米。修编《泰州市抗旱预案》、《泰州市防御台风预案》、《城市防洪预案》、《泰州市长江堤防溃口性抢险预案》等应急预案。按照查全、查细、查实的要求，开展汛前、汛后大检查，测量长江水下地形，对沿江地区重点病险涵闸站、里下河地区病险圩口闸及险工患段组织实施岁修。二是抗洪抗台。7月28日，市通南和沿江地区普降暴雨到大暴雨，其中马甸、过船港、倪浒庄三站12小时降雨量达到特大暴雨，27日8时至28日8时泰兴马甸雨量157.4毫米，过船达155.9毫米，黄桥达121.9毫米，通南和沿江地区10万余亩农田受淹、14间房屋受损、近300座下水设施和涵闸被冲毁，市防指迅速组织，24小时内排清涝水。8月8日至10日台风“莫拉克”影响全市，市防指启动防台三级应级响应，迅速抢排城区涝水和农田积水，最大限度地降低了灾害损失。三是水源调度。根据《泰州市水利工程调度运行方案》，科学调度水利工程。春季全市降水比常年同期偏少两成，市防指请求省防指开启高港枢纽抽水站向通南补水，高港抽水站开机8天，共抽引江水4843万立方米，有效地缓解了全市旱情，泰州(通)最高水位达到2.19米。5月22日至6月17日，沿江口岸闸、马甸闸、过船港闸、夏仕港闸四大闸，共抢潮引水168潮次，引水量2.32亿立方米，保证了农业及生态用水需求。全年沿江各口门共计引水约38亿立方米，有力保障了全市的工农业生产、人民生活和生态环境用水。

【水政执法】 一是普法宣传。充分利用广播、电视、报刊、网络等大众传媒开展法制宣传教育，突出抓好世界水日、中国水周、城市节水宣传周、普法宣传月等重要宣传节点，开展走进广场、走进机关、走进农村、走进家庭、走进学校、走进单位企业“六进”宣传活动，重点宣传涉水法律法规、《泰州市节约用水管理办法》、《江苏省水文条例》等，共发放宣传单2000余份，接受群众咨询500余人次，发放《家庭节水知识手册》300多册，收到大学生关于“落实科学发展观、节约保护水资源”征文217篇，评选出优秀文章23篇并在《泰州日报》公布名单，有力提高了市民的水法律意识。二是行政执法。全面推行行政执法责任制。认真梳理了泰州水利局行政权力依据和标准共96条，并在市政府网站进行了公示。对依法行政工作落实了岗位责任人。建立了水行政执法评议考核、责任追究等制度。制定下发了《泰州市水利局行政处罚标准实施方法》，凡重大的行政处罚，必须集体讨论决定，并实行网上公开，接受监督。开展河道清障。结合“百湖执法大检查”活动，深入开展河道湖泊清障工作。全市共清理网簖115处，清理违章搭建2万多平方米，清理非法种植70亩，为全市安全度汛奠定了基础。严厉打击非法采砂。全年共组织长江执法巡查110余次，出动执法车辆180余次，出动执法船艇40余航次，组织长江非法采砂集中打击25次，共查处长江非法采砂案5起，禁采期采砂船未按指定地点停靠案1起，上缴财政罚没款51万元。四是加大水事违法行为查处力度。全年查处水事案件28余起，结案率达97%以上，上缴财政罚没款118万元。三是行政许可。本着便民高效的原则，制定出台了《泰州市水利局行政许可工作制度》、《泰州市水利局重大具体行政行为报告制度》、《泰州市水利局决策评估制度》。全年共受理办结行政许可事项49件。推进行政权力网上公开透明运行工作，对水利局现有的行政权力进行了再清理，共梳理行政处罚50项、行政许可14项、行政强制18项、行政征收5项，其他权力8项。制作了行政许可权力的动静态流程图，完善了权力的相关内容及格式文书，做到权力公开、岗位明确、责任到人，审核了各单位报送的行政权力流程，并上报市公开办。加强规范性文件清理，废止6件过时文件。

【水资源管理】 一是水资源管理。全年共征收水资源费1900万元、水利工程水费2500万元、南水北调基金293.07万元。全市地下水开采量控制在4300万立方米以内。启动水资源管理信息系统建设。全面监测38个重点水功能区的水质情况，对5个集中供水水源地水质实施旬测旬报。成功处置了春节期间兴化城区水污染事件和11月26日长江泰州段水污染事件。二是节水型社会建设。市政府出台《泰州市节约用水管理办法》。《泰州市节水型社会建设规划》获省政府批准实施，市政府成立泰州市国家级节水型社会建设领导小组，启动国家级节水型社会试点市建设。对市区68家市级机关事业单位开展用水定额管理，创建节水型载体9个，完成八大行业和节水减排示范项目10个。姜堰市节水型社会建设试点工作通过了省水利厅的中期评估。

【工程管理】 一是农村河道管理。农村河道管理推广靖江、高港管护经验，对疏浚整治过的农村河道，落实专门经费，建立管护队伍，出台农村河道长效管理意见，明确各级农村河道长效管理的责任主体、管理范围及权属，开展河道保洁与长效管理工作，做到河面清洁、水体干净、河坡整洁、绿化完好。二是城区河道管理。加强引江河、凤凰河国家水利风景区的管理，绿化、闸站、码头管理成效明显。城区涉河项目共审批项目50多项。城区56条120千米长的骨干河道巡查工作实行市场化招标管护，确保每周对所有河道巡查两次，一旦发生违法违章行为，水政监察人员在2小时内赶到现场查处。科学调度运行城区23座闸、涵、泵站工程，全年调水30亿改善城区水质。三是湖荡管理。里下河省管湖泊的管理已进入正常轨道，各地用好省级湖泊管理经费，做好市级配套，溱湖、乌巾荡等湖泊设立专门管理机构，每月定期开展湖泊巡查一次，发现涉湖违章行为立即处理，杜绝新的圈围发生。按照一图、一表、一照、一证、一费制度完善湖荡基础资料。做好省管湖泊勘界设桩工作共设桩629根，已通过省水利厅的验收。

【水利改革】 一是水利建设改革。对1000万以上的工程项目，成立专门的工程建设领导小组，并落实项目法人。优化工程设计，统筹考虑建筑物外观和环境。创新工程技术，河道驳岸由过去一般使用重力式挡墙改为扶壁式砌体结构，有效地节约了成本，提高工程进度，更加生态美观。严格执行各项基本建设程序，建立健全质量监督体系，狠抓财务管理，规范资金拨付程序，保证专款专用。二是水利管理改革。在河道管理上，积极推广村庄、河道、道路、绿化“四位一体”的河道管护新办法。拓宽农村水利投入渠道方面，运用市场调节机制，通过“一土多用”、“以河养河”等途径，引导群众投资投劳，鼓励社会资本投入农村水利工程建设与管理。在汛前检查中，由过去的水上测量改为水下地形测量，邀请省、市专家对测量结果进行会商，掌握了河势变化和制定预控措施的主动权，最大限度地减少沿江企业损失。三是内部管理改革。在机关内部管理中，实施“三评”（月点评、季述评、年总评为主体）、两考（半年初考、年终总考），三级选优（自我介绍、处室推荐、集体评定）的机关目标管理和绩效考核办法，促进机关效能不断提升，机关作风不断转变。

【水利科技】 积极与高校、科研院所开展合作，认真开展水利科技工作，做好项目的立项、推进、评审、报奖等相关工作。《水工混凝土结构钢筋锈蚀智能监测技术研究》通过了评审并获得省水利优秀科技成果三等奖；《改善泰州市城市水环境的水利工程优化调度技术研究》已形成了初步的文本；《城市水利可持续发展战略及技术支持系统研究》正在申请评审；城市水资源实时监控与管理系统项目，已启动实施。全年共完成水利论文 65 篇，出刊《泰州水利》杂志 4 期。

【行业发展】 坚持以水务、水土资源开发利用、水利建筑施工为主，以种养业、咨询服务业为辅的水利经营发展格局，切实推进水利经营工作的开展，完成水利综合经营总收入 8.1 亿元，实现利税 0.62 亿元。积极推进农民用水户协会试点工作，按照“因地制宜、分类指导，积极稳妥、注重实效”的原则，选择通南高沙土地区的泰兴黄桥、蒋华两镇作为试点单位。草拟了《农民用水户协会章程》以及供用水管理、工程维护、水费收缴、财务管理等规章制度，明确有关各方的权利、责任和义务。目前试点工作已完成协会会员的依法登记。

（张 剑 王连民）

姜 堰 市

【自然经济社会概况】 姜堰市位于江苏省中部，江淮之间，东经 119°48′至 120°17′，北纬 32°20′至 32°43′之间，东与海安县、西与江都市、泰州市、海陵区、高港区接壤，南与泰兴市，北与兴化市、东台市毗邻，境域东西长 43 千米，南北宽 40.5 千米。全市总面积 927.37 平方千米，占全省总面积的 0.89%，其中：平原面积 751.55 平方千米，水面面积 175.82 平方千米。全市耕地总面积 5.6 万公顷。全市 15 个乡镇，1 个经济开发区，1 个风景区，38 个居委会，262 个村委会。总人口 79.56 万人。全市处于亚热带北缘，属副热带湿润气候区。在正常年份，具有四季分明，气候温和，雨量丰沛，日照充足等特点，年平均气温 14.6 度，年平均降水量 1046.3 毫米，年际间变化较大，年内分配极不均匀，易造成干旱、渍害、涝灾和旱涝交替等自然灾害。2009 年实现地区生产总值 255.76 亿元，同比增长 13.5%。其中：第一产业增加值 20.24 亿元，同比增长 4.7%；第二产业增加值 143.30 亿元，同比增长 14.2%；第三产业增加值 92.22 亿元，同比增长 14.9%。三次产业结构比为 7.9：56.0：36.1，二、三产业增加值占 GDP 的比重为 92.1%，比上年提高 0.4 个百分点，产业结构更趋合理。

【水利概况】 姜堰市以贯穿东西的 328 国道为界分两个地区，系两大水系。328 国道以南属长江水系，为通南高沙土地区，328 国道以北属淮河水系，为里下河圩区。经过多年艰苦不懈的努力，全市的小型农田水利建设取得了一定的成效，农田的挡、排、降能力有了很大提高。建国以来，通南高沙土地区通过开挖新河，拓浚旧河，形成蓄泄通连、相互调节、引排皆利的“四横九竖”河道新布局。同时在干河之间，又开挖了乡级河道，纵横交错，干支分明。里下河圩区河网纵横交错，境内有多条流域性骨干河道贯穿，主要有：卤汀河、泰东河、新通扬运河、姜溱河、茅山河等引排河道。多年来，通过整治内部河网和境外水道的拓浚，提高了洪水排泄能力。全市现有耕地 83.61 万亩，市级河道 23 条，长 313.4 千米；镇级河道278条，长734.7千米；现有渠道2400.5千米，渠系建筑物42067座，灌溉站1457座，防洪圩堤927千米，圩口闸805座，排涝站510座，排水沟系配套建筑物21246座。

【年度工作】 一是着力服务三农，认真履职效能。该市积极探索“政府引导，群众参与，资源置换”投入机制，对市、镇、村三级河道进行了疏浚整治。完成市级河道疏浚整治4条，31.15千米，82.29万立方米；镇级河道42条，121.53千米，168.4万立方米；村庄河塘112个村，461.6万立方米。复垦土地1200亩，增加林地2800亩，鱼塘650亩。全市河道疏浚整治顺利通过省级验收，专家组认为：该市河道疏浚整治范围之广，质量之高，看点之多，出乎意料。被表彰为“全省河道疏浚整治先进市”。另外，加固圩堤20千米，新建圩堤12.2千米，完成土方54万立方米；新、拆、改建圩口闸35座；改造农村危桥80座；泰州华侨城防洪工程也抢在汛前完成扫尾任务。二是续建城防工程，刷新水文化名片。在城区，本着“活水，生态”的指导思想，投资近亿元，完成时庄河、种子河、罗塘河北段(淮海路至单塘河)、罗塘河锦东丽园、汤河东延、黄村河南段等河道的整治和美化。整治河道总长近20千米，疏浚总土方56.6万立方米，完成护坡20千米，新建涵闸2座，新建桥梁20座。时庄河、种子河和汤河东延工程的建成，为城区南部、城区东部和中天新村小区提供了生态水源。同时，加强了水文化挖掘，完成罗塘河(罗塘路至陈庄路)的亮化、景观工程，“白龙桥”、“百龙戏水”、“历代龙纹浮雕”、“八仙宝物”等景点的点缀，实现了水文化与水景观的有机结合，为沿线居民提供了休闲娱乐的好去处，也为创卫创模增添了浓浓的一笔。三是着眼长效管护，坚持建管并重。制订出台了农村河道管护暂行办法和长效管护考核办法，明确了管护的责任主体、管护要求、管护报酬、考核方法、考核内容及奖惩措施。在管护形式上，各地不一：聘用“二线”人员或五保户担当河道管护员；利用河坡、水面资源，采取“以水养河、以树养河、以渔养河”等方法将管护责任落实给承包者；面向社会公开招聘专职保洁员，明确责、权、利；与村庄保洁、绿化、路道管护相结合，将河道管护工作一并落实。五是寻求多种途径，实施节水试点。该市被定为省节水型社会试点县之一。为完成试点任务，做了大量工作：利用各种媒体，宣传节水知识，提升全民节水意识。创新服务方式，助推节水企业创建。无偿为企业进行水平衡测试，帮助企业谋划最佳节水技改方案，指导7家企业包装节水减排技改项目，向省水利厅争取项目资金。同时加大水资源费反哺力度，从收取的水资源费中拿出10%约30万元用于八大行业节水技改。通过努力，建成省级节水型企业4家，降低了污水排放，提高了水的重复利用率，综合效益十分明显。该服务项目已作为局机关服务创新项目上报，通过网络投票，荣获一等奖。立足农业节水，实施科学灌溉。通过硬质化灌溉工程建设以及在沈高、大伦、张甸、溱潼等镇实施喷灌、微喷灌节水工程，为农业节水提供了示范。编制水资源管理信息化建设方案，并通过省水利厅组织的评审。六是狠抓农村饮水，兼顾区域供水。完成姜堰市农村饮水安全工程的施工任务。铺设各类管道10万米，并完成项目的竣工审计。配合建设部门，完成溱湖大道铺设区域供水输水管道的建设，泰州华侨城用上了城区自来水公司提供的长江水，为区域供水奠定了基础。七是规范水费计收，持续率先解缴。(1) 宣传到位。在《姜堰新闻报》上登载水价政策和水费计收项目标准；利用庙会，由各镇水利站向农户发放宣传单；编印《水利简报》发放到镇到村。(2) 阳光征收。在面积核实后，将“水价，面积，水费”在村务公开栏公示，并填发公示卡到各家各户，然后委托村组代收。(3) 规范管理。水管处有专职票据管理员，各水利站均明确专人负责，票据的存放、领购、缴销手续完备。由于基础工作较细，五月份就在泰州四市三区率先完成“市属供水成本费用上缴”任务，同时还完成了全年农业水费、水产养殖水费计收任务。另外，工业水费也于12月全部计收到位。市水利工程水费计收工作连续6年受到省水利厅表彰。八是强化镇站管理，推进站所创建。组织各镇水利站开展创建“泰州百佳基层站所”和“华广式”水利站活动，按照创建要求，把各项指标融贯于全员工作目标之中，重点提高服务质量，提升水利形象，该局出台了《镇水利站管理十项制度》，在水利站内部，修订了各项规章制度，以管理促工作，取得较好成绩，梁徐、兴泰、溱潼、华港、娄庄、姜堰等6家水利站被评为“华广式”基层站所，梁徐、姜堰水利站被评为“泰州市百佳基层站所”。

（姜堰市水利局）

宿 迁 市

【概述】 2009年，宿迁市水务系统以科学发展观为指导，紧扣省水利厅及市委、市政府的中心工作，围绕年初确定的目标任务，加快重点水务工程建设步伐，推动全市水务事业不断发展，较好地完成了年度计划任务。年初被省水利厅评为全省水利目标管理先进单位、全省水政执法先进集体，被市委、市政府评为目标管理先进集体、精品城市创建工作先进集体、全市信息工作先进单位。

【水利建设】 全年完成各项水务建设总投资近10亿元，重点工程建设全面完成或达到年度建设进度要求。开展了刘老涧二站、泗洪站、泗阳站以及皂河一、二站工程前期工作，完成主要移民征迁。投资1.114亿元，完成截污导流工程3.37千米截污砼管、2.8千米玻璃钢管、23.3千米尾水输送管铺设及2座提升泵站建设，目前主体工程已经完工，12月26日进行联合试运行。投资3000万元，完成新沂河整治中因洪致涝和120千米防汛道路工程。完成中运河骆马湖堤防加固工程投资7900万元。分别投资3164万元、733万元和516万元，完成城市防洪工程中运河东岸二号桥至井头段堤防整治工程、小水库除险加固工程和利民河整治工程。投资2000万元，开工建设市区第二水厂。怀洪新河影响处理工程已批复项目全部完成。扩内需灌区改造，总投资2.28亿元，完成柴塘、运南、众程、船行4个大型灌区改造工作。投资2.6亿元，解决了农村饮水安全人口53.74万人。

【水资源管理】 一是以节水载体建设为抓手，促进节水型社会创建。出台《关于下达2009年度节水型社会建设目标的通知》，加大载体建设力度，加快推进节水型社会创建；市政府先后两次组织督查，全力推进各项载体建设力度。洋河酒厂股份有限公司等4家单位组织了节水型企业（单位）申报工作，完成省水利厅下达的7项节水型载体和6个节水项目的申报工作。泗洪县省级节水型建设试点工作继续推进。预计全市万元地区生产总值用水量360立方米，单位工业（不含火电）增加值用水量为105立方米。二是以水源地保护建设为载体，切实加强水功能区管理。抓好饮用水安全工作，及时下发《关于进一步加强安全供水工作的紧急通知》，先后3次组织专家对全市三县两区饮用水源地及自来水公司进行拉网式巡查，督促各地严格落实整改意见，确保饮用水源地的安全。严格按照“不合格的水不出厂，不达标的水不进网”的要求，督促供水企业全力为经济社会建设和城市发展服务，努力提高服务水平、扩大供水范围、保障供水质量。投资1800余万元，在中心城市铺设供水管道16千米，供水范围由原来的70平方千米扩大到86平方千米。全市饮用水源地安全保护工作得到不断提升，获得了水利部淮河水利委员会的肯定，被列入淮河流域饮用水源地安全保障试点。高度重视水质监测工作，完善骆马湖取水口水质监测系统。帮助银控自来水公司取得省级水质化验认证。重新调整、科学设置监测站网，对全市保护区、保留区、缓冲区和饮用水源区等各类水功能区实行全覆盖不间断的监测，定期通报监测结果，编发重点水功能区水质通报 6 期。在污水处理厂管理上，遵循出水水质为唯一检验标准，在确保出水水质达标的前提下，强化内部管理、加强业务培训，先后多次接受省水利厅、建设厅、环保厅和市人大、政协的检查，均获得了较好的评价。三是以制度建设为中心，加强水资源规范化管理。继续完善水资源论证、取水许可审批、取水许可证发放、取水工程竣工验收和用水计划申请等一系列制度，严格水资源论证报告书预审和审查制度，进一步规范水资源管理工作。2009 年全市共完成 5 个单位的水资源论证报告审查，其中省级组织评审 1 个，市级组织评审 4 个。开展取用水情况调查，为实施取水许可总量控制提供依据。全市地下水开采量进一步下降，低于省水利厅下达的 4200 万立方米任务。按照统一安排，完成水资源信息化系统建设实施方案，已上报省水利厅。加强“两费”征管工作，在水资源费征收工作方面建立层层考核机制，严格考核，积极推动征收工作。继续组织全市范围内的水资源费征收情况督查，发出督查通报 5 期，进一步促进征收工作开展。截止 12 月底全市共征收水资源费 1059.5 万元，南水北调基金 286.8 万元。四是以水资源配置及水污染防治工程建设为重点，做好监督管理工作。继续组织实施中心城市饮水安全保障工程、河滨污水处理站技术改造工程建设。按照“双水源、双水厂”格局，建成中心城市饮水安全保障工程，累计完成投资 6400 万元。完成河滨污水处理站技改工程，正在调试运行，实现投资 450 万元，占年度计划的 100％。督促泗洪县开工建设地表水厂，目前已完成净水厂等主要设施建设，完成投资 800 万元，占年度计划的 90％。淮河流域“十一五”水污染防治规划中 17 个项目有 16 个提前一年完成，总体进度处在全省淮河流域 8 市前列。六塘河、古山河两个长期不达标断面已经基本实现达标。

【防汛防旱】 一是超前准备，认真开展防汛检查，落实了各项防汛防旱工作责任制，将大湖大河、主要蓄滞洪区、重点防洪城市、小水库等防汛责任人在 5 月 16 日《宿迁日报》上公示，接受全市人民的监督，保证责任制落实到位。督促各建设单位认真制定在建工程安全度汛方案，确保在建工程在汛期内未发生安全事故。根据雨情、工情、水情变化，组织技术骨干完善各类防汛防旱工作预案并报省防指备案；落实黄墩湖、洪泽湖周边滞洪区的运用预案和群众安全转移救生预案，4 月 28 日，组织了黄墩湖滞洪区安全撤退转移演练，取得良好效果。二是防汛抗旱。年初，科学调度水源，发动群众积极抗旱，战胜了干旱灾害。汛期，在短时强降雨情况下，积极组织抗灾救助，城区基本没有企业进水，居民工作生活基本没有受影响，境内 39 座小水库无重大险情，安全度汛，减少经济损失 5.2 亿元。

【水政执法】 一是开展“百湖执法大检查”专项活动及防汛清障工作。按照省水利厅统一部署，成立了“百湖执法大检查”专项活动领导小组，出台了“百湖执法大检查”专项活动实施方案，开展“百湖执法大检查”、汛前执法检查等活动。在活动开展期间，发放河湖建设资料登记表 4500 余份，收集归档河湖建设资料 8 大类 4200 余份，出动人员 9200 人次，清障机械 410 台次，投入经费 147.5 万元，清除各类违章建筑 5900 平方米，清除违章种植 1620 亩，拆除违章养殖 2500 亩，平毁违法圈圩 52000 米，土方 3 万立方米，清除渔网、鱼簖 300 余处。泗阳、泗洪两县因工作突出，被确定为先进典型在全省推广。二是强化河湖采砂管理。做好河湖采砂的管理工作，协助做好骆马湖、新沂河等流域机构直管河湖的采砂管理工作。出动打击非法采砂人员2131人次，查处非法采砂船302条、拆毁非法采砂机具209台套。6月下旬，联合淮委及安徽省相关市、县水政监察队伍，依据《淮河干流皖苏省界河段采砂管理协议》的规定，对淮河干流皖苏省界五河段、泗洪盱眙段的非法采砂实施联合打击；11月下旬，联合沂沭泗骆马湖管理局以及公安、海事、国土等部门，对新沂河、沭新河、柴米河等河道内的非法采砂行为进行联合打击。三是加强依法行政和法制宣传教育。按照省水利厅的要求，坚持阳光行政、实行政务公开、建立监督责任机制，切实践行"三项承诺"，坚决执行"六条禁令"。3月份，召开了管理相对人座谈会(取用水户座谈会)，4月份，对涉水行政权力进行了全面清理，共清理出涉水行政权力123项，编制完成了《宿迁市水务局行政权力网上运行上报材料》。3月份，联合沂沭泗骆马湖管理局、省骆运管理处、宿城区水务局、银控自来水公司开展了"世界水日"、"中国水周"宣传活动，期间设立水法规咨询台10多个，接待来访群众2000多人次。11月12日，举办了1期全市水行政执法培训班，全市专职水政监察员参加了培训，省水政监察总队、市中级人民法院、市政府法制办公室等有关专家就水行政执法技巧、行政执法及行政复议实务等内容做了重要辅导。四是完善行政管理内外部监督机制和评议考核制度。建立了《水行政执法责任制》、《水行政执法公示制》、《水行政执法过错责任追究制》等29项制度，并严格执行。自觉接受人大、政协以及社会舆论监督，认真处理来信来访，积极受理投诉，能够依法及时作出处理。与所属的有关处室和县区水务局均签订了目标责任状，通过目标管理的形式做到了责任到位、层层落实，并严格考核，做到考核有标准，奖惩必兑现。结合"百湖执法大检查"、汛前执法检查、河湖采砂专项执法等活动对《江苏省湖泊保护条例》贯彻执行情况进行了多次检查，并在12月底前向省水利厅提交检查报告。

【工程管理】 一是加强河湖管理。按照省水利厅要求做好湖泊保护及管理工作，泗阳、泗洪两县及宿豫、宿城两区均明确了管理单位，落实了管理人员，按规定开展湖泊巡查，及时上报巡查报表和工作总结；未出现新的违章圈圩。进一步落实"河(湖)长制"，1月3日和7月11日，市委、市政府召开两次全市"河(湖)长"工作会议，建立了"河(湖)长"督查机制，进行严格考核，不断加强河湖管理能力建设，监测数据显示：2009年全市重点监测的34条河湖中，达到三类水质的有11条，四类水质的有15条，34条河湖的69个监测断面中，达到水域功能目标的有38个。二是加强制度建设。建立健全了各项水利工程管理制度，落实了各项管理责任制，加强对重点骨干河道管理的行业指导和督查，实现了全年水利工程管理无事故。三是强化建设项目和河道采砂项目的管理工作。市管工程范围内无违章建设项目，对批准的建设项目进行跟踪督查，按批复要求实施。开展市管河道管理工作，没有越权审批现象。四是督促县区深化水利工程管理体制改革工作。市属水管单位改革取得了明显成效，管理经费已列入财政预算，到位率100％；宿豫区、宿城区公益性人员基本支出经费到位率80％，泗阳县按编制人均补助7000元。五是推进小水库除险加固工程建设。7月1日，赵庄、红星、陈集(二)等3座水库除险加固工程通过使用验收，10月22日，市小水库除险加固工程通过竣工验收。用于小水库除险加固工程建设的地方配套资金到位727万元，其中市级财政配套资金100万元。加强小水库安全运行管理，编制《水库大坝安全管理应急预案》上报政府审批，基本健全了管理机构，落实了管理人员和经费，明确了管理责任，促进了巡视检查工作的正常开展。

【行业发展】 一是认真开展精神文明建设。以科学发展观为指导，深入贯彻党的十七届四中全会精神，大力开展思想政治和群众性精神文明活动，深入开展“树立水务行业新形象，建设人民满意好行风”活动，围绕水务中心工作，深入开展水文化研究和建设。加强基层组织建设，以教育活动为载体，集中开展了学习科学发展观、“警示教育”等大型学习教育活动，9月29日举办了“歌颂祖国，水务在我心中”主题演讲比赛。二是加强干部队伍建设。实行竞争上岗、合同管理、全员聘用、人事代理等用人机制，对现有人员进行合理化配置，做到人尽其才，人尽其用。对各类业务骨干进行知识更新、能力培养，共有40人次参加了各类学习教育，干部职工素质得到较大提升。加快人才引进步伐，2009年通过公开招考，录用3名高校优秀毕业生，充实水务队伍。通过竞争上岗，使1名业务骨干走上副科级领导岗位，1名副科级干部走上正科级领导岗位。此外，在挂村扶贫方面，下派一名科级干部赴泗洪金镇扶贫，担任村支部第一书记，帮助薄弱村开展经济建设。三是积极推进政务公开。认真贯彻实施《政府信息公开条例》，按照上级的统一要求，明确有关处室、专门人员负责水务系统的政务公开工作，投入14万元，购置7台电脑及相关软件专项用于行政权力网上运行系统建设。在编写水务政务公开目录的基础上，对能够公开的行政职权、行政审批事项、流程等，全部实现网上公开，方便了社会各界的咨询、查询。宿迁水务局政务公开工作得到市委、市政府充分肯定并被确定为宿迁市行政权力网上运行第一批试点单位之一。

（任怀忠　莫　帅）

泗　洪　县

【自然经济社会概况】 泗洪县位于苏北平原西部，淮河中游，洪泽湖西岸，总面积2730.47平方千米，现有耕地201.22万亩，水面166万亩，人口101万人。泗洪物产丰饶，辖洪泽湖约40%的水面，可开发滩涂50万亩。生态优越，拥有国家级洪泽湖湿地自然保护区和亚洲最大的美洲黑杨种质资源库，是中国螃蟹之乡、全国水产百强县、生态示范县、商品粮基地县、平原绿化先进县。双沟、分金亭、双洋等名酒享有盛誉，金水牌洪泽湖大闸蟹、蟹园牌无公害大米等特色产品畅销大江南北。地下蕴藏有石英砂、金刚石、铁、锰矿、天然矿泉水等矿产资源。近年来，泗洪县坚持工业化、城市化、农业产业化三化并举，经济社会快速发展，城乡面貌日新月异。形成了食品、机械、化工、建材、纺织、印刷等工业支柱行业，水产、林木、瓜果、蚕桑、蔬菜、畜禽等农业主导产业初具规模，城市、交通、通讯等基础设施建设突飞猛进，服务环境不断优化，2009年实现地区生产总值140.2亿元，财政收入20.82亿元，一般预算收入9.66亿元，城镇居民人均可支配收入10332元、农民人均纯收入5983元。

【水务概况】 泗洪地处淮河中游，东滨洪泽湖，县境承泄上游豫、皖、苏三省14.8万平方千米的来水，经淮河、怀洪新河、新汴河、新濉河、老濉河、徐洪河、西民便河7条流域性河道汇入洪泽湖，素有洪水走廊之称。境内洪泽湖岸线长196千米，防洪堤165千米，加上流域性、区域性河道堤防，全县防洪堤总长1100千米。39座小型水库，分布在10个乡镇。县境内地势西高东低，岗洼交错，自然地貌为“三岗”、“三洼”、“两平原”，地面高程12.5～61.4米。泗洪县属中纬度暖温带气候区，受季风环流影响明显，气候温和，四季分明。县境多年平均降雨量为916.34毫米(1991～2005年)，降水时空分布不均，最大年降雨量(2003年)1531.6毫米，最小年份降雨量521.7毫米(2004年)，降雨多分布在6～9月，平均降雨551.5毫米，占全年降雨量的64.36%。新中国成立后，在党和政府的领导下，泗洪人民开展了声势浩大的治水运动。20世纪50～60年代，实行洪、涝兼治，使流域性行洪河道的洪水迅速归槽，消除了境内的洪荒水患，同时试办洪泽湖蓄洪垦殖和境内重点地区的除涝工程，改善局部地区的人居环境和农业生产条件。20世纪60年代后期至70年代中期，加强防洪工程建设的同时，大力开展农田基本建设，在洪泽湖周边和沿河洼地实施圈圩建站，开挖大量的走廊沟、截岗沟，实行内、外水分开，高、低水分排，灌、排分开；在平原地区实行洪、涝、旱、渍、碱综合治理；在丘陵地区开始兴建蓄水和提水工程，解决部分丘陵地区的灌溉水源。20世纪70年代后期至80年代末，主要完善农田排灌工程体系，兴建大型提水灌区。先后开挖和疏浚濉河、团结河、安东河、利民河、拦山河、濉北河、溧西引河等一批骨干引排水河道，兴建蔡圩、重梅、桥口、姬庄四大灌区。20世纪90年代以后，泗洪水利建设进入高峰。国家重点治淮工程淮河干流除险加固、怀洪新河续建、奎濉河治理等工程相继实施，进一步提高了境内流域性行洪河道的防洪标准。至2005年底，全县建成机电排灌站654座，装机1481台(套)，总装机容量66618千瓦，机电排灌站控制灌溉面积137.18万亩，排涝面积92.75万亩，建成旱涝保收农田100.48万亩，发展水稻面积90万亩。

【年度工作】 2009年，泗洪县水务系统围绕全县经济社会发展总体目标，进一步服务发展，关注民生、节约资源、保护环境、综合治理、统筹协调，加大投入，强化管理，不断创新，努力提高水务服务经济社会发展的综合保障能力，各项工作取得了显著成绩，获全市水利目标管理完成奖、水利建设与前期工作先进单位。一是重点工程建设。南水北调泗洪站枢纽工程，至2009年底，完成永久征地855亩，临时征地284亩，拆迁房屋5500平方米，移植树木47675株，搬迁159人，为工程快速推进创造了良好的施工环境和条件。西南岗水源工程，批复总投资5202.68万元，其中泵站及涵闸工程总投资4228万元，河道及渠道整治工程总投资974.68万元。疏浚整治向阳东站、向阳西站、大周二站等3条引河，长1.3千米，完成土方3.03万立方米；疏浚整治渠道47条，长138.2千米，完成土方75.58万立方米；新建配套建筑物377座；拆建杨庄一级站、塔河二级站、张郢二级站、谭庄站、濉北站、沈行二站等6座泵站；扩建马庄二级站、上塘三级站；维修改造泵站33座；新建车门防洪闸1座，拆建涵闸4座以及水土保持工程和泵站管理设施等。工程的实施，缓解了西南岗地区农业灌溉输水不畅的问题。五里江路旱陈河桥、北戴河东风大沟桥、北戴河旱陈河桥3座桥梁工程，总投资520万元，完成土方15789立方米、浆砌石595立方米、混凝土1569立方米。地表水厂建设，完成8千米管网的铺设。泗洪县城北污水处理厂开工建设。二是防汛防旱工作。开展汛前水利工程大检查，制定各类防洪预案，落实防汛责任制，加强在建工程管理，组建了5万人的防汛抢险队伍，积极储备防汛物资，县级储备三袋15万只、土工布2.77万平方米、彩条布5.22万平方米、铁丝7吨、木材56立方米、救生衣(圈)1602件、救灾帐篷50顶，乡级储备三袋100万只、木棒4万根、铁丝4吨、土工布4万平方米。及时准确地上报水情、灾情，确保了安全度汛，未发生重大灾害。三是水政执法。2009年，进一步加大水政执法力度，注重执法质量，执法工作取得了长足的进步。制定和完善《泗洪县水政监察工作实施细则》、《水行政执法过错责任追究制》

等16项与水行政责任相关的配套制度。严格执行案件承办制、执法责任制、过程监督制、通案制、过错追究制等五项制度。设立公示栏，对水行政处罚的权限，水行政许可项目、依据、条件、程序、期限、申请材料和办理结果，水行政规费征收依据、征收标准、征收范围和征收对象等内容进行及时公示，接受群众监督。积极组织人员参加省、市、县举办的业务培训，为依法行政打下坚实的理论基础。推行首问负责制、限时办结制、服务承诺制、审批收费公开制，提高办事效率，树立水务部门的良好形象。采取“走出去，请进来”的方式，先后与盐城市水政监察支队及本市各县区水政监察大队负责人代表团、省洪泽湖管理处水政科的同行交流学习，提高执法水平。2009年共查处水事违法案件31起，其中非法采砂案2起，水工程案4起，水资源案7起，拒交规费案13起，非法圈圩案3起，其他案件2起，已结案26起，申请人民法院强制执行4起。调处水事纠纷24起，参与行政复议案件1起。封填非法凿井16眼，罚款7.9万元，追缴规费5.5万元，驱散非法采砂船只21条，证据先行登记保存采砂机具船只、凿井工具等41套。通过在《宿迁晚报》开辟专版，与泗洪水文站、集泰自来水公司联合举办主题宣传活动，出动宣传车进行巡回宣传，在辖区内重点水利工程和沿路居民集聚区刷写宣传标语，在主要街道悬挂宣传横幅，大力开展水法规宣传，把水法宣传与普法教育、计划用水、节约用水、水资源费征收、水源地保护、水事纠纷调解、水政执法有机结合起来。全年共派发宣传单(画)5000多份，印刷水法规400余册、刷写墙字标语300多条，接待各类涉水问题咨询近千人次，悬挂宣传横幅200多条。四是农村饮水安全。2009年度农村饮水安全工程批复总投资5593万元，新建水厂32座，改造现有水厂32座，新打水井32眼，改造水井38眼，建设管理房11处，泵房70座，铺设配水管道960.2千米。五是小水库除险加固。2009年度上级批复友谊、袁集、从庄、迎四、八一、王铺、狼窝掌、黄岗(二)、高套、勇敢、宋王、响桥、大谢等13座小水库除险加固工程，批复总投资2316万元。截至2009年12月底，共完成土方3.8万立方米，石方237立方米，混凝土、钢筋混凝土5966立方米，基本完成友谊、袁集、从庄3座水库除险加固工作。

(泗洪县水务局)

厅直工管单位

省骆运水利工程管理处

【概况】 2009年，省骆运管理处在省水利厅党组的正确领导下，以科学发展观为指导，强化工程管理，发展水利经济，深化内部改革。全年全处泵站共翻水13.6亿立方米，涵闸共泄洪31亿立方米，全年安全生产无事故；综合经营有了新的增长；党的建设和精神文明建设取得较好成绩；被评为2009年度全省水利先进单位，圆满地完成了省水利厅下达的目标管理任务。

【工程管理】 2009年，按照工程管理“五化”要求，以推进管理规范化为抓手，强化设备到人责任制，落实各项管理措施。一是狠抓汛前、汛后检查，保证设备的安全运行。出台检查标准，统一要求，量化考核，组织自查，奖优罚劣，在检查中做到横到边、纵到底，严格兑现奖罚制度。汛前检查工作达到了预期目标，为完成全年防汛抗旱任务夯实了基础，汛期结束后，迅速组织汛后检查，采取了与汛前检查同样的模式和力度，对汛期运行中出现的问题进行彻底整改。二是狠抓规范化管理，维修养护项目进展顺利。2009年省水利厅下达大站维修、防汛急办、维修养护等项目经费775万元。在项目管理上，严格按照省财政厅、水利厅有关文件要求，全部进行招标、竞争性谈判等方式确定施工单位，项目管理实行项目法人制、合同管理制，认真编制工程施工方案，杜绝项目随意调整，确保工程经费专款专用。2009年，顺利完成六塘河闸除险加固工程、新邳洪河闸隔水墙除险加固工程的竣工验收。三是加强安全管理，实现全年安全生产无事故。在全国安全生产月期间，深入学习、宣传《安全生产法》，5月和10月，在全处范围内开展了两次安全生产大检查，并把检查和整改结合起来，对检查中发现的问题及时落实整改措施，彻底消除安全隐患。

【防汛防旱】 加强防汛物资的储备和管理，对350台套柴油机泵和108台套电泵进行保养，对大型抢险机械进行维修，对防汛代储物资进行养护和清点；保证通讯设备完好，对黄墩湖滞洪区的预警通讯系统进行检查和维护；进一步完善水文遥测系统，使其更加稳定可靠。4月份，处防汛机动抢险队联合徐州、连云港、宿迁三市防汛机动抢险队和沂沭泗水利管理局防汛机动抢险队，在骆马湖畔进行为期6天的实战抢险演练。省水利厅领导、省防汛防旱指挥部办公室领导现场观摩了机动抢险队的汇报演练，对训练成果给予充分肯定。7月中旬，骆马湖水位一度超过汛限水位，管理处严格执行省防指指令，同步开启了中运河沿线的皂河闸、宿迁闸、刘老涧闸、泗阳闸，通过中运河下泄骆马湖洪水，最大泄洪量达到500立方米每秒。在行洪期间，管理处组织安全督查组进行安全巡视，确保了水利工程运行安全。

【重点工程建设】 2009年，南水北调东线洪泽湖至骆马湖段工程正式开工，其中五个泵站工程有四个涉及该处。为此，管理处抽调骨干人员积极参与、配合项目建设，协助省水源公司组建工程项目建设处，特别是在工程前期拆迁过程中，正确处理国家、集体和个人关系，服从大局，主动拆迁。在泗阳站职工房改房拆迁过程中，深入开展宣传发动，认真细致地做好职工的思想工作，同时做到公正拆迁、阳光拆迁，广大职工识大体、顾大局，没有发生群访事件，保证了工程建设的正常开展。

【水政水资源】 深入开展“百湖执法大检查”专项执法活动。由管理处牵头，联合宿迁、徐州两市水行政主管部门、沂沭泗管理局，采取统一部署、分片实施、狠抓重点案件、强化监督检查的方法，有效地推进专项活动顺利开展，取得了阶段性成果。专项活动共普查管理范围内建筑约21万平方米，查处水事案件6

起，其中现场制止查结违法行为5起，诉讼1起，清除违章耕种10余亩，制止违章建筑1100平方米，拆除违章建筑120平方米。湖泊管理和保护工作有序开展。全面落实省管湖泊会议精神，充实管理人员，落实管理经费，积极开展工作，分别于5月和8月召开两次“骆马湖湖泊管理与保护座谈会”。联合沂沭泗骆马湖局、徐州、宿迁市水利(务)局，组成联合执法检查组，对骆马湖流域进行联合执法检查，全年共开展湖泊巡查工作24次，累计行程4200千米，对巡查资料进行整编，形成巡查工作报告12篇，为上级决策提供了基础资料。认真开展水行政执法工作，维护单位合法权益。管理范围未发生一起重大水事案件，无一起新增违章建筑，未发生因水行政执法引发的群体性事件。

【综合经营】 一是克服不利水情影响，抓好小水电生产。2009年，沂沭泗地区春秋二季干旱，夏季急涝，该处合理调度水量，调节水位，利用好每一方水，全年小水电共发电1041万度，创收344万元。二是认真抓好解台、蔺家坝二座泵站的委托管理工作，积累工程委托管理经验。加强对其它经营项目管理，对经营合同实行审计签证、备案制度，确保全处所有经营项目无亏损经营。三是大力拓展经营空间，积极培植新的经济增长点。通过努力，本处水利实业开发公司由机电专业承包三级晋升为水利水电总承包三级，电力系统承装、承修由五级晋升为四级，提高了经营能力，扩大了业务范围，增强了市场竞争力。四是抓住南水北调东线工程开工机遇，积极参与建设，与施工单位合作，承接了多个前期准备工程，取得了较好的经济效益。

【管理与改革】 一是加强单位内部管理力度，完善各项规章制度，基本实现“用制度管人、用制度管事、用制度管钱”，促进了单位内部各项管理工作有序开展；二是利用办公自动化系统进行内部管理，工作流程、文件传输、信息交流、公告通知、公车使用申请以及内部讨论等都在办公自动化系统上完成，不仅提高了工作效率，还大大节约了办公经费；三是单位的稳定工作得到加强。领导班子成员每年参加一次下属单位支部民主生活会、一次管理所职工大会，广泛听取职工的建议和意见，向职工宣讲管理处的发展，使职工了解处情，了解现状，取得职工的支持和理解。同时，该处畅通信访渠道，倾听职工的合理诉求，帮助他们解决工作、生活中的困难，维护单位内部的稳定。在节日期间对生活困难职工、劳动模范，登门慰问，送去组织的温暖。

【职工教育】 大力开展职教工作，通过推进学习型机关，学习型所(站)建设，不断提高全员职工的业务技术水平，继续在全处范围内实行“每月一试，每年一考”制度和专业工种技能比武制度，将考试(比武)成绩与职工的岗位、评优挂钩，重点培训一批思想素质高、业务能力强的职工，以适应未来的单位管理和经济发展需要，全年举办《工程项目管理培训班》、《湖泊管理业务培训班》等各类业务培训班86期，2300余人次接受培训。开展职工的思想政治工作。利用身边先进职工的典型，使职工“看得见，学得来”，在职工中开展了向本处职工全国劳模孙建国、岗位技术能手徐帮宁学习的活动。

【党建及精神文明建设】 2009年，该处从建设勤政廉政的领导队伍和高素质的职工队伍入手，以建设和谐的水利管理单位为目标，大力加强领导班子建设和职工政治思想教育，全力推进基层组织建设，领导班子的执政能力和职工全员政治素质有了明显提高。按照“一岗双责”的要求，抓好廉政责任制的贯彻和落实，处党委与处属各党支部签订了党风廉政建设责任状，组织收看《大要案聚焦》、《勤廉风采》等电教片，在工程除险加固和防汛岁修、急办等工程项目中，进行廉政承诺。在全处范围内开展清查“小金库”工作，处纪委全程参与监督管理处工程招标、物资集中采购、废旧物资处理、干部提拔任用、人事招聘等活动，促进了全处党风廉政建设的开展。一年来，全处没有出现违法、违纪问题。

管理处高度重视基层党建和精神文明创建工作，组织人员编写并印发了《骆运管理处职工手册》，规范职工日常行为，提高职工整体素质。在全处范围内广泛开展“文明单位”、“文明班组”、“文明个人”的创建活动，把精神文明创建工作与各单位年度考核相挂钩，并纳入年度目标管理，使党建和精神文明创建工作更易于量化、更有操作性。领导班子成员经常深入到基层管理单位，对党建和精神文明创建工作进行指导和督促，每年参加一次下属单位支部民主生活会，一次管理所职工大会，经常性听取职工的建议和意见。

（房向阳　李　军）

省淮沭新河管理处

【概述】 2009年，省淮沭新河管理处紧紧围绕全处中心工作和全年目标任务，充分发挥职能作用，扎实有效地开展各项工作，顺利完成全年各项目标任务。全年，淮沭河沿线累计供排水160亿立方米；向连云港送清水10亿立方米，排污地涵排污水5.5亿立方米；完成经营收入1000万元。三个文明建设再结硕果，该处和所有下属单位都获得县市级以上文明单位称号；沭阳闸管理所被省水利厅授予“全省水利系统文明单位”，淮阴闸管理所、二河闸管理所被省水利厅重新确认为“2007～2008年全省水利系统文明单位”；沭阳闸通航孔收费班组获得省水利厅“工人先锋号”，沭阳闸被列为宿迁市市级文物保护单位；淮阴二站管理所荣获“全国水利系统学习型组织先进集体”称号；沭阳闸管理所机电工赵登军荣获“江苏省五一劳动奖章”荣誉称号、水文职工王海波同志荣获“江苏省机关事业单位有突出贡献的技术能手”称号。二河闸管理所被评为省一级水利工程管理单位；处机关档案室通过省档案局专项验收，获省一级达标档案单位称号。

【防汛抗旱】 2009年，该处汛前检查工作部署早、行动快、效果好。首先，组织发动、认真检查。根据省水利厅和省防办要求，该处年初就部署、集中力量对所管工程及所辖范围进行全面检查，对重点部位进行重点排查。各基层站所成立汛前检查小组，明确汛前检查组长和技术负责人，认真落实汛前检查责任制。3月30日至4月6日，该处对全处水利工程汛前工作进行了检查验收。5月份，又组织一次汛前检查遗留问题“回头看”，保证全处汛前工作质量。其次，精心保养，清查隐患。该处以安全度汛为目标，以检查保养为手段，认真落实汛前检查保养各项举措。全处共保养了294扇闸门、85台螺杆式启闭机、8台推杆式启闭机、5台油压式启闭机、187台卷扬式启闭机、3台套大型抽水机泵、10台水轮发电机组、17台柴油发电机组。三是加强对非工程设施的检查。专项开展防汛物资器材的清点核查工作，对所储备的防汛抢险物资和重点险工险段现场储备的防汛物料进行认真查验；对全处防汛抢险突击队成员进行调整充实；修订完善防汛防旱预案，印发防汛防旱培训材料发放各管理所，并组织集中学习。汛后，组织开展全处水利工程汛后检查工作。编制2010年维修项目计划上报省水利厅。全年，累计下达闸门变动指令500余次。二河闸、淮阴闸等淮沭河沿线工程累计供排水160亿立方米，因干旱二河闸泄水87亿立方米。向连云港送清水10亿立方米，排污地涵排污水5.5亿立方米。

【水利基本建设】 新沂河海口控制工程南深泓闸下游导流墙加固工程通过由省水利厅主持的竣工验收。截止12月底，完成蔷薇河地涵拆建工程投资902万元，占工程总投资的 23.4%。先后完成杨庄闸、淮涟闸安全检测、地质勘察补充、安全复核计算、现状调查等前期工作。4 月 14 日，通过由省水利厅组织的病险水闸安全鉴定，都被评定为“四类闸”。6 月，委托江苏省水利勘测设计研究院有限公司编制杨庄闸加固、淮涟闸拆除重建可行性研究报告。配合省水利勘测设计研究院有限公司完成沭阳闸、柴米地涵加固初步设计编制补充、安全检测补充工作。2010 年 1 月，通过水利部水利水电规划设计总院组织的可研技术审查。

【综合经营】 2009 年，面对全球金融危机等不利因素，该处通过多种措施，加大创收力度，实现经营收入 1000 万元，顺利完成省水利厅下达任务。一是继续完善经营承包责任制。年初，制订经营收入指标并签订责任状，分解任务，落实责任，调动创收积极性。二是加强船闸、小水电运行管理。该处牢牢抓住过闸费收入不放松，挖掘潜力，规范管理，提升服务，努力增收。2009 年，淮阴闸和地涵管理所积极采取措施，抓好小水电运行，争取多发电，努力多创收。三是积极探索，大力开展综合经营。继续强化水资源转让、土地房屋出租等经营工作，加强全处合同管理，并做好合同款额催收工作。全面推行项目经理制，调整领导班子，加强对外联系，强化管理，加强成本核算，严格执行人工、材料社会竞价制度。同工商部门协商，对工商营业执照经营范围增加机电安装、自动化安装等项目，拓宽经营渠道，增加经营收入。

【水政水资源】 一是加强执法巡查。下属各单位每周巡查一次，处分管领导不定期带队深入基层巡查，按时上报巡查报表，及时制止违法案件。发现并拆除两处违章建筑，查处 245 省道沭新河大桥工程在未办理行政许可手续就进场施工一案。二是以“世界水日、中国水周”为契机，突出“落实科学发展观，节约保护水资源”主题，通过悬挂条幅，张贴宣传标语等形式，积极开展水法规宣传。三是加强相关水域管理，开展“百湖执法大检查”专项活动。成立执法检查专项活动领导小组，统一部署执法检查专项活动，共派出检查人员 200 人次，车辆 25 车次，行程 1150 千米。按时完成了管理范围内 201 处、16 万余平方米建设项目“一图、一表、一照、一证、一费”的登记建档工作。同时建立对省管重要河道和重点湖泊、水库联合执法巡查长效机制，严厉打击违章圈圩、违章设置阻水障碍、违章种植养殖、违章建设、违章占用、违章取土采砂等各种水事违法行为，切实维护河湖健康生态。

【党建及精神文明建设】 一是加强党建工作，进一步规范组织生活。结合实际，制订 2009 年度处党建工作计划和党委中心组学习计划，与 11 个基层支部签订《2009 年党建和精神文明建设责任状》，部署 2009 年党建和精神文明建设工作，开展 8 个基层党支部换届选举工作，进一步规范组织生活。开展组织发展工作，2009 年，发展 2 名同志入党，2 名党员转正。二是积极开展文明创建。积极宣传文明创建活动的重要意义，引导广大干部职工充分认识创建活动对单位各项工作的促进和保障作用，使创建活动在全处蔚然成风。2009 年，处机关和 6 个下属单位保持了市级文明单位称号，其余下属单位都保持县级文明单位称号。处团委继续组织做好“希望工程”困难学生的资助工作。三是切实做好老干部工作。首先，坚持老干部每月一次学习活动制度，提高老干部参政议政的积极性、主动性和关心关注事业发展的热情。其次，为老同志按时足额发放离退休生活费，做好重要节日慰问和对生病老同志的慰问等工作。及时调整落实离退休老干部的自雇费和护理费；主动与淮安、洪泽、沭阳、灌云等地方老干部局联系，办理离退休干部无固定工作遗属医疗保险，办理率 100%。再次，落实重要活动安排。及时组织老干部，参加各类演讲和征文活动。四是加强干部职工队伍建设。6月，对全处9个基层单位和机关5个部门主要负责同志工作岗位进行交流和调整，调整交流率达82%。提拔了5名科级干部，其中正科级4名，副科级1名。制定全处年度职工教育培训工作要点和培训计划，通过多种形式的教育、教学，优化队伍结构，提高职工队伍的整体素质。近100人参加了“每月一试”和年考，批准了10名技术工人申请专业证书班学习，5名专业证书班学员顺利结业；10名技术干部申请专业职称评审，5名通过中级职称评审，4名通过高级职称评审；22人参加职工初、中、高级培训，4人参加闸门、泵站、水文技师培训学习，参加地方政府举办的思想政治工作学习班18人次。五是认真做好工作人员招聘工作。认真组织做好大学生就业招聘、退伍军人安置、技术工人招聘工作。六是推进人事制度改革，合理分类设岗。积极做好人事制度改革岗位设置工作。认真做好全处职工队伍现状摸底调查工作，及时召开处属单位、部门负责人会议，成立岗位设置管理工作领导小组，在岗位类别、级别，结构比例，编制控制上，现状与发展同步协调考虑，反复分析，多次研究，最终确定不同岗位设置比例和同类岗位不同级别比例控制。七是积极开展党、团活动，喜迎建国六十周年。通过开好支部民主生活会、开展结对走访活动、开展评先评优等方式，积极开展纪念建党88周年系列活动。处团委以弘扬“五四”爱国精神为主题，在全处范围组织开展“歌颂祖国、热爱水利”演讲稿征集活动；为纪念五四运动90周年和纪念建团87周年，组织全处优秀青年和优秀团员召开座谈会，号召全处青年要坚定信念，牢记使命，做报效祖国、服务人民的青年楷模。处工会结合自身特点，充分发挥职工的聪明才智，推进民主管理，增强职工队伍的凝聚力和战斗力。

（王正春　刘　平）

省灌溉总渠管理处

【概述】 省灌溉总渠管理处暨省淮河入海水道工程管理处两处合署办公。2009年，该处紧紧围绕全省水利工作整体部署和全年目标任务，以“构建和谐文明新总渠”为目标，突出重点，统筹兼顾，凝心聚力，真抓实干，各项工作全面、协调、稳定发展。一年来，工程管理取得新进步，处管理40座工程安全运行，泵站开机累计抽水16.45亿立方米，涵闸累计泄流102.9亿立方米，淮安一站、六垛闸、入海水道海口枢纽管理所顺利通过省级水利工程管理单位复核；湖泊管理工作取得新成绩，职责明确，目标清晰，日常工作扎实，基础资料汇编成册；综合经营取得新突破，在水情不利，水电、船闸等传统支柱项目收入锐减的情况下，顺利完成年度综合经营任务；工程建设进展取得新成效，淮河入海水道部分管理用房装修工程已经完工，新的接待中心——总渠安澜宾馆即将开业；单位环境面貌不断改善，干部职工收入持续增长，水利科技工作迈上新台阶，管理处获2004～2008年省水利科技工作先进集体荣誉称号，“六垛南闸闸下淤积分析及防淤技术研究”项目获江苏省水利科技成果三等奖。精神文明建设工作取得新成果，处党委连续15次被中共楚州区委评为先进党委，处工会也被授予省水利系统“先进职工之家”称号。此外还较好地完成了中央政治局常委、国家副主席习近平视察淮安水利枢纽的接待工作。

【工程管理】 认真做好汛前各项工作，为工程安全度汛奠定基础。进一步落实全处工程汛前工作责任制，明确各部门汛前工作职能，明确各单位汛前工作第一责任人。组织修订、编写防汛预案、突发事故应急预案、水利工程日常管理细则、《工管手册》以及全处工程基本资料等。切实加强工程的各项日常检查养护和汛后检查工作，组织修订《工程汛后检查工作考核细则》，认真实施年度维修养护项目，确保质量与效果。省水利厅下达管理处的年度工程维修项目共 36 个，总经费 734 万元，至 2009 年底，2008 年度工程维修养护及防汛急办项目均已完成。认真做好省级水利工程管理单位达标复核工作，淮安抽水一站、六垛闸、入海水道海口枢纽等管理所顺利通过省水利厅组织的省级达标工程管理单位的复核。入海水道二河枢纽等单位的达标创建按计划稳步推进。

【防汛防旱】 一是健全网络，落实责任。管理处、处属各单位分别成立防汛领导小组，管理所还成立了防汛抢险突击队，明确每个工程防汛工作的行政及技术责任人。二是提前准备，应对有策。上半年，淮北地区干旱少雨，缺水严重，为缓解旱情，淮安一站、二站、三站、淮阴站相继开启抽水运行，累计抽水 16.4 亿立方米，较好地完成了抗旱开机任务。三是严肃纪律，强化巡查。严格加强防汛值班和劳动纪律，做到防汛电话 24 小时有人接听，准确及时地执行防汛调度指令，并认真做好调度记录，做好交接班；严格执行《汛期工作制度》，认真开展工程的检查巡视，特别注重对病险部位的观察，确保工程安全运行。四是水文测报，准确及时。进一步强化“四随”、“四不”制度的检查与考核力度。修订了处报汛工作评比办法，加强督促检查提醒，定期公布各单位报汛情况。处属各水文站全年有效测流共 90 次，拍发水情电报 5000 多份，准确接受并发出水情调度指令 2200 多次，全年水情错报率为 0，迟报率小于 1.5％。

【综合经营】 2009 年流域地区水情偏旱，小水电发电偏少；受国际金融危机影响，全年过闸船舶量减少，导致全处综合经营支柱产业收入减少 260 多万元。面对严峻形势，全体干部职工克难奋进，化危为机，寻求发展，基本完成了全年的经营任务。一是支柱产业运行管理仍然抓紧。水电运行方面，在服从抗旱灌溉大局的情况下，牢牢抓住有限的水电运行时机发电，追求最大效率；停机时抓好设备维修，保证设备完好；船闸运营管理方面，转变观念，创新宣传服务手段，变被动等船过闸为主动联系船源，同时开展方便船民服务活动。二是外部经营市场积极抓牢。以苏淮公司为依托，积极对外，找米下锅，争取市场份额，获取良好效益。三是水土资源开发利用努力抓实。努力开发利用水土资源，租赁管理用房、防汛码头、堤防土地面积等经营，成效显著。2009 年全处实现土地资源开发利用效益 70 万元。四是泵站的委托管理抓出成效。通过多轮谈判和协调，分别于 8 月和 10 月与省水源公司签订了淮安四站和淮阴三站运行委托管理项目协议，合同费用基本达到预期目标。

【水政水资源】 一是加强水政执法知识能力的培训和水法规宣传教育。对内提高水政人员的业务水平和执法能力，送外培训水政监察员 6 名，邀请市消防支队专家来处进行消防知识讲座，邀请省水利厅政策法规处有关领导来处为处水政监察员、处科级以上干部进行水行政执法知识培训；对外积极开展“安全生产月”、“世界水日”和“中国水周”宣传活动，做好“五五”普法宣传，提高工程周边广大群众的水法律意识。二是强化水政监察，加大执法力度。坚持落实水行政执法巡查及月报制度，增大执法巡查频率，全年累计巡查 1780 人次。经常性的对淮河入海水道工程全线进行水行政执法巡查，发现问题，及时和当地有关部门沟通，督促整改。三是协助省水利厅做好“百湖执法大检查”专项活动。积极配合淮安、宿迁片督察组对白马湖、宝应湖流域片开展执法大检查活动，及时向省水利厅“百湖执法大检查”专项活动办公室报送有关报表。

【基础建设】 做好病险工程改造立项的前期准备。紧紧抓住扩内需加大水利基础设施投入的机遇，积极组织技术骨干，联系科研及设计单位，完善各项基础资料，先后完成了淮安抽水三站、淮阴抽水站、沙庄引江闸、运西分水闸、阮桥闸的安全鉴定工作。完成入海水道工程部分管理用房装修工程，12 月底通过了省水利厅组织的完工验收。做好淮河流域 2007 年灾后重建淮河入海水道水毁修复工程变更批复工作。完成入海水道海口枢纽下游导流堤涡塘抛石防护、二河枢纽坝头防冲护砌工程及海口枢纽南堤水毁修复工程。

【管理与改革】 以推进体制机制创新为重点，全面深化内部改革。一是完善规章制度。召开处七届四次职工代表大会，讨论通过《江苏省灌溉总渠管理处职工轮岗规定》、《新录用人员规定》《〈提前离岗管理办法〉修订意见》、《关于调整已提前离岗人员离岗期间待遇的意见》、《已提前离岗人员返聘规定》等规章制度。二是加强队伍建设。按组织程序对 5 名正科级干部岗位进行交流调整，提拔 2 名技术干部到副科级岗位，公开招聘 12 名大学毕业生，面向社会公开招聘 6 名技术工人。三是完善年度目标管理考核制度和奖金福利分配制度。合理拉开各单位的收入差距，奖勤罚懒。

【党建及精神文明建设】 加强基层组织建设。年初对部分支部书记进行调整、补充。年中组织召开党建工作座谈会，吸收 3 位同志加入党组织。在全处党员干部中开展“加强党性修养，坚持廉洁从政”主题教育活动。加强廉政文化建设。继续将党风廉政建设责任制的考核，与领导班子和领导干部考核及年度目标考核紧密结合起来，党委与支部、支部与党员分别签订了党风廉政建设责任状。开展“做党的忠诚卫士，当群众的贴心人”主题实践活动。通过手机短信，向领导干部进行节日问候和警示提醒。在“总渠之窗”网站开设“党风廉政建设”专栏，进行廉政文化宣传。加强精神文明建设。始终坚持“三个文明”一起抓的工作方针，做到精神文明工作与其他工作同安排、同部署、同落实、同考核、同奖惩；利用各种宣传工具，向全处职工宣传党的路线、方针、政策；不断加强职工文明规范教育，提倡做文明人、说文明话、办文明事、明理诚信、团结和谐。处工会继续开展争创文明科室、文明班组、文明职工等活动，在全处形成和谐良好的工作氛围。积极组织和参与了全省水利系统离退休干部演讲比赛（苏北片）、省水利系统庆国庆 60 周年青年歌手比赛、北五处迎国庆乒乓球赛、楚州区庆祝祖国 60 华诞大型歌唱会、迎新春职工文艺汇演等一系列活动，最大限度地满足广大职工的精神文化需求。顺利通过“江苏省精神文明单位”复检，管理处职工之家获得全省水利“先进职工之家”、楚州区“模范基层工会”称号，淮安三站工会被授予“中华全国总工会模范职工小家”，运西分水闸工会获得了“江苏省模范职工小家”等系列荣誉称号。

（卞金彪）

省洪泽湖水利工程管理处

【概述】 2009 年，在水利厅党组的正确领导和厅各处室的关心支持下，省洪泽湖水利工程管理处以“三个代表”重要思想为指导，深入贯彻落实科学发展观，各项工作取得了长足进步，处管工程效益充分发挥；全处干部职工苦干、争先、和谐、创新，保持了同心协力、稳定向上的良好处风，圆满地完成了 2009 年度各项目标任务。

【工程管理】 扎实细致，全面完成水利工程汛前检查保养工作，其中采用新技术、新工艺、新材料 21 项，如采用开敞式水下混凝土检修装置对三河闸上游混凝土铺盖进行检查维修，采用高密度电法探测洪泽湖大堤历史决口、险工等隐患。完成年度工程观测及资料整编任务，被省河道管理局考核为优秀等次。完成2009年度防汛急办、大站维修、维修养护项目23项，经费363万元。组织开展安全生产执法、治理、宣传教育等三项行动，狠抓安全隐患排查与整治工作，全处保持平稳的安全生产态势。组织开展水利工程高精度测压管观测系统的研究。2010年岁修项目申报中，采用“三上二下”程序反复研究，提高项目编报质量。2009年度，全处职工在省级以上科技刊物上发表论文20篇。三河闸水利风景区成功创建为国家AA级旅游景区。

【防汛防旱】 2009年淮河流域汛情总体平稳。三河闸全年累计行洪44天，泄水26.94亿立方米。石港抽水站、洪泽湖大堤、三河船闸安全运行，充分发挥了工程效益。处水文站汛期共收集水情30.2万份，发送水情信息4500余条。

【综合经营】 在上半年受全球金融危机影响、通航量锐减的不利情况下，三河船闸管理所仍想法设法联系船源，强化服务，较好地完成了年度闸费收入指标。防腐公司坚持安全和质量齐抓，年度完成钢结构防腐面积4万余平方米。服务公司争取到望亭水利枢纽养护管理、水文科技服务等项目，协助南京市三汊河口闸、连云港市盐河南闸分别成功创建国家级、省级管理单位，取得了一定的经济效益。洪泽湖堤防管理所强化了服务与沟通，切实改善场地、水面经营条件，水土资源开发利用效益大幅度提高。三河闸管理所克服设备老化等不利因素，完成水电站收入指标。

【水政水资源】 完成“百湖执法大检查”洪泽湖片专项行动，在厅属单位中率先报送技术资料。开展全处直管工程范围内的执法巡查，全年累计出动960人次，行程1.8万千米，依法查处水事违法行为5起，其中立案查处1起，及时处理4起。在世界水日、中国水周期间，共张贴标语360张、宣传画60张，刷涂标语160平方米，悬挂横幅11幅，发放传单300张，树立警示标牌38块，还通过电视媒体进行专题宣传，宣传内容与队伍建设、执法巡查、执法清障相结合，取得了良好的效果。

【湖泊管理】 切实加强洪泽湖保护管理宣传工作，组织开展洪泽湖管理资料收集整编；推动湖泊执法巡查基地建设，调研湖泊采砂管理，参与打击洪泽湖非法采砂活动，积极开展洪泽湖巡查工作，对发现的水事违法案件进行跟踪督查，全年共开展巡查督查工作19次。完成洪泽湖县级管理单位年度考核工作。组织开展了“一处两市六县区”洪泽湖水上联合执法巡查活动，产生了较大影响。协助组织洪泽湖管理与保护联席会议成立暨湖泊保护研讨会议，推动湖泊管理与保护工作的规范化、制度化建设。

【基础建设】 处属工程加固改造前期工作取得实质性进展。加强组织与协调，完成石港站全面安全鉴定和三河闸启闭机单项安全鉴定。抢抓机遇，积极争取，三河闸启闭设施更新改造工程可研报告按时完成，被补充列入淮河入江水道整治项目中。按时完成石港站拆除重建工程可研报告，迎接了国家发改委、水利部分别组织的项目核查。组织做好洪泽湖大堤除险加固工程初步设计的编制工作。

【党建及精神文明建设】 一是切实加强职工教育工作，开展财经纪律、水法规、安全生产知识培训和教育，引导干部职工认清发展形势，把握发展大局，提高思想素质，增强安全意识。组织开展大泵站运行管理人员培训班，120人次参加理论学习，30人次赴淮安一站、高港、常熟等泵站大修、改造现场，进行实践操作锻炼，努力提高职工的大泵站管理业务技能。组织15名技术骨干参加淮安市进网电工作业许可证培训，并取得证书。组织开展了每月一试、每年一考活动。及时办理各类技术职称的聘任手续。二是召开管理处第6次党员代表大会，完成党委、纪委的换届工作。三是落实厅系统党建工作长效机制、党风廉政建设责任制、领导干部“一岗双责”，坚持开展党委理论学习中心组活动和各党支部周三政治学习活动，观看党风廉政录像片，深入开展反腐倡廉教育；适时召开党委会、办公会、主任碰头会，研究单位大事要事，坚持民主议事、科学决策，切实发挥党委领导核心作用；处领导班子坚持深入基层，贴近一线，围绕发展问题，开展调查研究，掌握全处发展现状，及时调整发展方向；突出加强支部建设，强调支部对行政工作的监督和相互配合，着力维护基层发展和稳定大局；加强文明单位创建工作，处属4个管理所均获得县级以上文明单位称号；加强政务公开，在管理处范围内及时公开职称评聘、党员发展、领导干部考察任用等重大事项29次；妥善处理职工的诉求，切实维护职工的权益，改善提前离岗人员和离退休人员的福利待遇，美化石港站金湖宿舍区的环境，解决船闸职工餐厅问题，努力增加全处职工收入，用单位的发展业绩团结职工，用为职工办的实事凝聚人心。

【管理与改革】 突出机制创新，营造科学发展氛围。完善处属单位、部门目标管理考核办法，通过明确的考核标准、严谨的操作程序，推动全处各项工作发展。完善管理处经营管理办法，加大拓展业务的奖励力度，提高职工参与经营发展的积极性。修订采购管理办法，处采购办牵头，纪检、财务、工管等部门参与，建立相互制约的采购管理工作机制，保障了维修养护、综合经营等活动的正常开展。完善洪泽湖湖泊巡查与考核机制，推进湖泊管理规范化进程，赢得地方水利(务)局及河湖管理单位的支持。修订职称评聘管理办法，规范中高级技术职称人员聘任程序。修订工程检查工作办法和汛前检查工作奖惩办法，提高汛前检查工作质量。单位发展逐步步入规范化、制度化轨道。

（李　帆）

省江都水利工程管理处

【概况】 2009年，省江都管理处积极践行可持续发展治水思路，以打造一流水利工程管理单位为目标，团结拼搏，奋勇争先，全处各项工作取得明显的进步和可喜的成绩。主要表现在：工程管理再上台阶，防汛抗旱效益显著；加固改造快速推进，目标任务圆满完成；经营渠道不断拓宽，经济效益稳步增长；创建工作扎实有效，三个文明硕果累累。管理处先后荣获“全国工人先锋号”、“全国水利系统学习型组织先进集体”等荣誉称号，并蝉联“全国文明单位”。

【工程管理】 严格按照《江苏省水利工程管理考核办法》及标准，从组织管理、安全管理、运行管理、经济管理等四个方面加以完善提高，并稳步推进工程达标工作。江都一、二站顺利通过了省水利厅组织的复核验收，明确邵仙闸、江都闸管理所为省一级水利工程管理申报单位。

【防汛防旱】 2009年初，江苏省苏北地区遭遇严重旱情，进入汛期后连续降雨，抗旱防汛形势都比较严峻。处抽水站2月4日即开机运行，累计运行222天，共抽引江水32.13亿立方米，抽排涝水8.32亿立方米，为新世纪以来运行时间最长、抽水量最多的年份。此外还向里下河引水23.89亿立方米，排泄淮河洪水38.45亿立方米，为全省夺取防汛抗旱胜利和粮食连续6年增产增收作出了积极的贡献。

【综合经营】 2009年，受国际金融危机影响，综合经营发展面临很大压力，管理处紧紧抓住国家保增长、保民生、保稳定，拉动内需的有利机遇，通过整合资源，优化经营结构，积极开拓市场，拓宽经营渠道，经济效益继续保持稳步增长的良好态势。传统优势项目得到进一步巩固，机电安装稳步推进、委托管理持续发展、科研设计成绩喜人、旅游经济再创新高。由水利科学研究院和吴江市水利局共同开发的《吴江城区泵站集群智能管理系统》和《同里轨道式牵引过闸设施工程》分获江苏省水利科技二、三等奖。积极寻求经营亮点，充分利用多年建设管理积累的技术优势，大力开展工程管理咨询、达标验收等服务，帮助无锡市太湖闸站管理处圆满完成"国家一级水利工程管理单位"考核验收工作，得到无锡市水利局的高度评价，为开拓省内外技术服务市场树立了品牌、奠定了基础。

【水政管理】 以"世界水日"、"中国水周"和"12·4"法制宣传日等活动为契机，开展多种形式的水法宣传活动。通过积极推行政务公开、建立健全监督激励机制、贯彻落实行政执法责任制、严格建设项目管理等措施，进一步提升依法执政、文明执法水平。在全省第三届水行政执法技能竞赛预赛中，获厅直管理处第一名。严格执行规费征收政策与标准，加强规费征收工作，确保各项规费及时到位。

【"两湖"管理】 2009 年管理处湖泊管理科进一步充实人员，加强了湖泊专业知识、执法巡查技能培训，积极探索湖泊管理工作经验，高邮湖与邵伯湖（两湖）管理工作取得新进展。尤其在日常巡查管理、"百湖执法大检查"、"两湖"资料整编和管理考核等方面作了大量的工作，使湖泊管理更加规范化、制度化，提高了湖泊管理水平。

【加固改造工程】 2009 年，南水北调江都站改造工程先后通过了江都西闸除险加固工程档案验收，江都站变电所更新改造单位工程验收，江都三站、变电所试运行验收和江都东闸清污机起吊便桥竣工验收。江都东闸除险加固工程获省水利厅"优秀工程奖"，变电所改造工程、江都东闸清污机起吊便桥工程被评为优良工程。全年共完成投资 3350 万元，超额完成年度目标任务。建设处先后荣获"安全生产管理优秀单位"、"南水北调系统宣传工作先进集体"、"江苏省工人先锋号"等荣誉称号。

【科技创新】 完成了"大型水泵导轴承比较选用研究"科技项目，并在江都三、四站工程改造中应用。"江都三站进水流道改造施工技术研究"，获 2009 年江苏省水利科技优秀成果二等奖。完成江都站改造"十五"国家重大技术装备研制项目——"立式轴流泵及装置研制专题"，为全国泵站建设和改造提供了示范和借鉴作用。此外还邀请河海大学、扬州大学进行三站改造后的水泵原型装置性能测试，检验工程改造成果，为泵站优化调度运行提供重要数据。

【精神文明建设】 管理处高度重视精神文明建设，在职工教育、文明创建、环境规划等方面均取得显著成绩。加强队伍建设，重视学习、宣传、教育工作，逐渐形成了班子成员团结协作、克己奉公，党员干部身先士卒、以身作则，基层职工注重学习、苦练技能的良好局面。机关各部门狠抓作风建设，强化服务意识，经常性深入基层和现场，解决基层生产生活困难，维护了单位和谐稳定。积极为职工办实事、办好事，成立了"退休职工服务中心"，得到了职工一致好评。对处区规划方案进行重新调整，确立了源头参观区、核心生产区、参观接待区和预留发展区的规划方案，得到省水利厅充分肯定。此外还全面完成了处区主干道改建工作，接待了参加第三届中国·扬州运河名城博览会的中外来宾，进一步巩固扩大了"国家水利风景区"的影响。

（沈广彪）

省秦淮河水利工程管理处

【概述】 2009 年，省秦淮河管理处深入学习实践科学发展观，务实奋进创优势，开拓创新谋发展，圆满完成了全年工作目标任务，第2次获得“全国水利文明单位”荣誉称号，连续8年获得“省水利厅先进单位”称号。处属秦淮新河闸管理所荣获“全国工人先锋号”称号。

【工程管理】 认真对照《省直属水利工程汛前检查内容》细则，全面落实汛前检查责任制。组织技术力量对全处水利工程进行全面检查，及时消除工程隐患，完成武定门抽水站安全鉴定，确保工程安全运行。狠抓制度建设，修订完善工程运行制度和各项预案12项，积极组织运行管理人员开展反事故演习6次。认真组织工程维修养护18项，全年项目保质保量按时完成，完成专项经费200多万元。水文设施完好，运行经费到位。推广应用武定门节制闸ADCP测流计、武定门闸上下游水位自计台、秦淮新河站主水泵水润滑金属弹性塑料瓦导轴承、弹性联轴器等一系列新技术、新工艺、新设备，提高工程管理科技含量。积极创建省级和国家级管理单位，秦淮新河闸管理所顺利通过省级水管单位考核验收。

【防汛抗旱】 全面落实防汛防旱责任制，明确各级防汛责任人。修订完善防洪预案，健全防汛抗旱组织网络，确保防汛物资储备到位。加强防汛值班，严格执行防汛值班制度和上级调度指令。认真做好水情测报工作，准确率达100%。充分发挥防洪、排涝、抗旱等功能。汛期，武定门站开机排水399.20万立方米，武定门闸排水9.80亿立方米，秦淮新河闸排水5.90亿立方米，秦淮新河抽水站翻水2亿立方米。特别是在7月份秦淮河流域及南京市区普降大暴雨时，该处密切关注雨情、水情，及时开启秦淮新河闸和武定门闸，以1000多立方米每秒的流量全力抢排洪水。武定门抽水站开足10台机组，坚持24小时值班，全力抢排城区涝水，保障了流域和南京城南地区的防汛安全。同时，努力做好流域联防工作，得到了省防办和流域内防汛部门的一致好评。

【湖泊管理】 2009年湖泊管理工作稳步推进。每月一次会同南京市水利局、高淳、溧水两县水务局，对两湖实施巡查，认真填写湖泊日常巡查记录，并按时上报省水利厅。根据省水利厅部署，牵头做好南京和镇江地区的湖泊资料整编工作，并已将两市的资料提交省水科院。建立了省秦淮河水利工程管理处、南京市水利局、南京市秦淮河河道堤防管理处、高淳、溧水两县水务局工作联系平台，草拟了“两湖”湖泊联席会议制度初步方案，召开两次湖泊座谈会，部署研究“两湖”管理工作。

【引江调水】 根据水质变化情况，充分利用现有水利工程，科学合理配置水资源，满负荷开启引江调水设施，共抽引江水2.20亿立方米，向外秦淮河补水12.90亿立方米，适时加大流量，加快水体交换速度，有效改善秦淮河水质。

【基本建设】 严格按照基建程序，认真抓好工程除险加固工作，切实加强水利工程建设领域突出问题专项治理，抓好事前、事中、事后监督，圆满完成武定门节制闸除险加固工程建设任务。同时，严把验收建档关，从工程建设开始，就收集技术资料，严格阶段性验收。竣工后，建立有关设计、施工、验收、效益、管理等一系列的工程技术档案，为工程运行管理提供真实可靠的原始技术资料依据。

【水利法制】 结合“世界水日”、“中国水周”等主题活动，深入开展“五五”普法教育，加大水法规、水法律知识的宣传力度。在水法宣传周和“12.4”法制宣传日期间，悬挂过街标语6条，张贴宣传画20余张，向周边群众发放宣传单千余张。加强队伍规范化建设，组织水政执法人员参加省水利厅举办的水政执法骨干培训班和“执法能手”竞赛活动。建立健全水行政执法责任制，制订严格的巡查制度和管理规范，开展对《江苏水利工程管理条例》执行情况的检查，不定期组织对河道周围进行突击巡查，对临时停靠在管理范围内的船只和捕鱼人员及时进行劝离。积极开展“百湖执法大检查”专项活动，经常对南京、镇江两市进行执法检查、督查，在高淳，先后对63个重点水域管理范围内的违章占用进行整顿，清理固城湖沿堤的木材市场和大面积围网养殖以及各类渔船、餐船、住家船等，已对299条各类船只建档立案。同时还对卧龙、中山等6座水库饮用水源地违建进行专项整治，有效维护河湖健康生命。

【安全生产】 坚持安全第一、预防为主、综合治理的方针，切实加强对安全生产工作的领导，充实完善安全生产网络，修订补充安全生产规章制度和操作规程，强化安全生产目标管理，层层分解落实安全生产责任，确保各项安全措施都落到实处。紧紧围绕安全生产月“关爱生命，安全发展”的主题，进一步加大安全生产宣传力度，利用网站、宣传栏、横幅标语等大力宣传各种安全知识，举办消防知识讲座和交通安全知识讲座，全面提高职工的安全生产素质。开展定期不定期的安全检查12次，发现隐患立即整改，全年未发生人身和设备事故。2009年该处荣获秦淮区“平安企业”称号。

【财务审计管理】 严格遵守财经纪律，开展四项制度执行情况的检查，对查出的问题及时督促整改。按照省水利厅的统一部署要求，成立“小金库”专项治理工作领导小组，设立举报电话和举报邮箱，制定自查方案，对处本级和处属8个单位展开全面细致的大检查，自查面为100%。加强内部审计，严格执行部门预算，组织编制2010年部门预算，成本费用支出、奖金福利支出等符合规定要求；专项经费按时、按要求实行报账，确保经费使用符合开支范围。加强公务用车管理，严格控制业务招待费支出，全面完成各项经济考核指标。加强会计人员继续教育，提高会计人员业务素质，鼓励会计人员参加职称考试，参考率达100%。

【经营管理】 牢固树立新的市场经济观念和资源经济观念，以巩固现有经营项目为立足点，依托秦淮风光带，加快水土资源开发，兴建专家楼，创造新的经济增长点。进一步加强房屋租赁管理，对节制闸一条街的业态进行调整，保障全处门面房租金全部收缴到账。机械厂、汽修厂、金陵设备安装处及时捕捉市场信息，抢抓机遇，充分发挥技术、设备和人才的优势，以良好的信誉、优质的服务，赢得了用户的信赖，取得较好的经济效益。秦淮河饭店加大投入，提升服务档次，超额完成经营指标。全处经营效益比2008年增长15%，保持了良好的发展态势。

【改革创新】 进一步加大人事制度改革力度，在全处范围内继续推行干部任职试用期制和民主推荐、竞争上岗的选人用人制度，2名优秀年轻同志得到提拔任用，2名重要岗位任职超过5年的干部进行了交流。按照保证重点、兼顾一般、先易后难、稳步推进的原则，研究制定管理处岗位设置方案，为建立“按需设岗、按岗聘用、岗变薪变”的用人新机制打下基础。强化职工教育，不断提高职工政治素质、业务能力和技术水平。通过听讲座等形式组织科级干部、技术干部培训，技术干部参加继续教育率100%；进一步完善百分制考核方案，加大技能人才培养力度，组织70%的工人进行为期一周的脱产电工培训，组织符合条件的工人参加升级培训、考核，组织、选拔人员参加第四届泵站运行工比武。继续推行管养分离，对工程项目实行合同管理，确保工程维修质量。加强用工管理，做到合法用工，规范用工。

【文明建设】 深入学习党和国家的方针政策，继续开展学习实践科学发展观活动，努力提高科学发展、和谐发展的能力。切实加强党风廉政建设和作风建设，认真实施《厅系统党建工作长效机制目标管理百分考核办法》，研究制定《建立健全惩治和预防腐败体系2008～2012年工作规划任务分解意见》，与处属各部门签订党风廉政建设责任状，进一步加大责任考核和监督检查力度，确保全处党风廉政建设和反腐败工作不断深入开展。十几年来，全处未发生一起违法、违纪事件。加强民主管理，推行处务公开，及时报送政务信息，增强行政工作透明度，促进基层民主政治建设，积极做好信访和保密工作，认真开好职代会，及时解决职工提案5条。强化精神文明建设。围绕全处中心工作，加大文明创建力度，深入开展“文明单位”、“文明职工”、“文明示范窗口”的活动。组织两管理所积极开展“工人先锋号”活动，弘扬求真务实，埋头苦干的精神。组织羽毛球、钓鱼、登山比赛等职工喜闻乐见的文体活动；组织参加省水利厅迎国庆60周年文娱演出，组织老同志参加迎国庆60周年演讲比赛活动，并荣获“优秀组织奖”。开展向台湾台风灾区、苏北贫困地区及特困残疾人捐款、捐物，共捐款1.78万元。筹资67万元解决职工住房补贴，组织全处职工及离退休老同志体检。成立环境整治领导小组，进一步美化、亮化处容处貌，改善职工工作、生活环境。

（陈振清　鞠建明　刘竞湄）

省太湖地区水利工程管理处

【概述】 2009年，紧紧围绕全年工作目标任务，以太湖综合治理调水引流为关键点，以实践常熟枢纽加固改造为攻坚点，以实现经济效益全面增长为突破点，以提升三个文明创建成果为闪光点，工程效益稳定发挥，经济效益再创新高，文明创建再创佳绩。超额完成各项目标任务。

【工程管理】 2009年，工程管理工作有了进一步提高，丹金闸顺利通过管理一级单位复检。针对常熟枢纽加固改造与工程运用出现的新情况、钟楼防洪控制工程等新建工程接管出现的新情况、长时间调水引流与流域防洪特殊时段出现的新情况，围绕常熟枢纽加固改造实施和望亭枢纽加固扩建的前期准备工作，对全处范围内的水工设施、机电设备、规章制度的完善、应急预案的修订、度汛措施的落实、环境整治等进行全面、细致的检查，组织实施钟楼防洪控制工程的演练和蠡河、月城河工程的安全鉴定工作，编制了蠡河、月城河加固的专项规划。在河道的行业管理方面，认真研究望虞河河道的管理，召开河道管理工作会议、组织外出学习考察，促进行业管理水平和能力进一步提升。

【调水引流】 加快推进太湖水环境综合治理，按照“两个确保”的治理目标，承担了“调水引流”、“关闸截污”重要任务。2009年春节前后，为保障调水引流运行能尽早投入，全力推动常熟枢纽水下工程的加固，高强度、高速度奋战82天，顺利完成“2009年2月底具备运行条件”的目标任务。在常熟枢纽加固改造工程紧张实施的同时，为实施调水引流运行管理工作，再次修订预案，谋划协调工程加固与工程运用之间的关系，严格执行上级调度指令，自2009年4月1日启动常熟枢纽调水运行以来，累计抽引江水13亿立方米，其中泵站抽水8.8亿立方米，入湖4.9亿立方米。

【防汛防旱】 2009年汛期，江苏省太湖流域出现了暴雨和大暴雨，并遭遇8号台风“莫拉克”的影响，8月16日8时太湖平均水位达4.23米，超警戒水位0.73米，为本世纪以来太湖最高水位。2009年常熟枢纽共排水10.7亿立方米，实现了太湖流域的防洪安全。

【水政水资源】 太湖、滆湖、长荡湖等六个湖泊的协助管理是省水利厅赋予的一项重要职能。2009年，共组织召开3次湖泊管理与保护座谈会、4次水行政执法培训和2次水行政执法人员业务考试,组织开展3次湖泊业务学习和1次水法宣传;积极参与“百湖执法大检查”专项治理活动和“一湖两河”联合巡查,协助巡查太湖竺山湖湿地建设等8个开发项目;积累和完善了省管湖泊的数据资料;太湖湖泊基地已完成地方规划、国土有偿划拨等初步审批工作,具备开工建设条件,并向省水利厅申报基本建设项目立项,滆湖湖泊基地调研工作也取得了实质性进展。

【基本建设】 常熟枢纽加固改造工程是太湖综合治理中央拉动内需的重点工程,9月份在太湖水位较理想的情况下,提前实施二期工程。为全力协调工程建设中机组安装、电器改造、土建施工、自动化改造等工作,建设处先后召开数十次现场会议,帮助解决工程施工过程中出现的关键问题,为二期改造工程提前2个月完成奠定基础。在建设过程中,加强质量管理,严格把关每一道施工流程,定期、不定期地召开专门会议,选派技术干部长期进驻水泵、电机等制造厂督促设备制造、试验,将质量把关工作前移,坚决杜绝了安全事故的发生。

【综合经营】 2009年,面对宏观经济影响和冲击较大的严峻挑战,紧贴单位的情况,立足主业,支持副业,正视挑战,努力创新,强挖潜力,寻求发展,全年经营效益再创历史新高。船闸通航果断决策并先后实施蠡河和月城河枢纽联合执法工作,实现闸费征收比2008年增长11.8%的好成绩。为切实做好联合执法工作,一是统一思想,得到广大职工一致拥护;二是完善设施,为通航安全和有序运行提供基础条件;三是加强宣传,努力争取船民理解配合;四是争取行政管理部门支持,增强执法工作的权威性;五是注重业务技能培训,提升联合执法的规范性;六是提升文明服务水平,修订完善文明服务规范,公布举报电话,接受船民监督。联合执法期间,望亭所共办理过闸证4800多张,未收到一次举报投诉,未出现一起堵航情况,未发生任何安全生产事故,船舶运行秩序和通航安全大幅提升。在切实抓好通航主业的同时,我们也十分关注其他综合经营项目稳步发展,尽力创造更加宽松的外部环境,帮助经营人共度难关,实现双赢。全年酒店、饭店、服装厂等综合经营项目效益稳中有升,实现利润又创新高。

【党建与精神文明】 2009年,在处党总支领导下,党政工团齐抓共管,单位全员积极参与,全面推动了单位文明建设持续发展,呈现物质文明、精神文明、政治文明“三个文明”共同发展,齐头并进的良好局面。一是党建工作全面加强。组织建设方面,2009年完成望亭管理所、丹金(钟楼)闸管理所党支部改选,调整基层党组织网络,根据党员发展要求,发展2名预备党员,确定2名入党积极分子和3名党员发展对象,有1名预备党员顺利转正。作风建设方面,加强反腐倡廉教育,认真签订并切实履行党风廉政建设责任制,全处未发生一起违法违纪案件,党员领导干部队伍保持着清正廉洁的良好形象。二是文明建设活动全面开展。2009年创建工作又有新的突破,各基层管理所均通过上级文明单位验收和复检,处档案管理工作被评为“三星级”单位,管理处被授予江苏省“五一劳动奖状”。积极开展党、工、团形式多样的创建活动,积极开展新中国60华诞庆祝活动,创作苏州评弹“太湖水利铸辉煌”参加“全国水利行业庆祝新中国成立60周年文艺会演”和“省水利厅国庆文艺汇演”,积极参加省水利厅青年歌手大赛和老干部演讲活动。三是民生工程成效全面提升。始终坚持“以人为本”、“民生为先”的发展思路,努力推动民生工程。2009年投入200余万元资金,在处机关和各基层单位实施了房屋装修、道路修整、美化环境,添置娱乐健身器材等,同时还有计划地更换了部分工作人员办公电脑,配备交通电瓶车,调整了全处局域网络,促使单位环境不断美化,工作条件不断提高,生活水平逐步改善。积极推行多项惠民措施。提高职工子女看病和入托待遇，提高一线职工基本补助标准，全年职工收入较上年又有新的增长。

（黄晓东）

省泰州引江河管理处

【概述】 2009年，该处坚持以科学发展观为指导，不断强化水利工程管理工作，切实履行里下河湖区监管职能，积极推进水利经营发展，认真抓好党建和精神文明建设。本年度，该处顺利通过全国水利系统文明单位复审，下属高港泵站管理所被评为“全国学习型先进班组”，高港水闸管理所被授予“江苏省工人先锋号”称号。

【工程管理】 以工程管理“五化”为标准，以确保工程安全高效运行为目标，切实强化各项管理工作，确保水利工程效益充分发挥。高港闸站管理所通过了省一级水利工程管理单位复查，高港船闸管理所通过省一级水利工程管理单位评审。一是认真实施岁修项目。实施好省直属抽水站维修项目和省级防汛岁修项目，共完成抽水站维修项目2项、防汛岁修项目2项、维修养护项目12项。二是以勘界设桩和百湖执法大检查为重点，认真开展里下河腹部地区湖泊湖荡管理工作。9～11月，里下河湖区勘界设桩顺利结束，埋设界桩1593根，并通过省水利厅组织的验收。参与“百湖执法大检查”，督查了淮安楚州流均镇严百村非法加圩情况的调查处理，审查《盐城市盐都区大纵湖湖区2009～2014年渔业养殖规划》。组织里下河湖区资料整编工作，并完成了里下河湖区八个县(市、区)湖泊管理工作的年度考核。三是加强泰州引江河河道行业管理。多次召集泰州市水利局、江都市水务局及两市河道管理处，对引江河沿线24千米河道进行巡查。创新河道管理评比机制，进行内业资料学习交流。组织召开河道管理工作会议，对两市河道管理工作进行考核打分，并按照考核情况，发放河道工程维修养护补助经费。四是积极开展水政执法。以“世界水日”、“中国水周”、“12.4法制宣传日”为契机，抓好水利普法宣传教育。组织水政队员学习业务知识，参加省政府法制办法律法规培训和省水政总队知识竞赛。全年，水政支队清理渔网20多张，清除违章种植2.5亩，驱赶泵站下游引水口门违章停靠船舶20多条，并协助公安机关调查处理强行进入泵房滋事的违章捕鱼人员1名。五是坚持长效管理，确保全处安全生产。调整完善处安全生产组织机构，与各单位、部门签订安全生产责任状。“安全生产月”活动期间，向各部门发放主题招贴、宣传壁报、安全知识挂图等一系列安全材料。开展“安全生产执法、治理、宣传教育”三项行动。2月，以最快的速度，对高港船闸实施运行以来最大规模的抢修，并于9月初和10月中旬完成抢修二期、三期施工，确保船闸安全运行。与海事、公安、安监、船厂合作，安全放行超宽大型新船30条。对枢纽水闸、船闸部分开展了水利工程安全鉴定工作。经省水利厅水闸安全鉴定专家组评定，高港枢纽节制闸、调度闸、送水闸、船闸工程均为一类水闸。另外，还组建了“高港闸站下游引河疏浚工程建设处”项目法人，编制好项目招标文件，积极做好实施准备工作，并就复线船闸方案论证、引江河二期工程等项目，配合规划设计部门做了大量前期调研工作。

【防汛防旱】 一是严格按照省防办调度指令，做好节制闸及泵站下层流道自流引江、泵站开机排涝，最大程度减轻水旱灾害损失。8月中旬，受第8号台风“莫拉克”影响，泰州主城区及姜堰、兴化等地区普降大到暴雨，泵站开机619台时，抽排涝水0.79亿立方米。2月20日到22日，盐城自来水厂受化学污染，市区大面积断水，该处紧急调度运行3台机组236台时，为盐城地区送清水0.36亿立方米。6月份，开动泵站3台机组向通南地区送水4800万立方米，确保地方水稻按时栽插和工业、生活用水正常。全年，高港枢纽向苏北、里下河及东部沿海地区引水21.50亿立方米，为泰州城区改善水环境开机抽水0.50亿立方米，为里下河地区排涝0.79亿立方米；拉马河闸为如皋高沙土地区引水0.26亿立方米。二是认真组织开展工程检查。坚持“安全第一，常备不懈，以防为主，全力抢险”的防汛工作方针，按照“严、高、细、实、全”的要求，认真开展汛前、汛后检查和日常巡查。在汛前和汛后，高港闸站管理所、高港船闸管理所、拉马河闸管理所对工程机电设备进行逐一检查、保养和维护，并针对具体的薄弱环节、安全隐患、设备故障等进行整改和完善。抗排所对应急抢险的154台套岸机、18台套船机、13台套备用船机逐台进行了试运转检查。三是完善各类预案，落实防汛责任。认真修订《2009年防汛抗旱预案》，完善地震应急预案、反恐预案等一系列应急预案。认真落实防汛责任制，将防汛责任真正落实到岗位、落实到人、落实到每座工程和每个环节，并强化对防汛责任制的监督考核工作。

【综合经营】 面对金融危机，采取切实有效措施，抓好化纤机械制造、船闸运行管理和特色旅游开发三大支柱产业，经济效益稳步增长。化纤机械生产逐步回暖。先后开发了丹阳碳纤维生产线、西安碳化改造线、3000吨锦纶生产线等设备，新产品销售占合同总量的80%。落实激励措施，处与设备修理所签订内部承包合同，量化指标核定效益奖总额，设备修理所按照个人工时、安全、质量、设备等考核指标发放奖金，提高职工生产积极性。高港船闸效益稳步上升。提高规范化管理水平，强化内部考核奖惩，科学调整运行调度方案，改进船舶放行流程，对普通单机船实行统一排号放行，通过多种措施，增加闸室空间利用率，提高放行效率，平均每闸次吨位增长150吨左右，每日闸次增加10%，日通过量提高6.5%。加强新建档船舶吨位复核和单机船建档管理，累计复核新建档单机船2000多艘，有效避免了船舶少交过闸费现象，取得了明显的社会效益和经济效益。旅游开发势头良好。建成三月潭、涌莲桥、古战船、野马铜雕等系列景观，改造草坪20000多平方米，栽植灌木7000多塘，移植大规格香樟等300多株，栽植水生植物5000多塘，美化了风景区环境，优化了景观配置。加强沃特龙大酒店经营管理工作，先后推出江鲜美食节、中秋赏月特惠等系列节庆美食推广活动，形成持久吸引力。新的会议中心建成投入运营。

【党建与精神文明建设】 加强思想建设。2009年主要传达学习了十七届三中、四中全会、中纪委十七届三次全会、全国两会、省委十一届五次、七次全会、省纪委十一届四次全会及全省机关党建工作会议精神，先后组织学习了科学发展观、中央一号文件、《六个“为什么”》、《社会主义核心价值体系学习读本》、《中国特色社会主义理论体系学习读本》等。加强队伍建设。认真开展民主评议党员活动，召开庆祝建党88周年大会，开展先进党组织和优秀党员评选表彰活动。坚持开展职工职业理想、职业道德和职业规范教育，举办新员工岗前培训班，进行安全教育、职业道德教育、处纪处规教育。规范干部选拔任用程序，开展中层干部民主推荐工作。加强组织建设。认真落实党建工作责任制。年初，处党委印发《党建工作目标管理考核细则》和《党员目标管理考核细则》，把党建工作的考核范围、考核内容量化成百分制进行考核。开展党支部换届选举工作，产生新一届党支部和支委，并及时对党委理论学习中心组成员进行调整。深入开展群众性创建活动。组织开展“党员先锋工程”、争创“党员先锋岗”、党员义工服务活动。

开展建处十周年知识竞答活动，举办处红歌演唱比赛和扑克牌比赛，组织职工参加省水利厅青年歌手大赛、厅属苏中水建片职工歌手大赛和泰州市水上杯文体运动会，丰富职工业余生活。8月份，全处职工向台湾灾区捐款14300元。

【泰州引江河工程10周年庆典】 2009年9月28日，泰州引江河工程10周年庆典在高港枢纽召开，省水利厅、泰州市政府、高港区政府、兴化市政府、开发区管委会领导到会致词，肯定了泰州引江河工程在洪涝防治、水资源供给、水生态优化等方面作出的积极贡献。吕振霖厅长在肯定成绩的同时，要求各方加倍努力，更高标准、更高水平地完成引江河二期工程和泰州引江河大道工程，把泰州引江河工程打造成江苏水利现代化精品工程，更好地回报社会、造福人民。

（李　翔）

省灌溉动力管理二处

【工作概述】 2009年，二处深入贯彻全省水利工作会议及厅工管年会精神，落实科学发展观，紧紧围绕"强化水利职能、推进两队建设"工作大局，以构建"和谐二处"为主要目标，立足本职工作，突出工作重点，切实改变机关作风，努力推进精神文明建设，开展了一系列扎实有效的工作，较好地完成了全年的各项目标任务。

【防汛抢险】 2009年，全处把做好防汛抢险工作作为第一要务，严格按照认识到位、责任到位、措施到位、工作到位的要求，全力做好防汛抢险工作。一是常熟枢纽工程排水。2009年初二处承担了常熟枢纽改造工程围堰降排水及补水工作。隆冬季节，二处职工严格按照要求施工，在机械不能到达的地方，冒着零下4、5度的低温，穿着潜水衣在水里用人力抬着水泵找水打，按期完成任务，得到太湖处、施工单位等一致好评。二是赴安徽汊涧、冶山两镇抗旱。6月底7月初，安徽天长市持续高温，农田水稻缺水情况严重，应地方政府要求，二处抗排队组织人员赶赴汊涧、冶山两镇抗旱，有效缓解了旱情。抗旱工作结束后，天长市领导及防办负责人来处进行感谢慰问。三是赴南京龙袍抢险。7月26日，南京市六合区龙袍镇划子口船闸工程出现管涌险情，省水利厅、南京市水利局、六合区政府、防办十分重视，要求立即排水以解除险情。接到通知后，二处立即组织人员，携带12台电动泵、软管1200米、钢管150节，并动用了发电机、空压机、照明灯塔、挖掘机、吊车等多种抢险设备，第一时间赶赴事发地点，当晚即开机出水，有效缓解了险情。四是完成紧急准备赴太仓排涝抢险的工作。8月2日，太仓市遭特大暴雨袭击，造成严重内涝。8月3日下午13:50，该处接省防指通知后，立即启动防汛预案，紧张有序投入各项准备工作。在两个多小时的时间里，满载50台套电动泵、控制柜、水管等防汛排涝器材的10多辆大型运输车整齐排列，参加应急排涝的54名人员也及时到位，整装待发。装机速度之快，调动车辆之及时，充分体现了连续作战、不怕困难、勇于奉献、能打硬仗的二处抢险精神。

【队伍建设】 一是加强队伍培训与演练。处防汛机动抢险队结合管理处设备、人员实际，拟定培训实施方案和计划。2009年3～5月分别开展发电机组及照明器材的操作及保养、钢木土石组合坝合拢等科目的培训与考核，组织柴油机、电动泵操作，冲锋舟驾驶技能培训等，参训人数达300多人次，并举办了一次考核比武。同时加强物资仓储管理，严格落实防汛值班通讯制度。5月1日入汛以后，坚持24小时值班制度，督促防汛值班责任人到岗到位，全处职工保持通讯畅通，确保信息及时传递，人员及时到位。二是队伍建设制度化。建立和完善各项党务、政务管理制度，坚持以制度管人管事。严格执行民主集中制，重大事项由集体研究决定；认真落实责任追究制，坚持“谁主管，谁负责”，“一级抓一级”的原则；建立健全岗位竞聘民主公开选拔制，2009年严格按照竞聘要求，在内部公开竞聘机械队队长1名、吊车驾驶员2名。与此同时，加强人才培养和引进，全年引进4名大学生和6名技术工人。加强以老带新，充分发挥老同志、老水利情况熟、技术精、经验丰富的特长，组织年青同志拜师学艺，促使年青同志较快掌握业务技能，提高业务能力，尽快适应工作要求。三是成立水政监察支队。5月31日，江苏省水政监察总队长江河道采砂管理机动支队在二处成立。这是二处继2002年成立国家级防汛抢险机动队和省级防汛物资仓储基地以来，增加的又一项重要职能。新组建的支队主要负责参与打击长江非法采砂管理和日常监督巡查；省水行政执法基地的日常运行和管理；长江河道、堤防执法巡查；违法水事案件的查处；边界水事纠纷和突发事件的协调处理等。支队自成立以来，不断加强业务培训与自身学习，提高水行政执法水平。先后参加了省总队举办的水行政骨干培训班、综合岗位人员培训班；政策法规处举办的水法规培训班；省政府法制办组织的行政执法培训和行政执法证考试等。

【基础设施建设】 进一步推进环境和基础建设。为保证汛期出机效率，实现对防汛抢险的科学管理，10月17日起，二处开始对南生活区的防汛抢险出机道路进行改建。同时，为满足防汛配套设备12寸、14寸水管的仓储要求，对一号防汛仓库进行维修。另外，对职工住宿区进出道路进行翻新，改善进出条件。

【精神文明建设】 2009年，二处始终坚持“两手抓、两手都要硬”的方针，在各单位、各部门、党支部、工会、共青团的配合下，结合党的十七届三中全会精神的学习活动及学习实践科学发展观专题活动等，以改革创新的精神，抓好思想政治工作，促进精神文明建设，增强凝聚力和战斗力。一是加强党风廉政建设。二处党委高度重视党风廉政建设工作，年初与各基层支部、各单位、中层干部签订《党风廉政建设责任状》、《精神文明工作责任书》、《干部廉政建设承诺书》，加强民主监督力度，强化干部廉洁自律意识。制订下发《党风廉政建设精神文明建设和作风建设工作任务分解》和《省灌溉动力管理二处纪检监察信访工作管理规定(试行)》，从源头上抓好廉政建设。同时，抓好党员队伍的教育管理。通过上党课和评选“先进党支部”“优秀党员”等活动，强化党员主动发挥先进性。对离退休党员，通过组织活动，保证离岗不离党。通过“文明单位、文明职工”评选，弘扬新风正气，促进职工树立良好形象。与职工广泛开展交流谈心活动，把职工的心声和建议及时向处党委汇报，形成共建和谐二处的良好氛围。二是切实发挥工会等群团组织的作用。处工会切实履行职能，积极发挥在构建和谐二处中的作用，开展各项文明创建工作：组织全处女职工“三八”节赴浙江参观学习；成功举办“五一”节全处乒乓球比赛；继续开展高温慰问与送温暖活动等。充分发挥共青团作用，服务单位发展大局。处团总支扎实开展团员活动，组织全处青年团员“五四”青年节赴渡江战役胜利纪念馆和南京大屠杀纪念馆接受爱国主义教育；积极组织团员青年参加厅举办的青年歌手大赛，丰富年经人的业余文化生活。

(花如顺)

大 事 记

2009年江苏省水利大事记

1月

4日　厅长吕振霖主持召开厅务会议，总结交流2008年度工作，部署2009年工作任务。

6日　常务副省长赵克志就太湖调水引流及蓝藻打捞工作作出重要批示，表扬水利厅为治理太湖“两个确保”作出的突出贡献，向全体水利系统员工表示慰问和感谢。希望再接再厉，埋头苦干，为2009年的太湖治理作出新贡献。

△　2009年全国水利工作会议在广西南宁召开，厅长吕振霖出席。

7日　省防办召开太湖地区用水管理视频会商会，会商、部署望虞河常熟枢纽加固改造工程施工期间的太湖地区用水管理工作。

8日　苏北供水区水费工作会议在徐州召开。

9～12日　2008年度省属水利工程观测资料整编考核评审会在江都管理处召开。

15日　全省大中型水库除险加固（扩大内需）工程集中开工仪式在扬州仪征市月塘水库举行，至此，江苏被纳入国家扩大内需的14座大中型水库加固改造工程全部开工建设。省委常委、副省长黄莉新宣布开工并讲话，厅长吕振霖、扬州市委副书记洪锦华致辞，副厅长陆永泉主持开工仪式，省财政厅、国土厅、发改委等有关部门负责同志出席开工仪式。

18日　《江苏省水文条例》经江苏省十一届人大常委会第七次会议审议通过，于2009年3月22日起正式施行。这是江苏省第一部水文法规。

20日　厅长吕振霖，副厅长陶长生、陆永泉率有关部门负责同志及老专家赴常熟水利枢纽消险加固改造工程建设工地现场办公。

△　江苏省江都水利工程管理处获得“全国文明单位”荣誉称号，这是该处第二次获此殊荣。

22日　省委常委、常务副省长赵克志赴无锡、常州进行太湖生态清淤专题调研。

23日　厅长吕振霖主持召开座谈会，听取水利厅援藏、援疆、援川年度工作汇报。

27日（正月初一）　省委常委、副省长黄莉新到溧水县中山水库除险加固、常熟水利枢纽除险加固改造施工工地，代表省委、省政府进行节日慰问。

29日　省委常委、副省长黄莉新在省政协副主席吴瑞林、厅长吕振霖等领导的陪同下到江都管理处进行视察。

2月

7日　国家防总秘书长、水利部副部长鄂竟平率国务院防汛抗旱工作督导组到江苏检查抗旱工作。省委副秘书长胥爱贵、厅长吕振霖、副厅长陶长生等陪同检查。

8日　省防指召开淮北部分地区抗旱形势会商会，省委常委、副省长黄莉新出席会议并对下一步工作提出要求。

8～10日　江西省水利厅厅长孙晓山率团考察江苏水利工作，厅长吕振霖陪同考察并参加座谈。

9日　省长罗志军、副省长黄莉新对做好当前省淮北部分地区抗旱工作作出重要批示。罗志军批示：继续密切关注气象变化，主动作为，确保全省春季旱情保持在可控范围。黄莉新批示：请省农林厅、省水利厅按照全省春季农业生产会议精神，认真抓好淮北部分地区抗旱工作，努力减轻旱情影响，争取夏熟有个好收成。

△　省军区副司令员刘华建到省防指，检查指导淮北部分地区旱情及采取的措施等情况。厅长吕振霖、副厅长陶长生汇报当前抗旱工作情况及下一步采取的措施。

△　厅长吕振霖、副厅长陶长生接待来厅商谈工作的泰州市委书记张雷、市长姚建华等一行。

10日　全省扩内需新增水利重点工程建设工作座谈会在南京召开，副厅长陆永泉到会讲话。

△　2009年度太湖流域水环境综合治理工程申报工作会在无锡市召开，副厅长陆桂华到会讲话。

10～11日　全省水行政执法暨长江河道采砂管理工作会议在苏州召开，副厅长张小马到会讲话，苏州市副市长周玉龙到会致辞。

11日　厅长吕振霖，副厅长陶长生、陆永泉率老专家以及有关部门负责同志，再次奔赴常熟水利枢纽消险加固改造工程建设现场办公。

12日　厅长吕振霖主持会议传达省人大十一届二次会议和省政协十届二次会议精神。

14～15日　厅长吕振霖、副厅长陆桂华一行参加在广西桂林召开的全国水资源工作会议，副厅长陆桂华代表江苏作交流发言。

16日　南京滁河除险加固工程开工建设，省委常委、副省长黄莉新出席并讲话，厅长吕振霖致辞，南京市副市长陈维健主持开工仪式，省政府办公厅杨根平副主任及省相关部门负责同志参加开工仪式。

18日　全省水利科技暨信息化工作会议在盐城召开，厅长吕振霖出席并讲话，副厅长陶长生作工作报告，盐城市副市长陈还堂到会致辞。

20～23日　盐城发生新洋港饮用水源地污染事件，厅长吕振霖率队赴盐城应急处置。

23～24日　全省水利工程建设管理工作会议在无锡召开。厅长吕振霖到会讲话，副厅长陆永泉作总结发言，无锡副市长陈金虎到会致辞。

25日　全省水利工程管理工作会议在南京召开，厅长吕振霖到会讲话，南京市副市长陈维健到会致辞，副厅长陶长生主持会议并作工作报告。

△　常熟水利枢纽加固改造水下工程通过验收，并提前拆坝放水，标志该枢纽具备向太湖实施调水引流运用条件。

2008年11月至2009年2月　淮北部分地区发生10～15年一遇旱情，全省投入抗旱人力94.4万人次，动用抗旱机泵5.3万台套，耗用柴油3369吨，耗电3828万度，调度水源66.5亿立方米，成功应对旱情。

3月

1～4日　广西水利厅厅长钟想廷率队调研江苏水利，厅长吕振霖、副厅长陶长生接待考察组一行。

2日　全省自来水行业水资源费及南水北调基金专项稽查完成。

3日　厅长吕振霖赴常熟水利枢纽工程调研。

△　全省水利政策法规工作会议在南京召开，副厅长张小马到会讲话。

4～7日　副厅长陆桂华率队检查徐州、

连云港、宿迁、淮安四市节水型社会建设和饮用水源地保护工作，省发展改革委、财政厅和水利厅相关部门负责人参加。

5日　全省防办主任会议在无锡召开。副厅长、省防办主任陶长生出席会议并讲话，厅党组成员、厅办公室主任朱海生宣读表彰决定，无锡市副市长陈金虎为会议致辞。

18日　厅长吕振霖传达全国“两会”精神。

19日　省人大常委会农委与省水利厅联合召开宣传贯彻《江苏省水文条例》座谈会。省委常委、副省长黄莉新，省人大常委会副主任丁解民出席会议并分别讲话。厅长吕振霖就贯彻落实《条例》作具体部署。

△　省首辆水利工程质量检测车投入使用。

22日　《江苏省水文条例》正式施行。

26日　全省水利前期工作座谈会召开。厅长吕振霖到会并讲话，副厅长陶长生作具体部署，厅党组成员、办公室主任朱海生参加会议。

27日　省水利厅会同省太湖办在无锡召开蓝藻打捞和“湖泛”巡查及应急处置工作会议，厅长吕振霖、省太湖办主任朱铁军到会并讲话。

△　省太湖办、省水利厅、省环保厅、省建设厅、省海洋渔业局、省气象局及中科院南京地理与湖泊研究所7家单位联合在无锡成立太湖“湖泛”应急处置工作组，应对可能出现的“湖泛”灾害。

30日　全省水利系统党风廉政建设工作电视电话会议在南京召开。厅长吕振霖、省纪委副书记解畅到会讲话，驻厅纪检组长李陆玖作工作报告，副厅长张小马主持会议。

31日～4月1日　江苏省“大中型泵站特性测试与诊断系统”、“等厚[多轴]掘搅水泥土防渗墙施工工法的应用与推广”、“阿奎泰克冲吸式下水道清污设备”3个水利部“948”项目通过水利部验收。

4月

1～2日　太湖流域水环境综合治理省部际联席会议在苏州召开第二次会议，省长罗志军出席会议并致词，国家发改委副主任杜鹰出席会议并讲话。

3日　全省水资源水文工作会议在南京召开。厅长吕振霖、副厅长陆桂华参加会议并讲话。

△　农业综合开发项目——江宁区横溪河灌区节水配套改造项目可行性研究报告在南京通过技术审查。

8日　厅属管理处工作会议在泰州引江河管理处召开。厅长吕振霖到会并作重要讲话，副厅长陶长生作具体部署。

10日　省委常委、常务副省长赵克志率省有关部门负责同志赴常州、无锡，检查落实太湖治理应急措施，并在武进召开座谈会，全面部署安全度夏各项工作。

10～11日　省防指组织召开全省汛前检查汇报电视电话会议，省防指副指挥、副厅长陶长生到会对下一步汛前准备工作做具体部署。

12日　省委常委、副省长、省防指指挥黄莉新主持召开省防指部分成员单位会议。厅长吕振霖、副厅长陶长生汇报前一阶段防汛防旱准备情况、汛前检查中发现的主要问题及下阶段工作措施，省气象局汇报2009年夏季天气预测预报情况，省财政厅汇报支持防汛防旱工作经费情况。

12～16日　新沟河延伸拓浚工程可行性研究报告技术讨论会在常州举行，水利部水规总院主持会议。厅长吕振霖、副厅长陶长生、副巡视员戴元峰出席会议。

13日　2009年度中央新增江苏省投资水土保持11个项目实施方案通过审查。

20～22日　国家防总副总指挥、水利部部长陈雷率领国家防总检查组来省检查指导太湖流域防汛抗旱工作。省委常委、副省长、省防指指挥黄莉新陪同检查。厅长吕振霖介绍当前江苏水利工作情况，

21～22日　中央政治局常委、中央书记处书记、国家副主席习近平在江苏省委书记梁保华的陪同下，赴淮安考察淮河入海水道和洪泽湖。

23～28日　省防指组织在骆马湖畔进行为期6天的沂沭泗地区防汛抢险演练。

24日　太湖流域防汛抗旱总指挥部成立大会暨2009年防汛抗旱工作会议在南京召开。国家防总副总指挥、水利部部长陈雷，太湖流域防汛抗旱总指挥部总指挥、省长罗志军出席会议，为太湖防总揭牌并讲话。

26日　江苏省水土保持学会成立大会暨第一届会员代表大会在南京林业大学召开，副厅长张小马出席会议。

27日　省长罗志军在省政府秘书长樊金龙陪同下到水利厅调研水利工作。

28日　省骆马湖联防指挥部办公室，宿迁市防指，宿豫区委、政府在皂河镇联合举行500余人参加的黄墩湖滞洪区滞洪撤退转移现场演练。

5月

4～5日　财政部副部长丁学东率国家防总检查组到江苏淮河流域检查防汛抗旱工作。省委常委、副省长、省防指指挥黄莉新，财政厅厅长潘永和，水利厅厅长吕振霖、副厅长陶长生等陪同检查。

5日　省防指组织召开全省水库安全度汛电视电话会议。省委常委、副省长黄莉新出席会议并讲话。

7～8日　钟楼防洪控制工程“超大有轨弧形平面双开型钢闸门研制与应用”科研成果通过鉴定。

8日　水利部太湖局局长叶建春在厅长吕振霖陪同下，调研江苏省太湖地区供水安全工作。

13日　省委常委、常务副省长赵克志率省有关部门负责同志，赴无锡、常州检查太湖应急治理工作并召开太湖应急治理工作现场会。

18日　全省水费及水利经营座谈会在南京召开。厅长吕振霖、副厅长陆桂华到会并讲话。

21～23日　副厅长张小马带领水利厅“百湖执法大检查”专项活动巡视组及各督导组成员，全面检查全省“百湖执法大检查”专项活动开展情况。

22日　淮委与省水利厅签订淮河入海水道二期工程前期工作分工纪要。

26日　全省水利人事工作座谈会在南京召开，厅党组书记、厅长吕振霖到会并讲话，驻厅纪检组长李陆玖主持会议，厅党组成员、办公室主任朱海生参加会议。

27日　南通市、泰州市节水型社会建设规划通过专家审查。水利部副部长胡四一、厅长吕振霖出席审查会并讲话。副厅长陆桂华，厅党组成员、办公室主任朱海生参加会议。

28日　江苏省地方标准——《泵站运行规程》正式发布施行，标准号为DB32/T1360—2009。

28～30日　水利部党组副书记、副部长鄂竟平在水利部太湖流域管理局局长叶建春、厅长吕振霖、副厅长陆桂华等陪同下，视察南京、扬州、常州、无锡、苏州等地城市防洪工程和水环境整治工程。

31日　省水政监察总队长江河道采砂管

理机动支队在省灌溉动力管理二处成立。副厅长张小马、长江委砂管局局长吴志广为长江河道采砂管理机动支队揭牌，副厅长陶长生出席成立大会并讲话。

6 月

1 日　省长罗志军到常州、无锡检查太湖地区防汛及蓝藻防控工作。省委常委、无锡市委书记杨卫泽，省委常委、副省长黄莉新，省政府秘书长樊金龙等随同考察。厅长吕振霖代表省防指汇报当前防汛防旱各项准备工作情况及太湖应急治理水利有关工作。副厅长陶长生、陆桂华参加考察。

4～5 日　省委常委、副省长黄莉新在副省长、徐州市委书记徐鸣及水利厅厅长吕振霖、省政府办公厅副主任杨根平、省水利厅副厅长陆永泉等有关部门负责同志的陪同下视察沂沭泗防汛工作。

5～6 日　厅长吕振霖率队赴连云港市对部分在建重点水利工程进行调研检查。副厅长陆永泉，厅党组成员、办公室主任朱海生参加。

9 日　厅长吕振霖率队赴常熟水利枢纽召开太湖应急治理会商会。副厅长陆桂华就有关工作作具体部署，省气象台副台长魏建苏，厅党组成员、办公室主任朱海生参加会商。

15 日　省组织 400 多人开展军地联合防汛抗洪应急指挥通信演练。副省长史和平、省军区副司令员刘华建在主会场视频观摩演练并讲话。

17 日　厅长吕振霖会见拉萨市副市长卓嘎一行。

18 日　厅长吕振霖召开厅长办公会，传达学习贯彻水利部病险水库除险加固整改工作会议精神和近期省委常委会关于沿海发展战略规划有关重要指示精神。

21 日　厅长吕振霖赴常熟枢纽，会商太湖应急治理工作。水利部太湖局副局长朱威，省气象台副台长魏建苏，副厅长陆桂华，厅党组成员、办公室主任朱海生参加。

22 日　省防指副指挥、副厅长陶长生主持召开专题会商会，分析当前雨情、水情，部署防汛防旱工作。省气象台副台长魏建苏参加会商。

23～24 日　厅长吕振霖主持召开专题座谈会，研究沿海地区水利基础设施建设实施安排，加快推进沿海水利基础设施前期工作。

26 日　洪泽湖管理与保护联席会议成立暨湖泊保护研讨会在南京召开。厅长、联席会议召集人吕振霖和水利部建管司副司长祖雷鸣共同为洪泽湖管理与保护联席会议揭牌并讲话。省政府办公厅副主任杨根平、淮河委员会副主任肖幼等领导参加会议并讲话。副厅长陶长生主持会议并宣读洪泽湖管理与保护联席会议成员名单。

28 日　加快沿海水利基础设施建设座谈会在南京召开。省委常委、副省长黄莉新出席会议并作重要讲话，厅长吕振霖主持会议并提出贯彻要求。

30 日　南水北调东线洪泽湖至骆马湖段工程开工。省委常委、副省长黄莉新出席并宣布工程开工，水利厅厅长、南水北调办公室主任吕振霖作重要发言。

7 月

7 日　省防指副指挥、厅长吕振霖召集省防办室、省河道局、省水文局有关部门负责同志紧急会商当前防汛工作，副厅长陶长生主持。

8～10 日　省政协主席张连珍率部分委

员和提案承办单位负责同志，就民革江苏省委提出的“关于进一步推进江苏省农村饮水安全工程的建议”和熊仁民委员提出的“关于加强农村饮水工程的建议”两件重点提案进行现场督办。厅长吕振霖陪同参加提案督办并在提案督办会上就全省农村饮水安全工程作汇报，省委常委、副省长黄莉新出席提案督办会听取委员意见。

8～26 日 以万汉华特派员为组长的水利部水利工程建设稽查组一行 7 人，对江苏大中型病险水库除险加固工作进行稽查督导。

9 日 省委书记梁保华到淮河入江水道等地检查指导防汛工作。省委常委、秘书长李云峰等同志随同检查，厅长吕振霖陪同检查。

△ 省委常委、副省长黄莉新召集省防指有关成员单位、沿淮各市及有关厅属管理处召开省淮河流域防汛视频会商会。

△ 省防指副指挥、副厅长陶长生代表江苏在国家防总淮河防汛视频会商会议江苏分会场作交流发言，汇报江苏应对淮河流域强降雨各项防御工作准备情况。

10～11 日 省防指检查黄墩湖、鲍集圩行滞洪区应急准备工作。

12 日 省长罗志军、副省长黄莉新分别就近期防御淮北地区强降雨工作作出重要批示。罗志军批示：对江淮降雨情况进一步加强监测，确保安全度汛。黄莉新批示：请省防指督促各地进一步做好突发强降雨防御工作，特别要加强城市防汛排涝设施的检查、水库安全管理的监控和蓄滞洪区突出问题的处理，确保安全度汛。

13 日 特来克与南通水利事业国际学术研讨会在南通市召开。副厅长陆永泉出席并致辞。

17 日 全省重点水利工程建设座谈会在南京召开。厅长吕振霖出席会议并讲话，副厅长陆永泉主持会议。

18 日 厅长吕振霖率相关部门负责同志到无锡、常州等地，检查太湖应急治理工作。

△ 苏州市 8 个县(市、区)提前超额完成“十一五”农村河道疏浚整治工程规划任务，并通过省级验收。

19 日 厅长吕振霖赴省水利设计院，对以供水工程为重点的建设项目前期工作进行专门部署。副厅长陶长生，厅党组成员、办公室主任朱海生等参加。

21 日 水利厅厅长、南水北调办公室主任吕振霖在徐州主持召开南四湖水资源控制工程建设协调会，检查南水北调徐州市截污导流工程。省南水北调办公室副主任张劲松、江苏水源公司总经理邓东升陪同检查。

23 日 首批 27 艘省管湖泊巡查艇启用仪式在常州市滆湖举行，副厅长陶长生出席并讲话。

24 日 水利厅召开会议，传达贯彻中共江苏省第十一届委员会第六次全体会议精神，厅长吕振霖全文传达学习梁保华书记重要讲话，并结合江苏水利实际，提出具体贯彻要求。

△ 里下河腹部地区湖泊湖荡保护范围线勘界设桩工作会议在泰州召开，副厅长陶长生出席并讲话。

29 日 省委常委、常务副省长赵克志在省委常委、无锡市委书记杨卫泽陪同下赴无锡检查指导太湖应急治理工作，厅长吕振霖汇报太湖安全度夏等有关工作。

30 日 省长罗志军、副省长黄莉新分别就做好沿江苏南地区强降雨防范工作作出重要批示。罗志军批示：通知有关市做好防汛及城市防洪的各项准备工作，确保生命财产安全，城市正常运转。黄莉新批示：请省防指通知有关市县做好防汛排涝工作，确保安全度汛。

31 日 走马塘拓浚延伸工程建设前期协调会召开。厅长吕振霖作重要讲话，副厅长陶长生出席会议，副厅长陆永泉主持会议。

31 日～8 月 1 日 国家防总工作组检查指导江苏太湖流域防汛工作，省防指副指挥、副厅长陶长生，水利部太湖局副局长吴浩云等负责同志陪同检查。

8月

1日 《水行政许可论证报告专家评审管理办法》施行。

4日 省委书记梁保华在无锡就加快太湖综合治理进行调研考察。省委常委、无锡市委书记杨卫泽，厅长吕振霖等陪同考察。

△ 副省长徐鸣在无锡召开太湖治理座谈会，无锡市政府及省有关部门分管负责人参加会议。副厅长陆桂华作交流发言。

8日 省防指召开防御2009年第8号台风视频会商会议。省委常委、副省长、省防指指挥黄莉新出席讲话，并宣布启动省防御台风三级应急响应(11日，防御台风Ⅲ级应急响应结束)。省政府办公厅副主任杨根平主持会议，省防指副指挥、水利厅厅长吕振霖参加会商，省防指副指挥、水利厅副厅长陶长生代表省防办作情况汇报。

9日 省领导就防御“莫拉克”台风工作作出重要批示。梁保华书记批示：“莉新、振霖同志，望继续督促各地落实应急预案，防御强台风袭击，确保人民生命财产安全，尽最大努力减少损失。”罗志军省长批示：“请莉新同志高度关注，检查预案落实情况，随时处置可能出现的险情，将影响控制到最小范围。”黄莉新副省长批示：“请各地按照梁书记要求，进一步落实各项防台抗台应急措施，确保人民生命财产安全”、“请沿江、沿海各地按照罗省长要求，认真做好防台抗台各项工作，确保把影响和损失降至最低程度。请省防指督促各市进一步落实防汛责任，切实做好各项应急处置工作，确保人民生命财产安全。”

△ 在第8号台风“莫拉克”逼近太湖地区之际，厅长吕振霖在省防办、河道局相关同志陪同下，深夜再次检查常熟枢纽，指导防台排涝工作。

△ 省防指派出5个工作组，分赴苏州、无锡、常州、南通市防汛防旱指挥部和省太湖地区水利工程管理处，帮助指导防御台风“莫拉克”。

16日 徐州市故黄河、太仓市金仓湖、南京市珍珠泉、南京市天生桥河4家水利风景区被评为国家水利风景区。

24日 省委常委、副省长黄莉新到无锡杨湾藻水分离站检查指导工作。副厅长陆桂华陪同检查。

△ 江苏水源公司组织完成的“大型肘形进水流道泵站泵送混凝土防裂方法和应用研究”科技项目荣获2008年度大禹水利科学技术奖三等奖。

26日 江苏省水利科学研究院被评为“中国陆地观测卫星推广应用优秀单位”。

29日 江苏省对口支援四川绵竹市的水利援建项目——官宋硼堰取水枢纽重建工程开工兴建。厅长吕振霖，省援建指挥部总指挥梁学忠，副厅长、省援建指挥部副总指挥李亚平等出席开工仪式。

9月

6日 省委书记梁保华在省委常委、常务副省长赵克志及省有关部门负责同志陪同下，实地视察正在建设中的通榆河北延送水工程。厅长吕振霖陪同考察，并就通榆河北延送水工程建设情况作专题汇报。

9日 淮河入海水道工程被评为新中国成立60周年“百项重大经典建设工程”。

10日 厅长吕振霖，副厅长张小马，厅党组成员、办公室主任朱海生带领厅有关部门负责人赴宿迁市宿豫区进行扶贫现场办公。宿迁市委书记张新实，市委常委、秘书长田洪等负责人参加现场办公。

△ 厅长吕振霖就节水型社会建设专题接受中央电视台记者专访。

11日 省防汛防旱指挥部办公室被江苏省委、省政府授予“人民满意的公务员集体”荣誉称号，副厅长陶长生参加授牌仪式。

△ 省水利厅部署落实水利工程建设领域突出问题治理工作。副厅长、领导小组副组长陆永泉主持会议，驻厅纪检组组长、领导小组副组长李陆玖讲话。

14日 水利部太湖流域管理局局长叶建春一行到江苏水利厅，就准备召开的太湖流域水环境综合治理水利工作协调小组第二次会议有关工作交换意见，厅长吕振霖、副厅长陶长生参加会议。

14～18日 省水利厅组织水利发展“十二五”规划调研。

15日 副省长徐鸣率省有关部门主要负责同志，赴宜兴、无锡调研太湖应急治理工作，厅长吕振霖陪同调研。

16日 厅长吕振霖在镇江市市长刘捍东、市委副书记张庆生陪同下，调研镇江城市防洪工程建设情况，出席镇江滨水区城市防洪内江清淤工程开工典礼并讲话。

18日 全省长江河道采砂管理联席会议在南京召开，副厅长张小马、驻厅纪检组长李陆玖出席会议并讲话。

18～27日 省水利厅联合财政厅组织开展全省水资源费征管工作专项督查，水利厅副厅长陆桂华带队。

28日 泰州引江河工程建成10周年座谈会在泰州召开，全体厅领导参加。

29日 省水利厅召开座谈会，举行文艺会演，纪念新中国成立60周年，厅长吕振霖发表热情洋溢的致辞。

10月

6日 省委常委、常务副省长赵克志在厅长吕振霖的陪同下，到江都水利枢纽考察指导工作。

8日 厅长吕振霖到望虞河常熟枢纽检查指导工作，并就太湖综合治理走马塘工程建设有关前期工作与苏州市水利局，张家港、常熟市水利部门主要负责同志座谈交换意见。

10日 通榆河北延灌河地涵顶管全线贯通。厅长吕振霖出席贯通仪式，副厅长陆永泉主持仪式。

△ 全省“百湖执法大检查”专项活动现场会在宜兴召开，副厅长张小马出席并作重要讲话。

12日 厅长吕振霖接待来访的扬州市委副书记洪锦华、副市长纪春明一行。副厅长张小马，厅党组成员、办公室主任朱海生等参加会议。

13日 全省农村水利建设视频会议在南京召开。厅长吕振霖主持会议并讲话，副厅长张小马作工作报告。

17日 厅长吕振霖接待新疆伊犁哈萨克自治州水利局局长王兵率领的考察团，副厅长陆永泉，副巡视员戴元峰，厅党组成员、办公室主任朱海生参加座谈。

20～21日 由水利部组织，新华社、人民日报、新华网、光明日报、经济日报、中央电视台、科技日报、农民日报、中国经济导报、第一财经日报、中国水利报等十余家中央媒体记者参加的“节水中国行”记者团来到江苏，采访江苏节水型社会建设先进做法和经验。副厅长陆桂华接待记者团一行。

21～22日 以“江苏水利现代化”为主题的2009江苏水论坛在南京举行。厅长吕振霖作“对水利现代化基本特征的探讨”主旨报告。

25日　厅长吕振霖一行赴无锡检查走马塘工程开工仪式现场准备工作，并为省走马塘工程建设管理局揭牌。

27日　江苏省水利发展“十二五”规划编制工作全面启动，副厅长陶长生对规划编制工作作具体部署。

28日　太湖流域水环境综合治理走马塘工程在无锡举行开工仪式。水利部部长陈雷出席并讲话，省委书记梁保华宣布开工，省长罗志军出席并讲话。省委常委、无锡市委书记杨卫泽，省委常委、苏州市委书记蒋宏坤出席开工仪式，省委常委、副省长黄莉新主持开工仪式。厅长吕振霖介绍工程情况。

29日　全国水利统计工作会议暨水利统计专业委员年会在镇江召开。厅长吕振霖、镇江市委副书记张庆生出席会议并致辞，副厅长陶长生作交流发言。

11月

2日　溧阳市第二污水处理厂竣工投运。省委常委、副省长黄莉新，水利部原副部长、太湖流域水环境综合治理咨询专家组副组长翟浩辉，太湖流域管理局局长叶建春，省水利厅厅长吕振霖、副厅长张小马以及常州、溧阳市有关领导出席竣工仪式。

△　全省水利工程建设领域突出问题专项治理工作视频会议召开。水利厅党组书记、厅长、厅专项治理领导小组组长吕振霖，省纪委执法监察室主任、省专项治理办公室副主任许畅怡出席会议并讲话。

7日　厅长吕振霖，副厅长陶长生，厅党组成员、办公室主任朱海生，率有关处室负责同志赴秦淮河管理处现场办公。

8～9日　水利部总工程师汪洪一行到江苏进行太湖治理调研。水利部太湖局局长叶建春、省水利厅副厅长陶长生、无锡市副市长陈金虎、常州市副市长张耀钢陪同调研。

10日　泰东河新通扬运河段工程通过竣工验收，副厅长陆永泉出席验收会议并讲话。

11日　江苏两项治太工程——无锡市梅梁湖泵站枢纽工程、湖西引排九曲河水利枢纽工程获2009年获中国水利工程优质（大禹）奖。

11～12日　全国水利精神文明建设工作会议暨首届中国水文化论坛在山东济南召开。厅长吕振霖在首届中国水文化论坛上作论文交流发言，江苏省水利厅（机关）连续六届被评为全国水利文明单位。

14日　国家防汛抗旱指挥系统一期工程（江苏部分）通过竣工验收。副厅长陶长生出席验收会议并致辞。

15日　厅长吕振霖在上海市水务局张嘉毅局长陪同下，考察上海最大供水工程——青草沙水源地原水工程。

16日　江苏南水北调运西线上首座调水泵站——泗洪站枢纽工程开工建设，标志着南水北调东线江苏段新开辟的运西线工程进入全面实施阶段。水利厅厅长、南水北调办公室主任吕振霖宣布工程开工并讲话。

23日　水利部副部长鄂竟平到江苏检查冬春农田水利基本建设工作。省委常委、副省长黄莉新陪同检查，厅长吕振霖代表省水利部门作江苏农村水利情况汇报。

△　在第四届中国水博会暨“辉煌历程——中国水利60年”成就展上，江苏省水利厅获得“最佳组织奖”和“最佳设计奖”两项大奖。

25日　江苏省工程勘测研究院荣获全国工程勘察与岩土行业国庆60周年“十佳自主技术创新企业”称号。

26～28日　全省水利施工安全技术规程宣贯培训班在南京举行。

12 月

4 日　省委常委、副省长黄莉新到省水利厅，听取 2009 年全省水利建设完成情况及 2010 年水利投资计划情况汇报，厅长吕振霖作总体情况汇报。

5 日　全省农村饮水安全工程建设视频会议召开，厅长吕振霖主持会议并对当前工作提出明确要求，副厅长张小马通报全省 2009 年度项目建设及 2010 年项目前期工作进展情况，提出具体措施。

7 日　长江委会同长航公安联合组织江苏、安徽两省水行政主管部门开展长江苏皖边界非法采砂集中整治行动。江苏共出动 55 名执法人员、6 艘执法船艇，现场查处 9 条非法停靠小型采砂船。

△　厅长吕振霖接待广东省水利厅黄柏青厅长一行，副厅长陶长生、厅党组成员、办公室主任朱海生陪同参加。

9～10 日　南水北调系统宣传工作暨网络展览总结表彰会议在江苏南京召开。国务院南水北调办公室党组成员、副主任李津成出席会议并作重要讲话。江苏省委常委、副省长黄莉新出席会议并致辞。省水利厅厅长、南水北调办主任吕振霖热情接待了会议代表，省南水北调办副主任张劲松代表江苏省南水北调办、江苏水源公司做交流发言。

11 日　宜兴油车水库开工兴建。省委常委、副省长黄莉新出席并宣布开工。省水利厅厅长吕振霖、无锡市委常委、宜兴市委书记蒋洪亮致辞。

△　全省小型水库除险加固现场会在句容召开。厅长吕振霖、副厅长陶长生到会并讲话。

12 日　治淮骨干项目-淮北大堤加固工程(江苏段)通过水利部淮委竣工验收。

13 日　江苏长江、淮河流域河道湖泊岸线利用管理规划通过审查，副厅长陶长生到会并讲话。

14 日　副厅长陶长生、陆桂华主持召开全省水利发展“十二五”规划编制工作领导小组第一次工作会议，研究讨论“十二五”水利发展规划工作方案和思路研究工作意见，落实各单位相关工作任务。

15～16 日　省委常委、副省长黄莉新在厅长吕振霖陪同下，赴张家港市检查指导走马塘工程建设。省政府办公厅副主任杨根平、省水利厅副厅长陆永泉参加检查。

18 日　全省水利工作会议在南京召开。省委常委、副省长黄莉新出席会议并讲话。省政府办公厅副主任杨根平主持会议，省水利厅厅长吕振霖通报全省水利建设 2009 年计划完成情况和 2010 年安排意见，省财政厅副厅长黄晓平对财政资金安排和使用管理提出具体要求。有关市、县政府负责同志做交流发言。

19 日　全省市县水利局长会议召开。厅长吕振霖就贯彻水利工作会议要求作具体动员部署，副厅长张小马主持会议。

20 日　厅长吕振霖带队赴常州市就新沟河、新孟河工程方案与地方政府及水利部门负责同志进行会商。副厅长陶长生等同志参加会商。

21 日　省人大代表、省政协委员、省政府参事考察太湖治理工程。副厅长陆桂华在无锡孔湾淤泥固化现场、杨湾藻水分离站接待。副巡视员戴元峰，厅党组成员、办公室主任朱海生陪同视察。

21～23 日　全国人大代表、省水利厅党组书记、厅长吕振霖召集驻苏部分全国人大代表集中视察江苏沿海开发战略实施情况。省人大常委会副主任柏苏宁，省人大常委会原代理主任、党组书记王寿亭参加视察活动。

23 日　省政府副秘书长肖泉在南京主持

召开座谈会，征询代表、委员、参事对水利工作的意见。厅长吕振霖、副厅长陆永泉参加座谈并听取对江苏水利工作的意见和建议。

24日 《江苏省沿海地区水利规划报告》通过专家审查，副厅长陶长生参加会议。

25日 省水资源协会二届二次理事会暨水资源管理制度高层论坛在南京召开。省水利厅厅长吕振霖、水利部水资源司原司长高而坤、北京师范大学水科学研究院院长许新宜出席论坛并作主旨报告。

△ 里下河腹部地区湖泊湖荡勘界设桩通过验收，副厅长陶长生出席。

26日 徐州市中小河流（荆马河、房亭河、故黄河）治理工程集中开工奠基仪式举行，厅长吕振霖出席仪式并致辞，徐州市代市长张敬华讲话。

27～31日 省水利厅专项治理工作领导小组组织两个检查组，分别对南京市、苏州市、南通市、淮安市、盐城市、镇江市、省淮沭新河管理处等地和单位水利工程建设专项治理自查自纠情况进行抽查。

30日 南水北调东线泗阳站工程开工建设。水利厅厅长、省南水北调办公室主任吕振霖宣布工程开工并讲话。副厅长陶长生出席开工仪式。

水利统计资料

2009 年江苏省水资源公报

【综述】 2009 年，全省年平均降水量 1031.7 毫米，折合降水总量 1052 亿立方米，属于平水年。全省水资源总量 400.3 亿立方米，其中地表水资源量 306.1 亿立方米，地下水资源量 110.8 亿立方米，地下水与地表水资源重复计算量 16.59 亿立方米。全省总供水量 549.2 亿立方米，总用水量 549.2 亿立方米，总耗水量 293.7 亿立方米，占总用水量的 53.5%(即耗水率)。全省监测 800 条河流、1657 个水质断面，控制河长 18623 千米。其中，Ⅳ—劣Ⅴ类水断面 1200 个，占 72.4%，控制河长 13222 千米，占 71.0%。在 112 个水库及部分湖泊水域布设了 287 个水质监测断面，其中，Ⅳ—劣Ⅴ类水断面 91 个，占 31.7%。全省监测 446 个重点水功能区，以省政府批复的《江苏省地表水(环境)功能区划》2010 年水质目标为参照标准，213 个达标，达标率 47.8%。全省人均用水量 711 立方米，单位地区生产总值用水量 161 立方米/万元(当年价，下同)，单位工业(不含火电，下同)增加值用水量 31 立方米/万元，城镇人均居民生活用水量 143 升/日。

【水资源量】

(一) 降水量

2009 年，全省年平均降水量 1031.7 毫米，折合降水总量 1052 亿立方米，比多年平均值偏大 3.7%，比 2008 年偏大 3.8%。

从流域分区看，淮河流域平均降水量 882.5 毫米，比多年平均值偏小 6.6%；长江流域平均降水量 1244.1 毫米，比多年平均值偏大 18.0%；太湖流域平均降水量 1310.5 毫米，比多年平均值偏大 19.5%。与 2008 年比较，除淮河流域降水量减少外，长江流域和太湖流域增加幅度都在 25%以上。

从行政分区看，各行政区与多年平均值相比，降雨偏多的有 8 个市，其中增幅较大的镇江、常州、南通，分别偏大 30.0%、21.7%、18.1%；降雨偏小的有 5 个市，其中降幅较大的宿迁、连云港、淮安，分别偏小 18.1%、14.9%、13.7%。行政分区年降水量比较见表 1。

表 1 行政分区年降水量比较

行政分区	年降水量(mm)	与上年比较(%)	与多年平均值比较(%)
南 京	1235.0	28.2	16.8
无 锡	1299.7	42.9	17.2
徐 州	785.3	−14.2	−5.7
常 州	1359.8	28.3	21.7
苏 州	1271.5	13.8	17.2
南 通	1252.4	29.2	18.1
连云港	769.7	−30.7	−14.9
淮 安	835.2	−21.9	−13.7
盐 城	986.4	9.1	−2.2
扬 州	1068.4	15.7	6.4

续上表

行政分区	年降水量(mm)	与上年比较(%)	与多年平均值比较(%)
镇　江	1376.9	42.0	30.0
泰　州	1064.3	16.5	4.4
宿　迁	741.6	−34.0	−18.0
全　省	1031.7	3.8	3.7

(二) 地表水资源量

2009年,全省地表水资源量306.1亿立方米,相当于年径流深300.2毫米,比2008年地表水资源量280.9亿立方米偏大9.0%,比多年平均地表水资源量264.9亿立方米偏大15.6%。

从流域分区看,淮河流域比多年平均值偏小15.8%,比2008年偏小29.9%;长江流域比多年平均值偏大51.7%,比2008年偏大84.5%;太湖流域比多年平均值偏大60.9%,比2008年偏大75.6%。

从行政分区看,地表水资源量比多年平均值偏大的有南京、无锡、常州、苏州、南通、扬州、镇江、泰州8个市;比多年平均值偏小的有徐州、连云港、淮安、盐城、宿迁5个市。

全省入省水量(不含长江干流)233.2亿立方米,其中,长江下游支流来水量5.83亿立方米,淮河上中游来水量169.9亿立方米,淮河下游支流来水量5.98亿立方米,沂沭泗流域上游来水量36.05亿立方米,浙江来水量15.43亿立方米。长江干流大通站年径流量7826亿立方米。

出省水量113.6亿立方米,其中,太湖流域106.2亿立方米,长江流域支流7.38亿立方米;入海水量(不含长江干流)278.2亿立方米,其中,长江流域支流21.77亿立方米,淮河下游支流169.2亿立方米,沂沭泗流域87.26亿立方米。

入长江水量150.2亿立方米,其中淮河流域48.64亿立方米,长江流域支流61.21亿立方米,太湖流域40.30亿立方米。引长江水量150.0亿立方米,其中,进入淮河流域62.78亿立方米,长江两岸自用水量40.67亿立方米,进入太湖流域46.51亿立方米。

(三) 地下水资源量

2009年,全省矿化度小于等于2g/L的浅层地下水计算面积为8.6万平方千米,地下水资源量110.8亿立方米,比多年平均值偏小0.8%。其中,平原区地下水资源量103.4亿立方米,山丘区地下水资源量11.1亿立方米,平原区与山丘区地下水资源重复计算量3.7亿立方米。

全省平原区地下水总补给量103.4亿立方米,其中淮河流域67.98亿立方米,占总补给量的65.8%;长江流域17.25亿立方米,占总补给量的16.7%;太湖流域18.14亿立方米,占总补给量的17.5%。

(四) 水资源总量

2009年,全省水资源总量400.3亿立方米,其中,地表水资源量306.1亿立方米,地下水资源量110.8亿立方米,地下水与地表水资源重复计算量16.59亿立方米。全省产水总量占降水总量的38.1%,平均产水量39.27万立方米/平方千米。分区水资源总量见表2。

表 2 分区水资源总量

（水量单位：亿立方米）

分 区	年降水量(mm)	地表水资源量	地下水资源量	地下水与地表水重复计算量	水资源总量
南 京	1235.0	27.89	6.73	0.68	33.95
无 锡	1299.7	27.12	5.24	1.89	30.47
徐 州	785.3	18.49	17.29	0.65	35.13
常 州	1359.8	25.63	3.83	0.25	29.22
苏 州	1271.5	39.91	7.95	1.63	46.23
南 通	1252.4	34.93	11.00	1.74	44.19
连云港	769.7	13.36	6.77	0.78	19.36
淮 安	835.2	17.25	12.18	2.95	26.48
盐 城	986.4	38.14	15.11	1.65	51.60
扬 州	1068.4	17.33	4.92	0.10	22.15
镇 江	1376.9	21.83	4.39	1.54	24.68
泰 州	1064.3	16.02	5.43	0.45	21.00
宿 迁	741.6	8.12	9.96	2.23	15.86
全 省	1031.7	306.1	110.8	16.54	400.3
淮河流域	882.5	126.9	69.33	10.24	185.9
长江流域	1244.1	75.34	21.62	1.56	95.40
太湖流域	1310	103.9	19.86	4.74	119.0

【蓄水动态】

（一）大型水库蓄水动态

2009年，全省8座大型水库年末蓄水总量62.64亿立方米，比年初蓄水总量增加0.32亿立方米。在流域分区中，淮河流域年末蓄水量61.54亿立方米，比年初增加0.29亿立方米；太湖流域年末蓄水量1.10亿立方米，比年初增加0.03亿立方米。

（二）平原区浅层地下水动态

2009年，全省7.12万平方千米平原地下水开采区浅层地下水年末储存量比年初减少0.63亿立方米。其中，下降区（水位下降0.5米以上）面积占12.1%，储存量减少0.44亿立方米；相对稳定区（水位变幅在正负0.5米以内）面积占87.9%，储存量减少0.19亿立方米。从流域分区看，地下水储存量均有不同程度的减少，其中，淮河流域减少0.56亿立方米，长江流域减少0.03亿立方米，太湖流域减少0.04亿立方米。

（三）平原区地下水位降落漏斗

全省地下水位降落漏斗（以下简称漏斗）主要发生于深层地下水，分布于苏锡常、徐州、盐城、南通等地区。2009年，全省深层地下水漏斗总面积为9680平方千米，其中，苏锡常地下水漏斗面积2185平方千米，比去年减少168平方千米，漏斗中心位于锡山洛社，中心埋深由 77.81 米上升至 74.34 米。

【水资源开发利用】

(一) 供水量

2009 年,全省总供水量 549.2 亿立方米,其中,地表水源供水量 540.4 亿立方米,占总供水量的 98.4%;地下水源供水量 8.83 亿立方米,占总供水量的 1.6%。与 2008 年比较,全省总供水量减少 0.09 亿立方米,其中地表水源供水量增加 0.75 亿立方米,地下水源供水量减少 0.84 亿立方米。

按流域分区统计,淮河流域供水量 250.9 亿立方米,占总供水量的 45.7%;长江流域供水量 116.7 亿立方米,占总供水量的 21.2%;太湖流域供水量 181.6 亿立方米,占总供水量的 33.1%。全省以地表水源供水为主。流域分区供水量见表 3。

表 3 流域分区供、用水量表

(水量单位:亿立方米)

流域分区	供水量			用水量			
	地表水	地下水	合计	生活	生产	城市环境	合计
淮河流域	243.2	7.67	250.9	13.87	236.1	0.95	250.9
长江流域	115.6	1.11	116.7	8.50	107.0	1.17	116.7
太湖流域	181.6	0.06	181.6	11.22	169.4	1.06	181.6
全省	540.6	8.84	549.2	33.59	512.5	3.18	549.2

(二) 用水量

2009 年,全省总用水量 549.2 亿立方米。其中,生产用水 512.5 亿立方米,占总用水量的 93.3%;居民生活用水 33.59 亿立方米(其中城镇生活占 66.8%),占总用水量的 6.1%;城镇环境用水 3.18 亿立方米,占总用水量的 0.6%。与 2008 年比较,全省总用水量略有减少,其中居民生活用水增加 1.9%:生产用水减少 0.2%:城镇环境用水增加 2.6%。

生产用水按照产业结构划分,第一产业用水 304.1 亿立方米,占生产用水的 59.3%,其中农田灌溉用水 266.2 亿立方米,占第一产业用水的 87.5%;第二产业用水 196.5 亿立方米,占 38.3%,其中,电力工业用水 143.3 亿立方米,一般工业用水 5 1.30 亿立方米;第三产业用水 11.92 亿立方米,占 2.3%。与 2008 年比较,第一产业用水增加 4.5%;第二产业用水减少 7.0%,工业用水减少 14.85 亿立方米(其中火电用水减少 12.5 亿立方米),减少 7.1%:第三产业用水增加 10.0%。

按流域分区统计,淮河流域用水量 250.9 亿立方米,占全省总用水量的 45.7%,其中居民生活用水、生产用水、城镇环境用水分别占 41.3%、46.1%、29.8%:长江流域用水量 116.7 亿立方米,占全省总用水量的 21.2%,其中居民生活用水、生产用水、城镇环境用水分别占 25.3%、20.9%、37.0%:太湖流域用水量 181.6 亿立方米,占全省总用水量的 33.1%,其中居民生活用水、生产用水、城镇环境用水分别占 33.4.%、33.0%、33.2%。与 2008 年比较,淮河流域用水量增加 8.7%,长江流域和太湖流域用水量分别减少 10.1%和 3.7%。流域分区用水量见表 3。

按苏南、苏中、苏北地区统计,苏南用水量 229.6 亿立方米,占全省总用水量的 41.8%;苏中用水量 128.7 亿立方米,占全省总用水量的 23.4%;苏北用水量 190.9 亿立方米,占全省总用水量的 34.8%。其中农业用水比重苏北高于苏中、苏南，工业用水比重苏南高于苏中、苏北，生活用水比重苏南高于苏北、苏中。与2008年比较，苏南、苏中地区用水量分别减少14.35亿立方米、6.09亿立方米，苏北地区用水量增加20.37亿立方米。在行政分区中，农业用水占总用水量50%以上的有徐州、南通、连云港、淮安、盐城、扬州、泰州、宿迁8个市，工业用水占总用水量40%以上的有南京、无锡、常州、苏州4个市。

（三）用水消耗量

2009年，全省用水消耗总量293.7亿立方米，耗水率53.5%。农田灌溉耗水量218.5亿立方米，占用水消耗总量的74.4%，耗水率82.1%；林牧渔畜业耗水量37.50亿立方米，占用水消耗总量的12.8%，耗水率99.0%；工业耗水量16.56亿立方米，占用水消耗总量的5.6%，耗水率8.5%；城镇生活耗水量4.54亿立方米，占用水消耗总量的1.5%，耗水率20.2%；农村生活耗水量9.45亿立方米，占用水消耗总量的3.2%，耗水率84.8%；城镇环境耗水量3.02亿立方米，占用水消耗总量的1.0%，耗水率95.0%。

（四）废污水排放量

2009年，全省废污水排放总量61.75亿吨。

（五）用水指标

2009年，全省人均用水量711立方米，单位地区生产总值用水量161立方米/万元，亩均农田实灌面积用水量463立方米，单位工业增加值用水量31立方米/万元，城镇人均居民生活用水量143升/日。与2008年比较，单位地区生产总值用水量下降12.5%，亩均农田实灌面积用水量上升4.3%，单位工业增加值用水量下降16.2%。

按苏南、苏中、苏北地区统计，人均用水量分别为745立方米、790立方米、633立方米；单位地区生产总值用水量差别较大，分别为109立方米/万元、202立方米/万元、265立方米/万元；亩均农田实灌面积用水量分别为437立方米、486立方米、463立方米；单位工业增加值用水量分别为30立方米/万元、25立方米/万元、41立方米/万元。

因受人口密度、经济结构、作物组成、节水水平、气候因素和水资源条件等多种因素的影响，各行政分区的用水指标值差别很大。行政分区主要用水指标见表4。

表4 行政分区主要用水指标

行政分区	人均用水量（立方米）	单位地区生产总值用水量（立方米/万元）	亩均农田实灌面积用水量（立方米）	单位工业增加值用水量（立方米/万元）
南　京	566	103	451	61
无　锡	673	84	400	27
徐　州	470	171	380	37
常　州	638	113	471	31
苏　州	878	106	430	20
南　通	622	154	368	27
连云港	693	328	521	52
淮　安	761	326	547	42
盐　城	730	285	435	37

续上表

行政分区	人均用水量（立方米）	单位地区生产总值用水量（立方米/万元）	亩均农田实灌面积用水量（立方米）	单位工业增加值用水量（立方米/万元）
扬　州	966	234	580	24
镇　江	1092	201	433	38
泰　州	876	248	556	22
宿　迁	593	339	515	51
全　省	711	161	463	31

【水体水质和水环境保护】

（一）水体水质

1. 河流水质

2009年，全省监测800条河流、1657个水质断面，控制河长18623千米，综合评价结果表明：Ⅳ—劣Ⅴ类水断面1200个，占72.4%，控制河长13222千米，占71.0%。主要超标项目为化学需氧量、氨氮、高锰酸盐指数等。

汛期监测断面1647个，控制河长18565千米，其中，Ⅳ—劣Ⅴ类水断面1221个，占74.1%，控制河长14008千米，占75.5%：非汛期监测断面1631个，控制河长18563千米，其中，Ⅳ—劣Ⅴ类水断面1192个，占73.1%，控制河长13169千米，占70.9%。

2. 水库及湖泊水质

对全省112个水库及部分湖泊水域的287个水质断面进行了监测。综合评价结果表明：Ⅳ—劣Ⅴ类水断面91个，占31.7%，中度营养断面占8.7%，轻度富营养断面占44.3%，中度富营养断面占47.0%。主要超标项目为化学需氧量。

3. 地下水水质

全省布设226个地下水水质监测站，其中浅层水质监测站65个，深层水质监测站161个。根据评价标准《地下水质量标准》【GB/T14848—93】，综合评价结果表明：24.6%的浅层监测井和51.6%的深层监测井水质达到良好以上标准。

4. 水功能区水质达标状况

全省监测重点水功能区446个，以省政府批复的《江苏省地表水（环境）功能区划》2010年水质目标为参考标准，213个达标，达标率47.8%。其中，淮河流域监测217个重点水功能区，117个达标，达标率53.9%；长江流域监测111个重点水功能区，63个达标，达标率56.8%；太湖流域监测118个重点水功能区，33个达标，达标率28.0%。

5. 集中式饮用水源地水质状况

全省监测饮用水源地89个，合格84个，合格率94.4%。其中，淮河流域监测34个饮用水源地，32个合格，合格率94.1%；长江流域监测40个饮用水源地，37个合格，合格率92.5%；太湖流域监测15个饮用水源地，15个合格，合格率100%。

6. 重点水域水质状况

（1）南水北调、江水北调沿线

苏北大运河：扬州段、宿迁段基本为Ⅱ—Ⅲ类，扬州段个别断面为Ⅳ类，主要超标项目为氨氮；淮安段水质为Ⅱ—Ⅳ类，主要超标项目为氨氮、化学需氧量；徐州段水质为Ⅱ—Ⅲ类，个别断面Ⅴ类，主要超标项目为氨氮。

泰州引江河：水质较好，基本为Ⅱ类。

新通扬运河：江都段为Ⅱ类，泰州段为Ⅱ—Ⅲ类，姜堰至海安段为Ⅳ—Ⅴ类，主要超标项目为氨氮、化学需氧量。

泰东河：水质基本为Ⅲ类。

通榆河：水质一般为Ⅲ—Ⅳ类，个别断面为Ⅴ类，主要超标项目为氨氮、化学需氧量。

淮沭河：水质较好，基本为Ⅱ类。

沭新河：水质基本为Ⅱ—Ⅲ类。

蔷薇河：水质为Ⅲ—Ⅳ类，主要超标项目为化学需氧量。

(2) 重点河流

长江近岸水域：全省大部分江段水质较好，为Ⅱ—Ⅲ类，但城市附近江段已形成岸边污染带。

太浦河：大部分河段水质为Ⅲ—Ⅳ类，主要超标项目为化学需氧量。

苏南运河：镇江段基本为Ⅲ—Ⅳ类，主要超标项目为氨氮；常州至苏州大部分河段水质基本为Ⅴ—劣Ⅴ类，主要超标项目为氨氮、高锰酸盐指数、化学需氧量等。

(3) 省管湖泊

2009年，全省监测12个省管湖泊，综合评价结果表明：综合水质以Ⅲ类为主，湖泊营养状态为轻度富营养～中度富营养。省管湖泊水质及营养状态详见表5。

7. 入湖污染物

我省环太湖入湖水量71.3亿立方米，氨氮、总磷、总氮入湖量分别为1.27万吨、0.17万吨、3.22万吨。骆马湖入湖水量39.23亿立方米，氨氮、总磷、总氮入湖量分别为0.18万吨、0.027万吨、1.40万吨。洪泽湖入湖水量182.7亿立方米，氨氮、总磷、总氮入湖量分别为0.72万吨、0.23万吨、4.32万吨。

(二) 调水改善水环境

1. 调水引流，保障太湖水源地供水安全。

常熟枢纽抽引江水，在望虞河全线水质稳定达到Ⅲ类后，开启望亭立交调水进入太湖。同时，开启无锡梅梁湖泵站抽水，太浦闸放水，加快了太湖水体流动，太湖地区水质指标明显好于上年同期，有效防止了太湖蓝藻大面积暴发，保障无锡和苏州市太湖水源地的供水安全。2009年常熟枢纽调引长江水12.3亿立方米，望亭立交入太湖水量4.87亿立方米，梅梁湖泵站抽水5.63亿立方米，太浦闸放水20.1亿立方米。

表5 省管湖泊水质及营养状态

湖泊	全年综合水质	营养状态	主要超标项目
太湖	Ⅳ类	轻度富营养	化学需氧量
洪泽湖	Ⅲ类	中度富营养	
骆马湖	Ⅱ类	轻度富营养	
白马湖	Ⅲ类	轻度富营养	
宝应湖	Ⅲ类	轻度富营养	
高邮湖	Ⅲ类	中度富营养	
邵伯湖	Ⅱ类	中度富营养	
滆湖	Ⅴ类	中度富营养	化学需氧量、高锰酸钾盐指数
洮湖	Ⅴ类	中度富营养	化学需氧量、高锰酸钾盐指数
固城湖	Ⅲ类	轻度富营养	
石臼湖	Ⅲ类	轻度富营养	
大纵湖	Ⅲ类	轻度富营养	

2. 调水改善秦淮河水质

秦淮新河站视河道水位情况适时开机抽引江水，武定门闸每天排水，加快河道水体流动，保证秦淮河水体达到景观水要求。2009年，秦淮新河站全年运行69天，累计抽水2.2亿立方米；武定门闸排水量12.8亿立方米。

3. 引江冲淤改善里下河水环境

调度高港枢纽、江都枢纽自流和抽引长江水向里下河地区补给，解决该地区生活和生产用水，并为沿海四港冲淤保港及改善地区水环境提供水源。江都枢纽、高港枢纽全年累计引江水量44.1亿立方米。

4. 有效应对突发性水污染事件

2009年我省先后发生盐城市城西水厂水源污染、淮安市二河段水源地水色异常事件以及徐州市邳苍分洪道等河道两次遭遇山东砷污染下泄事件。通过合理调度水利工程，果断截堵控制污染源，加大冲污释污能力，避免污染面扩大，迅速恢复盐城、淮安、邳州等地供水，有效应对了突发性水污染事件。

（三）太湖水环境综合治理

1. 蓝藻打捞

蓝藻打捞已逐步形成“专业化队伍、机械化打捞、工厂化处理、资源化利用”的产业形态，蓝藻直接用于发电和制作有机肥，有效解决蓝藻出路问题，推进了蓝藻无害化处理和资源化利用。全年累计打捞蓝藻60多万吨，新建藻水分离站5座，处理蓝藻产生藻泥8000多吨。

2. 生态清淤

全部采用环保绞吸式挖泥船进行清淤，采用絮凝剂对疏浚余水进行净化防污处理，做到达标排放；对淤泥采用固化和资源化利用措施，确保不产生二次污染。全年生态清淤597万立方米，超额完成省政府的计划任务，直接减少内源污染物有机质1.9万吨、总氮4570吨和总磷3800吨。

3. 河网整治

按照“清理淤泥、拆除坝埂、疏通水系、截污导流、修复生态、改善水质”的标准，完成62条环湖河道的疏浚整治，完成疏浚土方609万立方米。

4. 湖泛防控

制定和实施《江苏省太湖湖泛应急预案》；对太湖湖泛易发区以及所有饮用水源地进行逐日巡查，累计巡查193天。太湖水质初步改善，蓝藻的生成时间和聚积规模明显好于往年，2009年太湖未发生大范围湖泛。

5. 节水减排

编制“太湖流域节水减排示范工程实施方案”；完成第一批62项节水减排项目，形成年节水能力1.2亿立方米，减排COD 1.2万吨。

【水资源管理】

（一）饮用水源地保护

认真贯彻落实省人大《关于加强饮用水源地保护的决定》，完成第一批111个饮用水源地一、二级保护区和准保护区划分工作，开展饮用水源保护整治行动；完成《江苏省饮用水源地安全保障规划》，核准发布了第二批53个水源地；编制《江苏省地表水（环境）功能区纳污能力和限制排污总量意见》，经省政府同意，按规定程序向环保部门提出了限制排污总量意见；加快推进应急备用水源地建设，探索出河道可控、湖（库）调节、地下水备用、工业水厂深度处理等备用水源地建设模式，新增备用水源地7个；积极开展尾水资源化利用和水生态修复试点，实施张家港化工园区、太仓乡镇污水处理厂、南通开发区尾水利用等示范工程，为尾水专道建设积累了经验和技术；继续开展重点水功能区水质监测，基本实现水功能区监测全覆盖，按月发布水功能区水质通报和集中式饮用水源地水质旬报，按日发布太湖重要水源地水质状况。

（二）节水型社会建设

节水型社会建设试点工作有序推进。全面完成南京、徐州、张家港3个国家级试点年度目标任务，分别通过水利部中期验收和终期验收专家核查；南通、泰州新增为国家级节水型社会建设试点，规划报告已由省政府批复两市人民政府组织实施；省发改委、水利厅联合对11个省级节水型社会建设试点进行中期评估，试点地区主要节水指标基本达到规划预期目标，超额完成省政府确定的年度目标任务；省发改委、财政厅、物价局、水利厅联合对各市2008年度节水型社会建设目标任务完成情况进行考核并向各市政府通报了考核结果，表彰奖励了一批先进集体。

节水管理制度创新取得突破。发布《江苏省节水型灌区评价标准》地方标准；出台《江苏省水资源费征收使用管理办法》、《关于加强建设项目节水设施“三同时”工作的通知》、《关于开展全省用水大户水资源费（含南水北调基金）专项稽查工作的通知》等文件；全省已有12个市（县）出台了节约用水条例（办法）。

载体建设全面推进。继续开展“八大行业”节水行动，全年完成节水示范项目185个，新增年节水能力2.1亿立方米；创建了163个省级节水型企业（单位）、71个节水型社区、14个节水型灌区、24所节水型高校。探索出的循环用水、中水回用、废污水“零排放”、非传统水源利用和污水处理厂尾水利用等典型经验在全省推广。

（三）水资源管理

全面加大水资源费、南水北调工程基金征管力度。开展自来水水资源费审计稽查拖欠水资源费的追缴工作；完成100家用水大户“两费”征收专项稽查；采取多种措施，努力提高水资源费征收到位率。2009年全省共征收水资源费5.12亿元，南水北调工程基金2.51亿元。

进一步加强地下水管理。2009年，全省下达深层地下水开采计划7.00亿立方米，实际开采量6.89亿立方米；完成南水北调受水区地下水开采量调查和全省地下水监测站网调整工作；按时编发地下水监测季报和年报。

规范管理，加强能力建设。2009年，全省共审批取水许可申请313份，批准取水量3.74亿立方米；省级审批入河排污口7个，主要为污水处理厂尾水及企业温排水等；徐州市、射阳县积极开展水务体制改革，成立水务局；制定《县级水资源管理规范化建设指导意见》，计划利用三年时间完成县级水资源管理规范化建设任务；推进县级水资源综合规划编制工作。

（四）水资源管理信息化

制定和实施《江苏省水资源管理信息系统一期工程建设管理暂行办法》、《江苏省水资源管理信息系统工程建设技术规范（试行）》；完成南京等13个地级市和江阴等14个县（市、区）项目部组建工作；编制南京、徐州、江阴、宜兴等第一批试点地区实施方案；启动省中心、应用软件系统和水资源基础数据库建设。

附注

1. 地表水资源量：指河流、湖泊、冰川等地表水体逐年更新的动态水量，即当地天然河川径流量。

2. 地下水资源量：指地下饱和含水层逐年更新的动态水量，即降水和地表水入渗对地下水的补给量。山丘区采用泄排量法计算，包括河川基流量、山前侧渗流出量、潜水蒸发量和地下水开采净消耗量，以总排泄量作为地下水资源量。平原区采用补给量法计算，包括降水入渗补给量、地表水体入渗补给量、山前侧渗补给量和井灌回归补给量，将总补给量扣除井灌回归补给量作为地下水资源量。在确定水资源分区或行政分区的地下水资源量时，扣除了山丘区与平原区之间的重复计算量。

3. 水资源总量：指当地降水形成的地表和地下产水总量，即地表产流量与降水入渗补给地下水量之和。在计算中，既可由地表水资源量与地下水资源量相加，扣除两者之间的重复量求得；也可由地表水资源量加上地下与地表水资源不重复量求得。

4. 多年平均:指 1956~2000 年系列。

5. 供水量:指各种水源为用水户提供的包括输水损失在内的毛水量,按受水区分地表水源、地下水源和其他水源统计。地表水源供水量指地表水工程的取水量,按蓄水工程、引水工程、提水工程、调水工程四种形式统计;地下水源供水量指水井工程的开采量,按浅层淡水、深层承压水和微咸水分别统计;其他水源供水量包括污水处理再利用、集雨工程、海水淡化等水源工程的供水量。海水直接利用量另行统计,不计入总供水量中。

6. 用水量:指各类用水户取用的包括输水损失在内的毛水量,按生活、生产与城镇环境 3 大类用户统计,不包括海水直接利用量。生活用水包括城镇生活用水和农村生活用水。工业用水指工矿企业生产过程中用于制造、加工、冷却、空调、净化、洗涤等方面的用水,按新水取用量计,不包括企业内部的充分利用水量。城镇环境用水仅包括人为措施供给的城镇环境用水,不包括部分河湖、湿地补水及降水、径流自然满足的水量。

7. 第一产业用水:包括农田灌溉用水、林牧渔用水和牲畜用水。

8. 第二产业用水:包括工业用水和建筑业用水。

9. 第三产业用水:包括商品贸易、餐饮住宿、交通运输、机关团体等各种服务行业用水。

10. 用水消耗量:指在输水、用水过程中,通过蒸腾蒸发、土壤吸收、产品吸附、居民和牲畜饮用等多种途径消耗掉,而不能回归到地表水体和地下含水层的水量。灌溉用水消耗量为毛用水量与地表、地下回归水量之差,工业和生活用水消耗量为取水量与废污水排放量及输水回归量之差。

11. 耗水率:消耗量占用水量的百分比。

12. 废污水排放量:指第二产业、第三产业和城镇居民生活等用水户排放的水量,但不包括火电直流冷却水排放量和矿坑排水量。

2009年江苏省水利建设主要指标统计表

指标名称 / 省市	耕地面积	旱涝保收面积	旱涝保收占耕地%	有效灌溉面积	有效灌溉面积占耕地%	节水灌溉面积	低洼易涝面积	累计除涝面积				水土流失面积		机电排灌面积	机电排灌动力达到数（千千瓦）	堤防总长度（公里）	达标堤防	
								小计	3～5年	5～10年	10年以上	流失面积	其中：已治理				总长度（公里）	其中：一、二级堤防（公里）
全省合计	4689.48	3101.84	66.14	3813.66	81.32	1589.97	3011.02	2811.29	829.22	1245.78	736.29	986.06	1037.44	3533.76	5086.30	51938.22	28768.44	5221.99
淮河流域	3214.88	2028.48	63.10	2533.84	78.82	1004.32	2159.83	2044.05	694.92	947.25	401.88	782.88	648.27	2301.85	2732.01	36742.19	17114.86	2960.06
长江流域	1474.60	1073.36	72.79	1279.82	86.79	585.64	851.19	767.24	134.30	298.53	334.41	203.18	389.17	1231.91	2354.29	15196.03	11653.58	2261.93
南京市	242.07	136.74	56.49	188.34	77.80	62.45	93.04	91.21	16.31	47.86	27.04	110.79	115.03	168.28	500.92	2170.85	1616.11	399.86
无锡市	135.50	126.15	93.10	135.55	100.04	110.01	99.11	61.87	1.46	15.78	44.63	59.08	61.32	129.85	260.36	2638.73	2257.79	224.93
徐州市	590.31	420.74	71.28	480.99	81.48	238.78	403.89	399.10	168.08	156.66	74.36	178.08	182.53	494.39	679.34	5344.15	2465.35	377.00
常州市	164.82	117.77	71.45	140.18	85.05	62.23	48.46	48.46	6.73	21.67	20.06	56.61	60.51	128.85	148.32	2212.01	1346.69	18.81
苏州市	221.64	200.65	90.53	204.80	92.40	86.25	144.07	143.57	10.83	41.77	90.97	0.30		207.05	350.00	5828.20	4674.82	666.82
南通市	468.17	317.65	67.85	402.07	85.88	194.85	474.27	429.18	177.66	121.11	130.41	45.44	71.02	364.22	236.68	1292.88	477.28	456.31
连云港市	369.74	231.61	62.64	310.95	84.10	120.39	266.38	231.15	61.87	139.69	29.59	125.35	128.77	237.12	144.10	2808.04	954.28	397.70
淮安市	495.20	239.70	48.40	317.70	64.16	87.58	302.68	287.21	68.84	132.78	85.59	206.12	214.92	236.81	185.44	4075.00	1051.30	444.59
盐城市	781.65	478.32	61.19	619.58	79.27	272.78	505.67	475.99	115.32	255.89	104.78	0.00		581.16	663.76	11460.52	7491.43	732.52
扬州市	298.84	223.40	74.76	266.63	89.22	93.91	159.87	156.14	41.40	65.26	49.48	50.14	53.37	290.83	511.54	2034.10	1580.04	645.09
镇江市	170.03	99.93	58.77	133.42	78.47	41.74	53.04	51.52	10.09	21.76	19.67	69.56	67.29	125.81	617.29	1274.42	1027.91	317.08
泰州市	313.65	222.45	70.92	275.32	87.78	91.12	228.22	222.53	88.18	117.07	17.28	6.11	6.21	266.84	370.43	4652.71	1306.90	193.53
宿迁市	437.86	286.73	65.48	338.12	77.22	127.87	232.32	213.36	62.45	108.48	42.43	78.48	76.47	302.55	232.19	6146.61	2518.54	347.75
省属															185.94			

2009年江苏省水利科技成果汇总表

编　　号	成果名称	完成单位	主要完成人	奖励等级
20092101	江苏省大型灌区节水改造关键技术研究与应用	江苏省水利厅农村水利处、扬州大学	程吉林、刘有勇、倪明娟、陈　兴、孙炳香	省科技进步三等奖
			程吉林、刘有勇、倪明娟、陈　兴、孙炳香、蒋晓红、夏　晶	省水利科技优秀成果一等奖
	盐渍土壤的磁感式调查规划技术与应用	中国科学院南京土壤研究所、江苏省水利厅	杨劲松、鞠茂森、刘广明、聂　杰、张　芳	省科技进步三等奖
20092102	超大有轨弧形平面双开钢闸门研制与应用	江苏省常州钟楼防洪控制工程建设处、江苏省太湖水利设计研究院有限公司、南京水利科学研究院、江苏省水利机械制造有限公司	陆永泉、辛华荣、严根华、常语锋、李学荣、王　建、顾晓峰	省水利科技优秀成果一等奖
20092103	SSYA600型气动式深水清淤机	江阴市水利机械施工工程有限公司、江阴市水利农机局、江阴市非标准设备制造有限公司	何兴才、席卫平、张雄金、刘仲明、沈杏林、王述前、张元金	省水利科技优秀成果一等奖
20092104	徐州市区地下水水质演化及污染控制研究	徐州市城区水资源管理处、中国矿业大学	刘喜坤、韩宝平、韩　刚、朱雪强、张元岭、刘汉湖、杨国勇	省水利科技优秀成果一等奖
20092105	江苏入海河道河口治导线研究	江苏省水利厅规划计划处、河海大学、江苏省水文水资源勘测局	张长宽、陈锡林、毛桂囡、龚　政、唐运忆、丁贤荣、丁　虎	省水利科技优秀成果一等奖
20092106	江苏省水工混凝土温控防裂技术研究	江苏省水利厅基本建设处、河海大学、江苏省水利建设工程有限公司	赵曰平、秦忠国、金嘉麟、夏国春、戴敬秋、闫　旭、万乾山	省水利科技优秀成果一等奖
20092107	里下河地区沿海引江冲淤保港及改善水环境试验研究	江苏省防汛防旱指挥部办公室	陶长生、季红飞、朱建英、杨　军、朱德平、孙永远、宋　炜	省水利科技优秀成果一等奖
20092108	农村河道生态环境整治研究与应用	南京市水利局、河海大学、溧水县水务局	张震宇、张展羽、刘克利、夏继红、陈强富、崔长龙、朱　昊	省水利科技优秀成果一等奖

续上表

编　　号	成果名称	完成单位	主要完成人	奖励等级
20092209	大中型泵站综合特性测试系统开发研究与应用	江苏省河道管理局、河海大学	陈学富、杨　淮、郑　源、须伦根、屈　波、江　泉	省水利科技优秀成果二等奖
20092210	灌排试验系统研发及农田水肥高效利用理论研究	昆山市水利技术推广站、河海大学、江苏省农村水利科技发展中心	何　岩、张黎明、徐俊增、王　栋、郭龙珠、金小平	省水利科技优秀成果二等奖
20092211	淮北沙土地区河道边坡设计与植物防护技术研究	淮安市淮阴区水利局、淮安市淮阴区农田水利试验站、扬州大学水利科学与工程学院	魏宝国、蔡守华、丁华珍、何国兵、郑　洁、周兴伟	省水利科技优秀成果二等奖
20092212	水工钢结构防腐蚀材料的应用与推广	无锡市水利局、苏州市水利局、上海润实防蚀新材料科技有限公司、无锡市城市防洪工程管理处	耿国平、王　晨、苏俊华、周　明、杨相锋、蒋小欣	省水利科技优秀成果二等奖
20092213	轨道式牵引过闸设施工程的研究和应用	吴江市水利局、江苏省引江水利水电设计研究院	金红珍、沈育新、赵培江、吴建林、赵勤星、杨庆宏	省水利科技优秀成果二等奖
20092214	太湖湖西山丘区降雨径流关系分析研究	江苏省水文水资源勘测局镇江分局	傅太生、陈　鑫、田　谷、拜纪章、姚家骁、刁洪全	省水利科技优秀成果二等奖
20092215	江都三站进水流道改造施工技术研究	江苏省南水北调江都站改造工程建设处、江苏省水利科学研究院	朱炳喜、曹　瑚、周灿华、董晓军、邵　林、章新苏	省水利科技优秀成果二等奖
20092216	镇江市城市水资源保护投融资模式研究	镇江市水利投资公司、江苏中天环境工程有限公司	吴青龙、张　鹏、李明俊、李耀庭、陶明清、吴春笃	省水利科技优秀成果二等奖
20092217	区域水资源承载能力动态综合评价研究	高淳县水务局、河海大学	邢平生、方国华、王金兰、黄显峰、陈玉明、钟淋涓	省水利科技优秀成果二等奖
20092318	水工混凝土结构钢筋锈蚀智能监测技术研究	泰州市水利局、南京航空航天大学	唐勇兵、赵新铭、钱卫清、吴　瑾、高俊启	省水利科技优秀成果三等奖
20092319	盐东四挡潮闸砼耐久性防护技术的研究与应用	连云港市盐东水利工程管理处、江苏省水利科学研究院	蒋春祥、张顺胜、张勇军、黄俊友、胡晓东	省水利科技优秀成果三等奖
20092320	连续梁桥跨河施工支架研究	淮安市水利局、江苏淮阴水利建设有限公司	周　游、张永国、李延安、刘　健、蒋更飚	省水利科技优秀成果三等奖

续上表

编　号	成果名称	完成单位	主要完成人	奖励等级
20092321	柔性集装网抛石护滩试验研究及推广应用	江苏省防汛防旱指挥部办公室、盐城市防汛防旱指挥部办公室、江苏省水文水资源勘测局盐城分局	季红飞、孙　勇、李云飞、李　沛、王海东	省水利科技优秀成果三等奖
20092322	六垛南闸闸下淤积分析及防淤技术研究	江苏省灌溉总渠管理处、河海大学	孙洪滨、唐洪武、周和平、肖　洋、刘　涛	省水利科技优秀成果三等奖
20092323	桩围软体截流坝技术研究与应用	淮安市水利局、淮安市水利规划中心、河海大学	许夕保、胡永法、史　展、王道虎、许　成	省水利科技优秀成果三等奖
20092324	南方地区水稻非充分灌溉技术试验研究及应用	无锡市锡山区水利农机局、扬州大学、无锡市水利局	徐　坦、周明耀、薛建良、孙奎兵、袁存官	省水利科技优秀成果三等奖
20092325	纤维混凝土防渗渠道的试验研究与应用	南通市水利局、江苏省水利科学研究院、如皋市水务局	陈　宏、吴玉柏、赵　强、吴海军、肖海涛	省水利科技优秀成果三等奖
20092326	泵站集群智能管理系统的研究应用	吴江市水利局、江苏省引江水利水电设计研究院	姚雪球、金红珍、盛永良、严光华、徐瑞忠	省水利科技优秀成果三等奖
20092327	《泵站安全鉴定规程》	扬州大学水利科学与工程学院、江苏省水利厅	储　训、陈　履、杨　淮、钱　钧、蒋　屏	省水利科技优秀成果三等奖
20092328	《水利工程质量监督规程》	江苏省水利工程质量监督中心站	黄海田、蒋建云、顾文菊、樊志远、肖志远	省水利科技优秀成果三等奖

洪涝灾害实时统计表

表　　号:国汛统 9 表
制表机关:国家防汛抗旱总指挥部
批准机关:国家统计局
批准文号:国统制〔2009〕6 号

灾害类别:洪涝及台风灾害

填报单位:江苏防汛防旱指挥部办公室
起止日期:2009 年 01 月 01 日～2009 年 09 月 30 日

地区	受灾范围		农作物受涝面积	农作物受灾面积	受灾人口	死亡人口	失踪人口	转移人口	倒塌房屋	直接经济总损失	其中水利设施直接经济损失
	县(市、区)	乡(镇)									
	(个)	(个)	(千公顷)	(千公顷)	(万人)	(人)	(人)	(万人)	(万间)	(亿元)	(亿元)
1	2	3	4	5	6	7	8	9	10	11	12
合　计	45	227	342.87	243.75	186.46	3	0	2.224	0.211	13.343	1.102
南　京	8	23	17.12	10.86	2.36			0.030		1.156	0.170
无　锡	1	3	8.67	0.48	0.76	3		0.434	0.002	0.709	0.226
徐　州	4	47	37.05	28.27	48.52				0.035	0.767	0.114
常　州	4	6	0.40	0.40	0.91			0.003	0.008	0.157	0.000
苏　州	3	23	15.56	14.95	8.55			1.434	0.021	3.340	0.100
南　通	6	55	100.97	38.63	55.05			0.274	0.050	2.359	0.288
连云港											
淮　安											
盐　城	5	29	117.60	116.66	38.24			0.050	0.032	2.852	0.083
扬　州	5	19	21.67	17.13	7.60				0.014	0.850	0.090
镇　江	4	4	0.11	0.05	0.06				0.002	0.020	
泰　州	4	13	4.08	4.08	20.30				0.047	0.533	0.026
宿　迁	1	5	19.65	12.24	4.10					0.600	0.005

旱灾及抗旱效益统计表(年报)

2009 年 01 月 01 日～2009 年 09 月 30 日

灾害类别:旱灾

表　　号:国汛统 5 表
制表机关:国家防汛抗旱总指挥部
批准机关:国家统计局
文　　号:国统函〔2004〕87 号

填报单位:江苏防汛防旱指挥部办公室

地　区	实际播种面积		主要受旱时段（月 日～月 日）	因旱少(改)种面积（千公顷）	作物受旱面积（千公顷）	作物受灾面积(千公顷)			本年粮食总产量（万吨）	旱灾损失		抗旱效益		
	粮食作物（千公顷）	经济作物（千公顷）				总　计	其中 成灾	其中 绝收		粮食（万吨）	经济作物（亿元）	粮食（万吨）	经济作物（亿元）	减免经济损失（亿元）
1	2	3	4	5	6	7	8	9	10	11	12	13	14	15
合　计	1050.6	223.3	1月1日～2月28日	18.68	645.20	618.28	203.85	19.33	344	8.21	0.68	20.91	3.64	7.16
南　京			月 日～ 月 日											
无　锡			月 日～ 月 日											
徐　州	322.6	157.2	2月1日～2月23日	14.01	251.41	251.41	112.71	14.00		2.43	0.32	10.72	2.95	4.26
常　州			月 日～ 月 日											
苏　州			月 日～ 月 日											
南　通			月 日～ 月 日											
连云港	243.3		1月1日～2月28日	3.33	161.53	161.53	52.47	3.33	20	3.00	0.06	1.50	0.03	1.19
淮　安	208.0	32.1	1月1日～2月8日		42.25	15.33			91	1.48	0.13	2.05	0.29	0.53
盐　城			月 日～ 月 日											
扬　州			月 日～ 月 日											
镇　江			月 日～ 月 日											
泰　州			月 日～ 月 日											
宿　迁	276.7	34.0	1月1日～2月18日	1.33	190.01	190.01	38.67	2.00	233	1.30	0.17	6.64	0.37	1.18

单位负责人:季红飞　　填报人:沈之望　　报出日期:2009—10—21

2009年竣工验收情况统计

序　号	工程名称	时　间	工程概算(万元)
1	省水利科学研究所材料结构室试验楼维修改造工程	2009.1.8	149.17
2	江苏省水文档案馆及水文仪器实验楼工程	2009.1.12	1630.67
3	江苏省水利后勤服务中心工程	2009.1.13	6138
4	句容市长江提水站除险加固工程	2009.1.15	2781
5	江苏省江海堤防达标建设水文设施工程	2009.1.18	1257.74
6	江苏省江海堤防达标防汛指挥系统第一批工程(省级实施部分)	2009.1.18	2609
7	江苏省水利行政决策支持系统一期工程	2009.1.18	220.09
8	新沂河海口控制工程南深泓闸下游导流墙加固工程	2009.3.10	524.79
9	泰东河沈马大桥工程	2009.3.13	1852
10	长江扬中河段近期整治工程扬中市丰乐桥等段护岸工程竣工验收	2009.5.7	2393
11	常州市澡港河水利枢纽工程竣工验收	2009.6.16	12795
12	江都东闸启吊便桥工程竣工验收	2009.7.29	652
13	铜山崔贺庄水库除险加固工程竣工验收	2009.8.26	4000
14	海门市2006年长江抛石护岸工程竣工验收	2009.9.18	2194
15	海堤达标2006年海门市抛石防护工程竣工验收	2009.9.18	1077
16	海堤达标通州市新中闸拆除重建工程竣工验收	2009.9.18	643
17	泰东河新通扬运河段工程	2009.11.10	15611.65
18	新邳洪河闸上游隔水墙除险加固工程	2009.11.13	366.5
19	江苏省六塘河闸除险加固工程	2009.11.13	1391
20	江苏省太湖地区水质水量应急监测车工程	2009.11.27	355
21	江苏省水文职工培训中心改造工程	2009.11.26	343

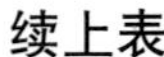

续上表

序　号	工程名称	时　间	工程概算(万元)
22	白屈港河道工程	2009.12.6	18058.63
23	白屈港河口枢纽工程	2009.12.6	9750
24	新夏港河道工程	2009.12.6	1189.44
25	新夏港河口枢纽工程	2009.12.6	3849.9
26	淮北大堤加固工程	2009.12.12	5959
27	云龙湖	2009.12.13	3399.9
合　计			101190.48